Brunhilde Schierl

Zu Fuss und ohne Geld

Von Flensburg bis Konstanz

Mein Dank
gilt all jenen Menschen,
die mich für diesen Weg unterstützt haben,
die mir zu Essen gaben,
wenn ich hungrig war,
die mir eine Schlafstelle gaben,
wenn ich müde und erschöpft war,
die mich am Straßenrand mitnahmen,
wenn es nötig war
oder mich ermutigten und stärkten
für diesen herausfordernden Weg.

Dorothee hat mir durch das kritische Lesen und Hinterfragen meines Manuskripts wertvolle Denkanstöße gegeben.
Heike Siegelmann und vor allem Maria Singer haben das mühsame Korrekturlesen übernommen. Ich bin ihnen dafür außerordentlich dankbar.

Dieses Buch widme ich meinen Töchtern
Michaela, Claudia, Sabine und Julia,
die mein Leben auf wunderbare Weise bereichert haben,
mit dem Wunsch,
Gottvertrauen möge sie durch ihr Leben begleiten
und sie in allen Lebenslagen stärken.

Brunhilde Schierl

Zu Fuss und ohne Geld

Von Flensburg bis Konstanz

FSC
www.fsc.org
MIX
Papier aus verantwortungsvollen Quellen
Paper from responsible sources
FSC® C105338

Bibliographische Information der Deutschen Bibliothek:
Die Deutsche Bibliothek verzeichnet diese Publikation in der Deutschen Nationalbibliographie; detaillierte bibliographische Daten sind im Internet unter < http://dnb.d-db.de> abrufbar.

Herstellung und Verlag: BoD - Books on Demand, Norderstedt

Umschlaggestaltung, Satz und Layout: Sepp Kuffer
www.inspiration.bnv-bamberg.de

Fotos: Brunhilde Schierl, Michaela Thoma, Heike Siegelmann, Dr. Katja Schupp

ISBN 9783732293971

Inhaltsverzeichnis

Vorwort

Ich möchte in diesem Buch von einem Gott schreiben, den ich in meinem Leben erfahren habe. Das ist ein lebendiger Gott, der spürbar Kraft verleiht, der spürbar befreit und heilt. Er ist mein bester Freund, er hat mir meine Würde, mein Selbstwertgefühl und vieles mehr geschenkt.

Memmelsdorf, den 15. Oktober 2013

Brunhilde Schierl

DÄNEMARK
Westerland
Sylt
Sønderborg
Flensburg
Lolland
Nykøbing Falster
Schleswig
Husum
Fehmarn
Schleswig-Holstein
Kiel
Stralsund
Eider
Helgoland
Neumünster
Rostock
Itzehoe
Wismar
Mecklenburg-Vorpommern
Cuxhaven
Lübeck
Schwerin
Elbe
Warnow
Wilhelmshaven
Hamburg
Waren (Müritz)
Bremerhaven
Müritz
Emden
Lüneburg
Bremen
Oldenburg (O.)
Soltau
Wittenberge
Neuruppin
Meppen
Niedersachsen
Diepholz
Weser
Celle
Stendal
Brandenburg a. d. Havel
Aller
Wolfsburg
Osnabrück
Minden
Hannover
Potsdam
Ems
Braunschweig
Magdeburg
Hildesheim
Münster
Bielefeld
Sachsen-Anhalt
Salzgitter
Lutherstadt Wittenberg
Nordrhein-Westfalen
Paderborn
Dessau-Roßlau
Essen
Dortmund
Göttingen
Nordhausen
Halle (Saale)
Bochum
Meschede
Mulde
Elbe
Wuppertal
Ruhr
Kassel
Leipzig
Düsseldorf
Unstrut
Fulda
Köln
Siegen
Eisenach
Jena
Erfurt
Lahn
Marburg
Thüringen
Gera
Bonn
Werra
Saale
Zwickau
Gießen
Hessen
Suhl
Rhein
Fulda
Plauen
Koblenz
Frankfurt am Main
Coburg
Hof
Wiesbaden
Schweinfurt
Ohře
Mosel
Offenbach
Main
Bayreuth
Mainz
Darmstadt
Würzburg
Bamberg
Rheinland-Pfalz
Weiden i. d. OPf.
Naab
Erlangen
Ludwigshafen
Mannheim
Kaiserslautern
Fürth
Nürnberg
Heidelberg
Ansbach
Saarbrücken
Altmühl
Karlsruhe
Heilbronn
Regensburg
Pforzheim
Stuttgart
Ingolstadt
Bayern
Strasbourg (Straßburg)
Tübingen
Landshut
Offenburg
Neckar
Reutlingen
Ulm
Donau
Baden-Württemberg
Augsburg
Iller
München
Villingen-Schwenningen
Freiburg im Breisgau
Memmingen
Isar
Lech
Rosenheim
Rhein
Konstanz
Garmisch-Partenkirchen
Bodensee
Oberstdorf
Basel
Zürich
Wörgl
St. Gallen
SCHWEIZ
Feldkirch
Inn
Innsbruck
Salzach

Start in Flensburg ohne Geld

Geh deinen Weg mit Mut,
hab keine Angst vor der Kritik der anderen.
Und vor allem, lass dich nicht lähmen
von deinen eigenen Zweifeln.

Paolo Coelho

Donnerstag, 2. Mai 2013

Pünktlich um 14.45 Uhr fährt der Zug im Bahnhof von Flensburg ein. Ich klappe mein dickes Taschenbuch zu. Gerade noch geschafft, die Biographie von Barack Obama fertig zu lesen. Seit Tagen lese ich an diesem dicken Wälzer. Über sieben Stunden Zugfahrt von Bamberg nach Flensburg verliefen damit sehr kurzweilig.
Mit Rucksack, Umhängetasche und Treckingstöcken ausgestattet, verlasse ich den Zug und strebe eilig zum Pfarrbüro St. Johannis. Ich will es während der Bürozeiten noch erreichen, um einen Stempel für meinen Pilgerpass zu erhalten. Unterwegs spreche ich eine Studentin an: "Darf ich Ihnen dieses Buch über Barack Obama schenken? Ich will auf dem Jakobsweg pilgern, da kann ich kein überflüssiges Gepäck tragen."
Sie schaut einen Moment verblüfft und nimmt dann das Buch erfreut an. Schon eile ich weiter. Nach dem Pfarramt geht es zum Busbahnhof. Mit dem nächsten Bus fahre ich nach Klueshof. Von hier laufe ich etwa drei Kilometer nach Niehuus. Dieser Ort liegt direkt an der dänischen Grenze. Am Niehuuser See vorbei gelange ich nach weiteren drei Kilometern zur Dansk Kirke Harrislee. Die Pastorin ist noch nicht da. Ich warte im Garten. Wir haben uns telefonisch verabredet. Schließlich erscheint sie und gibt mir meinen Pilgerstempel. Dafür habe ich das erste Feld in meinem Pass freigehalten. Mir ist wichtig, einen Stempel von der nördlichsten Kirche in Deutschland zu haben.
Nun wird es zeitlich für mich knapp. Von zu Hause aus habe ich ein Hostel für eine Nacht gebucht. Die Rezeption hat begrenzte Öffnungs-

zeiten. Zu Fuß sind die zehn Kilometer zurück zur Stadt nicht rechtzeitig zu schaffen. Auch die Busverbindung ist nicht geeignet.
Nachdem die Pastorin mein Problem erfasst hat, fährt sie mich in die Stadt hinab, direkt zu meinem Hostel.
Die Rezeption ist jetzt geöffnet. Eine Übernachtung kostet im gemischten Mehrbettzimmer 18,50 Euro. Dazu drei Euro für Bettwäsche. Frühstück buche ich nicht, denn mit belegten Broten bin ich noch ausreichend versorgt.
Nach Übergabe des Schlüssels besichtige ich mein Zimmer: Vier Schlafplätze in einem kleinen Raum auf zwei Stockbetten verteilt, vier Metallspinde mit Schloss, ein Waschbecken. Ansonsten kaum Raum, sich zu bewegen. Welch ein Glück! Niemand sonst hat dieses Zimmer bisher gebucht. Bei voller Belegung, noch dazu gemischt, stelle ich mir das unangenehm vor.
Rucksack und Wanderstiefel werden im Spind verstaut. Mit Sandalen bummle ich nun gemütlich durch die Fußgängerzone. Nachdem das Zimmer bezahlt ist, habe ich noch gut zwanzig Euro in meinem Geldtäschchen. Die will ich loswerden, deshalb verteile ich sie an Bettler. Nun bin ich vollständig ohne Geld. Doch es macht mir keine Angst. In mir spüre ich die tiefe Sicherheit, dass dies der richtige Weg für mich ist.
Schließlich ziehe ich mich in mein Zimmer zurück. Erfreut stelle ich fest, dass sich tatsächlich kein weiterer Gast hier eingemietet hat. Auf dem Gang ist einiges los. Etliche Männer laufen zwischen ihren Zimmern, der Toilette und dem Duschraum hin und her. Dies scheint ein beliebtes Quartier für Montagearbeiter zu sein.

Freitag, 3. Mai 2013

Früh um fünf Uhr wache ich auf und benutze rasch die Gemeinschaftsdusche auf dem Flur, bevor sie von den anderen Gästen belegt wird. Es gibt eine allgemeine Küche mit Herd und Wasserkocher. Ein Beutel löslicher Espresso, ausreichend für eine Tasse, ist für diesen Fall im Gepäck dabei. Gewöhnungsbedürftig für mich, wo ich doch früh meinen gefilterten Bohnenkaffee liebe. Aber ohne Verzicht lässt sich eben keine Pilgerreise durchführen. Kurz nach sechs Uhr bin ich zum Abmarsch bereit und suche mir den Weg zur Stadt hinaus. Der Stadtplan, den mir das Fremdenverkehrsamt geschickt hat, ist dürftig, aber dennoch ausreichend, um über die Schleswiger Straße aus Flensburg hinaus zum Sankelmarker See zu gelangen. Von hier ist es nicht weit nach Oeversee. Der Weg ist gut markiert. Allerdings muss ich sehr viele Pflasterwege laufen. Das ist gar nicht gut für meine Füße. Seit meiner Jugend plagen mich meine starken Knick-Senk-Spreizfüße mit einem ausgeprägten Hallux Valgus bei Belastung häufig mit Schmerzen.

Letzten Herbst habe ich mir mit Spaziergängen am Sandstrand auf Mallorca das Vorderfußgewölbe des linken Fußes durchgetreten. Meiner Freundin Renate wurde Bauchspeicheldrüsenkrebs diagnostiziert. Wir wussten beide, dass sie nicht mehr viel Zeit hat. Sie rechnete damit, das Weihnachtsfest nicht mehr zu erleben. Die Reise nach Mallorca war ein letzter Urlaubswunsch. Renate liebte es, barfuß am Sandstrand entlang zu laufen. Aber für meine Füße war das Laufen im Sand ungünstig. Die schwachen Sehnen und Bänder gaben unter meinem Gewicht im Sand völlig nach. Die sofort einsetzenden Schmerzen hielt ich für Muskelkater, der wieder vergehen würde. Doch ich habe mir einen irreparablen Schaden am Vorderfuß eingehandelt und belaste nun beim Gehen meine Nervenstränge. Wochenlang durfte ich nicht laufen, um die Nervenentzündung auszuheilen. Orthopädische Einlagen, eine so genannte Schmetterlingsrolle, tägliche Salzwasserbäder und Igelballmassagen gaben mir Hoffnung, den Fuß wieder halbwegs belastbar zu machen. Die Nervenschmerzen besserten sich, kamen aber vor einigen Wochen trotz Schonung wieder massiv zum Vorschein. Vom gesunden Menschenverstand aus betrachtet erschien es absurd, mit diesem kaputten Fuß eine Pilgerreise von Flensburg nach Konstanz anzugehen. Normalerweise hätte ich diesem Fuß niemals derartige Belastungen zugemutet.

Wenn da nicht dieses Feuer und die starke innere Stimme gewesen wäre, die sagte: "Geh trotzdem!"

Freunde und Bekannte sagten: "Du kannst doch mit diesem Fuß keine Pilgerreise antreten."
"Stimmt", erwiderte ich jedes Mal. "Aber ich werde trotzdem starten. Vor Ort wird sich dann herausstellen, ob es möglich ist oder nicht."
Manch einer schüttelte den Kopf über mich. Auf jeden Fall wollte ich den Aufbruch wagen.
Möglicherweise ruiniere ich mir bei dieser Tour restlos den Fuß, waren auch meine Bedenken. Aber da war etwas in mir, was stärker war, als alle vernünftigen Argumente und Sichtweisen.
Ursprünglich wollte ich dieses Jahr den Jakobsweg nach Santiago weitergehen und erst danach meine Deutschlandreise machen. Doch mit diesem geschädigten Fuß erledigte sich für mich eine Tour im Ausland von selbst. So kam es, dass ich diese Pilgerreise durch Deutschland jetzt sofort in Angriff nahm. Nun duldete sie keinen weiteren Aufschub, da mein Fuß nicht mehr besser, sondern höchstens schlechter werden konnte.
Nervenschmerzen begleiteten mich Tag und Nacht.

Ohne zu wissen, wohin das Ganze führen könnte, spürte ich ganz tief in mir, dass ich aufbrechen musste. Wenn es das Letzte ist, was ich in meinem Leben tue, ich muss *jetzt* los.
Das war das Einzige, was ich sicher wusste.

In unserer Gesellschaft ist von Gott nicht mehr viel zu spüren. Aus Schwäche und Feigheit habe ich meinen Bezug zu Gott zeitlebens versteckt. Inzwischen erscheint es mir richtig, mich offen zu ihm bekennen. Meine innere Stimme und mein inneres Feuer schickten mich auf diesen außergewöhnlichen Weg.
Mir scheint, als hätten alle zurückliegenden Erfahrungen und Ereignisse meines Lebens mich darauf vorbereitet. Somit betrachte ich diesen Weg als meine ganz persönliche Aufgabe. In meinem normalen Alltag habe ich grundsätzlich gute Bodenhaftung und lasse mich sehr von der Vernunft und dem gesunden Menschenverstand leiten. Aber

sobald sich meine innere Stimme meldet, hat der Verstand keine Macht mehr über mich.
Bis zum Aufbruch versuchte mein Verstand mich für diesen Weg immer wieder mit Zweifeln zu verunsichern. Zu absurd erschien es, ohne Geld durch Deutschland zu laufen. Doch seit ich unterwegs bin, ist in mir Ruhe und Sicherheit.
Im Internet habe ich mir die verschiedenen Jakobswege von der dänischen Grenze bis zum Bodensee zusammengesucht. Der Verlauf der Route ist mir bekannt. Aber nur für einige Abschnitte besitze ich eine Wegbeschreibung. Der Weg ist 1450 Kilometer lang. Er schlängelt sich durch die Landschaft und ist somit viel länger als die Straßenverbindungen. Obwohl ich den Jakobsweg gehe, verstehe ich mich nur vordergründig als Jakobswegpilgerin. Mein tieferer Beweggrund hat mit Jakobus nichts zu tun. Diesen Weg benutze ich nur, um mit Hilfe der Markierung einen Weg durch Deutschland zu finden.
Meine tiefste Motivation ist eine Bibelstelle, die mich in meiner Kindheit faszinierte:
Jesus sandte seine Jünger aus. Sie sollten die Botschaft von Gott verkünden. Sie sollten nichts auf den Weg mitnehmen, kein Brot und kein Geld. Sie sollten auf alle Sicherheiten verzichten und sich ganz Gott ausliefern. Er forderte damit das absolute Gottvertrauen. In den Jahrzehnten meines Lebens geriet diese Bibelstelle in Vergessenheit. Doch vor zwei Jahren kam sie mir wieder ins Bewusstsein und begann ein inneres Feuer zu entfachen, das mich auf den Weg schickte.
Mit dieser Pilgerreise will ich meinen Glauben und mein Vertrauen auf Gott und die Menschen sichtbar machen.
Ich will zeigen, dass im Vertrauen eine ungeahnte Kraft steckt. Eine meiner tiefsten Lebenserfahrungen habe ich auf meinem Rucksack und meinem T-Shirt als Aufschrift anbringen lassen:

Gottvertrauen stärkt

Diese Botschaft will ich durch ganz Deutschland von Flensburg bis nach Konstanz tragen. Ich habe keinen Cent, keine Kreditkarte, kein Handy, keinerlei sonstige Sicherheit dabei. Nur mein Gottvertrauen.

Nebenbei möchte ich sichtbar machen, dass es viel mehr Güte und Menschlichkeit gibt als die meisten glauben. Denn viele haben den Mut verloren, auf Gott und ihre Mitmenschen zu vertrauen.
Es ist so schön, wenn wir Menschen uns angstfrei begegnen. Ich denke, es ist wichtig, auf die Stimme unseres Herzens zu hören und dadurch Mut zur Menschlichkeit und zum Miteinander zu entwickeln. Wir Menschen haben so große Schwierigkeiten, unseren eigenen Wert zu erkennen und uns selbst anzunehmen und zu lieben. Ich wünsche mir, dass wir alle die Liebe und die Kraft Gottes spüren können, um damit die Herausforderungen des Lebens besser zu bewältigen.
Ich dachte mir, wenn Gott diesen Weg segnet, wird er gelingen ...
Hinter mir liegt eine Phase von Ängsten und Zweifeln. Lange Zeit war mir die Umsetzung dieses Weges unklar. Ein inneres Ringen um Klarheit und Erkenntnis begann.
Dann gab es Entwicklungsprozesse, die mich immer mehr erkennen ließen, was die Stimme in meinem Innern von mir wollte. Plötzlich fügten sich viele Puzzlesteine zusammen und ergaben ein klares Bild und damit eine klare Aufgabe.
Trotzdem benötigte ich meinen ganzen Mut, um dieser inneren Stimme zu folgen.
Weder meinen Töchtern, noch meinen Freundinnen gab ich dieses Vorhaben preis, ohne Geld im Gepäck zu reisen.
Alle wissen zwar, dass ich den Jakobsweg gehe, aber niemand kennt meine Motivation und weiß, auf welche Weise ich diesen Weg gehen will. Entmutigende Kommentare konnte ich nicht brauchen. Und etwas anderes wäre nicht zu erwarten gewesen.
Doch es gab auch Menschen, die mich bestärkten, obwohl sie gar nicht wussten, wie ich pilgern wollte.
Meine Freundin Rita aus Paderborn schrieb mir kurz vorher: *Folge deinem Stern!* Sie legte ein Kärtchen mit folgendem Text bei:

> *Ich werde einen Engel schicken, der dir vorausgeht,*
> *er soll dich auf deinen Wegen beschützen*
> *und zu dem Ort bringen, den ich bestimmt habe.*
> *Achte auf ihn und höre seine Stimme!*

Verschiedene Menschen äußerten über meine Pilgerreise: "Um Dich müssen wir uns keine Sorgen machen, Du bist gesegnet."
Unübliche Worte, die plötzlich mehrfach um mich herum ausgesprochen wurden. Aber sie machten mir Mut.
Am meisten ermutigte mich wenige Wochen vor meiner Abreise ein Besuch im Altenheim.
Ich erinnere mich noch genau, wie sich alles verhielt. Die Bilder ziehen in Gedanken an mir vorüber.
Vor mir sehe ich eine weißhaarige, vornehm wirkende, ältere Dame im Rollstuhl sitzen.
Ich begrüße die Frau und stelle mich mit Namen vor.
"Frau Dr. V., Sie kennen mich nicht. Sie haben vor fast dreißig Jahren auf einem Vortrag in Bad Steben folgenden Spruch von Sören Kierkegaard zitiert:

Jeder Mensch hat von Gott eine verschlüsselte
Botschaft über seinen Auftrag für dieses Leben
mitbekommen, die er in dieser Welt enträtseln muss.

Dieser Spruch bekam für mich hohe Bedeutung und wurde in schwierigen Zeiten zu einer großen Lebenshilfe. Nun erfuhr ich zufällig, dass Sie hier im Altenheim leben. Da kam mir heute der Impuls, mich für diesen Spruch bei Ihnen zu bedanken."
Die Frau blickt mich einen Moment ruhig an. Dann ergreift sie das Wort.
"Da muss ich Sie allerdings erst einmal korrigieren. Nach dem Zitat von Kierkegaard müssen wir den Auftrag nicht *enträtseln* sondern *erfüllen*", berichtigt sie mich freundlich.
"Dann habe ich mir das Zitat damals falsch gemerkt", bekenne ich sofort.
"Aber ich glaube das falsche Wort *enträtseln* war lange Zeit für mich hilfreich. Denn das Wort *erfüllen* hätte mich damals überfordert", gestehe ich lächelnd ein. "Sie müssen mir nicht danken. Ich bin nur ein Werkzeug gewesen. Alles was ich habe und bin kommt von Gott", wirft sie nun nüchtern ein. Die Frau schaut mich durch ihre Brille

aufmerksam an und beginnt zu schweigen. Ich spüre ihre Autorität fühlbar im Raum.
"Demnächst will ich den Jakobsweg durch Deutschland laufen", versuche ich nun ein lockeres Thema zu finden.
Doch die Frau zeigt kein Interesse an einer normalen Besucherunterhaltung.
Sie strahlt Würde und Abgeklärtheit aus.
"Auch Sie sollen Ihren Auftrag erfüllen und seine Botschaft verkünden. Gott segne Sie auf Ihrem Weg", sind die ungewöhnlichen Worte, die Sie an mich richtet. Ihr ernster Blick ruht auf mir.
Das seltsame Auftreten dieser Frau versetzt mich in Erstaunen. Deutlich spüre ich, dass sie mit mir kein weiteres Gespräch führen wird.
Ich reiche ihr die Hand, wünsche ihr alles Gute und verabschiede mich.
Beim Weggehen ist mir eigenartig zumute. Was war das eben? Soll ich das als Bekräftigung für mein Vorhaben nehmen?
Aber damit waren meine Zweifel keineswegs vorbei. Zu viele Ängste nagten an mir. Das ganze Vorhaben sprengte jegliche Vorstellungskraft meines Verstandes. Meine innere Stimme und mein Verstand lagen miteinander im Kampf.
Da war die Angst, vor körperlicher und psychischer Erschöpfung durch Hunger, Kälte und Schlafmangel. Und da war die Angst von anderen als Verrückte belächelt zu werden.
Ich glaube nicht an einen Gott, der mich vor den Widrigkeiten des Lebens beschützt. Keineswegs bilde ich mir ein, dass irgendetwas leicht ist, auch wenn es im Einklang mit Gott steht. Der Weg vor mir mag voller Steine und Dornen sein. Gott wird sie mir nicht aus dem Weg räumen und mich auch nicht unter eine besondere Schutzglocke stellen. Er lässt mich die Gesetzmäßigkeiten der Natur und die volle Realität dieser Welt mit aller Gleichgültigkeit und Härte der Menschen erleben.
Ich habe keinen Plan für einen derartigen Weg und keine Ahnung, worauf ich mich einlasse. Wird es gelingen, mich den Menschen ver-

ständlich zu machen? Werde ich die richtigen Worte finden? Diese Fragen beschäftigen mich.
Ich habe nur meine innere Stimme und das innere Feuer, das mich treibt. Und da mich meine innere Stimme bisher immer richtig geführt hat, vertraue ich ihr.
Wenn mich äußerlich nur noch Ungewissheit und Unsicherheit umgeben, bleibt mir als einziger Halt mein Gottvertrauen.

Jedes Mal wenn ich meiner inneren Stimme folgte, passierten großartige Dinge, die man nicht ahnen und sich nicht vorstellen konnte. Meine Stimme hat mich immer zu einer positiven Weiterentwicklung, zu mehr Mut und mehr Stärke geführt.
Mit der inneren Stimme will ich gar nichts Übernatürliches oder Prophetisches andeuten.
Für mich ist die innere Stimme natürlich und normal.
Doch wir leben in einer stark materialistisch geprägten Gesellschaft. Technologisch sind wir auf so hohem Niveau, dass man glaubt, alles erreichen zu können. In unserer Gesellschaft hat sich der Zweckrationalismus ausgebreitet. Oberstes Ziel ist die Gewinnmaximierung. Gott hat hier keinen Platz mehr. Da ist es auch verpönt, über seine innere Stimme zu reden. Aus vielen Gesprächen weiß ich, dass vorwiegend Frauen guten Zugang zu ihrer inneren Stimme haben. Meistens behalten sie das für sich aus Sorge, belächelt und nicht ernst genommen zu werden.
Diese allgemein negative Einstellung zur inneren Stimme führt dazu, dass viele Menschen kein Vertrauen zu ihr haben.
Es hat lange gedauert, bis ich den Mut hatte, auf sie zu hören, und bis ich unterscheiden konnte.
In diesem Geschehen gibt es natürlich ein erstes Mal, das für mich zu einem Schlüsselerlebnis wurde und mich für die weiteren Male ermutigte.
Wir hören ja viele verschiedene Stimmen in uns. Da ist die Stimme aus dem Kopf oder die Stimme der Furcht, wenn wir vor etwas Angst haben.

Die Stimme, die ich meine, kommt weder aus der Ecke der Angst noch von der Vernunft oder der Berechnung des Verstandes. Sie kommt auch nicht fremdbestimmt von außen und hat nichts damit zu tun, die Erwartungen anderer zu erfüllen.
Sie ist etwas Eigenständiges, Unabhängiges, stark und klar, und kommt aus der Tiefe meiner eigenen Mitte. Vielleicht ist es die Stimme meines Herzens oder meiner Seele. So genau weiß ich es nicht zu benennen. Auf jeden Fall ist die innere Stimme vorhanden.
Sie steht in der Regel im Widerstreit zu meinem Verstand und allem, was ich weiß, was ich gelernt habe und wozu ich erzogen wurde.
Es kostet immer einen gewissen Mut, ihr ins Neue und Ungewisse zu folgen.
Nach meiner Überzeugung ist jeder mit dieser inneren Stimme ausgestattet. Aber durch entsprechende Erziehung und Ereignisse des Lebens verlernen wir, ihr zu vertrauen, oder können sie überhaupt nicht mehr hören. So ging es auch mir lange Zeit.

Um neun Uhr erreiche ich Oeversee, hole mir im Pfarrbüro einen Pilgerstempel und natürlich gleich eine Unterschrift für *Solwodi*. An der St. Georg-Kirche, treffe ich die Pastorin mit zwei jungen Frauen und bekomme nochmals drei Unterschriften.
Solwodi ist meine zweite Mission, die ich mir für diesen Pilgerweg auferlegt habe.
Solwodi bedeutet: Solidarität für Frauen in Not. Im Internet unter *www.Solwodi.de* lässt sich alles über das Arbeiten und Wirken dieser Organisation nachlesen.
Im Dezember 2012 hatte ich den Tatort "Wegwerfmädchen" mit Kommissarin Charlotte Lindholm gesehen. Maria Furtwängler wollte diesen Tatort drehen, um die Öffentlichkeit über die grausamen Verhältnisse im Rotlichtmilieu zu informieren. Der Tatort zeigte nur die Spitze des Eisberges. Prostituierte werden grauenhaft behandelt und ausgebeutet. Immer jüngere Mädchen werden aus dem osteuropäischen Raum mit falschen Versprechungen nach Deutschland gelockt. Dann werden sie gegen ihren Willen in ein Bordell gebracht, verge-

waltigt, unter Drogen gesetzt, mit Drohungen gegen die Familie gefügig gemacht. Als Sexsklavinnen werden sie schließlich von Bordell zu Bordell weiterverkauft. Die Brutalität von Männern gegenüber diesen Frauen ist kaum zu beschreiben.
Dieser Tatort hat mich zutiefst erschüttert. Spontan nahm ich mit *Solwodi* Kontakt auf. Diese Organisation wurde von der katholischen Ordensschwester Dr. Lea Ackermann gegründet. Aus Fernsehen und Zeitschriften ist mir Sr. Lea Ackermann schon seit Jahrzehnten bekannt. Sie setzt sich für Frauen in der Prostitution ein und hilft ihnen, diesem Milieu zu entkommen. Für ihr Werk hat sie bereits viele Preise, Orden und Auszeichnungen, zuletzt 2012 das große Bundesverdienstkreuz überreicht bekommen.

Dr. Hans-Peter Uhl, MdB, innenpolitischer Sprecher der CDU/CSU-Fraktion im Deutschen Bundestag, berichtete auf einer Tagung, dass mit der Legalisierung der Prostitution zugunsten von Zuhältern rechtsfreie Räume geschaffen wurden. Seit über zehn Jahren ist bereits bekannt, dass dieses Gesetz gescheitert ist. Dennoch wurde bis heute nicht nachgebessert. Jedes Gewerbe wird reguliert und zahlreichen Auflagen und Kontrollen unterworfen. Nur für den Bereich der Prostitution wurde nichts reguliert. Diese Umstände ermöglichen die Zwangsprostitution in der heutigen Form. Für einen Rechtsstaat sind derartige Miss-Stände eine einzige Schande. Auch die EU-Richtlinie zur Bekämpfung des Menschenhandels harrt in Deutschland immer noch ihrer Umsetzung in nationales Recht.
Die selbstbewussten Dominas mit Bildung und Abitur, die gerne im Fernsehen gezeigt werden, sind Einzelfälle, die über die Realität hinwegtäuschen.
Etwa neunzig Prozent der Prostituierten arbeiten unter Zwang oder aus Armut. Wie Studien belegen, wurden die meisten von ihnen schon als Kinder missbraucht.
Im Dezember stand mein Entschluss bereits fest, von Flensburg nach Konstanz am Bodensee zu pilgern. Ich wollte ein Zeichen für meinen Glauben sein. Nun wollte ich gleichzeitig für *Solwodi* Öffentlichkeits-

arbeit leisten und für eine Gesetzesänderung zum besseren Schutz der Frauen Unterschriften sammeln.
Solwodi stellte mir Unterschriftslisten, sowie Aufklärungsmaterial zur Verfügung. Sobald ich diese Unterlagen hatte, begann ich voller Eifer bereits an meinem Wohnort für Unterschriften zu werben. Nach langen Telefongesprächen schickte ich die Listen per E-Mail an Freunde und Bekannte. Nach Köln, Dortmund, Paderborn, Hannover, Stuttgart, usw., quer durch Deutschland, wo immer ich nur Mitstreiterinnen gewinnen konnte, wurde das Material weitergeleitet. Von ganz wenigen Ausnahmen abgesehen, fiel das Ergebnis erschreckend aus. Die Bereitschaft der Gesellschaft, sich für dieses Thema zu engagieren, ist offensichtlich noch zu gering. Etliche wollten damit überhaupt nichts zu tun haben. Es gab vielfältige Gründe, warum die Menschen nicht zu gewinnen waren. Viele waren misstrauisch, hatten einfach Angst ihre Unterschrift herzugeben. Manche Unterschrift wurde allein wegen der Verbindung von *Solwodi* zu einer Ordensschwester innerhalb der katholischen Kirche verweigert. Nicht wenige waren der Meinung, die Frauen seien selbst schuld, wenn sie in diese Lage gerieten.
Andere meinten, das alles habe keinen Sinn. Denn zu viele Polizisten, Politiker usw. wären in dieses Geschehen verstrickt.
Resignation, Zeitmangel für die Auseinandersetzung mit diesem Thema, aber auch pure Gleichgültigkeit gegenüber einem Geschehen, von dem man nicht selbst betroffen ist, wurden deutlich spürbar. Die Tatsache, dass es sich ja vorwiegend um Ausländerinnen handelt, beeinflusste anscheinend ebenfalls negativ. Viele Menschen begründen ihre Müdigkeit mit der ständigen Überflutung mit Negativnachrichten und wollen deshalb nichts mehr an sich heran lassen. Manche sagen, sie wollen von diesem Thema nichts hören, weil sie Elend nicht ertragen können. Von meinen anfangs engagierten Mitstreiterinnen kapitulierten die meisten. Zu frustrierend erlebten sie die Reaktionen der Angesprochenen.
Auch ich selbst musste feststellen, welch hartes Brot es war, jemanden für eine Unterschrift zu gewinnen. Es kostete häufig sehr viel Zeit und Kraft.

Manche Menschen sagten mir, sie würde sich nie *gegen* etwas, sondern prinzipiell nur *für* eine Sache einsetzen. Also keinen Einsatz gegen den Krieg, sondern nur Einsatz für den Frieden.
Und die Unterschrift für *Solwodi* sei ja gegen ein bestehendes Gesetz. Diese Haltung konnte ich zwar nicht nachvollziehen, musste sie aber respektieren.
Mit der Vorzimmersekretärin des Bürgermeisters von Flensburg hatte ich telefonisch Kontakt aufgenommen. Nach ausführlichen Erklärungen über *Solwodi* schickte ich ihr die Unterlagen per E-Mail. Auf meinem Weg im Raum Flensburg wäre die Unterschrift des Bürgermeisters ein Vertrauen erweckendes Zugpferd gewesen. Die Liste hätte ich im Vorzimmer abholen können, ohne einen persönlichen Termin mit dem Bürgermeister zu benötigen. Die Sekretärin teilte mir schließlich mit, dass sie die Unterlagen vorgelegt hätte, dass aber der Bürgermeister grundsätzlich keine Unterschriftslisten unterzeichnen würde.
Anfang April ließ ich diese Unterlagen dem Erzbischof von Bamberg durch seinen Sekretär vorlegen. Der Sekretär teilte mir am nächsten Tag telefonisch mit, der Erzbischof werde nicht unterschreiben. Ich nahm es betroffen zur Kenntnis. Später rief ich den Sekretär nochmals an, um zu erfahren, mit welcher Begründung diese Unterschrift verweigert wurde.
"Die Unterschrift wird nicht geleistet. Dafür wird keine Begründung gegeben", war die knappe Antwort.
Als ich mit meiner Pilgerreise begann, waren meine hohen Erwartungen für diese Mission schon deutlich gedämpft. Trotzdem erhoffte ich mir auf meinem langen Weg durch Deutschland mehr Unterschriften, als ich nun tatsächlich erhielt.
Meine Hoffnung richtete sich auf die Pfarrämter. Doch die meisten Pastoren und Pastorinnen fühlten sich von ihren sonstigen Aufgaben bereits überlastet. Oder sie sahen es nicht mehr als ihren Auftrag, da es sich um eine politische Aktion handelt.
Ich tat, was in meinen Kräften stand, und akzeptierte schließlich traurig die Grenzen meiner Möglichkeiten.

Weltweit werden Frauen auf grauenhafte Weise verstümmelt, vergewaltigt, missbraucht und unterdrückt. Ursache aller Miss-Stände ist die allgemein mangelnde Achtung vor der Frau.
Die Gewalt im Großen wie im Kleinen nimmt zu.
Selbst in unserem "emanzipierten" Deutschland kann ich um mich herum beobachten, wie wenig achtungsvoll Männer und auch Ehemänner mit Frauen umgehen. Es gibt zweifellos viele gute, achtungsvolle Beziehungen zwischen Mann und Frau. Doch das sind noch immer zu wenige. Patriarchale Strukturen sind noch sehr verbreitet.
Die Berufstätigkeit der Frau hat ihre Lage verändert aber nicht automatisch verbessert. Neue Formen von Abhängigkeit und Unterdrückung werden sichtbar.
Die zunehmende Zwangsprostitution in Deutschland ist nur die Spitze des Eisberges. Darin offenbart sich die grundsätzlich fehlende Wertschätzung gegenüber allen Frauen. Was diesen Frauen angetan wird, richtet sich gegen die gesamte Weiblichkeit. Das betrifft auch mich selbst, da ich eine Frau bin.
Unsere Gesellschaft hat ein miserables Frauenbild. Männer glauben, das Recht zu haben, Frauen als Ware behandeln und sie kaufen und verkaufen zu können. In der Werbung werden wir Frauen überall als Objekte behandelt. Auch die Sexismusdebatte zeigt, wo wir Frauen stehen. Um uns herum wird die Würde der Frau mit Füßen getreten.
Mitten unter uns werden Frauen als Sexsklavinnen Tag für Tag körperlich und seelisch gequält. Solange es um uns herum diesen Menschenhandel mit Zwangsprostitution gibt, wird es auch in unserer Gesellschaft keine wirkliche Emanzipation geben.
Nach den vielen Gesprächen auf meinem Weg durch Deutschland gewinne ich den Eindruck, dass die wenigsten Frauen unseres Landes über die genaueren Umstände oder über die unglaublichen Dimensionen dieser Szene informiert sind. Bevor ich mich bewusst damit auseinandersetzte, reichte auch meine Vorstellungskraft nicht aus, um solche Zustände in unserem scheinbar geordneten Deutschland für möglich zu halten. Es gab keine direkte Konfrontation mit diesem Thema und die gelegentlichen Artikel der Tageszeitung ließen mich

eher an Einzelfälle glauben. Schließlich kursiert ja auch das Bild der freiwillig tätigen Prostituierten durch die Medien und verfälscht die Realität. Mangelndes Wissen und Fehlinformationen führten dazu, dass ich relativ unberührt blieb. So geht es vermutlich vielen Frauen. Vielleicht bleibt deshalb der allgemeine Aufschrei der Empörung bisher aus.
Wenn wir Frauen uns unserer Würde nicht bewusst werden und alle geschlossen aufstehen, da wo sie mit Füßen getreten wird, hilft uns auch kein Gleichstellungsgesetz oder eine sonstige Verordnung.
Lasst uns alle eine deutschlandweite Kampagne gegen diese grauenvollen Zustände in Bewegung bringen! Alle Frauen dieses Landes kann ich nur auffordern mit *Solwodi* Kontakt aufzunehmen. Hier existieren bereits Netzwerke, und Vereinigungen, die es uns leicht machen, uns zu organisieren.

Nachdem ich Oeversee verlassen habe wird der Weg bis Sieverstadt sehr schön. Allerdings ist er sparsam markiert. Häufig gibt es mehrere Abzweigungen ohne klare Markierung. Das verunsichert schnell. Wanderkarten sind in meinem Gepäck nicht dabei. Das wäre durch ganz Deutschland zuviel Papier und Gewicht.

Um elf Uhr mache ich Mittagsrast, denn mein linker Fußballen schmerzt bereits stark. Ich ziehe die Wanderstiefel aus und gönne mir eine halbe Stunde Pause. Das tut richtig gut. Dann geht es weiter über Sieverstedt Richtung Stenderup. Auf dem Pilgerweg zwischen Schleswig und Lübeck gibt es für Pilger mit Pilgerpass Privatunterkünfte. Hier kann man gegen eine Spende von meist fünf Euro übernachten. Man soll grundsätzlich seinen Schlafsack mitbringen und sich möglichst schon Tage vorher telefonisch anmelden. Ich habe aus dem Internet eine ganze Seite mit entsprechenden Adressen für diesen Wegabschnitt.
Von zu Hause aus versuchte ich, mich für die ersten Tage anzumelden. Der evangelische Kirchentag in Hamburg bereitet mir dabei große Schwierigkeiten. Fast alle Pastoren und Pastorinnen, die im Inter-

net ein Pilgerquartier anbieten, sind zurzeit auf dem Hamburger Kirchentag. Vereinzelt wurden mir Ausweichquartiere genannt.
So zum Beispiel ein Bauernhof bei Stenderup, zu dem ich nun unterwegs bin. Hier habe ich mich telefonisch angemeldet. In Stenderup lasse ich mir erklären, wo der Bauernhof zu finden ist. Er liegt als Einzelhof ziemlich vom Ort entfernt, abseits von der Jakobswegroute. Die letzten Kilometer zum Hof sind für mich eine einzige Qual.
Das war doch nur eine Strecke von fünfundzwanzig Kilometern, denke ich. Solche Strecken konnte ich letztes Jahr noch problemlos laufen. Seltsamerweise habe ich für diese Strecke acht Stunden gebraucht. Der linke Fuß behindert mich ordentlich und ich bringe das Tempo von früher nicht mehr zustande. Er bereitet mir inzwischen heftigste Schmerzen.
Mit letzter Kraft schleppe ich mich zu dieser Unterkunft. An der letzten Abzweigung entdecke ich ein Schild: *Ferien auf dem Bauernhof*.
Nun wird mir ganz mulmig. Denn das sieht nicht nach einem Quartier von Pilgerfreunden gegen Spende aus.
Häufig lasse ich mich von der Intuition führen und tue dann Dinge, für die ich selbst keine Erklärung finde. Doch aus Erfahrung weiß ich, dass dahinter immer ein tiefer Sinn steckt, der manchmal erst viel später erkennbar wird. Solange ich diesen Sinn jedoch selbst nicht erkenne, bin ich für mein Handeln natürlich in Erklärungsnot. Mir fehlen oft die Argumente für mein Tun. In unserer rationalen, wissenschaftlich aufgeklärten Zeit ist so etwas wie die innere Stimme kein Argument.
Wie soll ich also erklären, warum ich in unserer materialistischen Welt ohne einen Pfennig Geld unterwegs bin. Verunsichert betätige ich die Klingel an der Tür des Bauernhauses. Frau R. hat mich schon erwartet und empfängt mich sehr herzlich. Zweifellos erwartet sie einen zahlenden Gast. Wie peinlich!
Bevor ich einen Fuß in dieses Haus setze, muss ich sie aufklären, dass ich ohne Geld unterwegs bin.
Das ist der Moment, vor dem ich mich gefürchtet habe!

Innerlich spüre ich zwar, dass ich diesen Weg gehen soll. Doch wie soll ich mich dieser Frau verständlich machen? Zudem bin ich so erschöpft, dass ich mich sprachlich ohnehin nicht mehr vernünftig artikulieren kann.
Alles was ich hervorbringe ist nur das hilflose Gestammel, dass ich ohne Geld bis zum Bodensee laufen will. Dabei beziehe ich mich auf Jesus, der aufforderte ohne Geld in die Welt hinauszuziehen.
Die bisher herzlich wirkende Frau runzelt nun ungläubig die Stirn und schaut mich irritiert an. Entgeistert verdreht sie die Augen zum Himmel, schüttelt dabei den Kopf und sagt:
"Mein Gott, was in der Bibel steht ..."
Sie vollendet den Satz nicht, aber ich spüre deutlich was sie denkt: "Wie kann man nur so verrückt sein, in unserer heutigen Zeit ohne Geld loszugehen, nur weil das in der Bibel steht."
Meine ganze Selbstsicherheit hat sich in der körperlichen Erschöpfung aufgelöst, ich fühle mich wie ein begossener Pudel. Sie muss mich für schwachsinnig halten. Ich mache mich total lächerlich.
"Wie wollen Sie das denn auf dieser weiten Strecke mit dem Essen machen? Sie brauchen doch auch etwas zu essen", konfrontiert sie mich mit der Realität des Alltags und schaut mich herausfordernd an.
Ich fühle mich erbärmlich und wage nicht zu sagen, dass ich auf die Gastfreundschaft der Menschen hoffe.
"Ich habe ein paar Datteln dabei, die sind sehr vitaminreich. Damit kann man tagelang auskommen", argumentiere ich.
Anscheinend hat es ihr die Sprache verschlagen. Sie starrt mich sichtbar verstört an.
"Ich habe auch Erfahrung mit Heilfasten. Da kommt man ohne weiteres zwei Wochen nur mit Wasser aus", füge ich zunehmend unsicherer hinzu. Im selben Moment weiß ich, dass ich unsinniges Zeug rede und in keiner Weise überzeugend bin.
"Und dabei wollen Sie dann jeden Tag diese Strecken laufen ...?" Ihr kritischer Blick ist berechtigt.
Jetzt muss sie mich für komplett verrückt halten, denke ich.

Die Frau schaut mich nun mit einem seltsamen Blick an. Darin zeigt sich ihr ganzes Unverständnis aber gleichzeitig auch Mitleid. Sie hält mich zweifellos für eine durchgeknallte Person, die anscheinend keine Ahnung hat, was auf sie zukommen wird. Sie erfasst aber auch, dass ich am Ende bin und bringt es nicht fertig mir die Tür zu weisen.
"Das Bett ist gerichtet und das Zimmer ist frei, darauf soll es mir nicht ankommen", sagt sie mit milder Resignation in der Stimme. Sie weiß anscheinend nicht, was sie sonst mit mir anfangen könnte. "Kommen Sie herein", fordert sie mich nun auf.
"Aber so einen Gast habe ich noch nie gehabt", fügt sie kopfschüttelnd hinzu.
"Sie müssen mir auch nichts zu essen geben, ich habe noch genug Brot von zuhause dabei", füge ich kleinlaut an, während ich ihr durch den Flur zum Gästezimmer folge.
"Eigentlich wollte ich Ihnen anbieten, irgendetwas zu arbeiten, aber ich bin so fertig, dass ich kaum mehr stehen kann. Es tut mir leid, dass ich jetzt nichts für Sie tun kann", bringe ich zerknirscht heraus.
"Jetzt ruhen Sie sich erst einmal aus", sagt sie abschließend und lässt mich allein.
Als erstes befreie ich mich von meinen Schuhen. Es erscheint mir undenkbar mit solchen Schmerzen morgen erneut zu laufen. Ich hoffe nur, dass sich die Füße im Schlaf erholen. Hätte diese Frau sich nicht erbarmt mich aufzunehmen, wäre ich wohl vor Erschöpfung in den nächsten Graben gefallen und nicht mehr aufgestanden. So fühle ich mich jedenfalls.
Eilig ziehe ich die Kleidung aus und falle wie ein Stein ins Bett.
Auf dem Tisch, gleich neben mir, liegt ein Rauchmelder, der in immer kürzeren Abständen einen schrecklich durchdringenden Pfeifton von sich gibt. Lange Zeit ertrage ich den schrillen Laut, weil ich keine Kraft mehr zum Aufstehen finde. Ich kenne dieses Signal für den Batteriewechsel von meinem eigenen Rauchmelder zuhause. Meine ganze Willenskraft ist schließlich nötig, um die Batterie zu entfernen und den unerträglichen Ton abzustellen.

Danach falle in einen seltsamen Halbwachzustand. Dabei verkrampfen sich alle meine Muskeln und ich friere von innen heraus. Ich schlafe nicht wirklich, bin aber auch nicht wach. Ein lethargischer Zustand umfängt mich. Auch Stunden später bin ich kaum in der Lage, diese seltsame Verfassung zu durchbrechen. Die Stimme der Vernunft sagt: "Du musst aufstehen!"
Aber mein Körper gehorcht nicht. Meine Glieder sind schwer wie Blei. Ich müsste mich umdrehen, um meine schmerzhaften Muskeln zu entkrampfen. Mit dem Bewusstsein erfasse ich zwar meinen Zustand, trotzdem bin ich völlig handlungsunfähig. Ich bin nicht in der Lage, mich zur Lockerung meiner Muskeln auch nur ein bisschen zu bewegen. Eine unbegreifliche Passivität hat sich meiner bemächtigt.
Nachdem ich vier Stunden im Bett verbracht habe, gelingt es mir endlich, mich zu erheben. Völlig benommen wanke ich hinaus in den Garten. In einem Pavillon sitzt der Ehemann von Frau R. Ich stelle mich vor und bedanke mich auch bei ihm für die Aufnahme in sein Haus, obwohl ich kein Geld habe.
Der Mann ist etwa sechzig Jahre alt und macht einen sehr gutmütigen Eindruck. Er ist schwer herzkrank und erst gestern aus dem Krankenhaus entlassen worden. Wir kommen ganz gut miteinander ins Gespräch. Ich versuche, ihm meine Beweggründe für diese Tour ohne Geld nahe zu bringen und erzähle ihm, dass ich nicht arm bin und es auch nicht deshalb mache, weil ich Geld sparen will.
"Wenn Ihnen die Menschen vertrauen, dürfen Sie sie nicht enttäuschen", wirft er ein. Er sieht mich mit einem fragenden Blick an.
"Da gebe ich Ihnen recht. Ich will auch niemanden missbrauchen und mir nichts erschleichen. Deshalb sage ich alles sofort ganz offen, so wie es ist. Ich will niemanden ausnützen. Aber es ist für mich wichtig, diesen Weg ohne Geld zu gehen, weil ich nur so ein echtes Zeichen für mein Gottvertrauen sein kann."
Von der Bibelstelle, meiner tiefsten Motivation, wage ich nicht mehr zu sprechen.
Der Mann bemüht sich wohl, meinen Weg zu verstehen, aber es fällt ihm schwer und gelingt nur sehr bedingt.

"Die letzten fünf Jahre habe ich ehrenamtlich in der Seelsorge gearbeitet", teile ich ihm mit. "In unserer Welt herrschen schreckliche Zustände. Die Menschen werden manipuliert. Für Geld lassen sie sich kaufen, versklaven und entwürdigen. Wir haben ein krank machendes und selbstzerstörerisches System. Ich weiß nicht mehr, wie ich den Leuten in der Beratung helfen soll. Irgendwie hat mich auch die Ohnmacht über diese Zustände auf den Weg geschickt. Natürlich weiß ich keine Lösung für diese Probleme. Aber vielleicht finde ich unterwegs Antworten.
Die heutige Welt braucht Menschen, die ihren Glauben bekennen und Zeichen für Gott sind. Das ist zu meiner Überzeugung geworden."
Der Mann schaut mich einige Zeit schweigend an.
"An welchen Gott glauben Sie", fragt er unvermittelt.
"Ich glaube an den Gott, den Jesus mir nahe gebracht hat. Ich bin katholisch getauft."
Frau R. kommt hinzu und ich versuche, mich auch bei ihr verständlich zu machen.
"Wir Menschen haben Angst und brauchen Sicherheit. Natürlich brauchen wir Geld zum Leben, das ist überhaupt keine Frage. Doch viele Menschen suchen ihre Sicherheit zunehmend mehr im Geld als im menschlichen Miteinander. Die Menschlichkeit bleibt dabei auf der Strecke. Einsamkeit und Isolation breiten sich immer mehr aus. Gott wird dabei immer weniger sichtbar.
Je mehr Geld die Menschen erwirtschaften, desto mehr glauben sie sich in Sicherheit.
Aber Geld ist nur eine Scheinsicherheit. Interessanterweise steht auf der US-Dollarnote:
"IN GOD WE TRUST" Das heißt: Auf Gott vertrauen wir. Die Bankenkrise hat deutlich gezeigt, dass wir uns auf Geld nicht verlassen können. Es ist bloß bedrucktes Papier. Dem Geld wird viel zu viel Bedeutung beigemessen. Es gibt im Leben mehr als Geld und Erfolg."
Ich krame aus meiner Tasche eine Ein-Dollar-Note und zeige den beiden die Aufschrift.

"Unsere Ängste lassen sich nur im Vertrauen auf Gott überwinden. Das wollte uns Jesus schon vor zweitausend Jahren vermitteln."
Frau R. hat sich alles angehört. Manche meiner Ansichten mag sie wohl teilen. Aber sie ist äußerst skeptisch, ob meine Tour ohne Geld gelingen kann.
"Sie werden noch an ganz andere Menschen geraten", stellt sie mit nickendem Kopf und wissender Miene fest.
"Haben Sie ein Gästebuch?", lenke ich von diesem unangenehmen Thema ab. Frau R. bejaht es.
"Wenn Sie möchten schreibe ich in Ihr Gästebuch. Die Dollarnote schenke ich Ihnen zur Erinnerung an Ihren seltsamen Gast." Ich halte der Frau den Geldschein hin.
"Den können Sie ins Gästebuch hineinkleben", schlägt sie vor.
Frau R. bringt mir das Gästebuch. Neben den Worten des Dankes versuche ich darin auch eine Erklärung für meinen Weg ohne Geld auszudrücken.
Später bietet mir Frau R. sogar ein Abendessen an. Doch ich habe noch Brot von gestern und lehne dankend ab.
Dieser Tag war nicht gerade ermutigend, dennoch bin ich innerlich nach wie vor von meiner Aufgabe überzeugt.
Seit meinem Aufbruch sind alle vorangehenden Ängste und Zweifel überwunden. Seitdem bin ich sicher, dass ich diesen Weg gehen soll, egal ob die Menschen es verstehen oder nicht. In mir ist nur noch tiefes Gottvertrauen, von dem ich mich getragen fühle. Daran ändern auch Schmerzen, Erschöpfung und peinliche Situationen nichts. Leider verhindert die Erschöpfung, meine Überzeugung auch nach außen zu zeigen.
Später, als ich ins Bett gehe, tun mir noch alle Knochen weh, meine Füße, meine Beine, meine Hüftknochen, eigentlich ist der ganze Körper ein einziger Schmerzklumpen. Arnika hat mir bei solchen Touren stets geholfen und war sehr schmerzlindernd. Aber darauf habe ich aus Gewichtsgründen verzichtet.

Trotz meiner Schmerzen schlafe ich in der Nacht gut durch, und am Morgen sind alle Beschwerden weg. Nur der linke Vorderfuß und Ballen ist unverändert schmerzhaft.

Samstag, 4. Mai 2013

Von meinen Gastgebern bekomme ich ein Frühstück und sogar Brotzeit für den Weg mit. Für diese Gastfreundschaft bin ich zutiefst dankbar. Mir geht es wieder gut. Die Barmherzigkeit dieser Menschen zu erfahren gibt mir ebenfalls Kraft. Die werde ich sicher brauchen für die Schwierigkeiten, die wohl noch vor mir liegen.
Ohne schmerzende Knochen schaut die Welt einfach ganz anders aus. Frau R. wird mit ihrer Menschlichkeit und Fürsorge zum Fundamentstein meiner Reise. Ohne diese Frau wäre mein Erschöpfungszusammenbruch wohl unausweichlich gewesen. Ohne sie wäre mein Weg schon am zweiten Tag gescheitert.
Der Bauernhof liegt um einiges vom Jakobsweg entfernt. Zur letzten Markierung will ich nicht zurück. Frau R. erklärt mir den Weg. Damit könnte ich weiter südlich wieder zur markierten Route stoßen. Leider finde ich mich mit den vielen Flurwegen doch nicht so gut zurecht. Ein Mann schickt mich obendrein noch weiter in die falsche Richtung. So laufe ich etliche Kilometer falsch. Schließlich bleibt mir nichts anderes übrig als umzukehren. Unsinnige Kilometer, das ist natürlich genau das, was ich mit meinen problematischen Füßen brauchen kann. Endlich bin ich wieder am markierten Weg.
Zweifellos hat Frau R. recht. Ich gerate noch an ganz andere Menschen. Nicht alle sind so gutmütig wie sie und ihr Mann. Ein Gedanke kommt hoch: Ich sende euch wie Schafe unter die Wölfe …
In einem Wäldchen muss ich austreten. Den Rucksack stelle ich nur kurz an einen Baumstamm. Die Jacke lege ich darüber. Nach einer Minute ist alles voller Ameisen. Sie krabbeln an meinen Schuhen und den Hosenbeinen, am Rucksack, an der Jacke. Überall wimmelt es von Ameisen. Erst jetzt entdecke ich den großen Ameisenhügel in unmittelbarer Nähe. Ich flüchte mit allen Sachen davon und schüttle sie dann so gut wie möglich aus. Es dauert eine Weile, bis sich auch

die letzte Ameise von mir verabschiedet. Fortan suche ich mir Bäume mit Aststümpfen, an denen sich der Rucksack höher hängen lässt. Schließlich erreiche ich den Ort meiner heutigen Tagesetappe. Auch hier sind die Pilgerfreunde aus dem Internet auf dem Kirchentag. Mir wurde ein Ausweichquartier empfohlen. Ich bin ebenfalls telefonisch angemeldet. Das anfänglich freundliche Gesicht der Frau an der Haustür verändert sich sofort, als ich sage, dass ich ohne Geld unterwegs bin. Die Frau erklärt, sie habe Kreuzprobleme und könne deshalb niemanden aufnehmen. Ich solle es doch im Haus gegenüber versuchen.

Das tue ich, aber bei Frau P. ist das Haus belegt, weil die Kinder übers Wochenende zu Besuch kommen. Frau P. ist eine jugendlich wirkende, attraktive Frau in meinem Alter. Sie ist offenherzig und bemüht, mich anderweitig unterzubringen. Sie bringt mir sofort zu trinken und telefoniert dann mit allen möglichen Leuten aus der Kirchengemeinde. Doch niemand will mich aufnehmen. Die einen sagen, so etwas gab es noch nie! Eine Pilgerin ohne Geld! Andere wiederum sind der Meinung, man müsste die Sozialbehörden einschalten, wenn ich kein Geld hätte.

"Frau P., sagen Sie mal, welches Problem bin ich für mein Gegenüber, wenn ich mit meinem Anliegen komme. Was ist das eigentliche Problem?", frage ich unvermittelt.

Sie druckst ein wenig herum und ich helfe nach:

"Meinen die Leute, eine Frau, die ohne Geld pilgert, muss eine Verrückte sein? Und eine Verrückte ist unberechenbar, also kann man sie nicht ins Haus lassen?"

"Ja, irgendwie schon, da will ich ganz ehrlich zu Ihnen sein. Jetzt wo wir uns schon viel unterhalten haben sehe ich das nicht mehr so. Aber anfangs weiß man wirklich nicht, was man davon halten soll."

"Also muss es mir gelingen, Vertrauen aufzubauen", meine ich nachdenklich.

"Ja, eigentlich schon", nickt sie mit dem Kopf.

"Nach meiner Information ist der Bürgermeister Pilgern wohl gesonnen und lässt sie normalerweise ins Schützenhaus. Leider ist er dieses Wochenende nicht da", werfe ich ein.
"Ich kann es ja beim zweiten Bürgermeister versuchen", antwortet Frau P. und geht erneut zum Telefon. Doch der zweite Bürgermeister lässt mich schon allein wegen der Alarmanlagen auf gar keinen Fall ins Schützenhaus, berichtet sie enttäuscht.
Seit Anbeginn sitze ich auf der Bank vor dem Haus von Frau P. Sie verschwindet immer wieder im Haus, um zu telefonieren. Dazwischen kommt sie nach draußen und teilt mir das Ergebnis der Gespräche mit. Wir verstehen uns gut und kommen uns näher. Frau P. erzählt mir einiges aus ihrem Leben. Sie verlor einen Sohn mit fünf Jahren.
Ihren zweiten Sohn, einen aktiven Sportler, hätte sie ebenfalls fast verloren. Er bekam mit achtzehn Jahren einen Herzinfarkt, lag im Koma. Die Ärzte wollten ihn schon aufgeben. Doch sie kämpfte dagegen mit aller Kraft. Sie blieb bei ihrem Sohn im Krankenhaus, legte sich neben sein Bett auf den Boden und sagte: "Ich verlasse dieses Krankenhaus nur gemeinsam mit meinem Sohn."
Wer weiß, was die Kraft dieser Mutterliebe alles bewirkt haben mag, überlege ich. Denn der Sohn hat wider Erwarten überlebt.
Mit ihrem ersten Mann führte sie eine große Firma mit 180 Angestellten. Es gab viel zu tun, doch am Abend wurden die geschäftlichen Dinge zur Seite gelegt und sie lebten in schöner Nähe zueinander.
Dann gab es ein schreckliches Ereignis. Ihr Mann trat von hinten an sie heran, umarmte sie und verabschiedete sich von ihr. Das alles hat sich nicht real, sondern innerlich ereignet. Aber sie wusste in diesem Moment, dass sie ihn lebend nicht wieder sehen würde.
Man hat nie feststellen können, ob er ermordet wurde oder Selbstmord begangen hat. Die Lebensversicherung zahlte jedenfalls nicht, nicht einmal die eingezahlten Beträge.
Diese Frau hat viel erlebt und Schicksalsschläge gemeistert. Sie ist stark und verstehend geworden. Meinetwegen telefoniert sie nun schon über eine Stunde ohne Erfolg. Mir ist es schon ganz peinlich

und ich will weiter gehen, um sie von meinem Problem zu erlösen. Doch nun lässt sie mich nicht mehr weg.
"Irgendeine Lösung finden wir. Und wenn wir Sie in unserem Schuppen unterbringen müssen", verkündet sie entschieden und lacht dabei. Sie ist sehr zugewandt, ihr Mann ebenfalls. Er bietet mir zu essen an, während seine Frau das Telefonbuch wälzt.
Aber alle Versuche verlaufen erfolglos. Die Frau setzt sich wieder einmal neben mich auf die Bank.
Sie ist eine zähe Kämpferin und gibt nicht auf. "Eine letzte Möglichkeit versuche ich noch. Es gibt da ein Ehepaar, das ich nicht einmal richtig nah kenne, aber nach meiner Einschätzung sind das Leute, die offen sind."
Sie verschwindet wieder ins Haus und kommt dann freudestrahlend zurück. "Es hat geklappt, das Ehepaar ist bereit, Sie aufzunehmen. Ich bringe Sie jetzt dorthin, es ist nicht weit zu laufen."
Erleichtert folge ich ihr die kurze Strecke, und tatsächlich nimmt mich das Ehepaar freundlich auf. Dankbar verabschiede ich mich von Frau P. Hätte sie sich nicht so für mich eingesetzt, hätte ich in diesem Dorf wohl kein Quartier gefunden.
Von meiner Gastfamilie bekomme ich ein schönes Zimmer mit Duschmöglichkeit. Frau H. bittet mich, meinen Personalausweis zu zeigen und ich bedauere sofort, ihn nicht selbst unaufgefordert vorgelegt zu haben. Frau H. ist eine sehr sympathische 65-jährige Frau. Sie war beruflich als Altenpflegerin tätig. Das erklärt mir ihre Offenheit und ihre soziale Einstellung. Aber auch ihr 72-jähriger Mann ist sehr nett und offen. Er hat als Maurer das Zupacken gelernt und ist in seiner Kellerwerkstatt unverändert aktiv.
Wir essen gemeinsam. Es gibt wunderbare Bratkartoffeln mit Eiern, dazu leckeren Nachtisch. Dann liege ich mit Frau H. auf dem Balkon in der Sonne, während ihr Mann im Keller fleißig werkelt. Wir sind beide auf unseren Liegestühlen in Decken eingewickelt. Denn trotz Sonnenschein bläst ein frischer Wind. So lässt es sich aushalten! Das tut meinen Füßen gut und ich kann mich von der gestrigen Erschöpfung wunderbar erholen. Wir führen dabei offene Gespräche und er-

zählen uns gegenseitig aus unserem Leben. Mit dem Blick in den Garten fühle ich mich unendlich wohl in dieser Umgebung. Nach allen Strapazen komme ich mir fast ein wenig wie im Himmel vor. Es liegt wohl daran, weil ich mich von den Menschen hier so akzeptiert und angenommen fühle.
Frau H. erzählt mir die traurige Geschichte von ihrem 19-jährigen Neffen. Bei der letzten Sylvesterfeier nahm er reichlich Alkohol zu sich. Im Vorgarten ist er an Unterkühlung gestorben, da ihn dort in der Nacht niemand entdeckte.
Später trinken wir im Gartenpavillon Tee. Am Abend ist das Ehepaar in der Nachbarschaft eingeladen. Beide lassen mich allein und vertrauen mir ihr Haus an. Dafür breitet sich ganz besondere Dankbarkeit in mir aus.

Sonntag, 5. Mai 2013

Kurz nach acht Uhr verabschiede ich mich von meinen Gastgebern und begebe mich auf den Weg. Bei Frau P. will ich mich mit einer kurzen Nachricht im Briefkasten nochmals für ihr außergewöhnliches Engagement bedanken. Da höre ich Stimmen hinter dem gekippten Fenster. Mutig entscheide ich, trotz der frühen Morgenstunde zu klingeln. Frau P. erscheint an der Haustür und freut sich sehr, dass ich mich noch einmal sehen lasse.
Sie umarmt mich zum Abschied und küsst mich auf beide Wangen. Gott sei Dank habe ich geklingelt – freue ich mich. Denn diese herzliche Geste gibt mir innere Kraft. Als Wegzehrung drückt sie mir zwei Äpfel in die Hand.
Später esse ich mit Bedacht einen der Äpfel. Er wurde mir mit Liebe gegeben. Das mache ich mir bewusst und versuche diese Liebe als Kraft in mich aufzunehmen. Liebe ist die große von Gott geschenkte Kraft, sagte Hildegard von Bingen einst. Liebe hat enorme Heilkraft, das weiß ich aus eigener Erfahrung.
Zwei Stunden später bin ich in Schleswig am St. Petri-Dom. Schloss Gottdorf lasse ich außer Acht. Für Stadtbesichtigungen mit zusätzli-

cher Wegstrecke fehlt mir einfach die Kraft. An der Pforte des Domes erhalte ich meinen Stempel.
Mit einer älteren Frau komme ich in ein längeres Gespräch. Sie findet die Aufschrift auf meinem Rucksack gut und möchte mir beim Abschied Geld für meine Reise geben. Ich erkläre ihr, dass ich meine Reise bewusst ohne Geld machen möchte.
Sie schaut mich bekümmert an. "Aber ich bin immer so froh, wenn ich jemandem etwas Gutes tun kann", äußert sie etwas ratlos.
"Ich finde das wirklich nett von Ihnen. Schon allein diese Geste stärkt mich für meinen weiteren Weg. Das genügt mir, vielen Dank", versuche ich sie zu trösten und verabschiede mich mit einem festen Händedruck. Immer wieder erlebe ich das starke Bedürfnis von Menschen, anderen eine Freude zu machen. Sie möchten ihre Menschenliebe und Hilfsbereitschaft ausleben, aber wissen in unserer anonymen, distanzierten Zeit gar nicht mehr, wie und wo. Andere bräuchten Hilfe und sind unfähig, es zu zeigen oder sie anzunehmen.
Mangelndes Selbstwertgefühl, Ängste, Hemmungen und Blockaden verhindern, dass diese beiden Gruppen zusammen kommen.
Durch Gassen und Winkel von Schleswig gelange ich zum alten Bundeswehrgelände. Hier finde ich kein Pilgerzeichen. Unsicher entscheide ich mich für eine von mehreren Möglichkeiten. Doch ich bin wieder einmal falsch. Radfahrer bestärken mich auf dem falschen Weg. Sie wirken so sicher, dass ich ihnen glaube. Doch es kommt der Moment, wo ich wieder einmal umkehren muss.
Seit Flensburg haben wir traumhaftes Wetter, es ist sehr angenehm zu laufen. Durch den steten Wind ist es nicht zu heiß.
Am Nachmittag erreiche ich Brodersby. Hier bin ich bei der Pastorin des Ortes angemeldet. Sie ist noch nicht da. Acht Stunden habe ich heute in den Wanderschuhen verbracht, viel zu lange für meine schmerzenden Ballen. In den Schuhen halte ich es nicht mehr aus. Mit Freuden entdecke ich in unmittelbarer Nähe des Pfarrhauses eine Bank. An meiner kleinen linken Zehe hat sich eine Blase gebildet. Meine Sandalen verschaffen den Füßen Erleichterung.

Nun esse ich mit Genuss das Brot von Frau H., und von Frau P. den zweiten Apfel. Voller Optimismus blicke ich dem weiteren Weg entgegen.
Anschließend lege ich mich auf der Holzbank in die Sonne. Ich muss einfach meine Beine hochlegen. Auf dem harten Holz kann ich nicht lange liegen. Unter Rücken und Kopf lege ich Kleidungsstücke zum Polstern. Es bleibt unbequem, wird aber zumindest erträglich. Wegen der Sonne bedecke ich mit dem Hut mein Gesicht. Einen Sonnenbrand will ich mir nicht holen.
Nach einiger Zeit tritt ein Mann auf mich zu und fragt, ob alles in Ordnung sei.
"Danke, das ist sehr aufmerksam von Ihnen. Alles ist bestens, ich will mich nur vom Wandern ausruhen", sage ich und lüfte kurz meinen Hut. Allmählich es wird es ungemütlich. Ameisen belästigen mich. Die harte Bank ist ebenfalls nicht länger auszuhalten.
Endlich fährt ein Auto in den Pfarrhof. Mit steifen Gliedern hinke ich zum Haus. Der Pastorin gestehe ich sofort, dass ich ohne Geld unterwegs bin und keine Spende leisten kann.
Doch ich erkläre mich bereit, irgendetwas zu arbeiten. Die Pastorin ist sehr freundlich und nimmt mich auf. Sie zeigt mir mein Zimmer. Erleichtert stelle ich das Gepäck ab. Sofort schleicht eine getigerte Katze um meinen Rucksack herum. Für *Solwodi* bekomme ich eine Unterschrift und auch gleich einen Stempel für den Pass. Die Pastorin hat zwei Austauschschülerinnen bei sich aufgenommen. Ein Mädchen kommt aus der Türkei, die andere aus dem asiatischen Raum. Beide wollen hier nach dem Abitur ein Studienjahr verbringen. Die Türkin beherrscht schon ganz gut die Deutsche Sprache und ist an meinem Weg sehr interessiert. Nach dem gemeinsamen Abendessen darf ich meine Arbeitsleistung einbringen und das Bad putzen. Das hat es auch dringend nötig. Die Pastorin ist nach meiner Einschätzung an der Grenze ihrer Belastbarkeit. Der Gemeindedienst ist sehr beanspruchend, dazu die beiden Gastschülerinnen, für die sie scheinbar ständig Chauffeurin spielt. Da muss im Haushalt zwangsläufig manches auf

der Strecke bleiben. Schwitzend schrubbe ich eine Stunde, um das Bad wieder sauber zu bekommen.
Am Abend schaut die Pastorin am Fernseher den Tatort. Vermutlich will sie allein sein. Deshalb ziehe ich mich in mein Zimmer zurück. Aber ich darf vorher meine Tochter Claudia, die heute Geburtstag hat, anrufen.
Während ich meine Wegbeschreibung für den nächsten Tag studiere, hüpft die Tigerkatze zum Türgriff hoch und öffnet auf diese Weise meine Zimmertür. Sie kommt ganz selbstbewusst herein, streckt den Kopf in meinen Rucksack und beschnuppert alles, was sie interessiert.
"Du bist ja eine ganz Neugierige. Jetzt erst verstehe ich, warum mir die Pastorin deinetwegen einen Zimmerschlüssel gebracht hat. Für Dich braucht es mehr als das einfache Schließen einer Tür. Husch, hinaus mit dir", geleite ich das Kätzchen sanft auf den Flur hinaus. Nun sperre ich tatsächlich ab. Später, als ich im Bett liege, hüpft die Katze noch zigmal zum Türgriff hoch. Der Türgriff gibt jedes mal einen scheppernden Laut von sich. Die Katze ist äußerst zäh und gibt nicht so schnell auf. Doch irgendwann kehrt Ruhe ein und ich kann schlafen.
Gegen zwei Uhr in der Nacht gehe ich zur Toilette. Die Pastorin ist in gleicher Absicht unterwegs und begegnet mir auf dem Rückweg im Flur. Was sagt man schon schlaftrunken mitten in der Nacht, wenn man einer Pastorin im Nachthemd begegnet? Wir lächeln uns beide nur leicht verlegen an und huschen aneinander vorbei.
Ab fünf Uhr kann ich nicht mehr schlafen. Wieder tun mir alle Knochen weh. Gerädert stehe ich zum gemeinsamen Frühstück auf.

Wenn ihr nicht werdet wie die Kinder ...

Es ist das Herz, das schenkt,
die Finger geben nur her.

Aus Afrika

Montag, 6. Mai 2013

Frühzeitig verlasse ich das Pfarrhaus. Am Missunder Fährhaus brauche ich eine kostenlose Überfahrt. Andernfalls müsste ich sehr weit um die Schlei herumlaufen. Aber der Fährmann ist freundlich und nimmt mich umsonst mit. Auf der anderen Seite geht es sofort in den Wald, am Schleiufer entlang. Die Landschaft an der Schlei ist herrlich. Auch das Wetter könnte nicht besser sein. Das versöhnt mich mit der schlechten Markierung, die mich im Wald schon wieder einige überflüssige Kilometer kostet. An Wiesen, Kühen und Weiden vorbei geht es weiter. Auch an zottigen Rindern ohne Hörner führt der Weg vorüber. Es soll sich um Galloways oder schottische Hochlandrinder handeln, die ich bei uns zuhause noch nie gesehen habe.

Bei Kosel laufe ich wieder einen falschen Weg entlang. Eine Frau mit Krücken kommt mir entgegen.

"Kommen Sie mit mir, ich zeige Ihnen den Weg", fordert sie mich auf. Eigentlich wollte ich nicht im Tempo der Frau den falschen Weg zurückgehen. Aber ich lasse mich auf sie ein. Und wie sich zeigt, war das gut so. Wir führen ein wirklich gutes Gespräch, während ich langsam, ihrem Tempo angepasst, neben ihr her gehe. Beim Abschied stimmen wir überein, dass mein Verlaufen einen Sinn hatte. Sonst wären wir uns nie begegnet. Und das fänden wir nun beide bedauerlich.

Die Frau lässt mich sehr viel Wertschätzung und Respekt für meinen Weg spüren. Das tut gut, und diese Ermutigung brauche ich im Moment.

Später führt der Weg direkt durch ein Gehege dicht an diesen schottischen Zottelrindern vorbei. Da sie Jungtiere bei sich haben, bin ich sehr unsicher, ob ich hier problemlos vorbei laufen kann. Sind das Kühe oder Stiere? Sie sind mir völlig unbekannt. Sie wirken nicht sehr Vertrauen erweckend, so wie sie mir entgegen sehen. Einige Zeit beobachte ich sie, dann nehme ich allen Mut zusammen und begebe mich hinter das Gatter. In einem größeren Bogen, mit Abstand zu den zotteligen Genossen, versuche ich die Weidefläche zu durchqueren. Dabei lasse ich die Tiere nicht aus den Augen. Wir beobachten uns gegenseitig. Ohne Probleme erreiche ich die andere Seite. Aufatmend schließe ich die Gattertür hinter mir.
In Kochendorf treffe ich ein siebenjähriges Mädchen an der Straße. Sie ist sehr aufgeschlossen und führt mich in ihren Garten. Dort zeigt sie mir das Baumhaus, an dem ihr Papa gerade sägt und zimmert. Eine Pause tut meinen Füßen gut. Der Papa hat nichts dagegen, dass ich mich im Schatten niederlasse und meine Schuhe ausziehe. Er bringt mir sogar eine Flasche Mineralwasser und ein Glas. Dann wendet er sich wieder seiner Arbeit zu. Die Kleine unterhält mich, erzählt mir aus der Schule und zeigt mir ihre Kunststücke auf der Schaukel. Ein ausgesprochen nettes, offenes Kind. Nach einiger Zeit verabschiede ich mich von meiner kleinen Freundin.
Von Eckernförde habe ich fünf verschiedene Unterkunftsadressen, aber bisher konnte ich niemanden telefonisch erreichen. Als ich im Zentrum ankomme, bin ich schon ziemlich geschafft. An der Kirchenpforte von St. Nikolai sind zwei ältere Damen. Die sind im Augenblick meine ganze Hoffnung. Einen Stempel bekomme ich, aber für eine Pilgerin ohne Geld wissen sie keinen Rat. Sie versuchen vergeblich, verschiedene Pastoren telefonisch zu erreichen. Auch die anderen Pilgerquartiere auf meiner Liste sind telefonisch nicht erreichbar. Der Kirchentag erwischt mich hier ganz massiv. Seit gestern ist er zwar zu Ende, aber es gibt noch Aufräumarbeiten in Hamburg. Die beiden Damen wissen niemanden sonst, der eine Pilgerin ohne Geld aufnehmen würde. Also geht es weiter durch die Fußgängerzone. Hier spreche ich eine Frau auf ein Quartier an. Das Geld wäre für sie kein Prob-

lem. Sie hätte mich tatsächlich aufgenommen, wenn sie nicht gerade voll belegt wäre. Irgendwann stehe ich vor dem großen Pfarrhaus, das laut Liste ganz offiziell ein Pilgerzimmer bereit hält. Obwohl der hier wohnende Pastor durch die beiden Damen telefonisch nicht erreichbar war, betätige ich die Hausglocke. Tatsächlich erscheint er an der Haustür. Gerettet, denke ich im ersten Moment!
Ich stelle mich vor und sage ihm, dass ich ein Pilgerquartier bräuchte.
"Im Moment wird hier renoviert und das Pilgerzimmer kann nicht genutzt werden", ist seine knappe Antwort. Ich spüre sofort, dass er mich möglichst schnell loswerden will.
"Ich bin ohne Geld unterwegs und habe bei all den anderen Quartieren keine Aufnahme gefunden. Ich weiß nicht mehr, an wen ich mich noch wenden könnte", versuche ich ihm meine Lage klar zu machen.
"Das Pilgerzimmer ist im Moment nicht verfügbar."
"Ich bin zufrieden, wenn ich in irgendein Bürozimmer kann, damit ich wenigstens ein Dach über dem Kopf habe."
"Es wird renoviert! Sie sehen doch, was hier los ist." Der Tonfall ist nun ganz ungeduldig. Doch von einer Renovierung ist für mich nichts zu erkennen. Alles schaut normal aus, und ich habe nur das Gefühl, eine unangenehme Belästigung zu sein. Den Pastor interessiert überhaupt nicht, warum und wozu ich ohne Geld unterwegs bin. Normalerweise ist ein derart ungeduldig genervtes Verhalten eine erfolgreiche Strategie, um jemanden schnell loszuwerden. Aber ich weiß leider keine andere Alternative.
"Gehen Sie doch in die Jugendherberge", schlägt er vor, als ich noch immer vor ihm stehe.
"In der Jugendherberge nimmt man mich ohne Geld sicher nicht auf", äußere ich meine Bedenken.
"Reden Sie mit dem Herbergsvater, sagen Sie ihm, dass es im Pilgerzimmer nicht möglich ist. Bestimmt nimmt er sie auf", meint er nun in ermutigendem Ton. Es klingt glaubhaft.
Er scheint den Herbergsvater gut zu kennen, wenn er so redet, denke ich. Trotzdem frage ich weiter: "Was mache ich, wenn er mich ohne Geld nicht nimmt?"

"Dann bezahle ich die Jugendherberge." Die Ungeduld des Pastors wächst nun spürbar. Ich glaube, er hätte in diesem Moment fast allem zugestimmt, nur um mich loszuwerden.
"Und wie soll das mit der Bezahlung funktionieren?", frage ich weiter.
"Er soll bei mir anrufen, dann kläre ich das." Er ist von mir sichtlich genervt.
"Vielen Dank", verabschiede ich mich.
Das ist natürlich kein schönes Gefühl, so behandelt zu werden. Aber wer weiß, was noch auf mich zukommt. Jedenfalls kann ich mir nicht leisten, mich von einem ungeduldigen Pastor einschüchtern zu lassen.
Die Jugendherberge liegt oben am Berg. Mit viel Mühe frage ich mich dorthin durch. Ich bin geschafft, meine Füße brauchen dringend Entlastung. Der Herbergsvater ist erst nicht zu finden. Endlich taucht er auf. Auf gar keinen Fall kann ich hier ohne Geld übernachten. Pilgerzimmer und Pastor interessieren ihn überhaupt nicht.
Zwischen dem Pastor und dem Herbergsvater ist wohl doch nicht so eine gute Verbindung, wie es vorhin den Anschein hatte.
"Rufen Sie bitte den Pastor an, er will die Kosten für mich übernehmen", werfe ich als letzten Ausweg ein. Das ist mir zwar unangenehm, aber mir bleibt keine andere Wahl.
Ich lege meine Internetliste hin und deute auf die entsprechende Telefonnummer.
Der Herbergsvater spricht einige Zeit mit dem Pastor. Es hört sich für mich nicht gut an. Schließlich übergibt er mir den Hörer.
"Also das geht ja auf gar keinen Fall," schallt mir die Stimme des Pastors entgegen.
"Sie haben ja nicht einmal einen Jugendherbergsausweis. Den müsste ich Ihnen ja auch noch zahlen. Ich wäre bereit gewesen, zwanzig Euro zu bezahlen. Aber mit Jugendherbergsausweis sind das ja vierzig Euro. Dazu bin ich nicht mehr bereit!" Der Pastor lässt mich seinen ganzen Unmut spüren.
"Meine Kasse ist für gemeinnützige Zwecke bestimmt, und ich trage dafür die Verantwortung. Sie können nicht einfach ohne Geld unterwegs sein. Nein, das geht nicht! Also da können Sie von mir nichts

bekommen!" Seine Stimme ist voller Empörung. Die Art und der Tonfall zeigen mir deutlich, welche Zumutung ich für ihn bin.
In meiner Vorstellung sehe ich mich schon frierend in einer dunklen Ecke kauern. Der Pastor weiß überhaupt nicht warum ich mich in dieser Situation befinde, und es interessiert ihn auch nicht. Egal welches Problem vorhanden ist. Ich mit meiner Person, ich als Mensch interessiere ihn einfach nicht! Schon allein diese Tatsache lässt mich innerlich frieren.
Auch wenn ich mich selbstverschuldet in diese Lage brachte, verstehe ich diese Härte nicht. Tatsache ist, dass ich weit weg von zu Hause bin, kein Geld und kein Nachtquartier habe. Die Nächte sind noch sehr kalt. Das wird hart, wenn mich niemand aufnimmt!
"Was soll ich denn jetzt machen?", frage ich. "Es wird Abend und ich weiß nicht wohin!" In meiner Ratlosigkeit lasse ich noch nicht locker. Ich kann mir vorstellen, dass er mich inzwischen in Stücke reißen möchte, weil er mich immer noch nicht los ist.
"Es gibt eine Familie, die Zimmer vermietet. Versuchen Sie es dort."
Der Pastor nennt mir die Straße, die in meinen Ohren so fremd klingt, dass ich sie nicht verstehen kann. Ich notiere rasch auf einen Zettel, was ich davon verstanden habe. Er redet schnell und gereizt. Die Hausnummer kennt er nicht, aber die Lage beschreibt er mir einigermaßen.
"Wenn diese Familie Sie nicht aufnimmt, dann weiß ich auch nicht weiter", ist der letzte Satz, mit dem er das Gespräch beendet. Der ungeduldig genervte Ton lässt keinen Zweifel daran, dass ich mich auf gar keinen Fall mehr an ihn wenden kann.
Während ich die Jugendherberge verlasse, überlege ich: Warum nimmt mich ein Pastor nicht auf, obwohl er im Pfarrhaus ganz offiziell ein Pilgerzimmer hat. Wenn das Zimmer tatsächlich nicht nutzbar ist, warum kümmert ihn nicht, was aus mir wird? Gehört das Pilgerzimmer einfach nur zu einem vorbestimmten Kirchenprogramm und zum Image? Das Ganze erinnert mich an die soziale Kälte von Behörden und Institutionen, wo für Menschlichkeit außerhalb der Rahmenbedingungen kein Platz ist.

Das ist alles nicht sehr ermutigend. Ich laufe erst noch weiter bergauf, dann bergab.
Unterwegs sehe ich eine Frau meines Alters im Garten und spreche sie an. Ich schildere meine Situation. Aber sie hat sofort ganz resolut und entschieden ein klares Nein parat. In dieser Wohngegend ist am Abend niemand auf der Straße, den ich ansprechen könnte. Schließlich finde ich, wie durch ein Wunder, die vom Pastor beschriebene Straße. Aber nirgends sehe ich einen Hinweis auf Vermietung.
Eine junge, blonde Frau befindet sich mit ihrem kleinen Jungen vor der Garage. Sie ist damit beschäftigt, ihre Winterreifen zu wechseln. Da sie sehr sympathisch wirkt, gehe ich auf sie zu und frage, ob sie in der Straße jemanden kennt, der Zimmer vermietet.
"Das Haus ist gleich hier, schräg gegenüber", deutet sie mit der Hand auf ein Gebäude.
Ich erzähle der jungen Frau von meiner Pilgerreise ohne Geld und berichte von der Empfehlung des Pastors zu dieser Familie.
"Ich kann mir nicht vorstellen, dass eine Familie, die gegen Geld vermietet, mich aufnimmt.
Könnten Sie mich für eine Nacht aufnehmen, falls es dort nicht klappt?", frage ich bittend.
Sie schaut mich einen Moment an, schüttelt dann bedauernd den Kopf: "Normalerweise bin ich sehr offen. Aber im Augenblick bin ich in einer Situation, da ist das nicht möglich."
"Sie kennen mich nicht und haben Angst, weil ich Ihnen fremd bin", stelle ich ihren Beweggrund fest. Ihr Blick sagt mir, dass meine Vermutung stimmt.
"Ich bin eine harmlose Pilgerin, ich bin ehrlich, und Sie hätten von mir absolut nichts zu befürchten. Aber ich will Sie nicht unter Druck setzen und akzeptiere Ihre Entscheidung selbstverständlich", verabschiede ich mich.
Bei der vom Pastor empfohlenen Familie komme ich nicht unter. Die Frau erklärt mir, dass alle Zimmer belegt sind. Auch hier schildere ich meine Situation, die sich durch den Hamburger Kirchentag ungünstig entwickelte, und bekenne, dass ich ohne Geld unterwegs bin.

"Warum nimmt Sie kein Pastor auf", fragt die Frau ganz verwundert.
"Ich kenne nur den, der mich zu Ihnen geschickt hat."
"Aber gleich hundert Meter weiter um die Ecke wohnt ebenfalls ein Pastor. Der ist anwesend, das weiß ich. Neben seiner Wohnung ist das große Gemeindegebäude. Da ist genug Platz, da kann er Sie doch unterbringen", ist ihre pragmatische Überlegung.
"Den werde ich selbstverständlich sofort aufsuchen, vielen Dank für die Auskunft", verabschiede ich mich ganz erfreut. Voller Hoffnung laufe ich los.
Wenig später stehe ich vor der Tür des Pastors. Seine Frau öffnet. Auch ihr schildere ich meine Situation und frage, ob ich im Gemeinderaum übernachten könnte.
Als sie hört, dass ich kein Geld habe, verändern sich ihr Blick und ihre Haltung.
Sie möchte mich ebenfalls sofort loswerden und gar nicht zu ihrem Mann vordringen lassen. Aber ich lasse nicht locker, ich möchte den Pastor selbst sprechen. Sie geht ins Haus, und ich warte an der Tür. Schon vorgewarnt tritt er mir entgegen.
"Wir haben hier im Gemeinderaum keine Übernachtungsmöglichkeit. Da sind nur Stühle, keine Liegemöglichkeit. Sie müssten auf dem Fußboden liegen", versucht er mich abzuschrecken.
"Sie sind meine letzte Station. Bisher habe ich nur Absagen bekommen. Meine Füße schmerzen stark, ich kann nicht mehr laufen", versuche ich meine Situation verständlich zu machen.
Mein Problem scheint ihn nicht zu berühren.
"Wenn Sie mich nicht aufnehmen, muss ich im Freien schlafen und da ziehe ich den Fußboden eines geschlossenen Raumes doch vor", argumentiere ich hartnäckig. Für mich ist nicht einzusehen, warum ein Pastor mich in dieser Situation nicht in den Gemeinderaum lassen will. Der Gemeinderaum ist keine Privatwohnung, in der ich seine Privatsphäre verletzen könnte.
Nur widerwillig, anscheinend weil ihm kein Gegenargument einfällt, lässt er sich auf mich ein. Er lässt sich meinen Personalausweis geben.

"Haben Sie überhaupt ein geregeltes Einkommen?", fragt er und betrachtet mich prüfend.
"Ich komme aus ganz normalen Verhältnissen, wohne im eigenen Haus, habe vier Töchter. Meine Töchter haben studiert. Ich bin nicht arm", versuche ich sein Misstrauen gegenüber meiner Person aufzulösen.
"Seit Jahren bin ich ehrenamtlich in der Seelsorge tätig und weiß, was in unserer Gesellschaft los ist. Ich will ein Zeichen für meinen Glauben und für mein Gottvertrauen sein. Deshalb gehe ich ganz biblisch ohne Geld", versuche ich den Mann zu erreichen.
Wenn ich dachte, der Pastor würde mit meiner Bibelstelle eher etwas anfangen können als eine Bäuerin, dann wurde ich nun eines Besseren belehrt.
Der Pastor steht mir unverändert abschätzig und verständnislos gegenüber. Aber wenigstens nimmt er mich auf.
"Gut, Sie können hier übernachten", entscheidet er. "Aber ich finde nicht gut, was Sie da machen, das muss ich Ihnen sagen", fügt er von oben herab hinzu.
Er zeigt mir die Toilette und den großen Gemeinderaum, in dem sich ringsum an den Wänden nur Stühle befinden.
"Hätten Sie eine Decke für mich", frage ich.
"Nein", ist seine knappe Antwort.
"Kann ich meinen Rucksack hier lassen und das Haus verlassen?", erkundige ich mich. Der Pastor händigt mir nun einen Schlüssel für den Raum aus. Den Personalausweis will er bis zu meiner Abreise behalten.
"Wegen der Hitze gehe ich gerne zeitig los. Wann kann ich den Schlüssel früh abgeben?"
"Sie können um acht Uhr klingeln", sagt er sehr bestimmt.
Für mich ist das sehr spät. Wenn er meinen Ausweis nicht behalten würde, ließe sich das anders regeln. Aber ich akzeptiere selbstverständlich seine Bedingungen.
Sofort ziehe ich die Stiefel aus, lasse Rucksack mit Stöcken stehen und laufe in Sandalen los.

Eine Isomatte und eine Decke treibe ich bestimmt auf, denke ich zuversichtlich und mache mich auf den Weg.
Was mich bei den beiden Pastoren dieses Tages so erschreckt, ist das Desinteresse, welches mir entgegenschlägt. Da ist eine Unberührbarkeit, die ich nicht verstehen kann.
Als erstes versuche ich es bei der Frau, die Zimmer vermietet. Sie hat sicher eine Decke für mich übrig, denke ich. Die Frau kann gar nicht glauben, dass der Pastor nicht einmal eine Decke für mich hat. Sie schleppt sogleich ein Liegengestell herbei und will mir noch eine Polsterauflage bringen. In diesem Moment kommt die blonde Frau mit dem Rad um die Kurve gefahren. Der kleine Junge fährt mit seinem Rädchen daneben.
"Wir suchen Sie schon überall, wir wollen Sie doch aufnehmen!", ruft sie mir von weitem freudig entgegen. Ich kann gar nicht fassen, was ich da höre.
"Was? Meinen Sie das ganz im Ernst?", strahle ich sie an.
Sie steht nun vor mir und nickt mir freudig lächelnd zu.
"Sie sind ein Engel! Darf ich?" Und schon umarme ich sie.
Die Nachbarin sieht und hört alles mit und sagt: "Na, dann ist es ja geregelt." Sie freut sich ebenfalls, dass ich gut unterkomme.
"Mein Gepäck ist noch im Gemeinderaum, das hole ich schnell", rufe ich ganz erlöst aus. Im Nu bin ich beim Pastor und berichte freudig:
"Ich möchte mein Gepäck holen, ich habe eine Unterkunft gefunden."
"Sie können mir meinen Ausweis zurückgeben. Hier ist der Schlüssel vom Gemeinderaum", strecke ich die Hand hin. Ohne Kommentar nimmt er den Schlüssel und bringt mir meinen Ausweis.
"Es würde mich noch interessieren, warum Sie meinen Weg ohne Geld nicht richtig finden." Gespannt blicke ich ihn an.
"Ich finde, es ist ein Hohn, ohne Geld loszulaufen, wenn man nicht arm ist. Es gibt so viele Menschen, die wirklich arm sind. Es ist nicht richtig, wenn man das als künstliches Experiment macht", belehrt er mich missbilligend.
"Ich habe diese Reise doch nicht als Experiment unternommen", rufe ich irritiert aus.

Nie habe ich jemandem Armut vorgespielt! Ich will niemanden schädigen und bekenne mich immer ehrlich zu meinen Beweggründen. Wenn manche Menschen sie nicht verstehen und mich nicht unterstützen, so akzeptiere ich das."
Der Pastor schaut mich unverändert kritisch an. Da ist keinerlei Annäherung zu erkennen.
"Hinter der Fassade von Wohlstand und Konsum verstecken sich bei vielen Menschen Ängste, die dem einzelnen oft gar nicht bewusst sind. Wir haben eine innere Not, die zutiefst in der Seele stattfindet. Die innere Bedürftigkeit und Not wird mit vielen materiellen Ersatzbefriedigungen zugedeckt und dann häufig nicht mehr gespürt. Dabei handelt es sich um eine weniger sichtbare aber umso größere Not als die materielle Not, die sich in Äußerlichkeiten zeigt. Sie erfasst den Menschen in seinem Innersten und zerstört ihn. Die Menschen haben keine wirkliche Freude, keinen Mut, kein Vertrauen. Die Angst wird in unserer Gesellschaft immer größer und greift um sich. Angst lähmt. Und wie gelähmt kommen mir viele Menschen vor. Sie handeln nicht, wo sie handeln müssten. Wir zeigen uns gegenseitig nicht mehr, dass wir einander brauchen", versuche ich meine Wahrnehmungen zu verdeutlichen.
"Ich glaube an das Gute im Menschen. Die meisten Menschen sind freundlich und hilfsbereit. Man muss nur offen und ehrlich auf sie zugehen und ihnen mit der eigenen Offenheit die Angst nehmen. Mit der Erfahrung dieses Weges will ich die Menschen in meiner Seelsorgetätigkeit ermutigen. Ich möchte zeigen, dass es viel mehr Güte und Menschlichkeit gibt, als die meisten glauben."
"Aber Sie stellen dabei eine künstliche Situation her, und das finde ich nicht in Ordnung", beharrt er auf seiner Meinung.
"Wir brauchen Begegnung und wir brauchen gute Erfahrungen miteinander. Nach meiner Überzeugung ist es wichtig, dass wir Menschen auch wieder unserer eigenen inneren Stimme vertrauen und uns nicht von außen, wie z.B. von den Medien, manipulieren lassen," bricht es leidenschaftlich aus mir heraus.

Doch ich spüre, dass ich diesen Pastor mit all meinen Worten nicht erreiche, und werde still.
"Ich bleibe dabei, dass ich Ihren Weg nicht richtig finde. Genauso wenig halte ich vom franziskanischen Gedanken", erklärt er und fährt fort:
"Franziskus war ein reicher Kaufmannssohn. Er hatte genug Geld, hätte gut leben können. Aber er verschenkt alles und macht sich damit bedürftig. Und dann braucht er alles von den anderen, die etwas haben. Das finde ich einfach nicht gut."
"Zu dieser Reise bin ich nicht für ein Experiment aufgebrochen und ich habe sie auch nicht als eine Idee geplant. Es gibt einen viel tieferen Beweggrund. Meine innere Stimme hat mich auf den Weg geschickt. Von ihr lasse ich mich führen."
"Ach ja, was die Menschen alle für innere Stimmen haben ...", wertet er ab.
"Meine innere Stimme hat mich noch nie getäuscht", äußere ich mit Überzeugung.
"Sie können das ja machen, wie Sie wollen. Ich sage Ihnen nur ganz ehrlich, was meine Meinung dazu ist."
"Für Ehrlichkeit bin ich immer dankbar und über Kritik denke ich grundsätzlich nach.
Sollte meine innere Stimme mich diesmal täuschen, dann wird sich das zeigen, und ich kann umkehren. Bisher gab es für mich keinen Grund, an ihr zu zweifeln", sage ich abschließend und verlasse das Gebäude.
Rasch bin ich bei meiner neuen Gastgeberin. "Wie kommt es denn zu diesem Umschwung? Wieso nehmen Sie mich jetzt auf?", frage ich interessiert.
"Jan, mein kleiner Sohn hat mich gefragt: 'Mami, was will die Frau denn?' Ich habe ihm erklärt, dass Sie für die Nacht eine Unterkunft bräuchten.
Dann hat Jan gemeint: "Ach Mami, in meinem Kinderzimmer ist doch genug Platz. Da kann die Frau doch schlafen", berichtet sie lachend.

Und so wurde der vierjährige Jan zum Zünglein an der Waage und räumte seiner Mutter die letzten Bedenken aus.
"Jan, da muss ich mich ja direkt bei Dir bedanken! Du bist ein echter Kavalier, so wie Du Dich für mich eingesetzt hast. Da bin ich wirklich sehr froh. Deine Mutter kann stolz auf Dich sein", lache ich ihn an. Und Jan ist stolz, ein Kavalier zu sein!
Wir trinken auf der Terrasse Tee und gehen schnell zum Du über. Anja ist eine allein erziehende Mutter. Sie ist Lehrerin im Schuldienst am Gymnasium. Anja beschäftigt sich wieder mit ihren Winterreifen. Reifenwechsel macht sie immer selbst. Jan darf mithelfen und die gelockerten Schrauben drehen.
Dieser heiße Tag verlangt nach einer Dusche. Danach rufe ich in Gettorf eine Pilgerunterkunft aus meiner Internetliste an.
Das Zimmer ist frei, welch ein Glück! Am Telefon sage ich nicht, dass ich ohne Geld unterwegs bin. Die Leute sollen mich erst sehen und wenigstens einen persönlichen Eindruck von mir haben, bevor sie sich für oder gegen eine Aufnahme entscheiden.
Mit Anja wird es ein netter, langer Abend bis nach Mitternacht.

Dienstag, 7. Mai 2013

Am anderen Tag führt mein Weg mich am Ostsee-Strand und später an der Steilküste entlang. Alles ist wunderschön, auch das Wetter.
Das Gespräch mit dem Pastor geht mir durch den Kopf. Dass ein Pastor mich überhaupt nicht verstehen kann, irritiert mich schon. Deshalb durchleuchte ich mich, ob ich irgendwo bei mir etwas Falsches oder einen Irrtum erkennen kann. Aber ich kann nichts entdecken.
Der Weg am Strand ist endlos und ich kann mir nicht erklären, warum die Markierung nicht längst ins Landesinnere führt.
Weit und breit ist niemand, den man fragen könnte. Vor einiger Zeit hat mich ein Jogger überholt. In einiger Entfernung vor mir liegen seine Kleider am Strand. Der Mann hat sich in die erfrischenden Wellen gestürzt. Bewundernswert, denn die Ostsee ist noch ordentlich kalt. Der Mann steigt gerade aus dem Wasser, als ich mit ihm auf gleicher Höhe bin. Er ist völlig nackt. Normalerweise würde ich mich

diskret abwenden und weiterlaufen. Aber ich bin jetzt auf diesen Mann angewiesen, um zu erfahren, wo ich mich befinde. Ich bleibe stehen und blicke ihm entgegen. Er ist um einiges jünger als ich.
"Können Sie mir sagen, wo ich überhaupt bin?" Der Mann läuft unverändert weiter aus dem Wasser und steht mir schließlich im Adamskostüm gegenüber. Er verhält sich völlig ungezwungen und natürlich.
"Wo wollen Sie denn hin? Da vorne liegt Noer," deutet er mit dem Zeigefinger Richtung Osten.
"Ich laufe den Jakobsweg und will nach Gettorf. Hier am Strand ist nichts mehr markiert. Bei Aschau soll ich landeinwärts gehen."
"Da müssen Sie zurück! Da sind sie längst vorbei", klärt er mich freundlich auf, während er sich ganz unbefangen das Wasser von Oberkörper und Armen abstreift.
Irgendwie berührt mich dieses Geschehen auf ganz besondere Weise. Da ist etwas Schönes, Neues zwischen diesem Mann und mir, das ich so noch nicht erfahren habe. Unsere Begegnung strahlt etwas spürbar Unschuldiges aus. Es ist ein Moment, der den Garten Eden ahnen lässt, in einem Sein, wo man als reine, unschuldige Gottesgeschöpfe keine Scham wegen der Nacktheit empfindet.
"Alles klar, dann weiß ich Bescheid. Danke für die Auskunft", lächle ich ihm zu und schlage die entgegengesetzte Richtung ein.
Im Garten Eden mussten sich die Menschen nicht voreinander verstecken, so wie wir es heute tun, überlege ich im Weggehen. In unserer heutigen Gesellschaft wird zwar hemmungslos der nackte Körper gezeigt, aber dafür wird das Innere und der eigentliche Kern vor den Mitmenschen um so mehr versteckt. Wir brauchen hundertfache Fassaden, weil wir nicht wagen, uns zu zeigen, wie wir im Innersten wirklich sind. Wie glanzvoll und selbstsicher sind unsere Fassaden nach außen. Und dahinter verbirgt sich eine Schattenwelt aus Angst, Unsicherheit, Liebesbedürftigkeit und innerer Einsamkeit.
Wir schämen uns für unsere Gedanken, für unsere Wünsche, für unsere Gefühle, für unsere Ängste, für unsere Schwächen, für unser Tun. Dabei ist das alles so menschlich und natürlich. Wir sind alle gleichermaßen davon behaftet. Das zeigt, wir alle wissen nicht, dass wir

in unserem Menschsein, so wie wir wirklich sind, wertvoll sind. Diesen grundsätzlichen Wert, der sich durch menschliches Versagen, durch Fehler und Schuld nicht auflöst, wollte Jesus uns bewusst machen. Wüssten wir um unseren Wert, dann hätten wir nicht nötig, uns hinter Fassaden zu verstecken. Dann könnten wir zu uns stehen in all unserer Verschiedenheit, mit unseren unterschiedlichen Fähigkeiten und Grenzen und auch mit unseren Fehlern. Würden wir unseren Wert von Gott her beziehen, dann wären wir nicht davon abhängig, ob uns einzelne Menschen wertschätzen oder nicht.

Im wachsenden Bewusstsein unseres tatsächlichen Wertes würden sich Neid, Aggression und Gewalt zunehmend auflösen. Denn das mangelnde Selbstwertgefühl ist die Ursache vieler Übel. Warum wollen Menschen oft mehr sein, als sie sind? Warum brauchen sie Statussymbole, Prestigeobjekte, Titel, Erfolg, Geld und Macht? Mit all den Dingen wollen sie sich einen Wert verleihen, weil sie nicht wissen, dass sie ihn längst in sich haben. Sie wissen nicht, wie wertvoll sie sind, weil es ihnen nie vermittelt wurde.

Die große Herausforderung an die Kirche ist, den Menschen ihren wahren, von Gott bestimmten Wert zu vermitteln, so wie Jesus es in seiner Botschaft verdeutlicht hat.

Die große Aufgabe der Kirche sehe ich darin, dass sie beginnt, die Menschen von ihren niederdrückenden Ängsten und Schuldgefühlen zu befreien, statt sie mit Sündenschuld und Höllenangst in der Selbstentwertung zu halten.

Bekämpft werden muss die Sünde und nicht der Sünder. Und dazu wird die Kirche neue Wege finden müssen.

Es dauert einige Zeit, bis ich in Aschau bin. Ich schaue mir die entscheidende Stelle genau an. Die Markierung ist miserabel. Häufig fehlen Schilder oder sind irreführend angebracht. Kein Wunder, dass ich mich jeden Tag mindestens fünf Kilometer verlaufe. Egal, wen man fragt, in der Regel bekommt man auch noch falsche Auskünfte. Die Leute schicken einen kreuz und quer, aber mit einer Sicherheit, als wüssten sie es ganz genau. Häufig bräuchte ich einen siebten Sinn, um den richtigen Weg zu finden.

Schließlich bin ich in Gettorf bei Familie L. Unabhängig vom Geld werde ich hier herzlich aufgenommen. Darüber bin ich so erleichtert, dass ich beim Abendbrot spontan ein kurzes Dankgebet spreche. Wir verstehen uns gut und landen rasch beim 'Du'. Adelheid und Manfred sind sehr offene Menschen. Sie nehmen häufig Pilger auf, und sie tun es gerne. Damit leisten sie einen wichtigen Beitrag. Pilgern führt zu Begegnung. Das ist ein Schritt gegen die Angst und gegen die zunehmende Isolation.

"Es müsste noch viel mehr Pilger und private Pilgerunterkünfte geben. Dann würde sich herumsprechen, dass nicht jeder Fremde ein Feind ist", bringe ich meine Überlegungen zum Ausdruck.

"Die Ängste kommen vielfach von den Medien, die ständig nur negative Berichte bringen. Was in den Zeitungen steht oder am Fernseher gebracht wird, schürt doch nur Ängste und festigt die Feindbilder", wirft Manfred ein.

"Du hast recht", pflichte ich bei. "Da wird eine verzerrte Realität gezeigt. Man gewinnt den Eindruck, die ganze Welt sei schlecht. Als lauerten Räuber, Diebe, Mörder scheinbar an jeder Straßenecke.

Ich bin froh, dass mir auf dem Jakobsweg solche Menschen, wie Ihr es seid, begegnen.

Das ermutigt ungemein", sage ich zu den beiden erfreut.

"Wir sehen die Begegnung mit Menschen als Bereicherung für unser Leben. Hier findet ein gegenseitiges Geben und Nehmen statt, und das entspricht unserer religiösen Gesinnung", erklärt Manfred. Adelheid stimmt nickend zu.

"Ich glaube, dass die Negativnachrichten in den Medien höchstens zehn Prozent der Gesellschaft betreffen. Neunzig Prozent sind normale, ungefährliche Menschen. Aber in der Gesellschaft herrscht eine Angst, als wäre es umgekehrt. Grundsätzlich ist Angst eine überlebenswichtige Emotion. Aber durch unvollständige und falsche Informationen kann sie manipuliert werden. Dann kann Angst auch in die Irre führen", bringe ich meine Auffassung zum Ausdruck.

"Wir haben noch nie schlechte Erfahrungen mit Pilgern gemacht," wirft Adelheid ein.

"Es müsste eine richtige Pilgerbewegung quer durchs ganze Land geben, um die verkehrte Wahrnehmung aufzulösen und das Vertrauen unter den normalen Menschen wieder herzustellen", begeistere ich mich bei dieser Vorstellung.
"Stellt Euch mal vor, wir neunzig Prozent wüssten voneinander und könnten uns miteinander verbünden. Was wären wir für eine gemeinsame Kraft gegen diese zehn Prozent. Wie stark und angstfrei uns das machen könnte!", sage ich voller Leidenschaft.
Adelheid und Manfred haben keine Angst, fremde Menschen aufzunehmen. Sie brauchen keinen Personalausweis und keinen Einkommensnachweis um ihre Tür zu öffnen.
In der Liebe ist keine Angst, und wo die Angst ist, fehlt die Liebe. Durch Misstrauen und Angst werden die Menschen füreinander unberührbar. Um sich zu öffnen, braucht man Vertrauen. Wenn ich kein Vertrauen zu den Menschen habe, - wie soll ich es dann zu Gott haben?
"Indem Ihr anderen vertraut, gebt Ihr ein gutes Beispiel", sagte ich anerkennend.
Bis in die Nacht hinein führen wir offene Gespräche, und ich fühle mich bei diesem Ehepaar sehr wohl.

Mittwoch, 8. Mai 2013

Die Nacht über hat es heftig geregnet, doch beim Aufbruch ist der Regen plötzlich vorbei. "Danke für eure Gastfreundschaft! Schön, dass Ihr eure Tür und eure Herzen für mich geöffnet habt", sage ich zum Abschied. Wir umarmen uns alle herzlich, und ich marschiere in den grauen Tag hinein.
Ich denke über die Unterhaltung des gestrigen Abends nach. Neunzig Prozent, ja selbst nur achtzig Prozent ungefährlicher Menschen wären ein Bollwerk, um die unnötigen Ängste aufzulösen. Wenn wir uns mit einem echten Erkennungszeichen für Gewaltlosigkeit verbinden und verbünden könnten, würde sich vieles positiv verändern. Das meiste, was geschieht oder unterlassen wird, passiert aus Angst vor dem anderen. Davon bin ich überzeugt. Wir könnten auf allen Ebenen und in

unserer Nationalität verschieden sein, es müsste nur ein einziges gemeinsames Kriterium geben: *Ich bin nicht gefährlich, ich werde niemandem etwas antun.*
Ein wunderbarer Traum, in so einer Gesellschaft zu leben! Es ist ein alter Traum, der zu allen Zeiten existierte. Immer wieder haben sich einzelne oder Gruppen mit unterschiedlichen Methoden für Frieden und Brüderlichkeit eingesetzt. Auch wenn sich der Traum nie ganz erfüllt, erscheint es mir richtig, ihn niemals aufzugeben. Je weiter wir davon entfernt sind, desto wichtiger wird es, sich für diesen Traum einzusetzen. Vielleicht ist die Pilgerbewegung tatsächlich eine wirksame Gegenbewegung, die man entsprechend ausbauen müsste. Die Menschen würden sich wieder intensiv begegnen und dabei die Angst voreinander verlieren. Vertrauen würde sich neu bilden.

Über Feldwege gelange ich zum Nord-Ostsee-Kanal. Hier entlang laufe ich direkt auf Kiel zu. Nach der Holtenauer Brücke komme ich zur Schleusenfähre, mit der ich den Kanal überquere. Die Fähre ist kostenlos, weil das Gewässer künstlich erstellt wurde. Bei natürlichen Gewässern ist die Überfahrt kostenpflichtig.
Mit meinem Rucksack und seiner ungewöhnlichen Aufschrift falle ich auf der Fähre einem etwa 11-jährigen Mädchen auf. Sie spricht mich an, und ich erzähle ihr vom Jakobsweg, den ich durch ganz Deutschland laufen will.
"Wo schläfst Du heute?", fragt sie.
"Das weiß ich jetzt noch nicht."
"Hast Du Geld?", fragt sie ganz unvermittelt.
"Nein, Geld habe ich nicht dabei," schüttle ich den Kopf.
"Dann hast Du ein Problem", stellt sie nüchtern und altklug fest.
"Nein, ich habe kein Problem. Ich habe Gottvertrauen, das ist wichtiger als Geld. Gott führt mich zu Menschen, die mich ohne Geld aufnehmen werden", halte ich dagegen. Das Mädchen schaut mich mit großen Augen an und weiß nichts mehr zu sagen.
"Es fällt dir schwer, das zu verstehen. Du hast ja recht, grundsätzlich brauchen wir alle Geld zum Leben. Aber ich bin mit einer Aufgabe

unterwegs. Ich will meinen Glauben und mein Gottvertrauen sichtbar machen. Deshalb habe ich kein Geld dabei und ich werde auch keines brauchen", versuche ich mich verständlich zu machen.
Als die Fähre am anderen Ufer anlegt, verabschieden wir uns voneinander, und schon entdecke ich meine Jakobsmuschel, die mich durch die Stadt leiten soll.
Ein weiter Weg durch Kiel liegt vor mir. Erst will ich zur Nikolai-Kirche in der Innenstadt, dann zum Haus Damiano, einem Kloster von Franziskanerinnen. Hier ist eine offizielle Pilgerunterkunft. Mal sehen, ob ich ohne Geld aufgenommen werde. Mir tun die Füße jetzt schon fürchterlich weh. Graue Wolken künden baldigen Regen an.
An einer Kreuzung verliere ich die Markierung. Nirgends finde ich die Fortsetzung des Weges. Vor mir sehe ich einen Aldi-Parkplatz. Vielleicht fährt jemand in die Innenstadt zur Kirche. Das würde meinen Füßen gut tun und an der Nikolai Kirche wäre sicher die Markierung wieder zu finden, überlege ich.
Mehrere Frauen frage ich erfolglos. Sie fahren nicht zur Innenstadt. Bei der nächsten Frau frage ich ganz anders:
"Wären Sie zu einem Liebesdienst für mich bereit und würden mich in die Innenstadt fahren?"
Ein junges, offenes Gesicht schaut mich erstaunt an. "Ich nehme grundsätzlich niemanden im Auto mit. Das ist mir zu gefährlich", gibt sie mir zur Antwort.
"Na, dann schauen Sie mich doch mal genauer an", fordere ich sie auf. "Glauben Sie, ich bin gefährlich? Was sagt Ihnen denn Ihre innere Stimme?", lächle ich sie an.
"Natürlich sehen Sie nicht gefährlich aus", bekennt sie nun schmunzelnd.
"Eigentlich bin ich mit meiner Zeit knapp dran und tanken muss ich auch noch. Aber nach alter Pfadfinderregel gilt ja: Jeden Tag eine gute Tat!"
"Eine schöne Regel", pflichte ich bei.

"Gut, ich fahre Sie! Mit der Zeit ist das ja auch so eine Sache. Wenn es danach geht, könnte man nie für einen anderen etwas machen. Denn Zeit hat ja heute niemand mehr."
"Es freut mich, dass Sie das so beleuchten", äußere ich anerkennend.
Die Frau fährt mich eine endlos lange Strecke durch Kiel. Ich bin überglücklich, dass ich das alles nicht laufen muss. Während der Fahrt können wir uns ausgezeichnet unterhalten.
Beim Abschied an der Nikolaikirche bedanke ich mich ganz herzlich: "Sie haben mir einen echten Liebesdienst erwiesen. Ich bin sehr froh, dass Sie mir diesen langen Weg durch die Stadt erspart haben. Vielen Dank."
"Ich bin froh, dass ich Sie mitgenommen habe. Das Gespräch mit Ihnen hat mir gut getan", erwidert sie.
"Das freut mich! Genau so wünsche ich es mir", lache ich ihr zu, während ich den Rucksack auf die Schultern nehme.
In der Kirche hole ich meinen Stempel und laufe dann durch die Fußgängerzone Richtung Kloster. Vor mir liegt noch eine ordentliche Strecke und die schwarzen Wolken werden zunehmend bedrohlicher. Der Hunger treibt mich an einen Pizza Kiosk.
Ich berichte von meinem Pilgerweg ohne Geld und frage, ob ich ein Stück Pizza spendiert bekäme. Und schon kann ich herzhaft in eine Pizza beißen. Überall sind Menschenfreunde. Sie müssen nur freundlich und wertschätzend angesprochen werden, damit sie sichtbar werden.
Am Spätnachmittag erreiche ich das Kloster. Auch hier wird akzeptiert, dass ich ohne Geld unterwegs bin. Die Schwester zeigt mir das Doppelzimmer. Eine weitere Pilgerin ist angemeldet und wird mit mir dieses Zimmer teilen.
Als erstes begebe ich mich unter die Dusche. T-Shirt, Socken und Unterwäsche sind ebenfalls fällig. Während ich in der Dusche bin, bricht ein heftiges Gewitter mit starkem Regen los.
Wenig später kommt meine Zimmergenossin Elke an. Wir duzen uns sofort, wie das unter Pilgern üblich ist. Elke hat den Regen voll abbe-

kommen. Ohne meinen Pfadfinder-Engel hätte es mich ebenfalls erwischt.
Elke ist etwa fünfunddreißig Jahre alt und sehr nett. Sie kommt aus Hamburg und will nur einige Tage von Schleswig Richtung Lübeck pilgern. Als sie hört, dass ich ohne Geld durch ganz Deutschland unterwegs bin, zeigt sich sofort ihre Hilfsbereitschaft. In Göttingen wohnen ihre Schwiegereltern. Elke ist überzeugt, dass die mich aufnehmen, wenn sie mit ihnen spricht. Sie gibt mir gleich die Adresse, damit ich bei ihnen anfragen kann.

Donnerstag, 9. Mai 2013

Nach dem Frühstück trennen sich unsere Wege. Elke will mit der Fähre nach Wellingdorf übersetzen. Da ich kein Geld habe und diese Fähre nicht billig ist, suche ich mir einen anderen Weg.
Beim Laufen stellt sich so manches Wehwehchen ein. Das sind die typischen Pilger-Beschwerden. Mal tut das Knie weh, mal die Schulter, mal die Hüfte. Ich laufe einfach weiter, und irgendwann sind diese Schmerzen wieder weg.
Nur die Füße tun ständig weh, besonders der linke Ballen. Letztes Jahr konnte ich doppelt so schnell laufen. Nun muss ich meine Tagesetappen deutlich verkürzen. Zwanzig Kilometer kann ich gut verkraften, wenn es mehr wird, nehmen die Schmerzen massiv zu. Nach fünf Stunden muss ich spätestens aus den Schuhen, schon wegen der Blasen, die sich links gebildet haben. Dann ist es wichtig, den Füßen mit meinen Sandalen Luft und Freiheit zu geben, damit sie sich für den nächsten Tag erholen können.
Am Ufer der Schwentine gelange ich nach Preetz.
Aus der Klosterkirche kommen gerade viele festlich gekleidete Menschen. Ich will einen Stempel. Also warte ich neben der Kirchentür auf den Pastor. Eine ältere Frau tritt aus der Kirche ins Freie. Ihr Blick fällt auf mich, und sie steuert direkt auf mich zu.
"Sie sind Pilgerin? Brauchen Sie etwas?", spricht sie mich auffordernd an. "Ich warte auf den Pastor, weil ich einen Pilgerstempel möchte. Außerdem brauche ich ein Quartier für die Nacht."

"Dann können Sie gleich mit mir kommen", sagt sie leichthin. "Ich muss aber erst zum Empfang. Ein Pastor feiert sein 30-jähriges Jubiläum. Gleichzeitig war dies ein Gottesdienst für Ehrenamtliche. Aber ich bleibe nicht lange. Sie können auf mich warten."
Nahe der Kirche befindet sich ein Gebäude, in das alle festlich Gekleideten zum Empfang streben.
"Ich warte davor, damit wir uns nicht verfehlen", rufe ich der Frau nach, bevor sie darin verschwindet.
Später lasse ich mich im Schatten auf der Eingangstreppe dieses Gebäudes nieder. Meinen Rucksack stelle ich vor mich hin und packe mein Brot aus, das ich am Frühstückstisch vorbereitet habe.
Die vielen Gäste, die das Haus betreten oder verlassen, mustern mich, mal erstaunt, mal erfreut oder auch ohne erkennbare Reaktion. Die meisten freuen sich und sprechen mich an.
Eine Frau liest laut von meinem Rucksack vor: "Gottvertrauen stärkt. Das ist ja süß! Eine Jakobspilgerin", ruft sie ihrem Mann entzückt zu.
Ein Pastor verlässt das Haus und erzählt mir, dass er den Pilgergruppen in irgendeiner Kirche immer den Pilgersegen gibt. Wäre ich dort gewesen, hätte ich ihn auch bekommen.
"Den Pilgersegen können Sie mir auch hier geben, wenn Sie wollen", sage ich ganz locker.
"Ja, warum nicht", überlegt er.
Ich erhebe mich und er segnet mich mit den Worten: "Der Wind stärke dir den Rücken, der Weg komme dir freundlich entgegen ..."
Die Zeit verstreicht, und ich sitze noch immer auf der Treppe. Die Frau wollte doch nur kurz bleiben. Allmählich mache ich mir Gedanken. Vielleicht hat sie den Gartenweg gewählt und mich auf der Treppe nicht entdeckt?
Erleichtert sehe ich sie endlich aus dem Haus kommen. Wir laufen gemeinsam zum Parkplatz.
"Sie haben Glück", meint sie. Denn heute bin ich ausnahmsweise mit dem Auto da. Sonst fahre ich immer mit dem Rad. Nur weil ich zu spät dran war, musste ich das Auto nehmen.

"Vermutlich sollte das meinetwegen so sein", schmunzle ich vor mich hin.
Frau S. lacht und nickt dazu.
Sie erzählt von ihrem Mann, der hier am Ort Pastor war. Er ist schon seit fünfzehn Jahren tot. Frau S. ist fünfundsiebzig, aber in der Art, wie sie sich bewegt, wie sie sich gibt, wie sie spricht, ist sie viel, viel jünger. Man sieht ihr auch äußerlich die Jahre nicht an.
Ich freue mich, diese Frau kennen zu lernen und von ihr aufgenommen zu werden.
Frau S. interessiert sich für meine Einstellung zu Gott und zur Kirche, und ich erzähle ihr von der speziellen Bibelstelle, die mich auf den Weg schickte.
"Diese Bibelstelle hat mich in meiner Kindheit stark beeindruckt und geprägt. Sie ist tief in mir verwurzelt und hat große Macht über mich. Sie schlummerte in mir, machte sich gelegentlich bemerkbar. Aber ich wusste bisher nichts mit ihr anzufangen.
In der Güte, in der Liebe, in der Barmherzigkeit haben mir bestimmte Menschen Gott sichtbar und spürbar gemacht. Jede dieser Begegnungen hat in mir etwas geheilt. Dabei wurde mir klar, dass wir alle, jeder einzelne von uns, bruchstückhaft etwas von Gott sichtbar machen können. Solche Erfahrungen haben meine Einstellung zu Menschen völlig verändert, und ich habe begonnen, die Menschen mit anderen Augen zu betrachten.
Bisher hatte ich nicht den Mut, meine persönliche Beziehung zu Gott so offen zu bekennen. Im Gegenteil, ich habe sie ja zeitlebens versteckt. Noch vor einem Jahr wäre ich nicht in einem T-Shirt mit dieser Aufschrift herum gelaufen.
Vor meinem ersten Jakobsweg vor zwei Jahren wurde diese Bibelstelle erneut in mir lebendig. Doch alles war noch so unklar. Mir fehlte schlichtweg der Mut, mich ohne die Sicherheit des Geldes auszuliefern."
Frau S. sitzt mir nachdenklich gegenüber, und ich erzähle weiter.
"Heute weiß ich, der erste Jakobsweg war eigentlich nur die Vorbereitung für meinen augenblicklichen Weg.

Mein Buch darüber[1] setzte etwas in Gang, das nach Fortführung verlangte. Mir war längst bewusst, wie dringend unsere Welt Gott braucht. Da konnte es nicht richtig sein meinen Gottesbezug nur für mich allein zu leben.
Plötzlich wusste ich, dass ich diese Bibelstelle als meine persönliche Aufgabe leben will, egal wie absurd das klingen mag.
Natürlich musste ich gegen Ängste und Zweifel ankämpfen. Dieser Weg ist in seiner speziellen Art eine große Herausforderung für mich.
Aber da muss noch eine ganz andere Auseinandersetzung geführt werden. Wer bin ich schon, dass Gott von mir so etwas will? Ich glaube damit haben wir alle in solchen Entscheidungssituationen ein Problem.
Inzwischen ist mir klar, es geht einfach darum, mit unserem Sein ein Zeugnis von Gott zu geben. Dafür gibt es natürlich viele individuelle, ganz persönliche Möglichkeiten.
Für mich ist dieser Weg jetzt meine persönliche Aufgabe. Davon bin ich überzeugt. "Ihr Gottvertrauen ist erstaunlich und anerkennenswert", nickt sie mir zu.
Mit Frau S. kann ich offene und schöne Gespräche führen. Die Frau ist sehr wach und lebendig. Sie verfügt über einen weiten Horizont und ein großes Herz. Sie hat keinerlei verstaubte Ansichten über Jesus und die Kirche. Das imponiert mir.
"Ich muss Ihnen ein Kompliment machen", strahle ich sie an. "Sie sind innerlich richtig jung geblieben. Wenn ich Sie so erlebe, macht mir das Mut für mein eigenes Alter. Sie zeigen mir, wie man auch mit fünfundsiebzig noch sein kann", sage ich begeistert.
"Das Kompliment muss ich erwidern", antwortet sie lachend. "An Ihnen finde ich sehr angenehm, dass Sie nicht missionieren. Sie erzäh-

---

[1] Mein Jakobsweg - Erfahrungen einer Jakobuspilgerin

len einfach von sich, und das ist in Ordnung, wie sie das tun", meint sie anerkennend.
Um achtzehn Uhr muss Frau S. zu ihrem Literaturkreis. Sie lässt mich allein und vertraut mir ihr Haus an. Bevor sie geht, umarmt sie mich.
Ich darf kurz telefonieren und lasse mich zurückrufen. Meine Freundin Heike aus dem Raum Bochum befindet sich gerade an der Ostsee in Grömitz. Das ist ganz in der Nähe von Lübeck, eine gute Gelegenheit, sich zu treffen. Wir verabreden uns für kommenden Montag in Lübeck.

Freitag, 10. Mai 2013

Wir frühstücken gemeinsam, und ich sage Frau S., wie gut mir das Vertrauen tut, das sie mir entgegenbringt.
"Ich freue mich, dass Sie da sind, und ich bin froh, dass ich Sie kennen gelernt habe", erwidert sie und schaut mich mit ihren lebendigen Augen fröhlich an.
"Wie schön, mir geht es genauso", lächle ich zurück.
Frau S. fährt mich mit dem Auto zum Ortsausgang, damit ich den Einstieg in den Jakobsweg nicht verfehle. Ich bin spät dran, es ist bereits halb zehn Uhr, als wir uns voneinander verabschieden.
Einerseits gehe ich meinen Weg freudig gespannt und neugierig voran. Andererseits bedauere ich die schnellen Abschiede. Man hätte sich immer noch so viel zu sagen ...
Dieser Weg fordert ein ständiges Loslassen von Menschen. Es sind Menschen, die mir nahe kommen und dadurch Bedeutung erlangen, die ich aber vielleicht nie mehr sehen werde.
Am Nachmittag bin ich beim Pfarrhaus der Nikolai-Kirche in Plön. Der Pastor bietet mir im Jugendraum ein Ledersofa an. Decken sind keine da, denn Pilger bringen immer ihren Schlafsack mit. Der Jugendraum kann von mir aber erst am Abend, wenn die Jugendlichen weg sind, in Besitz genommen werden.
Ein Dach über dem Kopf ist schon mal gut, aber eine Nacht auf diesem Sofa stelle ich mir nicht so toll vor. Für mich ist wichtig, dass ich guten Schlaf finde, denn die Tage fordern meine volle Leistungsfähig-

keit. Ich muss in guter Verfassung bleiben, um die Menschen innerlich zu erreichen. Ohne Geld bin ich absolut darauf angewiesen.
Mal sehen, ob ich nicht ein Quartier finde, das mehr Erholungswert besitzt. Erst einmal gehe ich durch die Fußgängerzone zum Tourismusbüro. Ein Stadtplan und wenn möglich eine Karte von der näheren Umgebung sind immer sehr hilfreich für mich.
Eine Frau spricht mich im Vorübergehen freundlich lächelnd an: "Sie sehen ja zünftig aus."
Ich sehne mich nach einer Sitzgelegenheit. In der Sparkasse sind bequeme Ledersessel. Hier lasse ich mich nieder, hole die Sandalen aus dem Rucksack und erlöse meine Füße von den Wanderstiefeln. Eine Frau setzt sich neben mich und spricht mich an.
Als sie von meiner Pilgerreise ohne Geld und von meinem Quartierproblem hört, schaut sie mich ganz entsetzt und mitleidig an. Später, als sie von ihrem Mann abgeholt wird, will sie mir im Weggehen einen Euro in die Hand drücken. Ich nehme den Euro nicht an, versuche ihr aber zu erklären, dass meine Reise ohne Geld sein soll. Von der Situation überrumpelt finde ich wohl nicht die geeigneten Worte, mich verständlich zu machen. Nach meiner Einschätzung ist ein Euro für diese Frau viel Geld, und sie wollte ihn mir aus ehrlichem Herzen geben. Ich fürchte, sie hat es als Zurückweisung ihrer Person empfunden. Das tut mir leid, das wollte ich auf keinen Fall. Aber sie ging so schnell, dass ich keine Chance hatte, mich besser verständlich zu machen.
Die Pause tat gut! Nun will ich in der Fußgängerzone auf Quartiersuche gehen.
Ich schaue mir die Gesichter der Menschen an, bevor ich auf sie zugehe.
"Guten Tag! Haben Sie einem Moment Zeit? Ich bin Jakobswegpilgerin und laufe von Flensburg bis zum Bodensee. Ich will die Botschaft auf meinem T-Shirt durch Deutschland tragen und bin deshalb bewusst ohne Geld unterwegs. Ich bräuchte für eine Nacht eine Unterkunft. Wissen Sie jemanden, der mich aufnehmen könnte?"

Zwei Frauen verneinen. Die dritte Frau sagt mir, sie wohne nicht hier, sie komme aus Preetz.
"Aber ich kenne außerhalb vom Ort eine Demenz-Wohngruppe. Die haben ein Gästezimmer, das weiß ich. Vielleicht können Sie dort übernachten. Ich fahre Sie zu dieser Wohngemeinschaft, und wenn es nicht klappt, bringe ich Sie wieder hierher", ist ihr Vorschlag.
"Gut, wenn Sie mir das anbieten, nehme ich es gerne an."
Das Wohnheim liegt einige Kilometer außerhalb am Koppelsberg. Ich kann mir zwar nicht vorstellen, dass man mich in dieser Wohngruppe aufnimmt. Aber ich lasse mich auf alles ein, was auf mich zukommt. Ich will mich einfach führen lassen. Irgendeinen Sinn wird es schon haben, wenn man mich in dieses Heim führt, denke ich.
Kurze Zeit später sind wir da. Eine jüngere Powerfrau, voller Dynamik mit guter Ausstrahlung steht mir gegenüber. Sie ist die Heimleiterin. Ich erkläre meine Situation und frage, ob ich im Gästezimmer aufgenommen werden könnte.
"Haben Sie Erfahrung mit demenzkranken Menschen?" Sie schaut mich prüfend an.
"Nein! Aber ich bin offen und habe keine Berührungsängste."
"Sind Sie bereit, sich einzubringen?", forscht sie weiter.
"Gerne, mit allem was mir möglich ist. Ich freue mich sogar auf die Gelegenheit, mit demenzkranken Menschen in Berührung zu kommen. Das ist sicher eine wertvolle Erfahrung."
"Können Sie singen?"
"Na ja, ...", verziehe ich das Gesicht.
"Oder vielleicht vorlesen?"
"Da kann ich mithalten."
"Gut, dann zeige ich Ihnen jetzt Ihr Zimmer. Sie können Ihre Sachen gleich mitnehmen, und wenn Sie soweit sind, lesen Sie den Bewohnern etwas vor."
"Wunderbar! Vielen Dank für diese außergewöhnliche Gastfreundschaft", lache ich sie erfreut an.
"Allerdings will ich erst beim Pastor in Plön telefonisch absagen, denn der erwartet mich am Abend. Er hat mir nur ein Ledersofa ohne De-

cken anbieten können, und da befürchte ich eine schlechte Nacht. Das kann ich mir für die anstrengenden Wandertage nicht leisten. Deshalb bin ich sehr froh, dass ich hier bleiben kann."
Sie führt mich in ein Zimmer mit Pflegebett. Es ist bisher unbenutzt. Matratze, Kissen und Bett, alles ist in Folie eingeschweißt. Das Heim wurde erst im März dieses Jahres eröffnet und ist noch nicht voll belegt. Bad, WC, alles ist neu und wird erstmals von mir benutzt. Das Fenster gibt einen herrlichen Blick auf den Plöner See frei. Der reinste Luxus wird mir hier geboten.
"Hier sind noch Bettwäsche und Handtücher. Wenn Sie mit allem fertig sind, dann kommen Sie nach vorne in die Halle", erläutert mir die Heimleiterin.
Ich entferne die Folien, beziehe mein Bett, packe den Rucksack aus, richte mich häuslich ein. Bin ich nicht ein Glückskind mit diesem komfortablen Zimmer?
Dem Pastor in Plön gebe ich Bescheid. Er hat inzwischen sogar einen Schlafsack für mich aufgetrieben. "Vielen Dank für Ihre Mühe, aber das hat sich durch Zufall so ergeben, dass ich hier in dieser Demenzwohngruppe gelandet bin", erkläre ich meine Absage.
Nachdem das erledigt ist, stehe ich der Gemeinschaft zur Verfügung.
"Ach erzählen Sie einfach Ihre Geschichte. Die ist bestimmt interessant", meint die Heimleiterin. Zehn Heimbewohnerinnen versammeln sich alle um meinen Tisch und auch ein Großteil des Personals setzt sich dazu, um meine Geschichte zu hören.
Ich habe keine Vorstellung, wie weit die kranken Menschen noch folgen können. Aber ich erzähle einfach, warum ich mich auf diesen Weg gemacht habe.
"Da muss ich in meiner Kindheit anfangen. Ich war etwa sieben Jahre alt und erfuhr in der Schule die Geschichten über Jesus. Von Jesus war ich sofort begeistert. Jesus war für mich der Inbegriff von Menschlichkeit und Liebe in seinem ganzen Tun und Sein. So wie er mit den Menschen umging, das fand ich einfach toll. Ich hätte alles stehen und liegen gelassen, wäre mit ihm gezogen, wenn er nur leibhaftig da gewesen wäre. Mein kindliches Herz glühte für diesen Jesus.

Weil ich ja nicht mit ihm ziehen konnte und in meiner Umgebung von der Liebe Gottes nicht allzu viel zu spüren war, flüchtete ich mich in eine Traumwelt mit Jesus. Ich war innerlich ein einsames Kind. In meiner Phantasie bin ich mit Jesus durch die Welt gezogen.
Heute glaube ich, dass mir diese Flucht aus der Realität geholfen hat, meine oft harte Gegenwart psychisch zu verkraften.
Die Geschichte von der Aussendung der Jünger war eine Bibelstelle, die bei mir ein richtiges Feuer entzündete.
Jesus sagte da zu seinen Jüngern: Zieht hinaus in die Welt, verkündet die Botschaft! Nehmt kein Geld und kein Brot mit! Damit forderte er die Jünger zu einem absoluten Gottvertrauen auf.
Natürlich ist diese Phase durch Pubertät und Erwachsenwerden, von Ereignissen und Krisen überlagert worden und schließlich in Vergessenheit geraten. Es kam soweit, dass ich Gott leugnete und aus der Kirche ausgetreten bin.
Doch Gott hat mich nicht losgelassen. Er ist mir durch Menschen immer wieder so direkt begegnet, dass ich seine Existenz irgendwann einfach anerkennen musste. Ich wurde wieder Katholikin, befasste mich mit der Bibel und wuchs über meinen Kinderglauben hinaus. Die Weisheit der Bibel ist für mich zur Grundlage meines Lebens geworden.
Dabei bin ich kein kirchlich frommer Mensch, der häufig Gottesdienste besucht oder all die vorgefertigten Gebete spricht.
Doch als religiöser Mensch sehe ich in meinem Leben und in meinem Tun immer eine Verbindung zu Gott. Ich spüre ihn in meinem Alltag, überall um mich herum, in der Natur, in der Begegnung mit Menschen, in der Kraft, die er mir schenkt."
Alle sind mucksmäuschenstill, hören aufmerksam zu.
"Und nun wurde ich erneut mit dieser Bibelstelle konfrontiert:
... zieht hinaus in die Welt ... nehmt kein Geld und kein Brot mit.
Das Feuer der Kindheit loderte wieder in mir hoch. Ich konnte mich dieser inneren Aufforderung eigentlich überhaupt nicht entziehen. Ich hatte keine Wahl, ich musste es tun."

"Was sagt denn Ihre Familie zu allem", kommt die Frage vom Betreuungspersonal.
"Zuhause habe ich weder meinen vier Töchtern, noch meinen Freundinnen und Bekannten gesagt, dass ich ohne Geld gehe. Alle wissen, dass ich auf dem Jakobsweg bin, aber sie wissen nicht, dass ich keinen Cent, keine Bankkarte, keine Kreditkarte dabei habe. Handy habe ich auch keines bei mir.
Diesen Weg habe ich zu meiner ganz persönlichen Aufgabe gemacht. Ich will meinen Glauben und mein Gottvertrauen sichtbar machen. Mit meinem Gottvertrauen habe ich ausreichend erfahren können, wie sehr es mich in meinem Leben gestärkt hat und wie ich damit oft über meine Leistungsgrenzen hinauswachsen konnte. Deshalb habe ich mir auf Rucksack und T-Shirt die Aufschrift:

Gottvertrauen stärkt

anbringen lassen. Das ist meine ganz persönliche Botschaft, die ich durch Deutschland tragen will."
Die Leute hängen an meinen Lippen und ich sehe das Staunen in ihren Augen.
Eine der anwesenden Frauen war mir vom ersten Moment an besonders aufgefallen. Ihre Augen waren völlig stumpf und ausdruckslos, die Gesichtszüge zeigten keinerlei Spannung. Alles hing schlaff herab, und die Frau wirkte eher tot als lebendig.
Aber während ich erzähle, verändert sich das Gesicht dieser Frau vollkommen. Die Augen beginnen zu leuchten, das Gesicht bekommt Konturen und Ausdrucksstärke. Eine unglaubliche Veränderung spielt sich vor meinen Augen ab. Irgendetwas aus meiner Erzählung muss sie ganz besonders berührt haben.
"In unserer materialistischen Gesellschaft dreht sich fast alles ums Geld", fahre ich fort.
"Wie hätte ich mein Vertrauen stärker zeigen können, als ohne die Sicherheit des Geldes durch ganz Deutschland zu laufen, nur mit Gottvertrauen im Gepäck? Das hat mich natürlich meinen ganzen Mut gekostet.

Und ohne mein Gottvertrauen hätte ich niemals die Kraft gehabt aufzubrechen."
"Aber wie ist das möglich, ohne Geld unterwegs zu sein? Sie müssen doch jeden Tag essen, schlafen ..." wirft eine Betreuerin ein.
Ich erzähle von den bisherigen Erlebnissen, von den Schwierigkeiten mit Pastoren, sowie vom kleinen Jan, der mir zu einer Übernachtung verholfen hat.
"Oder nehmen sie den heutigen Tag als Beispiel, wie ich auf wundersame Weise hier her in dieses Haus geraten bin.
In der Fußgängerzone von Plön hatte ich kaum Hoffnung, jemanden zu finden, der mich aufnimmt. Trotzdem mache ich mir keinerlei Sorgen. Ich bleibe innerlich völlig gelassen und lasse mich einfach führen. Alles fügt sich so, wie es sein soll. Immer wenn ich denke, diesmal geht gar nichts, entwickelt sich etwas ganz besonders Schönes. So wie am Abend mit dem kleinen Jan oder heute mit dieser Wohngruppe. Nach meiner Überzeugung werde ich weiterhin zu den Menschen geführt, die für mich offen sind. Natürlich setze ich nicht voraus, dass mein Glaube mich in besonderer Weise vor der Realität unserer Welt beschützt. Ich bin erst am Anfang meiner Tour und rechne durchaus damit, manche Nächte im Freien zu frieren und etliche Tage zu hungern. Das wünsche ich mir natürlich nicht. Aber wenn es denn sein sollte, dann werde ich das überstehen. In Gletscherspalten haben Menschen auch schon überlebt. Es macht mir keine Angst. Und abnehmen will ich sowieso, ich habe nichts dagegen, ein paar Kilo zu verlieren."
Alle lachen nun.
"An diesem Punkt soll meine Geschichte für heute enden. Doch wenn Sie mir eine E-Mail-Adresse geben", wende ich mich an die Heimleiterin, "dann schicke ich Ihnen am Ende meiner Tour einen Rundbrief und teile mit, wie alles verlaufen ist."
Die Bewohner konnten meiner Erzählung anscheinend folgen, denn sie zollen mir Respekt und Anerkennung. Ich staune, wie diese kranken Menschen bei der Sache sind und sich sogar mit sinnvollen Fragen oder Kommentaren zum Thema einbringen.

Das Thema Gott ist etwas, was die alten Menschen offensichtlich alle zusammen sehr anspricht. Sie bestätigen sich gegenseitig: Gottvertrauen ist wichtig für dieses Leben!
Auch das Personal zeigt sich sehr beeindruckt von meinen Schilderungen und wundert sich, dass es dieses Ausmaß von Gottvertrauen überhaupt gibt. Gleichzeitig staunen sie, dass ich in unserer heutigen Gesellschaft noch so viel Hilfsbereitschaft finde.
Eine Bewohnerin, die früher einmal als Lehrerin tätig war, sagt:
"Ich muss Ihnen ein Kompliment machen, Sie haben einen sehr schönen Vortrag gehalten. Das war wirklich sehr gut."
"Es freut mich, wenn es Ihnen gefallen hat", erwidere ich lächelnd.
Die Frau, die sich während meiner Erzählung so verändert hatte, kommt nun wie ein neuer Mensch auf mich zu. Mit einer kindlichen Anhänglichkeit drückt sie sich an mich. Sie wirkt richtig aufgeblüht und ich kann nichts Hässliches an ihr sehen. Sie streichelt meinen Arm, gibt mir einen Kuss auf die Wange. Dieser glücklich lächelnden Frau kann ich einfach nicht widerstehen. Ihre Nähe ist mir überhaupt nicht unangenehm. Im Gegenteil, diese wunderbare Veränderung zu erleben, ist für mich sehr berührend, und ich fühle mich richtig beschenkt. Ich lasse alles zu und bestärke die Frau: "Nähe und Berührung, das tut doch gut, ich mag das auch", sage ich zu ihr.
Die ehemalige Lehrerin fällt dazwischen: "Ich mag keine Umarmungen, ich will nicht berührt werden."
"Wenn Sie das nicht möchten, dann ist das ebenfalls völlig in Ordnung. Wir Menschen sind alle verschieden und müssen uns nur gegenseitig respektieren. Jeder kann es so machen, wie er es möchte und braucht", pflichte ich ihr bei.
Meine neue "Freundin" möchte mit mir nach draußen. Sie hängt sich bei mir ein und läuft mit mir in den kleinen Park. Dabei schmiegt sie sich wie ein Kind dicht an mich an.
Zurück in der Halle scheinen manche meine Geschichte schon wieder vergessen zu haben. Einzelne Frauen lesen erneut laut die Aufschrift auf meinem T-Shirt als sähen sie diese zum ersten Mal.

"Gottvertrauen stärkt", murmeln sie in Abständen zu sich selbst, wohl als Bekräftigung ihrer eigenen Erfahrung.
Später werde ich von der Heimleiterin gebeten, die eingekauften Esswaren am Parkplatz vom Auto auf einen großen Servierwagen zu laden. Berge von Nudeln, Brot, Obst, Gemüse und sonstigen Lebensmitteln quellen aus dem großen Kofferraum. Gemeinsam schieben wir den schweren Wagen in die Küche.
Dort gibt es sofort wieder Helferinnen, die etwas tun möchten. Die Bewohnerinnen fragen, wohin sie die Sachen tragen sollen, und bekommen die nötigen Informationen. Es erinnert mich an die Zeit mit meinen kleinen Kindern, die ja immer und überall helfen und mitmachen wollten. Und so wie ich meine Kinder (meist) geduldig und liebevoll gewähren ließ, auch wenn alles viel länger dauerte, genauso erlebe ich jetzt die Haltung des Personals gegenüber den Bewohnern.
Wie Kinder kommen mir diese Menschen vor. Kinder, die im Hier und Jetzt ganz in ihrer augenblicklichen Empfindungswelt, in ihren spontanen Wahrnehmungen leben. Vergangenheit und Zukunft haben keine Bedeutung, sie leben total in der Gegenwart ganz auf der Gefühlsebene.
Alle wirken sehr zufrieden und friedlich. Sicher hängt das auch mit der Atmosphäre zusammen, die das Personal verbreitet. Die Menschen werden mit großer Wertschätzung behandelt. Niemand wird zu irgend etwas genötigt. Jeder wird respektvoll gefragt, ob er dies oder jenes möchte. Die Betreuerinnen strahlen Frohsinn aus. Alle sind energiegeladen und schwungvoll, lachen viel, haben bei jeder Gelegenheit einen flotten Spruch auf den Lippen. Hier herrscht ein echtes Wohlfühlklima. Ich freue mich, wie liebevoll mit den Bewohnerinnen und Bewohnern umgegangen wird. Selbst der Hund einer Betreuerin darf hier sein und erfüllt zweifellos eine therapeutische Funktion. Im Park sollen auch noch etliche Tiere untergebracht werden. Ein tolles Konzept wird hier gelebt. Ich bin begeistert.
Am Spätnachmittag regnet es. Doch ich habe zum Glück mein Dach über dem Kopf.

Auch das gemeinsame Abendessen verläuft sehr entspannt. Einige helfen, den Tisch zu decken. Egal wie umständlich oder unsinnig es geschieht, es wird höchstens liebevoll korrigiert, darf aber grundsätzlich so sein, wie es ist.
Das ist hier der springende Punkt. Die Menschen dürfen so sein, wie sie sind und sein können. Es gibt keine Vorschriften, kein Muss, sondern nur respektvolle und liebevolle Hilfestellung, wo es nötig ist.
Hier darf die Freiheit des Seins gelebt werden, wie sie andernorts selten erfahrbar ist.
In vielen Gemeinschaften, Gruppierungen oder auch in Familien dürfen Menschen eben nicht sein, wie sie sind. Wie oft werden Menschen wegen ihres Aussehens, ihrer Schwächen, ihrer Besonderheit abgewertet und unter Druck gesetzt.
Dieses Haus ist eine wunderschöne Erfahrung für mich und hat mir einen tollen Einblick in den Alltag von demenzkranken Menschen gegeben. Zumindest wie es im guten Fall sein kann.
Zu einem derartigen System passt es natürlich auch, eine Pilgerin ganz unkonventionell für die Nacht aufzunehmen. Das hätte kaum ein anderes Haus erlaubt.
Ich bin dankbar, dass ich diese Menschen in ihrem Sein erleben und vor allem dieses Beispiel an Menschenfreundlichkeit erfahren darf.

Samstag, 11. Mai 2013

Sehr zeitig frühstücke ich. Die meisten Bewohner sind noch in ihren Zimmern. Ich fühle mich kräftemäßig fit und starte voller Schwung mit Freude im Herzen in diesen neuen Tag.
Beim Verlassen des Hauses komme ich zufällig am Zimmer meiner "Freundin" vorbei. Die Tür ist gerade offen. Als sie mich sieht, erscheint sofort wieder dieses glückselige Lächeln auf ihrem Gesicht.
Sie kann sich sicher nicht an meine Geschichte erinnern. Aber emotional bin ich bei ihr noch präsent. Auch wenn die Verstandesebene nicht mehr mitmacht, funktioniert auf der Herzensebene doch noch sehr viel. Am Tor zur Straße kommt der Hausmeister des Wohnheims gerade mit seinem Auto. Mir ist er noch nicht bekannt. Doch er hat

von dieser ungewöhnlichen Pilgerin gehört und erkennt mich am Rucksack. Er lässt die Autoscheibe herab und fragt, wo ich hin möchte.
"Ich muss zurück nach Plön, dort ist der Anschluss für meinen Jakobsweg."
"Wenn Sie wollen, fahre ich Sie nach Plön. Die Zeit habe ich noch."
"Dies nehme ich natürlich gerne an, denn es sind bestimmt drei Kilometer bis in den Ort."
"Haben Sie eigentlich schon gefrühstückt", fragt er besorgt.
Er ist zufrieden, als ich es bestätige.
Mir begegnen fast nur nette Menschen, die mich unterstützen, denke ich verwundert.
Dies gibt mir offensichtlich einen zusätzlichen Kraftschub. Mit doppeltem Tempo starte ich heute. Auch mein Problemfuß fühlt sich besser an.
Durch herrliche Seenlandschaft, durch Wäldchen, an gelben Rapsfeldern vorbei geht es nach Bosau. Das Krächzen der Krähen begleitet mich. Viele Weinbergschnecken haben heute Ausgang und ich muss sehr acht geben, um keine zu zertreten.
Die Pastorin, der ich am Vormittag in Bosau begegne, wirkt auf mich seltsam abwesend. Sie spricht nichts, stellt keine Frage nach woher und wohin. Sie gibt mir so kommentarlos den Stempel, als würde sie mich überhaupt nicht wahrnehmen.
Da bleibt auch mir jedes Wort im Hals stecken.
Ist sie von ihrem Dienst überlastet? Steht sie kurz vor dem Burnout, frage ich mich. Innerlich wünsche ich ihr auf jeden Fall alles Gute, und Kraft für das, was sie bewältigen muss.
Unterwegs sehe ich wieder diese zotteligen schottischen Hochlandrinder.
In Hutzfeld bitte ich in der Bäckerei um zwei Brötchen. Die Frau schenkt mir wohlwollend noch ein Hörnchen dazu. Schwarze Regenwolken treiben mich nun zur Eile an.
Endlich bin ich bei der Kirche in Glasau. Sie ist abgesperrt. Kein Pfarrer, kein Stempel, nichts zu finden. An der Kirchenbank davor ziehe

ich die Schuhe aus. Wenn nur die enormen Schmerzen am linken Ballen nicht wären. "Wie soll dieser Fuß 1450 Kilometer durchstehen?", frage ich mich.
Erst einmal mache ich Brotzeit. Danach klingle ich am Haus gegenüber der Kirche und bitte um ein Glas Wasser, damit ich meine Magnesium-Brausetablette auflösen kann. Gleichzeitig lasse ich mir den Weg nach Neuglasau erklären. Die Bauernhöfe liegen alle weit verstreut auseinander. Da fällt es mir schwer, mich ohne Ortsplan zu orientieren. Der Jakobsweg führt mich in den Wald. Hier frage ich einen Bauern, der mir den Weg zu meinem Quartier erklärt. Längst hätte ich vom Jakobsweg abweichen müssen. Meine Unterkunft liegt nun auf der anderen Seite des Waldes. Der Bauer rät mir, weiter durch den Wald zu gehen. Hätte ich gewusst wie sich der Weg durch den Wald schlängelt, wäre ich lieber umgekehrt. Der Feldweg wäre kürzer gewesen. Das ist auf diesem Pilgerweg mein täglich Brot: kilometerweite Umwege und Irrwege.
Als ich am Spätnachmittag endlich am richtigen Bauernhof ankomme, muss ich als erstes wieder gestehen, dass ich ohne Geld unterwegs bin. Die Pilgerfreundschaft ist ja grundsätzlich auf Spendenbasis aufgebaut. Niemand muss mich aufnehmen. Aber auch hier habe ich Glück und werde vom Ehemann in mein Übernachtungszimmer geführt. Seine Frau ist Krankenschwester. Sie hatte Nachtdienst und schläft noch. Er selbst muss gleich weg. Völlig erschöpft, ähnlich wie am ersten Tag, falle ich ins Bett. Alles tut mir weh, ich fröstle von innen heraus. Acht Stunden war ich auf den Beinen, um nur fünfundzwanzig Kilometer zurückzulegen. Diese Strecke müsste doch in fünf Stunden machbar sein. Entweder stimmt die Kilometerbeschreibung nicht oder ich bin so lahm geworden. Es war wieder einmal zuviel. Meine Muskelschmerzen haben den ganzen Körper erfasst und sind noch schlimmer als in Stenderup.
Ich bräuchte zum Entkrampfen meiner Muskeln ein heißes Bad. Doch niemand ist da, den ich darum bitten könnte. Später beim Abendessen erlebe ich neben Herrn L. auch seine Frau. Sie scheint mit mir ein Problem zu haben. Eine Pilgerin, die ohne Geld durch Deutschland

läuft, erscheint ihr wohl sehr fragwürdig. Die Frau wirkt skeptisch. Anders kann ich mir ihre Zurückhaltung bei aller Freundlichkeit nicht erklären. Ich empfinde viel Unausgesprochenes in der Luft. Die Schmerzen und die skeptische Zurückhaltung der Frau rauben mir viel Selbstsicherheit. Irgendwie macht mich das hilflos und ich kann mich nicht mehr gut artikulieren.
Unter diesen Umständen will ich nicht nach einem Entspannungsbad fragen. Die Nacht verläuft mit den Muskelschmerzen miserabel. Das Ganze wird schnell zum Teufelskreis. Schmerzen verhindern den Schlaf, Schlafmangel produziert zusätzliche Schmerzen. Künftig muss ich mit meinen Kräften besser haushalten, wenn ich diese Riesenstrecke zurücklegen will, denke ich. Vor allem brauche ich erholsamen Schlaf. Ich kann überhaupt nicht verstehen, was mit mir los ist. Mit derart heftigen Schmerzen hatte ich auf keinem meiner bisherigen Pilgerwege zu kämpfen.

Kleine Schritte können die Welt verändern

Sonntag, 12. Mai 2013

Wir frühstücken gemeinsam. Frau L. empfinde ich in ihrer Haltung mir gegenüber unverändert. Es ist mir nicht gelungen zu ihr eine innere Verbindung herzustellen. Meine Muskeln sind immer noch verkrampft. Diese extremen Schmerzen rauben mir sehr viel Kraft und treiben mich in die Erschöpfung. Das kann ich mir auf diesem Weg nicht leisten. Obwohl es mir sehr unangenehm ist, bleibt mir nun doch nichts anderes übrig, als um ein warmes Bad zu bitten. Nach dem Bad geht es mir bedeutend besser.

Um den Anschluss an den Jakobsweg zu finden, müsste ich einige Kilometer zurück. Dazu habe ich keine Lust. Deshalb laufe ich an der Straße entlang nach Ahrensbök. Um zehn Uhr bin ich an der Marienkirche von Ahrensbök. Die Pastorin steht an der Kirchentür und gibt jedem Kirchenbesucher zur Begrüßung die Hand. Schon allein die Kleidung der Leute zeigt den besonders festlichen Anlass. Vor dem Gottesdienst kann ich keinen Stempel mehr bekommen. Die Pastorin lädt mich zum Gottesdienst ein. Erst danach kann sie mir den Stempel geben.

Eigentlich will ich keine Zeit verlieren, um am Vormittag noch eine Unterkunft zu erreichen. Wenn ich mich hier lang aufhalte wird es schwierig mit einem Nachtquartier. Samstag und Sonntag sind immer schwierige Tage für mich. Kein Pfarrbüro, nichts hat geöffnet. Auch bei Privatleuten laufen diese Tage völlig anders. Da ist kaum jemand für mich zu gewinnen.

Einen Moment zaudere ich. Soll ich auf diesen Stempel nicht lieber verzichten? Doch dann lasse ich mich wieder einmal führen. Vielleicht soll es so sein.

Die Kirchenbänke sind T-förmig angeordnet. Die Jubilare und Gäste sitzen alle nahe am Altar, im linken Bereich der Bänke. Die Bänke des

anderen Bereichs sind alle leer. In diesem Bereich suche ich mir in der Nähe der Kanzel eine Bank.
Im Gottesdienst wird eine 70-jährige Gnadenkonfirmation gefeiert. Die Jubilare müssen mindestens vierundachtzig Jahre alt sein. Erstaunlich fit und rüstig sehen sie aus. Alle sind sehr feierlich gekleidet. Mein linker Fuß schmerzt höllisch. Deshalb ziehe ich in der Kirchenbank den Schuh und gleich die enge Socke mit aus. Diese Befreiung ist für den Fuß eine Wohltat.
Im Verlauf des Gottesdienstes geht die Pastorin mit einem Buch zur Kanzel. Vor der Kanzel winkt sie mich zu sich. Erschrocken denke ich: Was will sie denn von mir? Soll ich etwas vorlesen? Ich habe doch einen nackten Fuß! Sie lächelt mir entgegen und wartet auf mich. Also hinke ich mit dem linken nackten Fuß und dem rechten Fuß im Schuh den Gang entlang bis zu ihr.
Alle Kirchenbesucher haben mich voll im Blick und sehen meine missliche Lage.
Die Pastorin will nichts weiter von mir. Sie sah nur, dass ich kein Gesangbuch habe. Das drückt sie mir nun in die Hand.
Die Predigt der Pastorin gefällt mir gut. Sie redet von Miss-Ständen und davon, dass es immer einige gibt, die sich nicht mit den Verhältnissen abfinden. Davon fühle ich mich angesprochen. Sie spricht mir richtig aus dem Herzen.
Ich bin eine von denen, die sich mit den gegebenen Verhältnissen nicht abfinden, nicht mit dem Verlust des Miteinander, nicht mit dem Verlust von Menschlichkeit, denke ich.
Das Abendmahl wird nur von den wenigen Jubilaren wahrgenommen. Inzwischen habe ich meinen Schuh wieder angezogen und stelle mich am Altar einfach hinter die Jubilare. Die Pastorin gibt den Jubilaren eine Hostie. Doch an mir geht sie vorbei und kehrt zurück zum Altar. Alle Jubilare haben ihre Bänke bereits wieder aufgesucht, nur ich stehe irritiert allein da vorne. Habe ich etwas falsch gemacht? Sollten in diesem Gottesdienst nur die Jubilare nach vorne kommen? Als Katholikin kenne ich die Gepflogenheiten der evangelischen Kirche nicht so gut.

Da winkt mich die Pastorin zum Altar hoch. Gemeinsam mit der Pastorin, der Küsterin und der Abendmahlhelferin bilden wir nun vor dem Altar einen Kreis. Die Pastorin verteilt zuerst die Hostien. Danach reicht sie auch noch den Wein. Ungewollt bin ich in diese besondere Position geraten. Nachdem sich alles so fügt und die Pastorin ihren Gottesdienst sehr locker und zwanglos gestaltet, frage ich sie spontan, ob ich ein paar Worte zur Gemeinde sprechen kann. Sie nickt ganz selbstverständlich. "Bleiben Sie hier", fordert sie mich auf.
Nach Beendigung der Abendmahlzeremonie kündigt sie mich als Pilgerin an, und ich trete ans Mikrofon. Alle Blicke sind gespannt auf mich gerichtet.
"Ich begrüße Sie alle recht herzlich zu diesem feierlichen Jubiläum. Mein Name ist Brunhilde Schierl, ich bin von meinem Wohnort Bamberg mit dem Zug nach Flensburg gefahren. Auf meinem T-Shirt und meinem Rucksack trage ich die Botschaft: "Gottvertrauen stärkt." Diese Botschaft will ich durch ganz Deutschland bis zum Bodensee tragen. Dass Gottvertrauen stärkt, ist eine meiner tiefsten Lebenserfahrungen. Ich weiß aus meiner ehrenamtlichen Arbeit in der Seelsorge, wie dringend unsere Gesellschaft Gottvertrauen bräuchte.
Mit dieser Aktion will ich ein Zeichen für meinen Glauben sein.
Jesus hat seine Jünger ohne Geld und ohne Brot auf den Weg geschickt. Er forderte sie zu einem absoluten Gottvertrauen auf.
Auch ich bin völlig ohne Geld unterwegs. Ich habe lediglich mein Gottvertrauen im Gepäck.
Und die bisherigen Erfahrungen zeigen mir, dass ich einen gesegneten Weg gehe und mein Gottvertrauen mich tatsächlich trägt.
Gleichzeitig habe ich eine weitere Aufgabe für diesen Weg dabei. In unserem Land ist ein Eldorado für Menschenhandel und Zwangsprostitution entstanden. In diesem Milieu herrschen grauenhafte Zustände. Dr. Lea Ackermann, eine katholische Ordensschwester, hat die Organisation '*Solwodi*' gegründet und setzt sich für diese Frauen ein. Ich sammle für die Organisation Unterschriften. Wir wollen eine Gesetzesänderung zum Schutz dieser misshandelten Frauen erreichen.

Ich bin sehr dankbar, dass ich diesen schönen Gottesdienst und auch die gute Predigt erleben durfte. Die Predigt war mir aus dem Herzen gesprochen.
Ihnen allen wünsche ich zu diesem besonderen Jubiläum und auch für jeden weiteren Tag Gottes Segen."
Alle klatschen spontan. Freundliches Lächeln und wohlwollende Blicke werden mir zugeworfen.
Zurück an meinem Platz kommt sofort eine Frau auf mich zu und fragt, ob sie meinen Rucksack und mich fotografieren dürfe. Sie gibt sich als Redakteurin bei den Lübecker Nachrichten zu erkennen und möchte auch meinen Namen haben. Bisher wusste ich gar nicht, dass Presse im Gottesdienst anwesend ist.
Nach dem Gottesdienst warte ich vor der Kirche auf die Pastorin. Viele ältere Menschen sprechen mich nun an. Mir wird für meinen Mut allseitige Wertschätzung und Anerkennung ausgesprochen. Überall begegnen mir liebevolle Blicke. Eine Frau streichelt meine Wange und drängt mir vier Euro auf. "Damit können Sie sich wenigstens etwas zu trinken kaufen!" Alle meine Argumente dagegen nützen nichts. Um die Frau nicht zu verletzen, muss ich das Geld annehmen.
Von allen Seiten werden mir Segenswünsche auf meinen weiteren Weg mitgegeben.
Schließlich sagt eine Frau: "Kommen Sie doch zu unserem Essen mit!"
"Ich kann nicht mitkommen, denn ich habe kein Geld", versuche ich ihr klar zu machen. Sofort schaltet sich der Organisator dieser Feier ein und sagt: "Ja, kommen Sie mit, Sie sind unser Gast. Ich übernehme die Kosten."
"Da sage ich nicht 'nein', wenn Sie mich so nett einladen", erwidere ich erfreut. "Die Pastorin will mir im Pfarrhaus erst noch einen Pilgerstempel geben. Dann komme ich nach."
Im Pfarrhaus telefoniert die Pastorin für mich nach Curau und sichert mir dort die nächste Unterkunft.
Zur Gaststätte laufe ich allein. Die Pastorin will noch einen kurzen Besuch machen.

Das Nebenzimmer der Gaststätte ist festlich geschmückt. Alle sind elegant angezogen und ich bin mittendrin mit meiner Pilgerkleidung. In der Mitte des Tisches ist ein Stuhl frei, und ich setze mich dazu. Einige Leute bitten mich, meine Worte aus der Kirche zu wiederholen, weil sie über die Lautsprecheranlage nicht alles verstehen konnten.
Mit einem Löffel klopfe ich an ein Glas und stehe auf. Sofort ist totale Stille.
Alle Blicke sind wieder auf mich gerichtet.
Zuerst bedanke ich mich für die Einladung zu diesem Festessen, dann wiederhole ich kurz meine Schilderungen in der Kirche. Alle hören noch einmal aufmerksam zu. Ich werde ganz selbstverständlich aufgenommen und in die Gespräche integriert, als gehörte ich schon immer in diese Gemeinschaft.
Später wird ein richtiges Festmenü gereicht. Ich verspeise noch den leckeren Nachtisch. Dann verabschiede ich mich mit Dankesworten von meinen Gönnern. Mit den besten Wünschen schickt man mich auf den Weg.
Am Nachmittag bin ich in Curau und treffe mich wie verabredet mit dem Diakon. Er öffnet mir den Gemeinderaum. Der Pastor wird erst am Abend erwartet. Ich lege mich solange aufs Sofa und lese. Zeitschriften liegen genug herum.
Schließlich kommt der Pastor. Er wirkt sehr offen und interessiert sich für meinen Weg. So erzähle ich meine Geschichte.
Er hört mir interessiert zu, ohne mich zu unterbrechen. Ich fahre fort: "Wir brauchen ein neues Miteinander. Für dieses neue Miteinander weiß ich nur ein Schlüsselwort: Ich nenne es Gott.
Mit Gott im Bewusstsein sind viele Probleme, Ängste und Schuldgefühle lösbar. Natürlich habe ich kein Rezept, wie ich den Glauben an Gott vermitteln könnte. Worte haben wenig Sinn. Gott muss eine ureigne Erfahrung werden.
Die Welt kann ich nicht verändern. Aber es gibt so ein schönes Sprichwort aus Afrika:

Wenn viele kleine Leute, an vielen kleinen Orten, viele kleine Schritte tun, können sie das Gesicht der Welt verändern.

Also fange ich bei mir mit kleinen Schritten an.
Jetzt laufe ich ohne Geld durch Deutschland und suche Begegnung, die vielleicht beim einen oder anderen etwas bewirkt. Immer wenn ich mit guten Absichten aufbreche, ist mein Weg gesegnet. Dies ist eine Erfahrung, die sich zunehmend klarer zeigt."
Der Pastor findet meinen Weg gut und unterstützenswert. Wie unterschiedlich die Pastoren doch sind, denke ich.
Der Pastor bringt mir später eine dreiteilige Klappmatratze und ein frisches Bett. Alles ist sauber und ordentlich. Für den nächsten Tag will er mir Geld geben, da er mir am Morgen kein Frühstück anbieten kann. Doch ich nehme das Geld nicht an.
Am Abend wird in der Kirche von Curau ein Theaterstück gezeigt, das fünfzehn Jugendliche unter der Leitung des Diakons schon am Hamburger Kirchentag aufgeführt haben. Es kostet acht Euro Eintritt. Doch ich darf umsonst in die Kirche.
Vor dem Altar ist eine Bühne mit Kulisse aufgebaut. An der hinteren Eingangstür werden Getränke verkauft. Ich setze mich in die zweite Reihe.
Die Pastorin aus Ahrensbök erscheint und begrüßt mich freudig. "Wollen Sie sich nicht zu mir setzen", fragt sie.
"Wo sitzen Sie denn?"
"In den hinteren Reihen."
"Da muss ich passen. Ich höre schlecht. Deshalb möchte ich vorne bleiben."
Es hat sich herumgesprochen, dass ich als Pilgerin ohne Geld unterwegs bin. Verschiedene Leute sprechen mich an und fragen, ob ich meine Tour ins Internet stelle, damit sie mitverfolgt werden kann. Sie bedauern, als ich verneine.
Das anschließende Theaterstück bietet einen spannenden Blick auf die Gesellschaft mit der Frage zur Kirchentagslosung: Wieviel brauchen wir wirklich? Die Kirchentagslosung lautete: Soviel du brauchst. Alle

brennenden Themen, wie Umweltschutz, Konsum, Verschwendung von Lebensmitteln, Praktiken der Finanzhaie und Investoren, soziale Ungerechtigkeit und Asylantenprobleme, sind ganz toll in die Spielhandlung eingebaut. Konflikte zwischen Eltern und Jugendlichen werden ganz realistisch wiedergegeben. Mögliche Lösungen werden in der Form des Dialogs gleich mitgeliefert. Alles wird ganz ausgezeichnet dargestellt und hervorragend gespielt.
Wie das Theaterstück zeigt, hat diese Jugend in der Kirche eine klare Orientierung. Sie haben Aufgaben und Ziele. Das hält sie davon ab, zu zerstören, Alkohol oder Rauschgift zu benötigen.
Nach dem Ende des Theaterstücks wird in der Kirche vor Begeisterung geklatscht, gepfiffen und gejohlt. Die Kirche leert sich und die Pastorin kommt auf mich zu.
"Nachdem Sie die Gaststätte verlassen haben, wurde Ihre Geschichte noch ausführlich thematisiert. Sie haben die Leute sehr berührt!" teilt sie mir mit. "Darf ich Sie segnen?"
"Gerne." Und schon werde ich von der Pastorin hier in der Kirche gesegnet.
In der Nacht schlafe ich ebenfalls miserabel. Die Matratze ist so durchgelegen, dass ich den harten Lattenrost unangenehm spüre. Im Raum über mir halten sich die Jugendlichen bis zwei Uhr nachts auf und machen entsetzlichen Lärm. Irgendwann lässt mich die Erschöpfung in den Schlaf sinken. Aber schon vor fünf Uhr morgens rumpelt die Putzfrau über mir lautstark herum.

Montag, 13. Mai 2013

Um sieben Uhr stehe ich gerädert auf. Leider gibt es keinen Kaffee. Im Küchenschrank des Kindergartens finde ich nur Kakaopulver. Dieses brühe ich mit heißem Wasser auf. Dann marschiere ich über Bad Schwartau nach Lübeck. An der Einfallstraße sind viele Firmen. Auch an einem Café komme ich vorbei. Von den vier Euros, die ich gestern geschenkt bekam, leiste ich mir nun eine Tasse Kaffee und ein belegtes Brötchen. Doch nicht schlecht, dass die Frau mir das Geld aufgenötigt hat - freue ich mich nun.

Gottvertrauen
stärkt

ASUS

Einen Kilometer weiter komme ich am Firmengebäude von Mercedes vorbei. Dieses Autohaus wird bestimmt ein paar Telefoneinheiten für mich verkraften, denke ich.
Eine nette junge Frau sitzt hinter der Glasscheibe im Verkaufsraum. Sie schaut mich fragend an. Denn nach einer Autokäuferin sehe ich nicht aus.
"Ich bin Jakobswegpilgerin und laufe ohne Geld und ohne Handy durch Deutschland. Ich bin heute mit einer Freundin in Lübeck verabredet und müsste mit ihr nur kurz die Uhrzeit vereinbaren. Wäre es möglich von Ihrem Telefon das Handy meiner Freundin anzurufen?"
Die Frau lächelt mich freundlich an: "Das lässt sich machen."
Sie übergibt mir das Telefon.
Heike ist leider nicht erreichbar.
Beim Weiterlaufen fällt mir plötzlich auf, dass meine Stöcke fehlen. Die habe ich im Café stehen lassen, erschrecke ich. Das liegt mindestens einen Kilometer hinter mir. Im Eiltempo laufe ich zum Café zurück. Aufatmend sehe ich die Stöcke am gleichen Platz stehen. Später laufe ich beim Autohaus von Fiat vorbei. Hier versuche ich nochmals, Heike zu erreichen. Diesmal gelingt es. Wir verabreden uns für dreizehn Uhr, einige Stunden früher als ursprünglich ausgemacht.

In der St. Jacobi Kirche bekomme ich einen Stempel. Die restliche Zeit bummle ich durch Lübeck. Zum vereinbarten Zeitpunkt bin ich am Holstentor und treffe Heike. Nun lerne ich auch ihre Freundin Barbara kennen. Gemeinsam fahren wir nach Grömitz. Barbara und Heike besitzen auf dem Campingplatz einen Wohnwagen. Wäsche waschen, duschen und danach in der Gartenliege erholen, das tut gut. Erholung habe ich nach den letzten Nächten auch bitter nötig. Das Bett des Wohnwagens ist für drei Personen zu eng. Barbara möchte die zweite Sitzgruppe nicht zur Liegefläche umbauen. Das ist mir unverständlich. Sie entscheidet für sich, auf einer Gartenliege im Vorzelt zu schlafen. So kann ich mit Heike das bequeme Bett benutzen.

Dienstag, 14. Mai 2013

Barbara hat mehr schlecht als recht geschlafen. Im Nachhinein habe ich ein schlechtes Gewissen, weil ich ihr das Bett weggenommen habe. Aber eine Nacht auf der Gartenliege, hätte mir den Rest gegeben. So tut mir der Pausentag ohne Wanderung gut. Ich kann ins Internet und meine E-Mails abrufen und beantworten. Über Internet sehen wir in der Lübecker Zeitung ein Foto von mir. Leider können wir den Artikel ohne Codewort nicht lesen. Wir fahren zu dritt nach Grömitz, bummeln die Strandpromenade entlang, schauen den Möwen über der Ostsee zu. Heike lädt uns zum Essen in ein Strandlokal ein.
Am Spätnachmittag fährt mich Heike nach Lübeck. Um achtzehn Uhr bin ich bei Pilgerfreunden angemeldet. Die vielen Einbahnstraßen bereiten uns Probleme. Wir finden nicht zur gewünschten Straße. Heike lässt mich in der Randzone aussteigen und ich suche mir zu Fuß den Weg. Am entsprechenden Haus ist niemand anwesend. Klara, ein 8-jähriges Mädchen, kommt vom Hof zu mir an die Haustür. Ihr Papa musste ins Krankenhaus, deshalb ist niemand da, berichtet sie. Ich setze mich auf die Treppe und warte, während Klara wieder zu ihrer Freundin springt.
Irgendwann kommt Herr K. hinkend daher. Seit Wochen hat er fürchterliche Schmerzen und kein Arzt findet die Ursache. Ich setze mich zu ihm in die Küche und wir unterhalten uns. Schließlich nimmt er ein Schmerzmittel und legt sich ins Bett. Einige Zeit später kommt Frau K. Sie hat kein Problem damit, dass ich ohne Geld unterwegs bin. Wir duzen uns sofort. Zsuzsa zeigt mir ein Stockwerk höher mein Zimmer. Ich biete meine Mithilfe an. Klara hat noch keine Hausaufgaben gemacht. Ein großes Blatt mit Rechenaufgaben ist zu lösen. Ich kümmere mich um Klaras Hausaufgaben. Eigentlich kann sie alle Aufgaben sehr gut allein lösen. Doch dann kommt Anton, der 13-jährige Bruder. Er unterhält sich mit seiner Mutter. Nun ist es bei Klara mit der Konzentration vorbei. Auf diese Weise dauern die Rechenaufgaben unverhältnismäßig lange. Zsuzsa ist froh, dass ich ihr die Hausaufgaben mit Klara abnehme. Und ich bin froh, für meine Übernachtung etwas Nützliches tun zu können. Zsuzsa ist Sängerin und muss am Abend

noch zum Singen weg. Sie richtet uns das Essen auf den Tisch und geht. Vorher gibt sie ihren beiden Kindern ein Segenszeichen in Form eines kleinen Kreuzes auf die Stirn, so wie ich es früher mit meinen Kindern gemacht habe. Auch Anton lässt es sich ungeniert vor mir geben. Das erstaunt mich, aber ich finde es gut. Mit beiden Kindern esse ich am Tisch und gehöre nun praktisch schon zum Haushalt. Ich erzähle Anton von meiner Pilgerreise ohne Geld. Er findet alles ganz spannend. Anton räumt den Tisch ab. Es gefällt mir gut, wie selbstverständlich er alles anpackt und auch ausgesprochen geduldig mit seiner Schwester umgeht. Dann entschuldigt er sich. Er hat für die morgige Schularbeit noch zu lernen und geht in sein Zimmer. Zwei tolle Kinder, die beiden. Aber auch die Eltern machen nur den besten Eindruck auf mich. Die Familie nimmt übers Jahr häufig Pilger auf. Die vielen Kontakte mit unterschiedlichen Menschen sind für die Entwicklung der Kinder zweifellos gut. In der Küche gibt es einiges zu tun. Töpfe und Pfannen müssen gespült werden. Ich mache mich gleich darüber und bringe alles in Ordnung. Ich putze auch den Herd und die Anrichte. Kaum bin ich fertig, kommt Zsuzsa zurück. Wir unterhalten uns noch sehr gut bis Mitternacht.

Mittwoch, 15. Mai 2013

Um sieben Uhr gibt es Frühstück und danach verlasse ich das Haus. Zsuzsa macht von mir ein Foto für ihr Pilgerbuch. Wir tauschen Adressen aus und verabschieden uns herzlich voneinander.

Am Elbe-Lübeck-Kanal entlang laufe ich nach Krummesse und lasse mir im Pfarramt einen Stempel geben. Die Pastorin deckt gerade den Mittagstisch und lädt mich spontan zum Essen ein. Es gibt Spargelgemüse, Fisch mit Soße und leckeren Kloßteig, der in der Pfanne gebraten wurde.

Auf dem weiteren Weg wird es sehr warm und drückend. Gewitter ist gemeldet. Ich laufe in kurzer Hose und im T-Shirt. Dabei hole ich mir gleich einen Sonnenbrand. Am Nachmittag erreiche ich das Pfarramt in Berkenthin. Wie üblich stelle ich mich vor, berichte von meiner Reise ohne Geld und bitte um ein Pilgerquartier. Der Pastor bittet

mich in sein Büro, öffnet eine Kassette, holt zwanzig Euro heraus und schreibt an einer Quittung. Erst als er nach meinem Namen fragt, wird mir klar, dass dieser Vorgang mit mir zu tun hat.
Erschrocken frage ich: "Wollen Sie mir Geld geben?"
Er schaut mich nickend an. Sieht er wohl in mir eine der üblichen Bettlerinnen, die an die Pfarrhäuser kommen, frage ich mich?
"Ich will kein Geld! Ich bin Pilgerin! Ich suche Gastfreundschaft und Begegnung. Ohne Geld bin ich nur deshalb unterwegs, weil ich mein Gottvertrauen sichtbar machen will", reagiere ich leicht schockiert. Eigentlich habe ich diese Beweggründe bei der Vorstellung bereits ausreichend dargelegt.
"Ach so", sagt er nur und steckt das Geld wieder in die Kasse.
"Haben Sie vielleicht die Lübecker Zeitung von gestern? Da steht ein Artikel über mich, den ich gerne lesen würde", frage ich nun.
Sofort öffnet er am Laptop das Internet. Er kann sich bei den Lübecker Nachrichten mit einem Code einloggen. Und schon sehe ich den vollständigen Artikel und kann ihn lesen. Auch er liest interessiert mit. Typisch Lokalpresse, denke ich. Kein Wort darüber, dass ich ein Zeichen für meinen Glauben sein will. Das Wort 'Gott' ist ein Tabu. Nur mein Weg ohne Geld und meine Aktion für *Solwodi* werden erwähnt.
"Könnten Sie mir den Artikel vielleicht ausdrucken", bitte ich den Pastor.
"Ja, das mache ich später. Jetzt zeige ich Ihnen den Raum, wo Sie schlafen können."
Er zeigt mir die Küche des Kindergartens, der im Gemeindegebäude integriert ist. Hier kann ich mir morgen Kaffee kochen. Es ist alles Nötige da. Er wird die Küche nicht absperren. Dann führt er mich in den ersten Stock und öffnet eine Tür. Im Raum befindet sich ein ungepflegter, bärtiger Mann, der unverständliches Zeug murmelt. Ich vermute einen Obdachlosen.
"Ach, hier ist schon besetzt, dann müssen wir in den anderen Raum", mit diesen Worten schließt der Pastor die Tür wieder. "Der Mann kommt von Zeit zu Zeit und übernachtet hier. Er hat Probleme und ist gesundheitlich nicht so ganz in Ordnung", erklärt mir der Pastor.

"Das finde ich ja schön, dass Sie den Mann im Gemeindehaus übernachten lassen", freue ich mich über diese menschliche Haltung.
Der Pastor zeigt mir den nächsten Raum. In der Ecke steht eine Klappmatratze, die ich verwenden kann.
"Ich hoffe, es stört Sie nicht, wenn der Chor am Abend in diesem Raum probt."
"Ganz im Gegenteil, ich höre gerne zu. Leider habe ich keinen Schlafsack dabei. Hätten Sie Decken für mich?"
"Die bringe ich Ihnen später. Brauchen Sie sonst noch etwas?"
"Ich habe nichts zu essen. Wenn ich für den Abend ein Stück Brot haben könnte, wäre ich dankbar", erwidere ich.
Die Frau des Pastors ist Leiterin des Kindergartens. Vielleicht werde ich ja zum Abendessen eingeladen, wenn sie hört, dass eine Pilgerin hier übernachtet, denke ich optimistisch.
Die Luft im Raum ist heiß und stickig. Erst einmal öffne ich alle Fenster. Anschließend besichtige ich die Kirche und die nähere Umgebung.
Während meiner Abwesenheit legte mir der Pastor zwei Decken in den Raum. Sie schauen nicht besonders appetitlich aus. Nun klappe ich die Matratze auseinander. Der Matratzenbezug ist noch viel schlimmer. Warum bekomme ich kein Bettlaken für diese schmuddelige Matratze und keinen Bezug für die Decken, frage ich mich?
Grundsätzlich stelle ich keine Forderungen und bitte immer nur um das Nötigste. So akzeptiere ich auch jetzt, was man mir gibt. Über die Matratze lege ich eine Decke. Sicher ist sie nicht weniger verschmutzt als die Matratze, nur man sieht es nicht so deutlich. Im Kopfbereich breite ich meine Bluse aus, damit mein Gesicht nicht mit dieser Decke in Berührung kommt. Nun habe ich nur eine Decke zum Zudecken. Das ist für die Nacht zu wenig.
Später klingle ich nochmals beim Pastor und frage, ob er eine weitere Decke für mich hätte.
"Nein, der Mann im Nebenraum hat die andere Decke. Aber vielleicht ist er schon weiter gezogen, dann können Sie diese Decke haben", gibt er mir zur Antwort.

Er geht mit mir die Treppe hoch und öffnet die Tür zum anderen Raum. Der Mann ist tatsächlich aufgebrochen und ich erhalte seine Decke. Eigentlich graust mir vor dieser Decke, aber frieren will ich auch nicht.
"Haben Sie vielleicht den Zeitungsartikel für mich schon ausgedruckt?", erinnere ich nun.
"Den bringe ich Ihnen am Abend", ist die Antwort des Pastors.
Dann bin ich allein in meinem Raum und strecke mich auf der Matratze aus. Für diese Nacht lasse ich Hose und Socken an, damit meine Haut möglichst nicht mit diesen Decken in Berührung kommt.
Später kommt die Chorleiterin zu mir in den Raum. Ich stelle mich vor. Doch sie weiß schon von mir, weil sie mit Zsuzsa, der Sängerin aus Lübeck, befreundet ist.
Nachdem alle Chormitglieder anwesend sind, teilt sie ihnen mit:
"Wir haben einen Gast, mit einem Anliegen. Stellen Sie sich doch selbst vor", wendet sie sich an mich.
Ich trete in den Kreis, berichte von meiner Pilgertour ohne Geld und stelle *Solwodi* vor.
Die Frauen sind beeindruckt. Alle unterschreiben für *Solwodi*. Sie sind neugierig, stellen mir Fragen, wie ich das ohne Geld mache, ob ich jeden Tag ins Ungewisse gehe usw. So erzähle ich kurz, wie die Reise verläuft.
Danach lege ich mich gemütlich auf meine Matratze und genieße diesen Chor.
Die lustigsten Stimmübungen sind zu hören. Für mich ist es interessant, zu erleben, wie die Stimmen geschult werden.
Gegen neunzehn Uhr kommt das angekündigte Gewitter. Heftiger Regen prasselt herab. Alle Fenster müssen eilig geschlossen werden.
Nach Beendigung der Chorprobe melde ich mich noch mal zu Wort:
"Vielen Dank für diesen Ohrengenuss. Es wäre schön, wenn ich von dieser Gabe auch ein bisschen hätte. Ihr Gesang hat mir sehr gut gefallen, und ich freue mich, dass ich das erleben durfte. Außerdem staune ich über die kraftvollen Stimmen, die ich hier hören konnte", bringe ich meine Anerkennung zum Ausdruck.

Die Frauen freuen sich und ich spüre, wie viel Wertschätzung mir mit den Segenswünschen auf meinen Weg mitgegeben wird.
Die Chorleiterin will mir Geld geben, und ich erkläre ihr, warum ich es nicht annehmen will.
"Haben Sie denn am Abend schon etwas gegessen", fragt sie besorgt.
"Nein heute habe ich ausnahmsweise nichts bekommen."
Sofort sperrt sie einen Schrank auf, stellt Plätzchen, Erdnüsse, Gummibärchen, Bier, Piccolo, Orangensaft, einfach alles, was da ist, für mich hin.
"Sie dürfen sich bedienen und morgen mitnehmen, soviel sie wollen", bietet sie liebevoll an.
Nachdem der Chor fort ist, esse ich Plätzchen und gönne mir dazu den kleinen Sekt. Dabei fühle ich mich sehr vergnügt. Jeden Tag habe ich wunderbare Erlebnisse. So betrachtet bin ich nicht traurig, in diesem Raum gelandet zu sein. Allerdings wundert mich schon, dass mir der Pastor weder den Zeitungsartikel noch ein Stück Brot gebracht hat.
Ich kann mir nicht vorstellen, dass er mich einfach vergessen hat. Möglicherweise kann er mit mir und der Situation nicht so recht umgehen. Vielleicht irritiert ihn, dass ich nicht unterwürfig daherkomme, sondern mich selbstsicher auf Augenhöhe mit ihm bewege. Meine Bitten sind klar und offen, ohne Forderung, ohne Erwartung, aber voller Würde und Selbstbewusstsein.
Niemand muss meinen Weg unterstützen, wenn er es nicht tun will. Ich will Menschen gewinnen und nicht nötigen.
Die ganze Nacht regnet es heftig. Das Bett ist miserabel, und so wird es eine grässliche Nacht für mich.

Donnerstag, 16. Mai 2013

Völlig verspannt stehe ich freiwillig sehr zeitig auf und koche mir in der Kindergartenküche Kaffee. Da kein Filter vorhanden ist, verwende ich für meine Tasse den Filtereinsatz aus der Kaffeemaschine. Beim Aufgießen merke ich verwundert, dass unten kein Kaffee heraus kommt. Damit der Kaffee durchfließen kann, muss erst ein kleines Teil an der Unterseite des Filters gedrückt werden. Mit den Fingern

geht es nicht, weil das Wasser zu heiß ist. Mit einer Messerspitze versuche ich das Problem zu lösen. Doch das Messer rutscht immer wieder ab. Diese mühevolle, feinmotorische Leistung am frühen Morgen ist eine Herausforderung. Aber immerhin kann ich dem Filtereinsatz doch eine Tasse Kaffee abgewinnen. Einige Plätzchen vervollständigen mein Frühstück. Die Plätzchen sind mir auf nüchternen Magen zu süß, davon kann ich nur ganz wenige essen.
Der Regen ist vorüber, das Wetter verspricht einen schönen Tag, als ich zum Ort hinaus gehe. Nach Ratzeburg sind es an der Straße nur elf Kilometer. Die Stadt liegt am herrlichen Ratzeburger See und ist berühmt durch ihren Dom, das älteste Backsteinkunstwerk Norddeutschlands.
Am Vormittag bin ich beim katholischen Pfarramt St. Answer. Pfarrer Evers ist von der Art meiner Pilgerreise völlig begeistert.
Er erkundigt sich sofort, ob ich schon gefrühstückt hätte. Als ich verneine, beauftragt er seine Sekretärin, mir im Gemeinderaum ein Frühstück zu bereiten und alles per Internet ausfindig zu machen, was ich brauche. Er selbst muss zum Gottesdienst. Die Sekretärin findet nichts zu essen und kann mir auch mit einer Unterkunft in Mölln nicht weiterhelfen. Nun begebe ich mich ebenfalls in die Kirche. Zwölf Leute stehen zum Empfang der Kommunion gerade im Kreis um den Altar herum. Pfarrer Evers winkt mir zu, ich soll ebenfalls zum Altar kommen. Hier wird uns allen Hostie und Wein gereicht.
Bevor der Pfarrer nach Abschluss des Gottesdienstes die Kirche in Richtung Sakristei verlässt, kommt er eigens an meine Kirchenbank und segnet mich für meinen weiteren Weg.
Na, bei diesen vielen Segnungen von allen Seiten muss mein Weg ja gut werden, denke ich optimistisch.
Nach dem Gottesdienst nimmt Pfarrer Evers alles selbst in die Hand. Im Nu habe ich meine nächste Unterkunft im Gemeindehaus in Mölln. Dann vermittelt er mir in Mölln einen Redakteur von den Lübecker Nachrichten. Der wird mir meinen Artikel ausdrucken, sobald ich in Mölln erscheine. Gleichzeitig schickt er einige Frauen vom Gottesdienst mit Lebensmitteln aus seiner Küche in den Gemeinderaum, um

mir ein deftiges Frühstück zu bereiten. Die Frauen machen sich sofort an die Arbeit. Er bedauert, keine Zeit zu haben, denn er muss zu einem Trauergespräch.
Im Gemeinderaum erwartet mich ein fürstliches Frühstück. Kaffee, frische Brötchen, Wurst, Spiegeleier mit Schinken, alles was mein Herz begehrt, ist auf dem Tisch. Nach dieser Stärkung sieht die Welt schon wieder besser aus.
Um mich bei Pfarrer Evers zu bedanken, warte ich im Hof auf die Beendigung des Trauergesprächs. Zwei Frauen, die beim Trauergespräch waren, erscheinen.
"Ach, Sie sind die Pilgerin, von der Pfarrer Evers berichtet hat," sprechen sie mich erfreut an. Wir sind sofort beim Thema Gottvertrauen, führen ein gutes Gespräch und wünschen uns zum Abschied gegenseitig alles Gute.
Wenig später erscheint auch Pfarrer Evers. Er bringt mir noch die Telefonnummer für eine weitere Unterkunftsmöglichkeit bei der Kirchengemeinde in Büchen.
Unglaublich, wie er sich engagiert, um mich zu unterstützen.
Auf dem Weg nach Mölln begleitet mich strahlend blauer Himmel mit Sonnenschein. Es wird zeitlich eng, die Zeitungs-Redaktion zu erreichen. Deshalb trampe ich das letzte Wegstück.
Ein Grieche hält an. Er erklärt mir, dass er nie jemanden mitnehme. Aber bei mir hätte er eine Ausnahme gemacht, denn ich hätte eine gute Ausstrahlung. Er hätte sofort gesehen, dass ich ein ordentlicher Mensch sei. Er setzt mich direkt am Marktplatz ab. Im Nu bin im beim Redakteur der Lübecker Nachrichten. Er druckt den Artikel über mich aus und sendet ihn zusätzlich als E-Mail an meine Adresse.

Mölln, von Seenlandschaft umgeben, ist ein schönes Städtchen. Ein Brunnen mit einer Bronzefigur sowie ein Eulenspiegelmuseum erinnern an das Leben und Wirken der berühmtesten Narrenfigur des Landes. Wunderschöne Fachwerkhäuser mit goldenen Inschriften zeigen die Frömmigkeit der einstigen Erbauer:

"Wer auf Gott vertrauet hat voll gebauet im Himmel und auf Erden. Wer sich verleßt auf Jesum Christ dem soll der Himmel werden. Am 6. September Anno 1667"

Überall sind ähnliche Sprüche angebracht. Alles dreht sich um Gottvertrauen. Damals hatte das Vertrauen auf Gott für die Menschen offensichtlich noch mehr Bedeutung als in unserer heutigen Gesellschaft.

Bald bin ich am Kindergarten und melde mich bei der Leiterin, bei der man mich angekündigt hat. Sie weiß über mich nur, dass ich ohne Geld unterwegs bin. Eine Pilgerin ohne Geld, was mag das für eine Person sein. Die Leiterin steht mir reserviert und skeptisch gegenüber. Sie wickelt mit mir nur sachlich ihren Auftrag ab, ohne Kommentar, ohne Fragen, und ich erkläre auch nichts. Schließlich will ich mich nicht rechtfertigen. Die Leiterin gibt mir Decken und zeigt mir dann verschiedene Gemeinderäume. Doch nur der Jugendraum, im Keller, hat ein Sofa zum Liegen. Dieser Raum riecht extrem modrig. Sofort öffne ich die Fenster.

Zu gerne würde ich kurz ins Internet gehen. Aber bei dieser fühlbaren Skepsis mag ich die Kindergartenleiterin nicht fragen. Vielleicht bietet sich im Ort eine Möglichkeit. Nicht weit vom Kindergarten befindet sich die Berufsschule. Ein Jugendlicher sitzt davor auf einer Mauer.

"Können Sie mir sagen, ob es hier in der Nähe einen allgemeinen Internetzugang gibt?"

"Ja, oben am Berg ist ein Jugendzentrum, da besteht die Möglichkeit. Ich weiß aber nicht, ob jetzt geöffnet ist", gibt er mir freundlich Auskunft. Er erklärt mir den Weg und bald habe ich das Zentrum erreicht. Tatsächlich darf ich kostenlos ins Internet und in aller Ruhe ohne Zeitdruck meine E-Mails abrufen und beantworten.

Zurück im Kindergarten verabschiedet sich die Leiterin von mir. Sie hat inzwischen sogar für *Solwodi* unterschrieben. Damit hatte ich gar nicht mehr gerechnet.

Der Keller riecht unverändert modrig. Da will ich mich nicht aufhalten. Im Flur des Gemeindehauses befindet sich eine Tischgruppe mit Sitzgelegenheit. Hier lasse ich mich nieder. Schließlich kommt Frau

B., eine ehrenamtliche Mitarbeiterin des Pfarrbüros. Sie gibt mir einen Schlüssel für die Außentür, zeigt mir Dusche, WC und sperrt mir die Küche zum Frühstücken auf. Sie will mir Geld geben, damit ich mir etwas zum Essen kaufen kann. Doch ich lehne es wie immer ab.
Der Seniorenkreis trifft sich heute. Nach dem Treffen kommen einige Frauen auf mich zu. Sie haben von meiner Pilgerreise erfahren, sind neugierig geworden und stellen Fragen.
Ich stelle *Solwodi* vor, kann aber nur drei Unterschriften gewinnen. Eine der Frauen lädt mich bei sich zuhause zum Abendessen ein, als sie meine Geschichte hört. Das nehme ich gerne an.
Es fügt sich doch immer wieder, so dass ich kein Geld benötige. Wir laufen zu ihrem Wohnhaus, wo ich auch von ihrem Ehemann herzlich empfangen werde. Das Abendessen nehmen wir auf der Terrasse ein. Wir unterhalten uns über den Zustand unserer Gesellschaft.
"Überall wird von der sozialen Kälte geredet. Die soziale Kälte liegt nach meiner Meinung nicht beim Einzelnen, sondern wird nur durch die Verordnungen in den Institutionen erzeugt. Der einzelne Mensch ist in diesem System gefangen. Aber er ist nicht so kalt, wie viele glauben. Die Leute haben Angst um ihren Job und wagen es nicht, menschliche Entscheidungen zu treffen, wenn ihnen das Gesetz das nicht erlaubt", stelle ich fest.
Herr D. widerspricht mir sofort.
"Die soziale Kälte liegt nicht an den bestehenden Gesetzen. Die Gesetze sind in Ordnung. Sie lassen genug Ermessensspielraum für Menschlichkeit. Ich hatte als Verwaltungsfachmann in meiner beruflichen Tätigkeit genug mit Gesetzen und juristischer Auslegung zu tun. Immer wieder konnte ich die Erfahrung machen, dass der Einzelne diesen Spielraum nicht genutzt hat. Die soziale Kälte liegt bei den Menschen, die die Gesetze auslegen. Viele Menschen haben Angst. Sie können oder wollen keine Entscheidung treffen und keine Verantwortung übernehmen. Das sind Bürokraten, die sich hinter dem Gesetz verschanzen." Der Abend verläuft sehr gesprächig, und zum Abschied bekomme ich von Frau D. Butterbrote, eine Tomate, und

eine Banane mit. Mehr nehme ich nicht an, weil ich das ja alles tragen muss.
Zum Abschied werde ich von Herrn D. freundschaftlich umarmt. Auch von seiner Frau werden mir viele gute Wünsche mitgeben.

Im Gemeindehaus kann ich mich duschen. Danach versuche ich das wuchtige Sofa auf den Kellerflur zu ziehen. Der Raum riecht trotz offener Fenster noch immer grauenhaft. Aber das Sofa ist zu breit für den Türrahmen. Ich müsste es in Schräglage durchschieben. Ich kann aber das schwere Sofa entweder schräg halten oder schieben. Für beides gleichzeitig fehlt mir die Kraft. Wenn sich das Sofa im Rahmen verkeilt, bringe ich es vielleicht weder vorwärts noch rückwärts. Also kapituliere ich und versuche mich mit dieser Moderluft zu arrangieren. Obwohl ich keine empfindliche Nase habe, fällt es mir sehr schwer, diese Nacht auszuhalten. Trotz großer Müdigkeit kann ich lange nicht einschlafen. In der Nacht wache ich häufig auf. Der Modergeruch ist zu heftig. Daran kann ich mich einfach nicht gewöhnen.

Von guten Mächten wunderbar geborgen

Mut ist nicht die Abwesenheit von Angst,
sondern die Erkenntnis, dass es etwas gibt,
das wichtiger als die Angst ist.

Ambrose Redmoon

Freitag, 17. Mai 2013

Am Morgen stehe ich wieder einmal wie erschlagen auf. Erneut habe ich überall schmerzhafte Verspannungen, die sich wohl durch den Schlafmangel verstärken. Durch Bewegung lösen sie sich glücklicherweise.

In der Küche will ich mein Brötchen, das mir in einer Bäckerei geschenkt wurde, mit Hilfe der Mikrowelle aufbacken. Leider lasse ich es zu lange im Ofen. Nun habe ich zu meinem Kaffee ein völlig ausgetrocknetes Brötchen, knusprig wie Zwieback. Im Kühlschrank finde ich Butter und Marmelade. Aber auch damit ist das Brötchen kein Genuss mehr.

Kurz nach sieben Uhr verlasse ich den Gemeinderaum. Alles ist so in Ordnung gebracht, dass ich keinerlei Spuren hinterlasse. Die Decken des Kindergartens lege ich mit einem Dankesgruß auf einen Stuhl im Flur.

Am Kanal laufe ich die alte Salzstraße entlang aus Mölln hinaus. Nun fällt mir auf, dass ich seit Lübeck keine Schmerzen mehr am linken Vorderfuß und Ballen habe. Der Problemfuß hat sich anscheinend schmerzfrei gelaufen. Die Sonne scheint wieder herrlich. Es ist bereits so warm, dass ich die Hosenbeine abmache und nur mit T-Shirt laufe. Große Dankbarkeit für alles, was ich erleben darf, steigt in mir hoch. Die Sonne wird schließlich so heiß, dass ich mit dem Arm an der Sonnenseite in mein abgemachtes Hosenbein schlüpfe. Denn beide Arme sind schon aufgebrannt. Nach acht Uhr kommt mir schon das erste

Schiff entgegen, ein Riesenlastkahn, mit großen weißen Säcken beladen. Ich winke dem Kapitän, er winkt zurück.
Die Natur um mich herum ist herrlich. Wiesen, Büsche, Bäume, alles leuchtet im saftigen Grün. Ich laufe diesen Kanalweg ganz allein entlang, niemand begegnet mir.
Richtig wohl und glücklich fühle ich mich in meiner Haut. Außerdem fühle ich mich geführt, beschützt und getragen. Mir fällt das Lied von Bonhoeffer ein und ich beginne zu singen:

Von guten Mächten wunderbar geborgen,
erwarten wir getrost was kommen mag.
Gott ist mit uns am Abend und am Morgen
und ganz gewiss an jedem neuen Tag.

Der Text erscheint mir passend für meinen Weg.
In Güster bitte ich an einem Haus um Wasser. Hier komme ich mit einer Frau ins Gespräch und erzähle ihr von meiner Tour. Sie kann gar nicht fassen, dass ich es wage, allein ohne Geld durch Deutschland zu laufen. Spontan will sie mir Geld schenken. Doch ich lehne ab. Die Frau ist ganz unglücklich. Wenigstens Esswaren soll ich dann annehmen. Doch auch das kann ich im Augenblick nicht brauchen. Noch trage ich ein Brot vom gestrigen Abend herum, das nicht verderben soll.
Büchen ist ein lang gezogener Ort. Endlich erreiche ich das Pfarrbüro. Hier nutze ich die Gelegenheit, mich beim Pfarramt in Lauenburg für die nächste Nacht anzumelden. Morgen ist Pfingstsamstag, da wage ich nicht ins Blaue zu laufen. Die bevorstehenden Pfingsttage sind bezüglich Unterkunft ohnehin eine Herausforderung.
Die Hausmeisterin des Gemeindehauses zeigt mir meine Unterkunft. Nachdem ich ihr meine Beweggründe für diese Pilgerreise mitgeteilt habe, wird sie zunehmend aufgeschlossener.
Im Kindergarten kann ich übernachten. Hier steht ein Sofa. Decken sind auch da. Die Küche kann ich zusätzlich benützen. Hier hat die Pastorin eine Tüte mit Esswaren für mich hinterlegt. Ein Zettel ist an die Tüte geklebt:

"Für Frau Schierl mit herzlichen Grüßen, Frauke Stöckel".
Das ist ja ein liebevoller Empfang, freue ich mich. In der Tüte ist Brot, Wurst, Käse, Apfel, sogar ein Schokokeks. Die Pastorin ist den ganzen Tag zu einem Ausflug unterwegs, ich werde sie leider nicht persönlich kennen lernen.
Bald darauf mache ich Brotzeit und lasse mir alles schmecken. Wenig später bringt mir die Hausmeisterin, Frau Z., ein Schüsselchen mit warmer Spargelsuppe und ein Brötchen. Eigentlich habe ich schon genug gegessen. Nach wenigen Löffeln hebe ich mir den Rest für den Abend auf.
Dann strecke ich mich auf dem Sofa aus. Es sieht ziemlich abgewirtschaftet aus, aber ich kann ganz ordentlich liegen.
Nach diesem Mittagsschlaf mache ich mir Gedanken um die Pfingsttage. Im Grunde genommen brauche ich gleich morgen eine Unterkunft für die nächsten drei Tage. Weder am Sonntag noch am Pfingstmontag werde ich eine Unterkunft finden. Mir fällt das Zirkuszelt ein, das am Ortsbeginn von Büchen steht. Vielleicht können die Zirkusleute meine Mithilfe gebrauchen und ich bekomme dafür eine Unterkunft. Dann wäre das Feiertagsproblem gelöst. Zum Zirkus muss ich weit zurücklaufen. Dort sehe ich sofort, dass er viel zu klein für mein Vorhaben ist. Ein Familienbetrieb, nur wenige Wohnwagen, die zweifellos alle belegt sind. Nachdem ich schon so weit gelaufen bin, frage ich bei der Frau an der Kasse trotzdem nach. Sie bestätigt wie erwartet, dass es keine Möglichkeit gibt, mich aufzunehmen.
Schade, bedauere ich. Zirkuserfahrung wäre auch nicht schlecht gewesen.
Meine Zahnpasta geht zur Neige. Bei einer Apotheke bitte ich um eine Probepackung und bekomme eine kleine *Elmex* Zahnpasta. Das ist sogar meine übliche Sorte.
In einem Edeka-Markt erkläre ich dem Marktleiter meine Pilgersituation und frage, ob ich zwei (!) Karotten haben könnte, da ich mich zwischendurch nach knackigem Gemüse sehne. Der Marktleiter ist Türke. Er ist äußerst aufgeschlossen. Sofort packt er mir vier Karotten, zwei Äpfel, drei Tomaten und zwei kleine Gurken in eine Trage-

tasche. Ich rufe fortwährend: "Es reicht, schließlich muss ich morgen weiter und alles tragen." Er ist kaum zu bremsen und hätte mir noch mehr gegeben. "Das essen Sie eben heute Abend, dann müssen Sie es morgen nicht tragen", erwidert er freundlich lächelnd. In einer Metzgerei bekomme ich noch ein Stück Wurst, ebenfalls mehr als ich erbeten habe. Es ist deutlich spürbar, dass es mir gerne und von Herzen gegeben wird.
Daheim mache ich mir gemütlich mein Abendbrot. Erst wärme ich den Rest Spargelsuppe auf, dann lasse ich mir Brötchen und Wurst mit Tomaten und Gurken schmecken. Nach Gemüse habe ich mich am meisten gesehnt.
Kaum bin ich fertig, kommt der Gospelchor zur Probe in den Nebenraum. Ich frage den Chorleiter, ob ich *Solwodi* vorstellen darf, und bitte ihn, die Tür für mich offen zu lassen. Es geht mit Stimmübungen los, zischen, sssss, sch, mau, mau, mau, wird in verschiedenen Tonlagen geübt. Das hört sich alles wirklich interessant und auch lustig an. Dann kommen temperamentvolle, lebhafte Lieder.
Der Chorleiter holt mich in der Pause. Wie üblich stelle ich mich vor und berichte ebenso von *Solwodi.*
Während weiter gesungen wird, geht die Liste durch die Reihen. Alle unterschreiben und ich freue mich, auf diese Weise vierundzwanzig Unterschriften mehr zu haben. Nun bleibe ich im Raum anwesend und genieße hier die Gesänge. Der Chorleiter ist etwa dreißig Jahre alt und voller Dynamik. Er spielt schwungvolle Rhythmen am Klavier. Der ganze Chor strahlt Fröhlichkeit und Lebensfreude aus. Alle sind locker und zwanglos, aber gleichzeitig auch sehr diszipliniert. Schließlich meldet sich eine Frau zu Wort und äußert, dass sie meine Aktion großartig finde. Alle klatschen sofort Beifall. Ich bedanke mich und frage:
"Darf ich mir von Ihnen mein Pilgerlied wünschen. Nachdem ich ohne Geld unterwegs bin, ist das Lied *Von guten Mächten wunderbar geborgen ...* genau das richtige Lied für meinen Weg. Immer wieder begegnet mir Gott durch positive Menschen. Schon seit Flensburg

fühle ich mich geführt und habe das Gefühl, einen gesegneten Weg zu gehen."
Der Chor singt für mich das gewünschte Lied, der Chorleiter begleitet am Klavier.
"Vielen Dank, damit haben Sie mir eine echte Freude gemacht. Ich möchte diesem Chor ein großes Kompliment aussprechen. Ich finde Ihren Gesang und die Musik ganz toll. Außerdem ist bei Ihnen alles so zwanglos, so voller Fröhlichkeit und Lebensfreude. Ich bin sehr froh, dass ich das erleben durfte", bringe ich meine Begeisterung zum Ausdruck.
Nach dem Ende des Chors interessieren sich einige näher für meinen Weg, zollen mir Anerkennung und wünschen mir alles Gute.

Samstag, 18. Mai 2013

Auch das war keine gute Nacht, denn das Sofa war für meine Größe zu kurz. Nach fünf Uhr stehe ich bereitwillig auf. Um sechs Uhr bin ich unterwegs. Mein Weg führt über Pötrau. Hier suche ich das Haus der Pastorin und werfe einen kleinen Dankbrief für die Essenstüte ein. Es ist neblig, feucht und gleichzeitig drückend. Gestern Abend war es sehr schwül. Tiefschwarze Wolken zogen sich zusammen, Blitze zuckten über den Himmel, aber der Regen kam nicht. Meine Beine schmerzen noch immer. Sonst verging das durch Bewegung beim Aufstehen. Aber heute bessert sich nichts. Ich muss dringend wieder gut schlafen, um diese Muskelschmerzen loszuwerden, überlege ich.
Die Orientierung in der Landschaft ist durch den Nebel schwierig. Die Sichtweite ist sehr gering. An einer Gabelung ist eine Jakobsmuschel wieder einmal irritierend angebracht. Mir ist nicht klar, ob ich nach links oder geradeaus gehen soll.
Das entfernte Straßengeräusch hilft mir bei der Orientierung. Laut Beschreibung muss ich die B 209 überqueren. Und tatsächlich komme ich dort an. Meine Entscheidung an der Gabelung war richtig. In Wangelau befindet sich ein idyllischer Dorfweiher, geziert von einem krähenden Hahn aus Bronze. Am Ortsende sind auf den Wiesen links und rechts nur weiße Schafe, aber einige kohlrabenschwarze Lämmer,

bestimmt nur wenige Tage alt. Seltsam, wie diese weißen Schafe zu ihren Lämmern kommen, frage ich mich. Eine große Krähe fliegt vor mir auf und krächzt laut. Heute ist Regen mit Gewitter gemeldet. Vor mir kann ich bereits erkennen, wie das Wasser aus den Wolken fällt.
Nach Lütau verliere ich die Muschel und komme wenige Kilometer vor Lauenburg ungewollt an die Landstraße. Es beginnt zu nieseln. Nach den Wolken zu schließen ist bald ein richtiger Regenguss zu erwarten. Durchweichte Klamotten kann ich im Moment ohne Pfingstquartier überhaupt nicht gebrauchen.
Mein Regenumhang hält nur kurze Güsse ab. Kurz entschlossen halte ich ein Auto an. Ein älterer Mann stoppt sofort. Wir unterhalten uns unter anderem über *Solwodi*. Er sieht keine Chance, dass sich hier zugunsten der Frauen etwas bewegt.
"Wäre nur eines der Opfer ein Jude, dann würde sich sofort etwas ändern", meint er.
"Ich bin Jahrgang fünfunddreißig und war schon immer in christlichen Vereinigungen. Wir hatten früher nur den Volksempfänger, da gab es keine anderen Informationen. Die heutige Jugend dagegen hat die Möglichkeit, alle Informationen zu bekommen, und fängt damit nichts an. Sie tut mit ihrem Wissen einfach nichts. Erst kürzlich habe ich in einer Versammlung zu den Jugendlichen gesagt, sie sollen sich zum Problem Zwangsprostitution etwas einfallen lassen, etwas dagegen unternehmen. Aber es geschieht nichts. Jeder kümmert sich um seinen eigenen Kram", schließt er mit Resignation in der Stimme.
Wir sind im Herzogtum Lauenburg mit fast 30.000 Einwohnern angekommen. Es gibt eine Oberstadt und eine Unterstadt. In der Oberstadt lässt er mich aussteigen. Die Straßen sind nass vom Nieselregen. Bergab gelange ich rasch zur Elbe. Hier sehe ich die Lauenburger Symbolfigur, den Rufer, der vorbeifahrende Schiffe grüßt. Die komplette Altstadt steht unter Denkmalschutz. Sie bietet herrliche Gässchen und Häuser. In der Elbstraße befindet sich das älteste Bürgerhaus aus dem Jahr 1573. Von hier suche ich mir den Weg zur Kirche.
Noch vor elf Uhr klingle ich am Pfarrhaus. Eine junge Frau öffnet mir. Die Pastorin ist sichtlich irritiert, als ich vor ihrer Tür stehe.

"Wir haben uns erst gegen Abend verabredet, ich weiß", sage ich, "aber bei Regen will ich mich nicht in der Stadt herumdrücken, deshalb bin ich früher da."
Nun kommt wieder der besondere Moment, meine Situation ohne Geld zu erklären. Ich kann nicht einschätzen, wie die Pastorin darüber denkt. Aber sie bittet mich herein. Sie hat wenig Zeit. In der Kirche findet gleich ein Taufgottesdienst statt. Ihre siebenjährige Tochter Johanna geht sehr kontaktfreudig auf mich zu und erzählt mir Geschichten von Jesus.
Die Pastorin kocht für uns beide Kaffee. Dann macht sie mir deutlich, hier in ihrem Haus sei außer dem Wohnzimmersofa kein Platz zum Übernachten. Zudem sei das Wochenende für sie und ihre Familie ganz wichtig, weil sie ohnehin so selten Zeit füreinander fänden.
"Wir könnten Sie höchstens im Gemeindehaus unterbringen", bietet sie an.
"Ihre Situation kann ich gut nachvollziehen. Zweifellos brauchen Sie Ihr Wochenende für sich", äußere ich voller Verständnis. "Aber vielleicht kennen Sie jemanden aus der Gemeinde, der bereit wäre, mich aufzunehmen. Ich suche ja Gastfreundschaft und Begegnung. Deshalb möchte ich die Zeit nicht allein in einem Gemeindezimmer verbringen", versuche ich ihr mein Interesse nahezubringen. Die Pastorin schaut nachdenklich vor sich hin.
"Allerdings brauche ich eine Unterkunft für die nächsten drei Tage. Denn die Pfingsttage sind ein großes Problem für mich. Kein Pfarrbüro hat geöffnet. Dazu sind Regentage gemeldet. Wenn ich ungemeldet patschnass vor einer Tür stehe, nimmt mich privat niemand auf. Bereits jetzt bräuchte ich eine Familie, die mich über die Pfingsttage aufnimmt. Ich kann erst am Dienstag weiterziehen", schildere ich meine Lage.
Mir ist bewusst, dass ich für die Pastorin, die noch dazu unter Zeitdruck steht, eine große Herausforderung bin. Sie telefoniert mit mehreren Leuten. Die einen sind gerade am Umbauen der Wohnung und leben quasi auf einer Baustelle. Andere können aus irgendwelchen anderen Gründen nicht.

Johanna erzählt mir in der Zwischenzeit, wie wichtig Vertrauen ist und ich pflichte ihr bei. Der Ehemann ist ebenfalls Pastor. Er ist auf dem Weg ins Pfarrbüro und nimmt mich mit. Hier gibt er mir den Pilgerstempel. Er zeigt mir auch das Zimmer zum Übernachten, falls sich keine andere Lösung findet.
Danach gehe ich mit der Pastorin und Johanna in die Kirche zur Taufe. Der Taufgottesdienst ist sehr schön gestaltet. Auch die Ansprache der Pastorin gefällt mir gut. Nach der Tauffeier übt die Organistin weiter an der Orgel. Nie war ich ein Orgelfan. Aber jetzt bewegt mich die Orgelmusik. Die Töne berühren mich in meinem Innern wie nie zuvor und tragen mich in eine eigene Klangwelt.
In der Kirche liegen interessante Postkarten über den Hamburger Kirchentag aus.
Soviel du brauchst, war das Motto des Kirchentages. Daneben steht: *Ein Pilgerbett.*
Eine Übernachtung für Pilger gesucht. Das Pilgerschiff zum Kirchentag nach Hamburg kommt von Dresden und macht am 30. April Station bei Ihnen in Lauenburg. Wer Pilger aufnehmen kann, melde sich bitte.
Die Postkarten passen ja genau zu mir, denke ich, und stecke mir gleich eine in die Tasche.
Die Pastorin geht mit mir zurück ins Pfarrhaus. Wir unterhalten uns über meine Beweggründe für diese Pilgerreise und über *Solwodi.*
In der Zwischenzeit konnte der Ehemann der Pastorin eine gut bekannte Familie gewinnen, mich für die nächste Nacht aufzunehmen.
"Die Leute gehen morgen zu einer Geburtstagsfeier. Für die nächsten Nächte müssen wir in der Gemeinde noch anfragen", berichtet er.
"Das ist ja schön, dass mich jemand aufnimmt", freue ich mich.
Gegen dreizehn Uhr bringt der Pastor mich in die Elbstraße zu einem sehr schönen, alten Haus. Ein Ehepaar empfängt mich herzlich, und ich fühle mich sofort wohl. Das Haus ist auch von innen wunderschön, Holzbalken, alte Holzdielen, altertümliche Möbel, alles ist sehr geschmackvoll und individuell. Herr S. ist Architekt und hat sich auf die Restaurierung alter Häuser spezialisiert. In der Küche befindet sich

eine alte, noch intakte Seilwinde für einen Lastkran, um Waren bei Hochwasser in den ersten Stock zu befördern.
Auch hier berichte ich von meinen Beweggründen für diese Pilgerreise.
Das Ehepaar ist schon nach kurzer Unterhaltung bereit, mich über die Pfingsttage bei sich zu behalten und einfach zur Geburtstagsfeier mitzunehmen. Sie geben dem Pastor sofort Bescheid, dass keine weitere Familie für mich gesucht werden muss. Darüber freue ich mich sehr. So hat die Pastorenfamilie wenigstens keine weitere Mühe mit mir. Das Ehepaar S. hält üblicherweise Mittagsruhe. Das kommt auch mir entgegen.
Schnell wasche ich meine Wäsche und lege mich dann ebenfalls ins Bett. Die Ruhe tut mir gut. Ein Bett ist doch eine herrliche Sache.
Später unterhalte ich mich mit Frau S. Wir können uns gut verständigen. Ich darf meine Tochter Micha zuhause anrufen und mich über ihre aktuelle Jobsituation unterhalten. Inzwischen wissen meine Töchter, dass ich ohne Geld unterwegs bin. Nachdem ich ja berichten kann, dass ich bisher immer gut aufgenommen wurde, gibt es keinen Grund zur Sorge. Sie wissen außerdem, dass ich eine Spürnase für "Engel" am Weg habe.
Dann richtet Frau S. das Abendessen.
Spontan frage ich, ob ich ein Gebet sprechen dürfte. Beide nicken.
"Gott ich danke dir, dass du mich zu diesen Menschen geführt hast, die mich so herzlich aufnehmen. Segne sie für alles, was sie Gutes tun. Amen", versuche ich meine Dankbarkeit auszudrücken.
Es gibt Spargel mit Kartoffeln, Buttersoße und Schinken. Herr S. schneidet von einer riesigen Schinkenkeule dicke Scheiben ab. Dazu wird Weißwein gereicht. Alles schmeckt hervorragend. Gleichzeitig habe ich aus der Höhe des zweiten Stockwerks einen wunderschönen Blick auf die Elbe. Das Haus steht erhöht direkt am Elbufer und wir sehen die Boote und Lastkähne vorüberziehen. Vor dem Wohnzimmerfenster befindet sich ein kleiner Balkon, der einen weiten Blick frei gibt.

Auf dem Esstisch liegt nach holländischer Sitte ein Orientteppich. Altertümliche Möbel mit passenden Lampen, riesige Blumenstöcke und Gewächse zieren den Raum. Oben in der Spitze des Dachgiebels befindet sich eine Galerie. Dieses Haus ist in jedem Bereich ein Kunstwerk und trägt überall die Handschrift von Herrn S. Es ist wie ein kleines Museum gestaltet. An den Wänden, auf Balken und Wandborden, am Boden, auf den Treppenstufen, überall, stehen, liegen und hängen hier altertümliche Sachen. Aber gleichzeitig wirkt nichts überladen. Es ist einfach nur urgemütlich. Auch sehr originelle Sachen sind zu entdecken. Im WC ist ein rundes, buntes Waschbecken in eine alte Kommode mit Schubladen eingelassen. Manches ist herrlich improvisiert. Bei mir im Schlafzimmer steht eine Bauernkommode, die nur drei Holzfüße hat. Den vierten Fuß bildet eine Konservendose in entsprechender Größe. Sehr kreativ, stelle ich belustigt fest. Kein zwanghafter Perfektionismus stört die Wärme und Gemütlichkeit dieser Räume

Frau S. ist mit ihren achtundsechzig Jahren eine sehr aktive, engagierte Frau. Sie ist Zahntechnikermeisterin und hat sich einst mit dem Dentallabor, das sich im unteren Geschoss des Hauses befindet, selbständig gemacht. Inzwischen ist es an den Sohn übergeben und sie macht nur noch die Buchführung. Unser gemeinsamer Abend verläuft sehr unterhaltsam. Doch ich gehe zeitig ins Bett, da ich vor Schmerzen einfach nicht mehr sitzen kann. In der Nacht finde ich endlich wieder guten Schlaf.

Sonntag, 19. Mai 2013

Frühzeitig gehe ich unter die Dusche. Um neun Uhr gibt es Frühstück mit warmen Brötchen, mit echtem Lachs, Käse, Wurst, alles, was das Herz begehrt, ist da.

"Mein Gott, werde ich hier verwöhnt", rufe ich aus.

"Der Pastor hat gesagt, wir sollen Sie aufpäppeln", wirft Herr S. lächelnd ein.

Wir unterhalten uns über soziale Probleme bei uns wie in den armen Ländern. Frau S. ist kirchlich und politisch sehr aktiv. Sie berichtet

von einer aufwendigen Nähmaschinenaktion für Frauen in Kenia. Mit dem Einverständnis der afrikanischen Ehemänner wurden die Nähmaschinen mit hohen Kosten verschifft. Aber die Aktion scheiterte, weil die Männer sie später doch nicht duldeten. Beim nächsten Besuch in Kenia waren alle Maschinen eingemottet. Bei den Männern in Kenia ist Alkohol ein großes Problem. Zusätzlich ist Aids im ganzen Land eine schreckliche Bedrohung.
Ich erzähle von meiner Übernachtung in der Demenzwohngruppe und vom vierjährigen Jan, der mir zu einem Bett verhalf, usw.
Herr S. erzählt von seinem Boot, das über hundert Jahre alt ist. Es ist ein alter Fischkutter, an dem ständig repariert werden muss. Seine Projekte interessieren ihn immer nur, bis sie fertig gestellt sind. Danach wendet er sich anderen Dingen zu.
Zwischen uns herrscht eine lockere, freie Stimmung.
Um elf Uhr geht Frau S. mit mir zum Pfingstgottesdienst in die Kirche. Er wird von der Pastorin wieder sehr schön gestaltet. Danach bummeln wir ein Stück an der Elbe entlang. Sie zeigt mir das Dentallabor im Untergeschoss des Hauses und erklärt mir Werkzeug, Geräte und viele Details der Arbeit. Für mich ist es hochinteressant, in diese vielschichtigen Arbeitsvorgänge Einblick zu bekommen. Sie zeigt mir fertige Arbeiten und nennt mir den Preis.
"Wenn ich sehe, mit welchem Aufwand so ein Gebiss gefertigt wird, kann ich mich nur wundern, dass das zu diesem Preis überhaupt hergestellt werden kann", stelle ich erstaunt fest.
"Die Leute haben keinerlei Vorstellung, wie aufwendig alles ist", pflichtet sie bei.
Nach dem Rundgang durchs Labor gibt es Mittagessen. Es gibt Spargelsuppe mit Schinken.
Man erwartet nun schon automatisch ein Gebet von mir. Das hatte ich zwar nicht vor, aber wenn es gewünscht wird, habe ich kein Problem, wieder ein paar spontane Worte zu sprechen.
"Ich bin euch sehr dankbar", füge ich den vorangehenden Gebetsworten hinzu.

"Alles was ich hier mit euch erlebe, weckt bei mir Assoziationen an die geschwisterlichen, frühchristlichen Gemeinden. Ich bekomme hier viel mehr als Gastfreundschaft. Ich empfinde eine wunderbare Großzügigkeit um mich herum. Auf allen Ebenen spüre ich, mir wird alles gegönnt und alles kommt von Herzen. Das ist eine tolle Erfahrung für mich, ein einzigartiges Geschenk."
Frau S. reagiert darauf ganz spontan: "Wir können uns doch auch duzen," schlägt sie vor. Wir nennen unsere Vornamen und stoßen darauf an.
Erneut ziehen wir uns alle zur Mittagsruhe zurück.
Ich fühle mich hier wie zuhause. Ein wunderbares Gefühl von Geborgenheit umgibt mich.
Dabei kommen Gedanken über die Zustände unserer Gesellschaft hoch. Gerade wenn ich erlebe, wie schön Gemeinschaft sein kann. Warum schaffen wir es nicht, anders miteinander zu leben, überlege ich. In mir sind so viele Fragen. Ich suche Antworten, suche nach Lösungen.
Was könnte die Isolation und die Distanz zwischen uns Menschen auflösen? Es beschäftigt mich immer wieder.
Am Nachmittag fahren wir nach Hamburg. Reginas Schwager feiert seinen sechzigsten und seine Mutter feiert gleichzeitig ihren fünfundachtzigsten Geburtstag.
Unterwegs machen wir einen kurzen Abstecher zu Reginas Geburtshaus und zu dem Haus, in welchem sie aufgewachsen ist. Wir bringen Blumen ans Grab ihrer Eltern und Großeltern. In der Kirche am Friedhof, wurden Regina und Peter getraut. Es freut mich, dass sie mich an ihrem Leben so teilhaben lassen.
Bei der Feier sind sechzig Personen anwesend. Im ganzen Haus, im Flur, im Gartenzelt, überall wimmelt es von Menschen. Viele leckere Torten und Kuchen lachen mich an. Ich weiß gar nicht, wofür ich mich entscheiden soll. An meinem Tisch sind sehr nette Leute. Sie wollen alles Mögliche über meine Pilgerreise wissen. Sie meinen, mit einer Unterkunft bei Regina und Peter hätte ich das große Los gezogen. "Das stimmt wahrhaftig", bestätige ich.

Abends wird im Garten gegrillt. Der Himmel ist wolkenverhangen, aber zum Glück regnet es nicht. Leider ist es im Zelt doch recht frisch. Am späteren Abend fahren wir zurück nach Lauenburg. Ich gönne mir nun ein ausgiebiges, heißes Vollbad. Es tut gut und ich falle anschließend müde ins Bett.

Montag, 20. Mai 2013

Trotz Wannenbad habe ich heute morgen unverändert starke Muskelschmerzen.

Ich schreibe unendlich viel von meinen Schmerzen. Für den Leser ist das möglicherweise nervig. Deshalb überlege ich ernsthaft, ob ich diesen Punkt nicht einfach ausklammern soll. Aber dann würde ich ein bedeutsames Merkmal dieses Weges weglassen und somit die Realität erheblich verändern oder gar verfälschen.

Ein gewisses Maß an Schmerzen gehört sicher zum Pilgern dazu. Damit kann ich auch problemlos umgehen. Ich bin alles andere als wehleidig. Schmerzen erwähne ich nur, wenn sie an der Grenze des Er träglichen sind.

Von keiner meiner bisherigen Touren kenne ich ein derartiges Ausmaß an Schmerzen. Was ich nun an Schmerzen erlebe, ist extrem und übersteigt alles bisher Bekannte. Auch mit meinen Füßen habe ich Probleme wie nie zuvor. Ich kann selbst nicht verstehen, was mit mir los ist.

Trotz Magnesiumeinnahme, trotz reduzierter Kilometerleistung beherrschen mich nun häufig Muskelschmerzen, die mich ungeheuere psychische Kraft kosten. Sie verfolgen mich oft bis in den Schlaf hinein und die Nächte hindurch.

Nie lege ich mich zuhause tagsüber schlafen. Das kenne ich überhaupt nicht.

Ich bin an lange Laufstrecken gewöhnt. Die normale Ermüdung daraus würde mich nie so erschöpfen, dass ich oft tagsüber sobald es möglich ist, wie ein Stein ins Bett falle. Sondern das Weitergehen trotz heftiger Schmerzen kostet mich diese enorme Kraft.

Diese Schmerzen legen sich wie stachelige Steine in meinen Weg, wie eine Prüfung, als ob sie mich zur Kapitulation zwingen wollten. Sie oft sind mein Begleiter und machen den Weg zu einer noch größeren Herausforderung, als er es ohnehin ist.

Normalerweise würde ich unter solchen Bedingungen jeden Weg abbrechen. Wenn da nicht dieses innere Feuer wäre, das mich trotz allem treibt, das mir offensichtlich auch die Kraft gibt, diese zusätzliche Schwierigkeit zu bewältigen.
Das hier ist eben nicht nur irgendein Weg für mich, sondern eine Aufgabe, meine Aufgabe die ich erfüllen will. Deshalb sollen mich auch massive Schmerzen nicht von meinem Weg abbringen.

Es gibt wieder ein gemütliches, ausgiebiges Frühstück. Peters auffordernder Blick zeigt mir, wie selbstverständlich er ein Gebet von mir erwartet.
Also sage ich einfach, was ich hier empfinde. "Jesus sagte: Wo zwei oder drei in meinem Namen versammelt sind, bin ich mitten unter ihnen. Gott, ich danke dir, dass ich das hier spüren kann und dabei sein darf. Amen."
Regina hat im Büro zu tun. Peter erzählt mir interessante Segeltörngeschichten, die manchmal unter bestimmten Windverhältnissen durchaus gefährlich wurden. Dann war er froh, wenn er wieder heil an Land kam.
Später fahre ich mit Regina zum Spargelbauernhof. Zum ersten Mal sehe ich Schälmaschinen. Der Spargel wird in die Maschine gelegt, automatisch geschält und nach Gewicht am Ende in verschiedene Behälter sortiert. Frauen nehmen den fertigen Spargel dann nur noch aus den Behältern heraus. Regina kauft für die heutige Abendeinladung fünf Kilo Spargel und drei Kilo Kartoffeln.
Während Regina den Spargel putzt, räume ich die Aschenberge aus dem Kaminofen und putze mit Asche die völlig verrußte Scheibe am Ofen. Regina und Peter wussten beide nicht, dass man mit Asche die Scheibe schnell und mühelos vom fest gebrannten Ruß befreien kann.

Regina freut sich über die klare Scheibe und ich freue mich, etwas Nützliches beigetragen zu haben.
Regina will nochmals ins Büro. Peter begibt sich zur Ruhe und ich schalte den Fernseher ein. Das Wetter bleibt mies, Regen mit Gewitter. Regina und Peter haben mir angeboten, ich könne wegen der Wettersituation länger bleiben. Trotzdem werde ich morgen aufbrechen.

Der Tisch ist für die Gäste bereits schön gedeckt, als ich nach einem Nickerchen wieder erscheine. Ich darf noch Petersilie fein hacken. Der Sohn mit Frau und ihre beiden Töchter sind als Essensgäste geladen.

Dienstag, 21. Mai 2013

Regina und Peter stehen meinetwegen extra früher auf. Peter brutzelt kleine Würstchen mit Rühreiern und bereitet uns ein deftiges Frühstück.
Diesmal spricht Regina ein Gebet:
"Gott, ich danke dir für diese unerwartete Begegnung mit Brunhilde, die du uns zugeführt hast. Segne ihren Weg weiterhin, lass sie immer Menschen finden, die sich auf sie einlassen und sie aufnehmen, ihr zu essen und ein Bett geben. Und schicke gutes Wetter, nicht so viel Regen."
Peter kommt dazu und will von mir wie gewohnt ein Gebet. Ich lese den Segensspruch vor, den ich ihnen in den Abschiedsbrief geschrieben habe.
"Hast du wenigstens ein Handy dabei?", fragt Peter. Als ich verneine, guckt er etwas bedenklich. Um acht Uhr breche ich auf. Wir umarmen uns. Regina drückt mich ganz fest.
Ich laufe zur Elbbrücke und schaue zum Haus zurück. Ich winke, bevor ich auf der anderen Seite der Brücke hinter einem Baum verschwinde. Mit dem Überqueren der Elbe verlasse ich Schleswig Holstein und komme nach Niedersachsen. Wie eine feste Grenze trennt die Elbe laut Peters Schilderung die Bevölkerung. Die Menschen unten wissen nichts von oben und die von oben wissen nichts von unten. Wie ich bemerke, haben auch die Pfarreien nichts mehr miteinander

zu tun. Ob das wohl am Fluss liegt, frage ich mich. Denn Brücken sind nur in sehr großen Abständen vorhanden.
Heute fühle ich mich völlig schmerzfrei. Die Ruhetage haben mir gut getan. Nach einer Stunde beginnt es leicht zu regnen. Schnell werfe ich den Regenponcho über. Aber bald beginne ich zu schwitzen. Doch es ist nicht mehr weit nach Artlenburg. In der Kirche werden Pilger freundlich empfangen und dürfen sich eine kleine Mineralwasserflasche mitnehmen. Im Pfarrbüro bekomme ich meinen Stempel. Leider hat die Pastorin keine Zeit, sich wegen einer Unterschrift mit *Solwodi* zu befassen. Aber ich darf mich bei der nächsten Unterkunft, einem Jugendheim in Barum, anmelden. Dort werde ich nun vom Hausmeister erwartet. Eine Frau, die gerade im Pfarrbüro ist, bietet mir an, mich ein Stück mitzunehmen. Sie kennt diese Etappe des Jakobsweges.
"Er ist sehr schlecht markiert und bei diesem Wetter ein einziger, kaum begehbar Sumpf", warnt sie mich. Angesichts des Regens nehme ich das Angebot gerne an. In Büttingen setzt sie mich ab. Mein Weg führt hier in den Wald. Der Regen hat aufgehört. Ein Hase rennt am Weg genau auf mich zu. Ich bleibe stehen und bewege mich nicht. Erst wenige Meter vor mir hält er an. Einige Zeit bleibt er so sitzen. Dann bewegt er sich langsam noch weiter auf mich zu. Dazwischen frisst er die Grashalme vom Wegrand.
Der Hase ist völlig furchtlos und kommt bis auf fünf Meter an mich heran. Dann hüpft er ganz ohne Eile ins hohe Gras. Über das Häschen, das sich so furchtlos an mich heranwagte, freue ich mich.
Die Markierung ist wieder einmal dürftig. In Barum suche ich die Straße des Hausmeisters und frage eine Frau nach dem Weg. Von ihr erfahre ich, dass es im nächsten Ort, in St. Dionys, ein Pastorat mit einer Pastorin gibt.
Ein Stück weiter hält ein Auto neben mir an. Es ist der Hausmeister, der mich schon erwartet.
Er würde mich zum Jugendhaus, einem Selbstversorgerhaus bringen. Dort wäre ich ganz allein untergebracht. Das hört sich für mich nicht so prickelnd an.

"Eigentlich würde ich gerne noch bis St. Dionys laufen. Wissen Sie, ob es dort auch ein Pilgerquartier gibt?", versuche ich zu erfahren.
"Steigen Sie ein, ich fahre Sie die zwei Kilometer hin. Wenn nicht, nehme ich Sie wieder mit nach Barum," bietet er freundlich an.
Im Pfarrhaus von St. Dionys empfängt mich eine sehr junge Pastorin mit ihrem Ehemann. Beide sind von mir etwas überrumpelt, geben sich aber trotzdem sehr offen. Auch hier spüre ich die Überlastung der Pastorin. Als Ausgleich für die Umstände mit mir, biete ich sofort meine Arbeitskraft und Hilfe an.
Schließlich mähe ich drei Stunden lang den Rasen des riesigen Pfarrgartens. Der Rasen ist noch vom Regen nass und extrem hoch. Dadurch wird das Mähen zu einer anstrengenden Aktion. Der Schweiß tropft mir vom Gesicht. Die Wettermeldungen für die nächsten Tage sind unverändert schlecht. Das augenblickliche Regenloch könnte die letzte Chance zum Mähen sein, bevor das Gras ins Unendliche wächst. Endlich habe ich es geschafft. Wenig später regnet es tatsächlich erneut.
Danach falte ich für die Pastorin Briefe, stecke sie in Umschläge, beschrifte sie mit Adressen und klebe Briefmarken darauf. Mir tut es gut, mich einzubringen. Die Pastorin hat Termine und muss weg. Der Ehemann ist ebenfalls unterwegs. Später kommt er mit Kuchen zurück und kocht für uns Tee. Gemeinsam sitzen wir in der Küche und tauschen uns aus. Ich finde diesen Mann äußerst sympathisch und wir gehen sehr offen miteinander um. Er ist Däne, spricht aber ausgezeichnet Deutsch. Als PC-Fachmann findet er hier sehr schwer eine Arbeit. Seine Frau ist erst zweiunddreißig Jahre alt und hat hier ihre erste Pastorenstelle.
Nach unserer Teestunde dusche ich mich und wasche mir auch gleich die Haare. Nun entdecke ich einen ungewöhnlichen, hellroten Fleck an meinem rechten Unterarm. Er ist mindestens acht Zentimeter lang und fünf Zentimeter breit. Die Haut ist aufgequollen. Blut hat sich darunter angesammelt. Das schaut seltsam aus. So etwas hatte ich noch nie. Für mich gibt es keine Erklärung, wodurch das entstanden sein könnte.

Später beziehe ich mein Bett und gönne mir Ruhe. Abends um acht Uhr weckt mich ein Klopfen an der Tür. Der Mann lädt mich zum Abendessen ein.
"Gerne, ich komme gleich", rufe ich ihm zu.
Mein Arm ist inzwischen tief dunkelrot angelaufen und äußerst druckempfindlich. Die Stelle wirkt wie ein Muttermal, wie ein Blutschwamm. Das schaut nicht gut aus. Mich irritiert vor allem, dass ich dafür keine Erklärung finden kann. Es gab keinen Stoß, keinen Sturz, nichts.
In der Küche bereitet der Mann gerade ein Nudelgericht mit Seelachs, Weißbrot und Salat vor. Als Vorspeise serviert er belegte Baguettes und Wein. Er macht das alles ganz toll und man merkt, dass er gerne kocht. Wir genießen bei zwangloser Unterhaltung gemeinsam das Essen. Die Pastorin kommt um zehn Uhr dazu.
"Sie Ärmste!", empfange ich sie. "Sie tun mir richtig leid! Das ist schon ungerecht. Sie müssen bis in die Nacht hinein arbeiten und wir genießen hier den Wein. Ich werde mich jetzt auch gleich zurückziehen, damit Sie beide noch etwas von Ihrem Abend haben."
"Bleiben Sie ruhig", winkt sie ab. "Das ist schon in Ordnung."
Sie setzt sich dazu und wir unterhalten uns über die Überlastungssituation von Pastoren. "Woran liegt das? Und was könnte man dagegen unternehmen?", frage ich interessiert.
Die Pastorin berichtet von der zahlenmäßig zunehmenden Gemeinde. Viele Pastoren geben ihre Stelle auf und dann werden die Gemeinden für die verbleibenden Pastoren immer größer. Dann kommen viele Aufgaben, wie Verwaltungskram usw. dazu. Das gab es früher gar nicht. Inzwischen gibt es viele Pastoren, die das nach einiger Zeit einfach nicht mehr schaffen und wegen Burnout aufhören müssen.
"Seit ich unterwegs auf Pastoren und Pastorinnen treffe, fällt mir auf, wie sie eigentlich alle mehr oder weniger an der Grenze ihrer Belastbarkeit sind. Das kann doch so nicht weitergehen. Dagegen muss man doch etwas tun und irgendeine Lösung finden", werfe ich betroffen ein.

"Alle sitzen doch im gleichen Boot. Da müsste man sich zusammensetzen und gemeinsam nach Lösungen suchen", fahre ich fort.
"Das habe ich auch schon angestrebt, aber bisher ohne Erfolg. Manche wollen nicht zugeben, wie es um sie steht. Es gibt unterschiedliche Gründe, warum jeder sein eigenes Süppchen kocht", erwidert sie leicht resigniert.
"Schrecklich, so ist es in allen Berufsbereichen, wohin ich sehe", erwidere ich. "Die Leute sind überlastet, rennen wie verrückt im Hamsterrad herum, werden immer mehr zu Funktionsmaschinen. Das Miteinander der Menschen verwandelt sich zunehmend in Mobbing und Gegnerschaft. Viele agieren nur noch unbewusst. Sie versuchen, unser krankes System am Laufen zu halten, und erkennen gar nicht, wohin uns das führt. Die Menschen sind nicht schlecht. Aber unser gesellschaftliches System versucht uns zu entzweien. Es erstickt bei vielen das Gute und fördert die Gewalt. Wir brauchen Frieden und Wahrhaftigkeit um uns herum. Dazu ist es wichtig, Gott und dem Leben zu dienen, nicht dem Geld und der Macht. Das Wirtschaftswachstum mit Luxus, Konsum und Verschwendung kann die Schöpfung nicht bewahren", äußere ich meine Auffassung.
Wir unterhalten uns noch bis Mitternacht über Werbung, Konsumzwänge und Umweltprobleme.

Mittwoch, 22. Mai 2013

Wir frühstücken gemütlich zu dritt und tauschen Adressen aus. Herr N. hat ein Buch mit Zitaten von Kierkegaard und sucht nach meinem speziellen Spruch, findet ihn aber nicht.
"Wenn Sie mal Bamberg besichtigen wollen, sind Sie herzlich bei mir eingeladen. Bett und Frühstück bekommen Sie auf jeden Fall", biete ich beiden an. Er hat über mich in *Facebook* geschrieben: "Eine Pilgerin aus Bamberg, ohne Geld durch Deutschland." Es gab schon viele Antworten. Alle finden es sehr interessant.
Die Pastorin zeigt mir zum Abschied noch die Kirche. Danach breche ich auf. Es regnet heftig. Auf der Straße tanzen die Wasserblasen. Im Wald sind die Wege überschwemmt, fast unpassierbar. Der Boden

kann nichts mehr aufnehmen. Nach zwei Stunden steht mir das Wasser in den Schuhen. In der Mittagszeit komme ich in Lüneburg an. Mein Fleck am Arm ist in seiner Größe unverändert. Doch inzwischen ist er nicht mehr dunkelrot, sondern eher bläulich, wie ein Bluterguss. In der Zeitung wurde schon öfters vor giftigen Pflanzen wie Ambrosia oder Herkulesstaude gewarnt. Diese Pflanzen breiten sich zunehmend aus. Ich gehe in die erste Apotheke, die ich sehe.
"Vielleicht bin ich beim Rasenmähen mit einer giftigen Pflanze in Berührung gekommen und der Kontakt führte zu einer Hautreaktion", äußere ich meine Vermutung. Der Apotheker glaubt das aber nicht.
"Beobachten Sie den Fleck. Wenn er sich zurückbildet, brauchen Sie sich keine weiteren Gedanken machen", beruhigt er.
Das Touristenbüro ist meine nächste Station. Mein Poncho tropft fürchterlich. Im Eingangsbereich ziehe ich ihn aus und hänge ihn an die Wand. Am Boden bildet sich sofort eine Wasserlache. Es gibt hier keine kostenlosen Umgebungskarten. Doch als Pilgerin ohne Geld bekomme ich die Wanderkarte geschenkt, die normalerweise für zwei Euro verkauft wird.
Nun suche ich die Nikolai-Kirche auf. Danach irre ich erst ein wenig herum, bis ich das Pfarrhaus, hinter einer Baustelle versteckt, finde.
Jeden Tag muss ich mich der Herausforderung stellen, meinen Pilgerweg ohne Geld zu erklären und dabei der Irritation meines Gegenübers standzuhalten. Um Aufnahme zu finden, muss ich Vertrauen gewinnen.
Manchmal werde ich vorsichtig gefragt, ob ich überhaupt Familie hätte. Viele Menschen können sich nicht vorstellen, dass ein normaler Mensch mit einem intakten sozialen Umfeld zu einer Pilgertour ohne Geld aufbricht. Selbst wenn ich meine Motivation schildere, können sie es noch nicht fassen. Mein Verhalten passt eher zu jemand, der kein wirkliches Zuhause hat, der von innerer Rastlosigkeit getrieben wird. Bei manchen Menschen bin ich sofort in einer Schublade, und dann nützen alle Erklärungen nichts mehr.
Patschnass und tropfend komme ich beim Pastor der Nicolai-Kirche an. Im Flur ziehe ich den Regenponcho ab.

Der Pastor führt mich in den Gemeinderaum. Er will mir später eine Matratze bringen.
Oh Gott! denke ich. Womöglich wieder eine miserable Klappmatratze.
"Ich bin Jakobswegpilgerin und suche Gastfreundschaft und Begegnung. Ich bin ohne Geld unterwegs, aber nicht, weil ich arm bin oder weil ich sparen will. Es geht mir nicht um Geld.
Ich will die Botschaft auf meinem Rucksack durch Deutschland tragen und nur ohne Geld kann ich mein Gottvertrauen sichtbar machen", versuche ich zu erklären. "Es ist nicht so ganz in meinem Sinn, hier allein in einem Gemeinderaum herumzuhängen. Kennen Sie in Ihrer Kirchengemeinde niemanden, der eine Pilgerin aufnehmen würde?"
"So aus dem Stehgreif wüsste ich jetzt niemanden", gibt er zur Antwort.
"Natürlich müssen Sie mich mit gutem Gewissen empfehlen können", fahre ich fort.
"Sie dürfen mich nach allen Seiten durchleuchten, damit Sie sich ein Bild von mir machen können. Ich habe nichts zu verbergen. Sie können meinen Ausweis sehen."
Während ich rede, breite ich meinen Pilgerausweis mit den vielen Stempeln auf dem Tisch aus. Auch den Personalausweis lege ich dazu.
"Wie Sie dieser Bescheinigung entnehmen können, habe ich einst zu den Laienmitarbeiterinnen von Mutter Teresa gehört. Die Bescheinigung ist natürlich alt und die Organisation wurde mit dem Tod von Mutter Teresa aufgelöst. Aber Sie können daraus sehen, dass ich schon immer ehrenamtlich tätig war. In den letzten fünf Jahren habe ich in der Seelsorge gearbeitet", berichte ich. Auch eine Anzeige der Buchhandlung in Bamberg über die letzte Lesung meines Buches, wenige Tage vor meinem Aufbruch, zeige ich ihm. Das sind meine "Notfallunterlagen".
Nach dieser Regenstrapaze habe ich einfach keine Lust mehr, womöglich wieder einmal wie eine fragwürdige Person behandelt zu werden. Für die Nacht brauche ich ein ordentliches Bett.
Der Pastor nimmt alles interessiert zur Kenntnis. Schließlich lädt er mich zum Mittagessen ein. Wir gehen über die Treppe in den ersten

Stock in seine Wohnung. Hier begrüße ich seine Frau, die mich freundlich empfängt.
Während des Essens erzähle ich von meiner Motivation, ohne Geld zu pilgern. Ich erzähle von meiner Familie, von meinen Glaubenskrisen mit Kirchenaustritt, von meinen ehrenamtlichen Tätigkeiten und vom Cursillo[2], der mich wieder zum Kircheneintritt brachte.
Beide sind ganz erfreut, als sie von Cursillo hören. Denn sie halten selbst diese Glaubenskurse. Sofort spüre ich, wie diese Gemeinsamkeit Verbindung herstellt. Zwischen uns entwickelt sich eine gute Stimmung und ich fühle mich angenommen.
"Da stand erst heute ein Artikel in der Zeitung, mit den Äußerungen des Papstes bei der Pfingstmesse, die zu Ihnen passen", wirft der Pastor ein. Er greift zur Zeitung und liest die entsprechende Passage vor:

> *... Das Neue mache immer ein wenig Angst, deshalb folge man Gott oft nur bis zu einem gewissen Punkt, denn man wolle alles selbst unter Kontrolle behalten. Es gehe aber darum, sich nicht ängstlich zu verschließen, sondern offen zu sein für die Überraschungen Gottes. Er bekräftigte auch seine Aufforderung an die Katholiken, die Türen zu öffnen und hinauszugehen, um die Freude des Glaubens, die Begegnung mit Christus zu übertragen.*

"Ich glaube der Papst kennt Sie", schmunzelt er und legt die Zeitung zur Seite.
"Wo wollen Sie denn morgen übernachten?"

---

[2] *Cursillo ist eine Bewegung in der katholischen Kirche und wurde in Spanien gegründet. Cursillo ist für Suchende ein Weg, für Zweifelnde Orientierung und für Glaubende Vertiefung.*

Morgen möchte ich bis Bienenbüttel laufen und für übermorgen dachte ich eventuell an das Missionarische Zentrum in Hanstedt. Vielleicht nimmt man mich dort auf", erkläre ich optimistisch.
"In Hanstedt könnten Sie gute Chancen haben", lacht er sofort los. "Den Leiter des Zentrums kenne ich gut. Ich war sein Vorgänger. Da will ich doch gleich mal anrufen."
Er greift zum Telefon und stellt die Verbindung her.
Nach kurzer Begrüßung höre ich ihn zu seinem Gesprächspartner sagen: "Ich habe da was Besonderes für dich, eine Pilgerin. Die läuft ganz ohne Geld, nach der Bibel. Ja, das ist in Ordnung. Hast du eines von deinen 99 Betten frei? Im Moment ist sie bei mir, morgen in Bienenbüttel und übermorgen wäre sie bei dir. Prima! Gib ihr was zu essen und ein Frühstück."
Gut gelaunt legt der Pastor dann den Hörer auf.
"Also, Hanstedt ist schon einmal gesichert", grinst er mich an.
"Vielen Dank für die Vermittlung. Es geht doch nichts über gute Beziehungen", reagiere ich vergnügt.
Nach dem Essen verlässt der Pastor die Küche und ruft seine Frau zu sich. Im Flur höre ich sie leise sprechen und ahne, worum es geht. Der Pastor kommt zurück und sagt tatsächlich:
"Sie können hier bei uns im Gästezimmer übernachten."
Seine Frau zeigt mir das Zimmer und bringt mir ein frisch bezogenes Bett. Vom Zimmer aus gibt es einen direkten Zugang zum Badezimmer, welches ich für mich allein habe. Alles ist blitzsauber, wie im besten Hotel. Welch ein Luxus! Das übertrifft alle Hoffnungen und Wünsche. Wieder einmal weiß ich nicht, wie mir geschieht. Der Pastor und seine Frau sind sehr offen und freundlich zu mir. Erfreut hole ich meinen Rucksack aus dem Gemeinderaum. Ich bin erleichtert, nicht in diesem Raum ein Notlager zu haben. Mit Zeitungspapier stopfe ich meine nassen Schuhe aus. Im Bad wasche ich die nassen Socken. Meine sonstige Kleidung ist nur leicht feucht geworden. Von St. Dionys bis Lüneburg sind es nur zwölf Kilometer. Der Poncho hat den Regen gerade noch aufgehalten. Aber viel länger hätte die Etappe heute auch nicht sein dürfen.

Das Bett ist die Versuchung schlechthin und ich verschlafe den Regen. Am späteren Nachmittag wird es trocken. Ein Bummel in die Fußgängerzone ist angesagt. In einem Gebäude finden gerade Blutspenden statt. Das passt ja prima, da finde ich einen Arzt ohne Wartezeit, denke ich erfreut.
Es ist nichts los, und so bin ich sofort bei einer netten Ärztin im mittleren Alter.
"Zuhause bin ich regelmäßig beim Blutspenden", erkläre ich ihr. Momentan will ich jedoch nicht spenden, aber einen ärztlichen Rat könnte ich brauchen. Denn ich bin auf dem Jakobsweg unterwegs und seit gestern hat sich ein eigenartiger Fleck gebildet. Die Stelle ist sehr druckempfindlich und schmerzhaft." Ich halte der Ärztin meinen Arm hin.
"Meiner Meinung nach kann das nur ein Bluterguss sein", sagt sie nach einem kurzen Blick.
"Ich habe mich aber nirgends gestoßen, das hätte ich bemerkt", schüttle ich verständnislos den Kopf.
"Vielleicht haben Sie schwer getragen und der Druck des Gewichts hat es verursacht", forscht sie.
"Stimmt! Jetzt, wo Sie das sagen, kommt mir ein Gedanke: Gestern habe ich eine große Rasenfläche gemäht. Das Gras war hoch und nass. Der Grasfangkorb war somit sehr schwer. Er war oft voll und musste immer ziemlich weit bis zum Komposthaufen getragen werden. Beim Tragen habe ich den schweren Korb mit meinem Unterarm abgestützt."
"Sicher haben Sie sich den Fleck dabei zugezogen." Die Ärztin holt aus ihrer Schublade eine Tube Heparinsalbe und will sie mir schenken. "Damit reiben Sie Ihren Arm ein, dann wird es rasch besser."
"Danke, aber das kann ich nicht brauchen. Wenn es nur ein Bluterguss ist, dann vergeht er von allein. Jedes Gramm in meinem Rucksack zählt", lache ich sie an.
Wir kommen über den Jakobsweg ins Gespräch. Sie ist sehr interessiert, und ich erzähle ihr von meiner Tour ohne Geld, von meiner Mo-

tivation, von meinen Erlebnissen. Ich klappe die Jacke auf und zeige ihr mein T-Shirt.
"Gottvertrauen, das strahlen Sie auch aus", meint sie herzlich.
"Vielen Dank, dass Sie hier waren. Die Begegnung mit Ihnen hat mich sehr gefreut. Alles Gute für Sie", gibt sie mir zum Abschied mit auf den Weg.
Beim weiteren Bummel durch die Fußgängerzone sehe ich vor einer *Tchibo*-Filiale eine ältere, leicht verwahrloste Frau. Sie schaut aus, als hätte ihr jemand mit der Axt den Schädel gespalten. Alles ist zwar zugewachsen und vernarbt, aber über der Nase, an der Stirn in den Kopfbereich hinein hat sich eine tief klaffende Furche von einigen Zentimetern gebildet. Wie kann man das überleben, wundere ich mich. In der Mulde des Haarbereiches wachsen keine Haare mehr. Die Frau schaut damit ziemlich entstellt aus. Gleichzeitig ist sie völlig ohne Gebiss. Das elende Aussehen der Frau macht mich betroffen. Sie blickt suchend umher. Gerne hätte ich ihr eine Tasse Kaffee spendiert. Ich versuche mit ihr ins Gespräch zu kommen. Doch sie scheint verwirrt zu sein und wendet sich ab. Sie schnorrt schließlich eine Zigarette, die sie gleich raucht. Mich schockiert, dass diese Frau in ihrem Zustand anscheinend so allein, sich selbst überlassen ist.
Am Abend druckt mir der Pastor aus dem Internet die Wegführung nach Bienenbüttel und von dort weiter nach Hanstedt aus.
Beim gemeinsamen Abendessen unterhalten wir uns über *Solwodi* und das Problem der Zwangsprostitution. Der Pastor hat eine *Flatrate* und ich darf telefonieren. Bei meiner Tochter Claudia erkundige ich mich, wie es ihr geht. Sie ist schwanger. Mitte September soll das Baby kommen. Es ist ein Mädchen und soll den Namen Helena bekommen. Wir freuen uns alle schon sehr.
Die günstige Gelegenheit nütze ich und rufe in Gerdau an. Hier nimmt eine Frau Pilger auf. Aber sie ist in drei Tagen selbst auf dem Jakobsweg. Als sie hört, dass ich ohne Geld unterwegs bin, vermittelt sie mir eifrig gleich eine andere Telefonnummer. Doch unter dieser Nummer erreiche ich leider nur den Anrufbeantworter.

Was mein ist, ist auch dein, solange du hier bist

Nicht vom Geben,
vom Behalten wird man krank.

Afrikanisches Sprichwort

Donnerstag, 23. Mai 2013

Zum Frühstück gibt es wunderbare Brötchen. Ein belegtes Brötchen darf ich ebenfalls einpacken. Mit dem Cursillogruß "*Decolores*"[3] und liebevollen Segenswünschen breche ich kurz vor neun Uhr auf. Meine Schuhe sind wieder trocken, ich fühle mich an Leib und Seele gestärkt.
Der Himmel strahlt blau, die Sonne scheint. Aber die Temperatur beträgt nur sieben Grad. Es ist eisig kalt. Ich könnte Handschuhe gebrauchen.
Auf dem Weg denke ich über die letzten Eindrücke nach. Bei Begegnungen ist es entscheidend, miteinander eine Gemeinsamkeit zu finden. Cursillo war beim Mittagessen diese Gemeinsamkeit. Hier hat es gefunkt. Wichtig erscheint mir auch, die eigene Person und die Beweggründe von Anfang an richtig zu vermitteln. Die Echtheit muss spürbar sein. Ich muss selbst von der Richtigkeit meiner Aufgabe überzeugt sein und selbstsicher dazu stehen. Die Unsicherheit der ersten Tage machte es auch meinem Gegenüber schwer, mir zu vertrauen. Aber wie hätte ich anfangs so ganz sicher auftreten können? Schließlich musste ich erst in diese völlig neue, unbekannte Situation hineinwachsen.

---

[3] „Decolores“ bedeutet „farbenprächtig“ und ist ein freudiger Gruß aus Spanien.

Oft habe ich auf diesem Weg meine eigenen Pläne und Vorstellungen nicht weiter verfolgt. Im entscheidenden Moment habe ich sie losgelassen und mich spontan auf das eingelassen, womit ich gerade konfrontiert wurde. Auf diese Weise habe ich mich führen lassen.
Und wie die Erfahrung zeigt, war es immer gut.
So geriet ich in den Ahrensböker Gottesdienst und bekam mein Quartier in Curau vermittelt, oder fand die gute Begegnung mit der Frau, die auf Krücken daherkam. Obwohl ich in Barum übernachten wollte, ließ ich mich durch die Information einer Frau nach St. Dionys führen. Hier wiederum wählte die Pastorin von zehn verschiedenen Möglichkeiten in Lüneburg ausgerechnet diesen Pastor als nächsten Kontakt für mich aus. Der vermittelte mich nach Hanstedt usw.
In der Offenheit, sich führen zu lassen, im Loslassen der eigenen Vorstellung und im Sich- Einlassen auf die jeweilige Situation fügt sich alles bestens. Unsere festen Vorstellungen, wie etwas sein sollte, bringen uns um viele schöne und überraschende Erfahrungen, wenn wir starr an ihnen festhalten. Die gegenwärtige Erfahrung bestärkt mich natürlich noch mehr, auf meine innere Stimme zu hören.
Am Stadtrand sehe ich mein Muschelzeichen wieder. An den Abzweigungen werde ich gut geführt. Ein wunderschöner Weg durch ein Wäldchen, bei Vogelgezwitscher, führt an Teichen vorbei bis zur Roten Schleuse.
In Deutsch Evern treffe ich zwei Frauen. Sie freuen sich riesig über meine Botschaft am Rucksack. Wie ich mir schon dachte, sind es Zeugen Jehovas. Sie wollen mir mit Bibelstellen den Willen Gottes aufzeigen. Dabei geht es um blanken Gehorsam. Damit kann ich wenig anfangen. Es gelingt mir nicht, meine Sichtweise darzulegen oder mich von ihnen zu lösen. Wie ein Fisch am Haken komme ich mir vor. Mich würde ihre ganz persönliche Gotteserfahrung interessieren. Doch ich habe es bisher nie geschafft, mit ihnen an diesen Punkt zu kommen.
Im Gehen esse ich mein belegtes Brötchen mit Tomaten und Gurke. Es schmeckt traumhaft. Hätte ich mir doch noch ein zweites belegt.

Allmählich weicht die Sonne. Wolken ballen sich zusammen. Die Wegmarkierung schickt mich kreuz und quer durch den Wald, obwohl ich laut Beschreibung an der Ilmenau entlang laufen müsste. Meine Wegbeschreibung stimmt mit der Realität überhaupt nicht überein. Hier stimmt wieder einmal gar nichts. Eigentlich sollte die Strecke nur neunzehn Kilometer betragen. Von der Stundenzahl und nach meinen Füßen zu urteilen, bin ich mindestens fünfundzwanzig Kilometer gelaufen, bis ich endlich am Pfarrhaus von Bienenbüttel ankomme.
Das Pfarrhaus wirkt verlassen. Im daneben liegenden Kindergarten kann mir auch niemand weiterhelfen. Niemand zeigt hier Interesse an einer Pilgerin. Zu gerne würde ich irgendwo meine schmerzenden Beine hochlegen. Im Döner Restaurant nebenan frage ich, ob ich die Toilette benützen dürfte. Hier sind die Menschen mir gegenüber spürbar offener. Eine einzige Frau ist als Gast im Lokal. Ich stelle meinen Rucksack auf einen Stuhl und gehe zur Toilette. Als ich zurückkomme, spricht mich die Frau auf meine Pilgerreise an. Der Restaurantinhaber hört, dass ich ohne Geld unterwegs bin. Sofort tritt er an mich heran. Voller Erfurcht, stellt er fest:
"Sie sind für Gott unterwegs, ohne Geld? Dann brauchen Sie auch etwas zu essen. Darf ich Sie zum Essen einladen?"
Ich nehme die Einladung gerne an und bekomme innerhalb weniger Minuten einen Teller Gyros mit Krautsalat und Pommes serviert. Die Portion ist mehr als reichlich bemessen. Ich kann sie kaum essen. Meine Hoffnung, auf dieser Tour einige Kilos zu verlieren, sehe ich zunehmend dahinschwinden. Mit der Frau sitze ich gemeinsam an einem Tisch. Die Frau ist höchstens vierzig Jahre alt. Sie trägt ein Kopftuch. Deshalb halte ich sie für eine Türkin. Doch sie ist Deutsche. Sie berichtet mir von ihrer religiösen Gesinnung. Nach ihrer Aussage lebt sie wie die Jungfrau Maria im Zölibat. Deshalb trägt sie ein Kopftuch. Die Frau zeigt ein umfangreiches Wissen, wirkt gebildet und ausgesprochen intelligent. Sie lädt mich ein, bei ihr zu übernachten. Doch sie wohnt einige Orte von meiner Route entfernt. Zum Abschied schenkt sie mir eine geweihte Marienmedaille.

Im Freien ist es ungemütlich kalt geworden. So suche ich in der Kirche Schutz, aber hier ist es ebenfalls kalt. Immerhin kann ich mit Hilfe von zwei Stühlen meine Beine hochlegen.
Nach einiger Zeit fühle ich mich richtig durchgefroren. Die Beine und Füße schmerzen im Ruhezustand noch mehr als unterwegs. Gegen fünfzehn Uhr versuche ich mein Glück am Pfarrhaus erneut. Drinnen brennt Licht, aber niemand öffnet. Ob ich heute in dieser Pfarrei überhaupt Unterkunft finde, ist fraglich, denn ich bin nicht angemeldet. Wenn ich nur Zugang zum Gemeindehaus bekäme, um dieser Kälte zu entrinnen. Eine Frau parkt am Gemeindehaus. Hoffnungsvoll gehe ich auf sie zu und erkläre ihr meine Situation. Aber sie weiß auch keinen Rat. Der Pastor im nächsten Ort kommt nach ihrem Wissen erst am Abend von der Kur zurück.
Gerade in diesem Augenblick fährt der Pastor vor. Gleichzeitig beginnt es zu regnen. Ich stelle mich dem Pastor als Pilgerin vor, die eine Unterkunft benötigt. Welch ein Segen! Er sperrt mir das Gemeindehaus auf, zeigt mir einen Raum, in dem ich übernachten kann. Hier sind nur Stühle, es gibt keine Liegemöglichkeit. Jetzt hat er keine Zeit für mich. Er muss zu einer wichtigen Sitzung vom Bauausschuss. Erst am Abend kann er mir eine Matratze und Decken bringen. Er fragt, ob ich etwas zu essen bräuchte. "Im Moment nicht", verneine ich.
Später wuselt der Pastor eilig in der Küche herum, kocht Kaffee, legt viele verschiedene Kuchen- und Tortenstücke auf Platten aus und trägt sie an mir vorbei in den Sitzungsraum. Ich bin zwar nicht direkt hungrig, aber beim Anblick der leckeren Kuchenstücke läuft mir doch das Wasser im Mund zusammen. Ich koche mir eine Kanne Tee, um mich innerlich wieder aufzuwärmen. Dann ziehe ich mich in meinen Raum zurück. Die Sitzkissen sämtlicher Stühle lege ich auf dem Boden aus und bereite mir eine Liegefläche. Auf Stühlen halte ich es einfach nicht mehr aus. Mein Lager ist mit den dünnen Sitzkissen zwar nicht bequem, aber immerhin kann ich die Beine ausstrecken. Das bringt etwas Entlastung. So ist das Leben von Pilgern eben. Sie müssen alles so nehmen, wie es ist.

Inzwischen regnet es heftig. Die Temperaturen sind stark gesunken. Aber der Tee wärmt wunderbar. Optimistisch habe ich die Heizung aufgedreht und tatsächlich ist sie in Betrieb. Draußen schaut es äußerst unwirtlich aus. Wie schön, diesen warmen Unterschlupf zu haben!
Um neunzehn Uhr findet hier ein Bibelkreis statt. Ich frage den Leiter, ob ich dazu stoßen darf.
In der Runde stelle ich mich wie üblich vor, berichte von meiner Pilgersituation ohne Geld und informiere über *Solwodi*. Alle Anwesenden sind beeindruckt und geben ihre Unterschrift für *Solwodi*.
Eine dunkelhaarige Frau in meinem Alter bietet an: "Wenn Sie möchten, können Sie zu mir mit nach Hause kommen und bei mir übernachten. Sie bekommen dann morgen auch ein Frühstück von mir."
Dieses Angebot nehme ich ohne zu zögern dankend an. Die Frau ist Russlanddeutsche und spricht mit Akzent. Wie so oft, erlebe ich auch jetzt, dass Menschen aus dem Ausland eine außergewöhnliche Offenheit und Menschlichkeit zeigen. Wir Deutschen, mich eingeschlossen, können uns von derartiger Gastfreundschaft eine Scheibe abschneiden. Ausländische Mitbürger können uns in mancher Hinsicht ein gutes Beispiel geben.
Kurz vor Beendigung des Bibelkreises packe ich meinen Rucksack, bringe den Raum wieder in den alten Zustand und laufe zum Pfarrhaus. Der Sohn öffnet und möchte mich abweisen, denn ich störe gerade beim Abendessen.
"Es dauert nicht lange, ich möchte den Pastor nur ganz kurz sprechen", versuche ich mich zu behaupten.
Wenig später kommt der Pastor und wischt sich noch kauend über den Mund.
"Eine Frau aus dem Bibelkreis nimmt mich mit zu sich. Damit hat sich alles erledigt und Sie müssen keine Matratze in das Gemeindehaus bringen", informiere ich ihn. Der Pastor entschuldigt sich beim Abschied mehrfach, dass er so wenig Zeit hatte, sich um mich zu kümmern.
"Das ist für mich kein Problem. Ich bin dankbar, dass ich mich im Gemeinderaum aufwärmen konnte", versuche ich ihn zu beruhigen.

Um halb neun ist der Bibelkreis aus. Eine ältere Frau fährt meine Gastgeberin und mich nach Hohenbostel. Hier wohnt Frau Sch. im ersten Stock eines schönen Hauses, das der Familie ihrer Tochter gehört. Die Frau bemüht sich sehr, mir Gutes zu tun. Sie möchte mich richtig verwöhnen. Ich bin von einer äußerst warmherzigen Frau aufgenommen worden. Sie bezieht mein Bett. Ich darf nichts tun, soll nur ausruhen von allen Strapazen.
Sie will mir ein Abendessen richten. Aber ich esse nur einen Apfel. Mehr will ich zu so später Stunde nicht essen.
Bei meinen Gastgebern verschweige ich grundsätzlich meine Schmerzen. Ich will niemanden damit belasten. Deshalb wundert mich, dass mir diese Frau unaufgefordert ein Fußbad macht, als wüsste sie, wie sehr mir das hilft.
Meine Gastgeberin erzählt mir viel aus ihrem Leben und wir kommen uns sehr nah. Bei ihr fühle ich mich wohl und geborgen. Sie gibt mir mit ihrer Herzlichkeit und Wärme ein richtiges Zuhause. Ich kann nur staunen, wie sich diese Frau mir gegenüber verhält.
Irgendwann gehen wir ganz formlos ohne Absprache zum Du über. Wir fühlen uns so verbunden miteinander, dass es selbstverständlich wird.
Irmgard sagt zu mir: "Was mein ist, ist auch dein, solange du hier bist. Du darfst alles machen und alles nehmen, was du willst."
Es ist für mich wieder einmal unfassbar, wie liebevoll ich aufgenommen werde. Wie ist das möglich, dass fremde Menschen sich so für mich öffnen? Tiefe Dankbarkeit erfasst mich.
Zur Erinnerung an unsere Begegnung schenke ich ihr die Marienmedaille der Frau aus dem Döner-Lokal und eine meiner Ein-Dollar-Noten mit der Aufschrift: IN GOD WE TRUST. Ich übersetze ihr diese Aufschrift.
Irmgard ist fünfundsechzig Jahre alt, ihr Mann ist vor vierzehn Monaten gestorben. Sie leidet noch sehr unter diesem Verlust.
Irmgard erzählt mir von den schweren Zeiten in Russland. Aber auch in Deutschland war es nicht leicht. Über zwanzig Jahre ist sie nun in Deutschland.

"In Russland war ich die *Deutsche* und in Deutschland bin ich die *Russin*, nur weil ich dort aufgewachsen bin und mit Akzent spreche", sagt sie traurig.
Irmgard ist voller Respekt und Hochachtung für meinen Weg.
"Verliere du nur deinen eigenen Wert nicht aus den Augen", fordere ich sie lachend auf.
"Du hast ein gutes Herz und ich habe großen Respekt vor deiner menschlichen Größe, die ich im Moment erfahren darf."
Bis in die späte Nacht hinein unterhalten wir uns, da entdecke ich, dass meine Lesebrille fehlt. Habe ich sie im Gemeinderaum liegen lassen oder ist sie im Auto aus der Stofftasche gerutscht? Mein Weg ohne Brille, das wäre ein größeres Problem. Den Pastor werde ich morgen früh nicht erreichen und so komme ich vermutlich nicht ins Gemeindehaus. Falls die Brille im Auto liegt, ist das auch nicht so einfach, denn die Frau wohnt nicht im gleichen Ort. Dieses Problem lässt sich heute nicht mehr lösen.
Dabei wollte ich doch wegen der Wetterverhältnisse morgen zeitig los. Denn oft gibt es bis mittags ein Regenloch.
Das Fußbad war hilfreich. Wenn ich das nur jeden Tag bekommen könnte. Ohne Schmerzen an den Füssen kann ich in dieser Nacht gut schlafen.

Freitag, 24. Mai 2013

Irmgard steht meinetwegen extra früh auf und bereitet um sieben Uhr das Frühstück. Um acht Uhr telefoniert sie schon wegen meiner Brille. Der Sohn der Autofahrerin ist am Telefon, die Mutter schläft noch. Ich erkläre ihm, wie meine Brille aussieht und wo sie im Auto liegen könnte. Der Sohn ruft kurze Zeit später zurück. Er hat sie auf dem Rücksitz entdeckt. Tatsächlich ist sie dort aus meiner offenen Stofftasche gerutscht. Ich bin beruhigt, dass ich sie nicht im Gemeindehaus suchen muss. Das wäre noch komplizierter geworden. Nun muss ich allerdings warten und kann nicht wie geplant aufbrechen. Die Mutter wird zurückrufen, sobald sie aufwacht, versichert der Sohn.

Bis die Frau mit der Brille kommt, dusche ich gemütlich und lasse mir Zeit im Internet.
"Es tut mir sehr leid, dass Sie wegen meiner Brille nun solche Umstände haben," entschuldige ich mich dann bei der Frau. Sie winkt ab.
"Das macht mir nichts aus. Im Gegenteil, es freut mich, Sie nochmals zu treffen."
Wir unterhalten uns alle drei lange und ausgiebig. Ich merke, wie wichtig diese Gespräche für Irmgard sind, und lasse mich deshalb ganz darauf ein. Mit meiner geplanten Aufbruchszeit ist es nun eh schon vorbei. Später erzähle ich von meinem ersten Jakobsweg in Frankreich, von den Erlebnissen während des Weges und von Liselotte, der Französin. Beide Frauen sitzen mir mit Tränen in den Augen gegenüber.
Nachdem die Besucherin gegangen ist, schüttet es draußen heftig. Das hätte ich bei meinem Aufbruch auf jeden Fall abgekriegt.
"Draußen ist so schreckliches Wetter. Bleib doch noch eine Nacht hier", schlägt Irmgard vor.
"Ich würde mich darüber sehr freuen." Sie schaut mich bittend an.
Nach Hanstedt sind es siebenundzwanzig Kilometer. Eine derartige Strecke ist bei diesem Wetter kaum zu schaffen. Nach einer Stunde wäre ich völlig durchgeweicht.
Die Brillengeschichte hat meinen Aufbruch verhindert. Aber vielleicht sollte es so sein.
Also entscheide ich zu bleiben. In Hanstedt kläre ich telefonisch, ob sich meine Übernachtung auf morgen verschieben lässt. Es klappt und Irmgard freut sich sehr, dass ich bleibe. Irmgard bereitet uns ein Mittagessen.
Nach dem Essen lege ich mich ins Bett. Der gestrige Tag war anstrengend. Die Außentemperatur ist extrem gefallen. In der Wohnung ist es unangenehm kalt. Ich bin richtig durchgefroren. Im Bett wird es jedoch kuschelig warm und ich schlafe bald ein. Irgendwann klopft Irmgard an die Tür.
"Meine Nachbarin und beste Freundin Helga kommt zu Besuch. Sie würde dich gerne kennen lernen."

Noch völlig benommen stehe ich auf.
Die Nachbarin, Frau S., eine ältere, sympathische Frau, wirkt durch ihre elegante Kleidung, das gepflegte Äußere und die tadellose Frisur, sehr vornehm auf mich. Erneut muss ich meine Geschichte erzählen. Wegen der augenblicklichen Wetterverhältnisse kommt der Nachbarin eine glorreiche Idee. Sie bietet an, morgen mit Irmgard und mir nach Ebstorf zu fahren. Dort gibt es ein interessantes Kloster, das wir gemeinsam besichtigen könnten. Von Ebstorf ist es nicht mehr weit nach Hanstedt.
Wenn sich alles so fügt, soll es wohl so sein. Dieses Angebot schlage ich nicht aus. Es macht schließlich keinen Spaß, bei Regen und extremer Kälte durch matschige Wiesen und Wälder zu waten. Frau S. ist mir sehr zugetan und will mich unterstützen. Sie lässt sich von meinem Gottvertrauen sehr berühren.
"Nun muss ich aber gehen", ruft sie aus. "Es ist ja schon sechs Uhr. Die Zeit miteinander ist wie im Flug vergangen", bedauert sie beim Aufbruch.
Hösseringen ist meine übernächste Station nach Hanstedt. Hier habe ich nur die Telefonnummer eines Dorfcafés. Also versuche ich im Dorfcafé telefonisch mein Glück.
Als ich um Aufnahme bitte und sage, dass ich kein Geld hätte, fragt die Cafébetreiberin, ob ich das wie die Handwerksleute halten würde, Unterkunft gegen Arbeitsleistung.
"Grundsätzlich biete ich meine Arbeitskraft an. Aber ich kann nicht garantieren, ob ich noch die Kraft zum Arbeiten habe, wenn ich bei Ihnen ankomme", bekenne ich ehrlich.
"Na gut, das werden wir dann ja sehen. Jetzt kommen Sie erst mal her", erwidert sie ganz locker.
Irmgard bereitet das Abendessen. Ständig überlegt sie, wie sie mich verwöhnen und mir Gutes tun könnte. Später öffnet sie eine Flasche Rotwein und führt mich mit Trüffelpralinen in Versuchung.
Wir sitzen gemütlich im Wohnzimmer und führen sehr persönliche Gespräche. Der Wein wärmt und überbrückt die niedrige Zimmertem-

peratur. Wir unterhalten uns auch über Themen wie Schuld und Vergebung. Ich teile meine Einstellung dazu mit:
"Wir sind nicht als Übermenschen und Heilige auf die Welt gekommen, sondern als schwache, bedürftige Menschen. Es ist nur menschlich zu versagen und schuldig zu werden. Es gibt keinen Menschen, der davon nicht betroffen ist. In der Regel ist keine böse Absicht hinter unserem Versagen. Wir konnten oder wussten es einfach nicht besser. Dennoch werden wir an den Menschen schuldig, denen wir durch unser Versagen Schmerz und Leid zufügen. Aus vielen Gesprächen und aus eigener Erfahrung weiß ich, wie schwer es ist, sich selbst zu vergeben. Auch wenn ich unabsichtlich Leid und Schmerz verursacht habe, entsteht Schuld. Für diese Schuld kann ich nur noch die Verantwortung in aller Konsequenz übernehmen und dann um Verzeihung bitten. Mehr ist nicht möglich. Unabhängig davon, ob mir der andere nun verzeiht oder nicht, befreie ich mich innerlich von dieser *Schuld.* Verzeiht mir der andere nicht, obwohl ich alles Mögliche getan und ihn um Verzeihung gebeten habe, dann ist die Unversöhnlichkeit sein Problem, nicht meines. Im Wissen um die Vergebung Gottes kann ich mir auch selbst vergeben. Das ist ein wichtiger Schritt, oft der schwerste.
Denn um richtig weiter zu leben, muss ich mich von Schuld befreien. Versagen und Schuld sollen nicht mein künftiges Leben bestimmen. Das Wesentlichste ist für mich nicht, ob ich schuldig geworden bin, sondern dass ich den richtigen Umgang mit meiner Schuld finde. Es nützt niemandem, wenn ich von Schuld niedergedrückt durchs Leben gehe und meine Kräfte in Schuldgefühlen aufzehre oder dadurch manipulierbar werde. Diese Situation kenne ich zur Genüge aus meiner Vergangenheit. Daraus habe ich gelernt. Deshalb sehe ich die Befreiung von Schuld als eine der wichtigsten Aufgaben. Von Schuld zu befreien, das war ja auch ein zentrales Anliegen von Jesus."
Die Stunden vergehen im Nu. Wir umarmen uns, bevor wir zu Bett gehen. Wieder verbringe ich eine wunderbare, erholsame Nacht.

Samstag, 25. Mai 2013

Um zehn Uhr werden wir von der Nachbarin abgeholt.
Im Kloster Ebstorf befindet sich eine riesige mittelalterliche Weltkarte. Sie zählt zu den ältesten Darstellungen der damals bekannten Welt, als man die Erde noch für eine Scheibe hielt. Sie stammt aus dem 13. Jahrhundert und wurde aus dreißig Ziegenhäuten gefertigt. Die Karte ist fast dreizehn Quadratmeter groß und einer der bedeutendsten Kunstschätze der Heideregion.
Der Eintritt für die Besichtigung des Klosters kostet vier Euro. Nachdem ich meine Pilgergeschichte erzählt habe, darf ich die Führung umsonst mitmachen.
Im Kloster leben nur vier Schwestern mit der Äbtissin. Jede Schwester hat ihre eigene Wohnung, sorgt für sich, kocht für sich. Es gibt keine gemeinsamen Tischzeiten, nur gemeinsame Andachten.
Das Kloster wird aus Stiftungsgeldern erhalten. Doch die Schwestern müssen mit Arbeitseinkommen von außerhalb, mit Rente oder Erspartem für sich selbst sorgen. Es spielt keine Rolle, ob man ledig, verwitwet oder geschieden ist. Es gibt ein Jahr Probezeit, und alle müssen mit einer Neuaufnahme einverstanden sein. Voraussetzung für die Aufnahme ist die Bereitschaft, zum Wohle und für den Erhalt des Klosters zu arbeiten.
Auf meine Nachfrage bestätigt die Schwester, ich wäre mit Sicherheit auch ohne Geld im Kloster aufgenommen worden, wenn ich ein Quartier benötigt hätte.
Nach der Besichtigung regnet es wieder heftig. Frau S. reicht mir ihren Schirm und besteht darauf, dass ich ihn verwende. Zum Parkplatz sind es gut zweihundert Meter. Natürlich möchte ich den Schirm nicht nehmen, wenn sie selbst nass wird. Es ist mir ganz peinlich.
"Ihre Kleidung darf auf keinen Fall nass werden. Ich kann mich daheim umziehen und meine Frisur neu machen", wischt sie meinen Protest energisch zur Seite.
Diese gepflegte, auf ihr Äußeres sehr bedachte Frau läuft nun ohne Schirm durch den Regen. Sie achtet nicht auf ihre Frisur, nur damit ich nicht nass werde. Das macht mich schier sprachlos.

Frau S. möchte mich beim Griechen auch noch zum Essen einladen. Doch ich bin noch so satt von Irmgards reichhaltigem Frühstück, dass ich nicht schon wieder essen kann.
"Wie schade", bedauert sie aufrichtig. Nun fährt sie mich ganz selbstverständlich nach Hanstedt bis zum Missionarischen Zentrum.
Der Abschied fällt nicht leicht. "Irmgard, ich danke dir für deine Offenheit und die spontane Aufnahme in dein Haus. Die Begegnung mit dir hat mich sehr bereichert und ich spüre wie heilsam alles in mir wirkt. Für dein großes Herz soll Gott dich für jeden weiteren Tag segnen", sage ich ihr zum Abschied. Wir umarmen uns fest. Frau S. überrascht mich mit einer Plastiktüte, die sie mir in die Hand drückt. Ich bedanke mich ebenfalls mit einer festen Umarmung. Eine unglaubliche Fürsorge umgibt mich. Jeder will mir nur noch Gutes tun. Wie soll ich nur mit all den Wohltaten um mich herum umgehen?
"Gott beschütze Sie und erhalte Sie gesund, besonders Ihre Füße", mit diesen Worten werde ich von Frau S. verabschiedet. Irmgard wirft mir einen letzten traurigen Blick zu. Eilig sprinte ich zur Eingangstür des Missionarischen Zentrums, während das Auto wendet und im Regen davonfährt.
Es ist schon seltsam, dass ich ständig zu besonderen Menschen geführt werde. Wir begegnen uns als Fremde und verabschieden uns als Freunde. Das wiederholt sich fast täglich aufs Neue.
Das Missionarische Zentrum in Hanstedt ist ein Tagungshaus der evangelischen Landeskirche Hannover. Es stellt sich vor als "Tagungshaus mit Herz." Das hört sich ja viel versprechend an, denke ich. Von einem netten, jungen Mann, der sich mit "Till" vorstellt, werde ich schon erwartet. Er ist für mich und mein Wohlergehen zuständig, erklärt er mir. Herr Hagedorn ist an Wochenenden nicht da, erfahre ich nun. Schade, ich hätte ihn gerne kennen gelernt.
Mir wird sofort Mittagessen angeboten, doch das muss ich in meinem satten Zustand ebenfalls ablehnen.
Der junge Mann zeigt mir mein Zimmer in einem der Nebengebäude des Geländes und händigt mir den Schlüssel aus.

Wenn ich irgend etwas brauche, solle ich mich im Hauptgebäude bei ihm melden.
Auf dem Gelände sind mehrere Tagungsgebäude. Alle umliegenden Tagungshäuser sind komplett von einem Chor belegt. Nur in meinem Tagungshaus bin ich ganz allein untergebracht.
Ich schaue mich im ganzen Haus um, genieße dann die Ruhe meines Zimmers, sowie das integrierte, neu renovierte Bad. Im Freien ist es ungemütlich und kalt. Umso mehr weiß ich die Wärme des Zimmers zu schätzen. Inzwischen habe ich Hunger bekommen und mache mich an die Tüte von Frau S. Vier kleine Butterbrote, dazu Camembert und Wienerle, zwei Tomaten, einige Bonbons und ein Fläschchen Mineralwasser hat sie mir eingepackt. Jedes Brot ist einzeln verpackt. Ich spüre richtig die Liebe und Wärme, die sie in jedes Brot gesteckt hat. Alles ist so fürsorglich vorbereitet, dass ich ganz gerührt bin.
Was um mich herum geschieht, ist irgendwie unbegreiflich. Irmgard hat mir eine unglaubliche menschliche Liebe geschenkt. In manchen Begegnungen passiert etwas, wofür ich keine Worte finde. Da wird bei Menschen etwas angerührt, was ein ganz ungewöhnliches Verhalten auslöst. Sie haben das plötzliche Bedürfnis, mich zu beschenken und mir Gutes zu tun. Da ist eine Wertschätzung, eine Dankbarkeit, die sich zwar auf mich richtet, aber sie kann nicht mir gelten. Denn ich habe nichts getan, was diese außergewöhnlichen Reaktionen rechtfertigen würde. Da geschieht etwas, was ich noch nicht deuten kann.
Über meine Unterkunft hier bin ich sehr glücklich. Gleichzeitig bin ich zutiefst dankbar über all diese wunderbaren Begegnungen. Alles hat Wirkkraft in meinem Innern.
Gestern und heute bin ich nicht gelaufen. Die kalten und üblen Regentage habe ich überbrückt, ohne nass zu werden. Eigentlich möchte ich im Hauptgebäude telefonieren, aber es schüttet so heftig, dass ich selbst die wenigen Meter nicht ohne Schirm gehen kann.
Kurz vor dem Abendessen bitte ich Till, mir vom Stadtplan Hannover, den Stadtteil Herrenhausen aus dem Internet auszudrucken. Den werde ich in wenigen Tagen benötigen. Dann telefoniere ich mehrfach nach Gerdau. Es gestaltet sich etwas kompliziert, bis ich endlich für

morgen, am Sonntag, eine Unterkunft finde. Die Familie, die mich zum Übernachten aufnehmen will, ist erst am Abend zuhause. Deshalb soll ich mich bis zum Abend beim Küster des Ortes aufhalten.
Bei diesem Regen ist es unmöglich, ohne Quartiervereinbarung loszugehen.
Das Abendessen gibt es im Speisesaal des Hauptgebäudes. Fünfzig Menschen, die alle zum Chor gehören, füllen den Raum. Ich bitte um Ruhe und Aufmerksamkeit. Dann stelle ich *Solwodi* vor. Etliche Leute unterschreiben.
Danach erlebe ich mit dem Chor eine schön gestaltete Andacht in der Kirche. Das Abendmahl findet in großer Runde um den Altar mit Brot und Traubensaft statt.
Später komme ich mit einigen Chormitgliedern über *Solwodi* ins Gespräch. Ein Mann meint, ich hätte zum Kirchentag nach Hamburg kommen sollen. Bei Frau Käßmann hätte ich mit meinem Anliegen offene Türen eingerannt.
Abends dusche ich und bereite mich mit der Wegbeschreibung auf den morgigen Tag vor.

Sonntag, 26. Mai 2013

Am Frühstückstisch komme ich mit den Chorleuten ins Gespräch. Ein ehemaliger Schulleiter findet mein Tun sehr gut. Er meint, ich solle meine Idee und meinen Weg im Internet verbreiten und damit vor allem die Jugend erreichen. Er weiß, dass Zeitungen Botschaften über Gott vermeiden. Und im kirchlichen Bereich bleibt alles in einem mehr oder weniger geschlossenen Raum und dringt nicht weiter nach draußen.
Aber das Internet wäre nach seiner Meinung die richtige Plattform. Doch damit habe ich keinerlei Erfahrung und ich weiß auch nicht, ob ich diese Form möchte.
Nachdem ich gepackt und mein Zimmer geräumt habe, begebe ich mich in den Chorraum und höre zu. Der Chor ist altersmäßig bunt gemischt und überwiegend weiblich.

Der Chorleiter ist noch sehr jung. Fünfzig Leute, die tolle, schwungvolle Lieder singen, bringen fröhliche Stimmung in den Raum. Mit Keyboard, Schlagzeug und Gitarre wird hier ein beeindruckendes Programm geboten. Die Solosängerin begeistert mich ganz besonders. Ein Genuss, diese mitreißenden Rhythmen!
Mit einem Sozialarbeiter komme ich ins Gespräch. Er arbeitet in Hamburg in einer offenen Einrichtung für Straßenkinder. Wir unterhalten uns über die Ursachen dieses Problems und kommen zu dem Ergebnis, dass eine andere Familienpolitik notwendig wäre.
"Da ist das Problem der Schlüsselkinder, die Eltern arbeiten beide oder verdienen so wenig, dass sie mit Hartz IV aufstocken müssen. Die Erschöpfung nach einem solchen Alltag wirkt sich verheerend auf die Kinder aus. Dann sind da noch die besonderen Probleme der Alleinerziehenden", berichtet er aus seiner Erfahrung.
Am Ende bedanke ich mich für die zahlreichen Unterschriften zur Unterstützung des Projektes *Solwodi*. Dem Chor mache ich auch ein Kompliment für diese gelungene Darbietung, sowie für die gute Stimmung, die der Chor um sich herum verbreitet.
Alle klatschen erfreut. Gute Wünsche für meinen Weg begleiten mich wieder einmal.
Draußen regnet es seit gestern ununterbrochen und heftig. Auch morgen soll es noch regnen.

Das Mittagessen verläuft unterhaltsam. Ein Mann am Tisch fährt in meine Richtung. Er will mich ein Stück mitnehmen. An diesem grauenvollen Regentag nehme ich die Gelegenheit gerne wahr. Die Autofahrt gestern und heute sehe ich als Ausgleich für die vielen, vielen Kilometer, die ich durch Verlaufen bisher schon zusätzlich marschiert bin.
Unterwegs regnet es immer noch unverändert in Strömen. Deshalb fährt der Mann für mich einen Umweg. An der Kirche in Gerdau setzt er mich ab. Von hier aus muss ich den Weg zur außerhalb liegenden Klintmühle finden.

Triefend betrete ich die nächste Gaststätte. Sicher kann ich mich hier über den Weg informieren. Im Nebenzimmer feiert man gerade ein Konfirmantenjubiläum. Ich treffe den Pastor auf dem Flur. Als er von meinem Weg hört, meint er erfreut: "Das passt jetzt prima. Kommen Sie mal mit und stellen Sie sich vor." Er bringt mich in den Raum der Jubilare, stellt mich als Pilgerin vor und übergibt dann das Wort an mich. Wie gewünscht stelle ich mich und meine Botschaft vor. Auch *Solwodi* stelle ich vor. Die Leute nehmen mich positiv auf und mir wird sofort ein Essen angeboten. Doch ich bin satt.
Diese Begegnung ist ausgezeichnet. Denn der Küster von der Klintmühle befindet sich zur Zeit im Gemeindehaus und organisiert dort das Kaffeetrinken anderer Jubilare. Der Pastor ist auf dem Weg da hin und nimmt mich im Auto mit. Er ist von meinem Weg ganz angetan und stellt mich auch den Leuten im Gemeindehaus vor. *Solwodi* stellt er ebenfalls vor und ich erkläre alles noch ein wenig ausführlicher. Dann geht die Liste durch die Tische und fast alle unterschreiben.
Ich werde in die Gemeinschaft integriert, trinke Tee und esse Kuchen. Später nimmt mich der Küster, Herr N., in seinem Auto mit zur Klintmühle, die außerhalb von Gerdau liegt. Die Frau des Küsters ist ebenfalls sehr sympathisch und wir verbringen einen netten Abend. Nach dem Abendessen darf ich ins Internet. Mir fehlt immer noch ein Stück des Stadtplans von Hannover. Auch meine Freundin Daniela, die mit mir gemeinsam im Haus wohnt, kann ich anrufen. Daniela kümmert sich um die Post, den Rasen und sonstige Dinge, die am Haus nötig sind. Ich weiß bei ihr alles in besten Händen.
Gegen zwanzig Uhr holt mich das Ehepaar H. von meiner Zwischenstation beim Küster zum Übernachten nach Bargfeld ab.
Die Familie wohnt abseits vom Jakobsweg. Vielleicht bin ich deshalb die erste Pilgerin die bei ihnen Unterkunft sucht. Das Ehepaar freut sich, dass ich bei ihnen gelandet bin. Wir unterhalten uns fast bis Mitternacht und die Zeit vergeht schnell.

Mila Schrader, die gute Seele des Dorfes

Montag, 27. Mai 2013

Um sieben Uhr frühstücken wir gemeinsam. Herr H. fährt zur Arbeit. Vor meinem Aufbruch kann ich noch Kontakt zum Pfarramt in Eschede herstellen. So habe ich morgen bei einer Frau, die im Pfarrbüro tätig ist, zumindest eine Anlaufstelle außerhalb der Bürozeit.
Denn wenn ich nachmittags am Ziel bin, sind alle Pfarrbüros geschlossen und die Pastoren meist nicht erreichbar.
Frau H. fährt mich an eine Stelle, wo ich wieder Anschluss an den Jakobsweg finde. Von hier wandere ich nach Hösseringen, einem kleinen Heidedorf. Es ist ein Sackgassendorf inmitten von großen Wäldern nördlich von Celle. Bei Mila Schrader im Dorfcafé will ich noch arbeitsfähig sein. Deshalb ist es gut, wenn meine Wanderstrecke heute nicht so lang ist.
In Hösseringen suche ich zuerst das Touristenbüro auf. Eine nette Frau in mittlerem Alter, die unüberhörbar aus Sachsen kommt, schenkt mir eine Wanderkarte für die nächste lange Etappe durch den Wald. Die Frau ist an meinem Weg sehr interessiert und nimmt sich viel Zeit für eine Unterhaltung. Sie erzählt mir auch von Mila Schrader, der guten Seele des Dorfes, die mit ihren siebzig Jahren nicht zu bremsen ist. Sie arbeitet schon wieder an einem neuen Projekt, einem Flohmarktladen. Nach ihrer Überzeugung muss ich bei Mila nicht arbeiten.
"Das hat sie sicher nur so gesagt", lacht sie über die Schilderung meines Telefongespräches.
Zum Abschied schenkt sie mir zwei Äpfel, die ich gerne annehme.
Wenig später stehe ich vor dem Dorfcafé in der ehemaligen Schule. Durch den Laden betrete ich das alte Schulhaus und begegne Mila Schrader.
"Ich bin die Jakobspilgerin. Wir haben miteinander telefoniert. Nun melde ich mich zur Arbeit", begrüße ich sie und lege wie ein Soldat, der Befehle entgegen nimmt, die Hand an die Stirn.

Sie lacht und sagt: "Jetzt ruhen Sie sich erst einmal aus, ich zeige Ihnen Ihr Zimmer. Sie haben Glück! Einen Tag früher hätten Sie kein Zimmer bekommen, da war das Haus mit Gästen voll. Wir hatten eine Familienfeier."
Ohne die zweite Nacht bei Irmgard hätte es also hier nicht geklappt. Ohne den Pastor in Lüneburg wäre ich in Hanstedt wohl kaum untergekommen. Alles fügt sich einfach bestens.

Mila führt mich über eine Treppe in den ersten Stock. Die Einrichtung erinnert an vergangene Jahrzehnte.
Das Badezimmer ist großartig. Eine freistehende Badewanne auf Füßen, alte Wasserhähne, wie ich sie aus meiner Kinderzeit kenne, alles blitzsauber. Einfach herrlich anzusehen! Nachdem ich den Rucksack ausgepackt und im Zimmer Brotzeit gemacht habe, begebe ich mich in den Laden.
Der Tante-Emma-Laden ist eingerichtet wie in den fünfziger Jahren. Die Waren werden in musealer Atmosphäre präsentiert. Hier gibt es Zeitungen, Brötchen, Eier, Gemüse und alles, was im Haushalt zum Backen und Kochen benötigt wird. Bonbons gibt es wie früher in der Spitztüte. Auch Mitbringsel, die zu den Themen Schule, Garten und Kaffee, passen sind hier zu finden.
Mila Schrader geht es nicht um den Verkauf von Lebensmitteln. Ihr geht es um Begegnung. Wichtig ist ein Mensch, der da ist und zuhört. Das ist ihre Philosophie.
Es sind die kleinen Begegnungen, die sie an ihrem Lädchen liebt.
Nebenan, im zweiten ehemaligen Klassenzimmer, hat sie ein Café eingerichtet. Ihre Gäste bewirtet sie mit ihrem selbst gebackenen Kuchen. Fotos von ihrer Familie und den einstigen Schulkindern aus Hösseringen zieren die Wände. Im raumhohen Regal stehen etwa 2000 Bücher, die sich die Gäste während ihres Kaffeestündchens ausleihen können.
Verschnörkelte Stühle und ein Rauchtisch in bäuerlichem Barockstil füllen den großen Raum.

Mich begeistert dieses Projekt. Nun wundere ich mich nicht mehr, dass ich hier umsonst aufgenommen werde.
Erneut biete ich meine Mithilfe an und eine Angestellte bringt mir auf mein Drängen hin dann tatsächlich einen Stapel Bettwäsche. Hier fehlen vereinzelt Knöpfe, die ich annähen kann.
Also sitze ich die nächste Zeit im Café und nähe Knöpfe an. Ich bin sehr froh, hier gelandet zu sein.
Auf jedem Tisch steht ein Schild:

Unsere Gäste sind klasse,
zahlen Verzehrtes an der Kasse
im Tante-Emma-Laden.

Der ganze Betrieb ist auf Vertrauen aufgebaut, das kann man an allem sehen und spüren. In jedem Raum, in jedem Winkel des Hauses wird die Seele von Mila spürbar. Mila ist eine Frau, die für ihre Ideen lebt, sich mit ganzer Kraft einbringt und unentwegt dafür arbeitet, auch wenn sie von vielen nicht verstanden wird.
Sie ist nebenbei auch Buchautorin und Verlegerin für bauhistorische Bücher.
"Woher nehmen Sie die Kraft für all diese gewaltigen Projekte?", frage ich interessiert.
"Das liegt sicher bereits in meinen Genen. Ich war schon immer neugierig und ich will verändern. Gott, oder wer auch immer, hat mir viele Fähigkeiten gegeben. Das ist natürlich auch anstrengend, aber ich mache es gern.
Geben Sie mir ein altes Haus und zehntausend Euro, dann bin ich glücklich", lächelt sie mich durch ihre Brille an.
Die Bettwäsche ist fertig. Nach getaner Arbeit ziehe ich mich zurück und schlafe. Um neunzehn Uhr komme ich wieder ins Café. Mila sitzt mit ihrem Mann an einem Tisch und erwartet mich schon.
"Möchten Sie etwas essen?", fragt sie mich sofort. "Na ja, ich habe noch einen Apfel," zögere ich. Mir ist es schon ein wenig peinlich, in einem gewerblich geführten Haus alles ohne Geld zu bekommen.

"Sagen Sie jetzt nicht 'nein', wenn Sie Hunger haben", fällt der Mann freundschaftlich dazwischen.
Das ermutigt mich. "Also, wenn Sie mir etwas geben wollen, nehme ich es gerne an."
Mila kocht mir ein Kännchen Tee und bringt mir einen Teller mit verschieden belegten Brötchen. Sie behandelt mich wie einen zahlenden Gast. Ich darf auch telefonieren, obwohl sie keine *Flatrate* hat.
Trotz meines Mittagsschlafes, den ich zuhause niemals mache, schlafe ich am späteren Abend erneut rasch ein und sogar die ganze Nacht durch. Manchmal scheint der gute Schlaf nicht nur am Bett zu liegen, sondern mehr an der Atmosphäre, die die Menschen verbreiten.

Dienstag, 28. Mai 2013

Um sieben Uhr bekomme ich ein reichhaltiges Frühstück, einen großen Teller mit Wurst und Käse, Orangensaft, dazu drei Brötchen. Mila begegnet mir auf liebevolle Weise und unterschreibt auch für *Solwodi*.
Um acht Uhr laufe ich los. Momentan ist es trocken, aber sehr neblig. Laut Wetterbericht sollte es noch tagelang regnen. Aber ich habe wieder einmal ein Regenloch. Der Weg führt am Museumsdorf vorbei in den Wald. Vor mir liegen etwa zwanzig Kilometer Wald. Wer im Regen diese Strecke bis Eschede vor sich hat, übt sich laut Wegbeschreibung in Durchhaltevermögen und Hartnäckigkeit.
Die Muschelmarkierung ist an vielen Stellen sehr verwirrend und stimmt nicht mit meiner Wegbeschreibung überein.
Im Museumsdorf frage ich nach dem Weg. Viele Pilger klagen über die Muschelmarkierung, wird mir berichtet. Hier in den Wäldern gibt es viele Wildschweine. Ich habe gehört, sie könnten gefährlich sein. Doch man beruhigt mich. Die sind scheu und verschwinden schleunigst. Sollten mir doch welche begegnen, einfach weiterlaufen und nicht auf sie zugehen.
Am Kasseneingang des Museumsdorfes finde ich die Muschel wieder. Der Jakobsweg wird in Kurven und Zacken auf dem Wildschweinpfad bis zur fünften Station durch den Wald geführt. Das sind natürlich ziemliche Umwege. Frühere Jakobspilger liefen sicher nicht sol-

che Zacken durch den Wald. Aber oft will man verschiedene Dinge miteinander verknüpfen. Um meine Markierung nicht zu verlieren, nehme ich den Umweg in Kauf.
Zwischen den Zweigen und Bäumen werden im Morgentau wunderschöne Spinnennetze sichtbar. Auf dem Pfad sind große Wasserlachen, die ich durchs Gestrüpp zu umgehen versuche. Trotz Sandboden kann das Wasser nicht mehr aufgenommen werden. Alles ist sehr aufgeweicht. Nach der fünften Wildschweinstation verlässt der Jakobsweg den Pfad und führt laut Beschreibung auf der Heerstraße weiter. Die Beschreibung verrät nicht, ob ich links oder rechts gehen soll. Von meiner Orientierung her habe ich keinen Zweifel, dass es nach rechts geht. Tapfer marschiere ich im aufgeweichten Sand den schnurgeraden Heerweg entlang. Irgendwann lichtet sich der Wald und ich laufe durch Wiesen und Felder. In der Ferne sehe ich Häuser. Das passt wieder einmal gar nicht zu meiner Beschreibung.
Bei den ersten Häusern sehe ich einen alten Mann in seinem Garten.
"Guten Tag! Können Sie mir sagen, wie dieser Ort heißt", frage ich ganz gespannt.
"Das ist Hösseringen", antwortet der Mann ohne Umschweife.
Ich brauche einen Moment, um zu verstehen, was das bedeutete.
Ungläubig rufe ich dann aus: "Das ist unmöglich! Das kann nicht sein! Vor vielen Stunden bin ich in Hösseringen aufgebrochen, um nach Eschede zu laufen."
"Dort liegt Eschede", sagt er ruhig und deutet mit der Hand in die Richtung, aus der ich komme.
Noch immer will ich es nicht glauben. Der Mann ist alt, vielleicht leidet er an Demenz, denke ich.
"Aber da komme ich doch gerade her! Und ich komme nicht aus Eschede."
Der Mann spürt, dass ich ihm nicht glauben will.
"Ich werde doch wohl wissen, wo ich wohne", entfährt es ihm nun empört.
So allmählich begreife ich, was passiert ist.

Auf unerklärliche Weise hat mich der Weg in großem Bogen nach Hösseringen zurückgeführt. Nun habe ich das Dorf am anderen Ende erreicht und bin praktisch wieder am Ausgangspunkt.
Ich wünsche dem Mann wirklich nichts Böses und schon gar keine Demenz. Aber dass er recht hat und ich nun dieser harten Realität ins Auge sehen muss, ist bitter für mich.
"Was mache ich denn nun", entfährt es mir noch ganz geschockt. Erst einmal bin ich ratlos. "Ich kann unmöglich noch einmal von hier aus starten. Das schaffen meine Füße niemals bis nach Eschede. Dann komme ich garantiert in den Regen, der gemeldet ist. Außerdem bin ich in Eschede zu einem festen Termin wegen meiner Unterkunft verabredet. Das kann ich auch zeitlich niemals schaffen", denke ich laut.
"Könnten Sie mich das Stück zurück in den Wald fahren, wo ich wohl falsch abgebogen bin?", frage ich hoffnungsvoll, um den Weg nicht doppelt gehen zu müssen.
"Ich habe gar kein Auto."
Unschlüssig stehe ich da. Plötzlich sehe ich fünfzig Meter weiter einen Mann mit seinem Geländewagen in die Einfahrt rangieren.
"Oh, vielleicht hilft der mir weiter", rufe ich erfreut aus.
Der Mann schaut in die Richtung des Autos.
"Der? Niemals! Schauen Sie mal sein Auto an, das ist ganz sauber. Damit fährt der niemals in den Wald. Nach dem Dauerregen ist ja nur Chaos im Wald", sagt er mit voller Überzeugung.
Eilig verabschiede ich mich. Ich will den Autofahrer nicht verpassen.
Kurz darauf schildere ich dem Mann am Geländewagen meinen Irrweg.
"Ich bin ohne Geld in Flensburg aufgebrochen und will meine Botschaft bis zum Bodensee tragen. Mein Fuß ist nicht ganz in Ordnung, ich kann ihn nicht mit übermäßigen Kilometern belasten. Wären Sie zu einem Liebesdienst für eine Jakobswegpilgerin bereit und würden mich ein Stück zurück in den Wald fahren?" Ich schaue ich ihn gewinnend und erwartungsvoll an.

Der Mann lächelt zuerst leicht verlegen, zeigt dann aber sofort Verständnis für meine Lage. Den Waldweg will er tatsächlich nicht nehmen. Tiefer im Wald soll der Weg verheerend sein.
"Der Wald ist im Moment nicht begehbar. Sind Sie froh, dass Sie nicht da hinein geraten sind", meint er nüchtern.
"Ich kann Sie nach Dalle fahren, dort ist der Weg auch wieder begehbar und von da finden Sie auch problemlos nach Eschede," schlägt er vor.
"Wenn Sie das für mich tun würden, wäre ich sehr dankbar", antworte ich ganz erleichtert.
Hauptsache ich bin rechtzeitig in Eschede. Von Hösseringen nach Dalle sind es fünfzehn Kilometer. Die bin ich gefühlt und von der Zeit her längst gelaufen.
Der Mann ist ausgesprochen freundlich zu mir. Der Weg durch den Wald wäre nicht lang gewesen. Über die Bundesstraßen muss er einen großen Umweg fahren. Als ich merke, welche Strecke ich ihm da zumute, wird es mir direkt peinlich. Aber ich hatte eigentlich keine andere Wahl, tröste ich mich.
Inzwischen scheint bei blauem Himmel sogar die Sonne.
"Wie ist das möglich", rufe ich aus. "Es war doch Regen gemeldet?"
"Der Regen wird am Nachmittag auch noch kommen. Es regnet überall ringsum. Nur wir hier haben im Augenblick ein schmales Schönwetterband abbekommen", werde ich aufgeklärt.
"Das ist ja genau richtig für mich. Etwas anderes kann ich auch nicht gebrauchen", freue ich mich.
Bei der Verabschiedung in Dalle bedanke ich mich ganz herzlich für diesen großen Einsatz.
Zwischen Dalle und Eschede ist die Jakobsmuschel häufiger zu sehen. Neben dem Weg sehe ich verwundert, dass sich überall in der Landschaft große Seen gebildet haben. Felder und Wiesen sind großflächig unter Wasser. Bald wird auch mein geteerter Weg zum See. Mindestens dreißig Meter lang steht der Weg total unter Wasser. Zum Glück gibt es an der rechten Seite des Weges zu den Feldern hin eine kleine

Böschung. Hier entlang krieche ich durch nasses Gestrüpp, bis dorthin, wo der Weg wieder begehbar ist.
In Eschede entgleiste am 3. Juni 1998 ein ICE mit katastrophalen Folgen. Der Jahrestag steht an. Ein Mahnmal mit allen Namen erinnert an die vielen Toten. Bald bin ich bei der evangelischen Johannes-Kirche. Der Pastor ist leider nicht da. Doch der Küster mäht gerade den Rasen. Er unterbricht und gibt mir einen Stempel. Am Gemeindehaus sortieren zwei Frauen Esswaren für die Tafel. Es ist sehr heiß und ich bräuchte dringend eine Sitzgelegenheit. Die Frauen erlauben mir, im Schatten des inneren Eingangsbereiches auf einem Stuhl meine Mittagspause zu halten. Anfangs wirken sie mir gegenüber äußerst skeptisch. Erst durch unsere Unterhaltung werden sie offener. Eine der Frauen schenkt mir einen Apfel. Für eine *Solwodi* Unterschrift kann ich sie leider nicht gewinnen.
Um vierzehn Uhr bin ich in der angegebenen Straße und suche das Haus von Frau S. Ich finde die Hausnummer nicht und frage eine Frau in der Nachbarschaft. Sie zeigt mir das Haus von Frau S.
"Wenn sie noch nicht da ist, können Sie zu mir kommen, dann trinken wir einstweilen Kaffee miteinander", schlägt die Nachbarin vor.
Frau S. ist bereits da. Sie tritt mir vorsichtig mit großer Zurückhaltung entgegen, bittet mich aber immerhin ins Haus. Sie hat niemanden in der Gemeinde gefunden, der mich aufnehmen würde.
"Vielleicht können Sie mich aufnehmen?", frage ich vorsichtig und schaue sie offen an. "Ihre eventuelle Gastfreundschaft ist eine reine Frage des Vertrauens, das weiß ich. Geben Sie mir die Chance und lernen Sie mich kennen. Fragen Sie mich alles, was Sie wollen, Sie werden eine ehrliche Antwort bekommen. Wenn es mir nicht gelingt, Sie von meiner Vertrauenswürdigkeit zu überzeugen, können Sie nein sagen. Ich werde Ihnen keine Probleme bereiten und gehen."
Um ihr Vertrauen zu gewinnen, zeige ich der Frau alle meine Papiere. Ich zeige ihr auch meine Adressliste von all den Menschen, die mich schon bei sich aufgenommen haben.
"Sie können hier jeden wahllos anrufen. Alle würden Ihnen sagen, dass Sie mich bedenkenlos aufnehmen können", versichere ich ihr.

Ich erzähle von meiner Lebenssituation, von meiner ehrenamtlichen Arbeit in der Seelsorge usw.
Die Frau bleibt kritisch: "Sie laufen ohne Geld umher und gehen nach dieser Tour wieder zurück in Ihr Haus. Viele sind in Not und müssen wirklich auf der Straße leben."
"Ich verstehe, was Sie meinen. Sie denken ich suche auf Kosten anderer vielleicht irgendeinen Kick oder ein Abenteuer. Das sind nicht meine Beweggründe. Ich will eine gute Erfahrung sein für die Menschen, die mir begegnen und ich möchte, dass die Menschen mein Gottvertrauen spüren."
Ich versuche ihr meine gesamte Motivation zu erklären, warum ich ohne Geld unterwegs bin.
Allmählich legt sich die kritische Haltung, sie wird offener und ist schließlich bereit, mich aufzunehmen.
"Sie werden es bestimmt nicht zu bereuen haben", versichere ich ihr. Gerne bringe ich auch eine Gegenleistung, wenn Sie irgendeine Arbeit für mich haben. Neulich habe ich den Rasen eines riesigen Pfarrgartens gemäht. Kann ich bei Ihnen vielleicht Rasen mähen?"
"Ja mein Rasen bräuchte es", gibt sie zu.
"Wunderbar, dann mache ich mich gleich daran, bevor der nächste Regen kommt."
Frau S. hilft mir vorher noch, das Pfarramt in Celle anzurufen. Hier ist ein polnischer Priester sofort bereit, mich ohne Geld aufzunehmen. Er versucht mir auch für die darauf folgende Nacht weiterzuhelfen und teilt mir die Telefonnummer des katholischen Pfarramtes in Burgwedel mit. Doch der Pfarrer in Burgwedel kann mich nicht aufnehmen. Er befindet sich gerade im Umzug, teilt er mir mit. Leider ist er nicht bereit, mir die Telefonnummer eines anderen Pfarramtes zu nennen.
"Wieso möchten Sie mir keine Telefonnummern von anderen Pfarrämtern mitteilen", frage ich ganz perplex." Die stehen doch alle ganz offen in jedem Telefonbuch. Wir haben hier nur kein Buch aus diesem Bereich."
"Sonst könnten Sie womöglich sagen, ich hätte Sie an dieses Pfarramt geschickt."

"Aha!" Ich bin so überrumpelt, dass mir erst gar nichts einfällt. Nach einer kleinen Pause frage ich: "Selbst wenn es so wäre, wo ist da das Problem?"
"Das möchte ich nicht," erwidert er ganz entschieden.
Sobald bekannt ist, dass ich kein Geld habe, entsteht bei manchen Menschen Voreingenommenheit und ich werde in irgendeine Schublade gesteckt. Nach den Gründen wird gar nicht mehr gefragt. Ab sofort gehöre ich nicht mehr zu den vertrauenswürdigen Menschen. Allein der Besitz des Geldes zählt. Unglaublich, welche Macht Geld hat!
In meinem Adressverzeichnis finde ich in einem kleinen Ort bei Hannover eine Familie, die Privatzimmer vermietet. Ich habe Glück und werde übermorgen ohne Geld aufgenommen.
Nun steht der Rasen von Frau S. an. Das Grundstück ist sehr groß. Viele Büsche, Bäume und Blumenbeete erschweren das Mähen mit Elektrokabel. Aber nach drei Stunden habe ich es geschafft. Das Rasenmähen hat mir Pluspunkte gebracht. Frau S. ist sonst den ganzen Sommer mit ihrem Rasen beschäftigt und kommt im Haus zu keiner anderen Arbeit. Sie kann mit ihren fünfundsiebzig Jahren von der Kraft her immer nur kleinere Abschnitte mähen. Wenn sie hinten ankommt, ist es vorne schon wieder nötig.
Total verschwitzt gehe ich unter die Dusche. Frau S. richtet einstweilen das Abendessen.
Den Rasen von Frau S. müsste ein Junge aus der Nachbarschaft mähen, denke ich. Aber nicht für Geld, sondern für Anerkennung und Wertschätzung, als Beitrag zur Gesellschaft.
Es wäre viel gewonnen, wenn die heutige Jugend die Erfahrung machen könnte, dass die positive Begegnung mit Menschen mehr Befriedigung bringt als ein Computerspiel, bei dem man als Sieger hervorgeht, wenn man genug Gegner ausgeschaltet hat.

Beim Abendessen unterhalten wir uns gut. Danach geht Frau S. zu ihrem Chor. Sie hat eine *Flatrate* und erlaubt mir zu telefonieren. Daniela berichtet mir am Telefon, dass unser Rasen zuhause durch den Regen in die Höhe geschossen und zur Plage geworden ist. Sie war

nur zwei Wochen abwesend. Das Rasenmähen machte mit dem hohen Rasen erhebliche Probleme.
Später im Bett denke ich über die Botschaft von Jesus nach. Sie scheint verblasst und kraftlos geworden zu sein. Niemand glaubt mehr daran, diese in der heutigen Zeit leben zu können. Kein Wunder, dass mein Beweggrund für diese Pilgerreise bei vielen kein Verständnis findet. Und dennoch spüre ich die Sehnsucht der Menschen nach einer echten, tragenden Botschaft. Wie könnte man dieser Botschaft wieder ihre Kraft geben, überlege ich.
Vermutlich haben die Menschen in unserer Gesellschaft einfach nur das Vertrauen zu dieser Botschaft verloren. Ich glaube an die Kraft dieser Botschaft. Sie ermutigte mich zum Bitten. Für mich ist sie wie eine Gebrauchsanweisung zum täglichen Leben. Oft habe ich Texte aus dem Neuen Testament ganz wörtlich genommen und in der Umsetzung wunderbare Erfahrungen machen können. "Bittet und es wird euch gegeben", diese Aufforderung wurde zum Schlüsselerlebnis, als ich sie in einer bestimmten Situation konkret umsetzte. Oder: Jesus sagte zu Johannes unter dem Kreuz: "Sieh da deine Mutter!" Diese Worte ermutigten mich, mir eine fremde Frau als Ersatzmutter zu suchen, als ich sie brauchte. Ich zeigte meine Bedürftigkeit und bat sie einfach, meine geistige Mutter zu werden. Diese "Mutter" heilte viele meiner Wunden und befreite mich von Blockaden, die mir vermutlich keine Therapie beseitigt hätte. Uns heilt nicht das Wissen über bestimmte Zusammenhänge, sondern die gute Erfahrung mit Menschen. Die Liebe heilt!
Wenn Menschen im Alltag etwas brauchen, was der andere ihnen geben könnte, wünsche ich ihnen den Mut, ohne Hemmungen darum zu bitten.
Wenn ich den anderen bitte, steige ich vom hohen Ross der Überlegenheit herab und zeige meine Bedürftigkeit. Schon nimmt es dem anderen die Angst vor mir. 'Ich bin keine Bedrohung' wird damit ausgedrückt.
Natürlich signalisiere ich mit einer Bitte dem anderen gleichzeitig, dass er in Freiheit entscheiden kann, ob er sie erfüllen will oder nicht.

Eine Bitte ist ohne Erwartung. Sie setzt nicht unter Druck, sondern akzeptiert, wenn der andere nein sagt. Eine Bitte ist keine Forderung, aber sie ist die reine Freude, wenn sie erfüllt wird. Wer eine Bitte ablehnt, hat immer einen Grund. Die Unfähigkeit sich zu öffnen, schlechte Erfahrungen, eigene Überlastung, egal was es ist, ich will es immer respektieren. Wenn ein Mensch mir nicht geben kann, was ich brauche, gehe ich zum nächsten. Bitten fällt mir inzwischen nicht mehr schwer, denn ich habe es oft genug geübt.

Mittwoch, 29. Mai 2013

In der Nacht regnete es wieder heftig. Am Frühstückstisch spreche ich mit Frau S. über meine Gedanken im Bett. Ihr kommen mehrfach die Tränen. Beim Abschied sagt sie: "Ich bin froh, dass Sie mich überredet haben Sie aufzunehmen. Sonst hätte ich diese Erfahrung mit Ihnen nicht machen können."
Erfreut lächle ich sie an und frage: "Darf ich Sie umarmen? Es ist toll, dass Sie mit Ihren fünfundsiebzig Jahren so flexibel waren, sich auf diese Herausforderung mit mir einzulassen. Danke für das Vertrauen, das Sie mir entgegenbrachten", sage ich anerkennend, während ich sie liebevoll drücke.
Auf dem Jakobsweg wären es fünfunddreißig Kilometer bis Celle. Der Radweg an der Bundesstraße ist nur sechzehn Kilometer lang. Ein typisches Beispiel für die vielen Schleifen, die der Pilgerweg in der Natur macht. Ich nehme den Radweg, da wieder Regen und Gewitter gemeldet sind. So spare ich eine Tagesetappe ein und komme rechtzeitig zu meiner Freundin Anna nach Hannover.
Unterwegs beschäftigt mich die Begegnung mit Frau S. Auf meinem bisherigen Weg merke ich, dass es zwischen uns Menschen meistens nur um fehlendes Vertrauen geht. An Hilfsbereitschaft mangelt es selten. Mit Vertrauen ist nahezu alles möglich. Doch ohne Vertrauen geht nichts.
Das größte Hindernis, das zwischen uns steht, scheint die Angst vor dem anderen zu sein, besonders wenn er uns fremd ist. Aber die Erfahrung dieses Weges zeigt mir bereits, dass dieses Hindernis häufig

ausgeräumt werden kann. Immer wenn es wenigstens kleine Gemeinsamkeiten gab, lösten sich Angst und Misstrauen auf. Es entstand Verbindung, die Vertrauen herstellte und dann die Herzen der Menschen öffnete. So als hätte in diesem Moment so eine Art Erkennung stattgefunden, ähnlich wie bei Tieren, die bestimmte Gattungen als unbedrohlich wahrnehmen können.
Wenn man nur ein entsprechendes Merkmal finden könnte, um die einen von den anderen zu unterscheiden! Dann wüssten sich die Menschen überwiegend von wohlmeinenden Menschen umgeben und könnten ihre unberechtigten Ängste loslassen. Sie könnten sich offener und freier begegnen. Nach meiner Erfahrung sind die meisten Menschen froh, wenn sie die Gelegenheit bekommen, sich zu öffnen und sich anzuvertrauen. Es tut ihnen gut, ihre Sorgen, Ängste und Nöte mitzuteilen.
Bitten ist ein Schlüssel zum Herzen der Menschen. Mein Weg ist das beste Beispiel dafür.
Doch es gibt viele verschiedene Schlüssel. Ich möchte die einzelnen Schlüssel finden, mit denen wir Menschen wieder Zugang zueinander finden.
Geliebt werden gibt Sicherheit und Geborgenheit. Da lösen sich Ängste auf. Allein und verlassen sein produziert Ängste, die meist nicht real und greifbar sind. Sie kommen wohl aus dem Urgefühl, dass man allein nicht wirklich überleben kann. Deshalb ist es so wichtig, in einem guten Miteinander zu leben.

Ohne Regen komme ich nach Celle. Inzwischen haben sich schon wieder dunkle Wolken aufgebaut. Es tröpfelt kurz, verzieht sich aber wieder. In der Fußgängerzone spricht mich eine Frau auf meinen Weg an. Nachdem sie meine Geschichte ohne Geld kennt, will sie mir einen Euro schenken und wünscht mir Gottes Segen für meinen weiteren Weg.
"Geld möchte ich nicht, aber den Segen nehme ich gerne an", sage ich ihr zum Abschied.

Vor der Marktkirche befinden sich Tische und Stühle des Kirchencafés. Eine junge Frau sitzt allein an einem Tisch. Sie hat wegen ihrer Behinderung einen Gehwagen dabei.
"Möchten Sie sich nicht zu mir setzen, bis ich zu meiner Therapie muss", spricht sie mich beim Vorübergehen freundlich auffordernd an.
"Gerne, nur kann ich nichts bestellen, denn ich habe kein Geld", kläre ich sie auf.
"Hier brauchen Sie kein Geld, eine Tasse Kaffe bekommen sie auch umsonst." Wir sitzen uns gegenüber und reden über meinen Weg.
"Da drinnen im Café sitzen lauter Hartz IV-Leute", deutet sie auf die Eingangstür gleich daneben. "Gehen Sie mal zu denen rein. Die freuen sich, Sie kennen zu lernen, denn ich muss jetzt zu meinem Termin."
Nachdem sie gegangen ist, betrete ich das Café. Fünf Frauen und ein Mann befinden sich in dem kleinen Raum.
"Da draußen war eine Frau, die meinte, ich solle Ihnen hier von meiner Pilgertour erzählen. Wenn Sie das möchten, tue ich es," frage ich erst einmal an.
Allseitiges Interesse wird mir bekundet. So erzähle ich von meinem Weg ohne Geld, von meinem Bedürfnis Lösungen zu finden, damit unser Miteinander anders wird.
Die Leute sind sehr berührt und finden meine Ansichten gut. Beim Abschied wünschen auch sie mir Gottes Segen.
Die Altstadt von Celle ist absolut sehenswert. Wunderbar restaurierte Häuser mit goldenen Aufschriften auf dem Fachwerk zieren die Straßen und Gassen.
Ich komme an einer Eisdiele vorbei. Die Gäste sitzen bei diesem Wetter alle im Freien. Im Lokal hält sich nur das Personal auf. Ich frage einen Mann an der Theke, ob ich die Toilette benützen dürfe. Nachdem er nickt, nehme ich den Rucksack ab und stelle ihn auf einen Stuhl gleich neben der Theke.
Später nehme ich den Rucksack wieder auf die Schultern. Da fragt mich eine junge Bedienung, was ich bestellen möchte.
"Ich habe nur die Toilette benutzt und möchte nichts bestellen", ist meine Antwort.

"Die Benutzung der Toilette kostet fünfzig Cent, wenn Sie nichts bestellen", sagt sie sehr bestimmend.
"Das wusste ich nicht! Ich habe vorher um Erlaubnis gefragt", entgegne ich.
Schon schaltet sich der Chef mit strenger Miene ein: "Wen haben Sie um Erlaubnis gefragt?", will er in scharfem Ton wissen.
"Dieser Herr hat es mir erlaubt", deute ich auf den Mann, der sofort schuldbewusst den Kopf senkt. Du lieber Himmel, das wollte ich nicht!
Prompt bekommt der Mann meinetwegen vom Chef einen Anpfiff. Der Mann tut mir leid, aber ich bin von der Situation überrumpelt. Mir fällt nichts ein, womit ich den Mann unterstützen könnte. Wortlos gehe ich.
Später sehe ich den Mann allein am Eisverkauf für die Straßenpassanten stehen.
"Es tut mir leid, dass Sie meinetwegen Schwierigkeiten bekamen. Jedenfalls vielen Dank für Ihr Entgegenkommen! Alles Gute für Sie", versuche ich ihn zu ermutigen, sein menschliches Verhalten nicht aufzugeben.
Der Mann schaut unverändert unglücklich drein. Meine Worte scheinen ihn nicht zu erreichen.
In dieser schönen Stadt Celle weht wohl ein anderer Wind, denke ich.
Bei einer *Tchibo*-Filiale gibt es heute zum Kennenlernen einer neuen Sorte eine Tasse Kaffee gratis. Das kommt mir gelegen.
Inzwischen habe ich ordentlich Hunger und bitte in einer Metzgerei um ein Wurstbrötchen. Wie immer erkläre ich zu meiner Pilgerreise ohne Geld auch meine Beweggründe. Die Chefin ist nicht da und die Verkäuferin kann es mir nicht geben.
Dann schaue ich mir das Personal der Pizza- und Dönerbuden an und habe hier irgendwie keinen Mumm zu fragen.
An einem Fischstand am Markt frage ich ein junges Mädchen. Sie gibt mir sofort und gerne ein Fischbrötchen.
Danach erkundige ich mich in der Sparkasse an der Infotheke nach einem Taschenkalender, für meine weiteren Reisenotizen. Ein dicker

Lehrerkalender für das Schuljahr 2012/2013 hat das richtige Format für mich. Wir unterhalten uns über meine Pilgerreise. Zwischen uns entwickelt sich ein tieferes Gespräch über Gottvertrauen. Vor mir sitzt eine junge, hübsche und gestylte Frau in tadelloser Kleidung. Die Frau ist ganz berührt und angetan von meiner Tour.

"Ich bekomme eine richtige Gänsehaut", sagt sie. "Sie kommen genau im richtigen Moment. Das erscheint mir direkt wie Fügung, dass Sie in diesem Augenblick auftauchen, wo ich so ein Gespräch brauche. Das hat mir jetzt viel gegeben", lächelt sie mich dankbar an.

Kurz vor vierzehn Uhr bin ich in der Pfarrei St. Ludwig. Der polnische Pater empfängt mich herzlich. Ein großer, stattlicher Mann, so um die fünfzig, führt mich ins Büro. Drei jüngere Frauen blicken mir offen und interessiert entgegen. "Wir erwarten Sie schon alle", sagt der Pater in einwandfreiem Deutsch mit leichtem Akzent und schaut mich wohlmeinend an.

"Das finde ich ja toll, so freundlich empfangen zu werden. Das passiert mir nicht überall", lache ich. "Vielen Dank!"

In der Küche macht mich der Pater mit seiner polnischen Haushaltshilfe bekannt.

Eine blonde Frau von etwa vierzig Jahren steht vor mir. Sie ist erst kurze Zeit in Deutschland. Wir können uns kaum verständigen.

Dann zeigt der Pater mir im ersten Stock mein Zimmer. Daneben befindet sich ein großes Bad und ein Wohnzimmer mit Fernseher. "Fühlen Sie sich hier wie zuhause. Sie sind allein in diesem Bereich und können sich frei bewegen. Frau N. wird Ihnen ein Abendessen und ein Frühstück richten. Ich selbst werde nicht da sein können." Er übergibt mir einen Schlüssel. Tut das gut, so aufgenommen zu werden!

Ich gehe nochmals ins Büro und packe die Gelegenheit für *Solwodi* beim Schopf. Die drei Frauen und auch der Pater unterschreiben.

Am PC darf ich eine kurze E-Mail schreiben. Ich teile meiner Freundin Anna in Hannover mit, dass ich bereits am Freitagabend zu ihr kommen kann.

In meinem Zimmer richte ich mich häuslich ein. Um fünfzehn Uhr kommt der angekündigte Regen. Ich leihe mir von der polnischen

Haushaltshilfe einen Schirm und mache nochmals einen Stadtbummel. Der Regen hört zum Glück wieder auf als ich das Haus verlasse. Wie bereits in anderen Orten, finde ich auch hier auf vielen Häusern Aufschriften über Gottvertrauen. An der Heilig-Kreuz-Straße sehe ich verwundert auf einem Fachwerkhaus die Aufschrift: "Man sieht nur mit dem Herzen gut." Es handelt sich ganz offensichtlich um eine alte Inschrift. Bisher war mir dieser Ausspruch nur aus dem "Kleinen Prinzen" bekannt.
Viele Läden stehen in Celle leer, weil die Miete so hoch ist, dass es kaum einer bezahlen kann, erfahre ich später im Touristenbüro. Durch die extremen Niederschläge sind in Celle ganze Stadtteile unter Wasser. Überall sind Straßen überflutet, Keller voll gelaufen und Wohnräume überschwemmt. Hundert Feuerwehrleute waren letzte Nacht in diesen Stadtteilen im Einsatz. Mangels Zeitung und Fernseher habe ich bisher von dieser Katastrophe gar nichts mitbekommen. Jetzt werde ich hellhörig und begreife die Aussage des Mannes, der mich nach Dalle fuhr.
Vielleicht war mein Verlaufen im Wald hinter Hösseringen ein Glück und hat mich im unpassierbaren Bereich vor Schlimmerem bewahrt. Hätte ich mich im tieferen Bereich dieses riesigen Waldes verlaufen, wer weiß, wie lange es gedauert hätte, da wieder heraus zu finden.
Auch heute habe ich, ohne von der Überschwemmung zu wissen, den Radweg an der B191 und nicht den unpassierbaren Jakobsweg durch die Landschaft genommen.
Die Aschau ist über die Ufer getreten, ebenso die Lachte. In Beedenbostel sind Straßen überschwemmt. Besonders Lachendorf ist sehr betroffen. Der Jakobsweg hätte mich genau durch diese Gebiete geführt.
Da der Regen nicht aufhört, wird laut Zeitungsbericht für die nächsten Tage eine Verschärfung der Lage erwartet. Besonders in Niedersachsen löst der Dauerregen heftige Überschwemmungen aus. Die Pegel von Aller und Leine werden nach Voraussagen noch steigen.
Im Schlosspark treffe ich eine Gruppe Jugendlicher, die auf den Parkbänken sitzen.

"Wie geht's?", fragt ein Junge ein wenig herausfordernd und flapsig. Er scheint er gar keine Antwort zu erwarten. Doch ich bleibe stehen, blicke ihn an und sage:
"Gut geht es mir. Ich bin auf einer Pilgerreise unterwegs und laufe durch ganz Deutschland."
"Das alles zu Fuß?", fragte er ungläubig. "Und wo ist das Gepäck?"
"Mein Rucksack ist im Pfarramt, wo ich heute übernachte. Am 2. Mai habe ich in Flensburg begonnen. Konstanz am Bodensee ist mein Ziel", teile ich ihm mit.
Sofort sind alle anderen interessiert. Sie wollen es erst nicht glauben, bis ich ihnen meinen Pilgerpass zeige. Anerkennendes Murmeln ist zu hören.
"Ganz allein?", fragt ein anderer Junge.
"Ja, auch ohne Geld", nicke ich ernsthaft.
Sofort kommt ein Mädchen von der nächsten Bank neugierig hinzu und ein Junge schließt sich an.
Nun wollen alle wissen, wie so etwas geht und warum ich das mache.
"In unserer Gesellschaft ist kein Zusammenhalt. Unser Miteinander muss anders werden. Ich suche auf diesem Weg nach Antworten und Lösungen." Ich erzähle von den Erfahrungen aus meiner ehrenamtlichen Seelsorgetätigkeit und von meiner einstigen Obdachlosenarbeit.
"Aber ich habe noch einen tieferen Beweggrund als diese sozialen Probleme", wechsle ich das Thema. Ich erzähle von meinem Gottvertrauen, das ich als Botschaft durch Deutschland tragen will und merke, dass die Jugendlichen nicht unberührt bleiben. Sie sind sehr interessiert, stellen Fragen. Keinerlei flapsiges oder cooles Verhalten wird mehr demonstriert. Es freut mich sehr, erstmals mit Jugendlichen ins Gespräch zu kommen. Wie ich der Unterhaltung entnehme, haben alle Migrationshintergrund. Schon deshalb fühlen sie sich in unserer Gesellschaft abgehängt und chancenlos.
Jeder dritte, der in Celle seine Arbeit verliert, wird sofort Hartz IV-Empfänger, habe ich erst heute in der Zeitung gelesen.
"Sicher habt ihr es nicht leicht in unserer Gesellschaft. Aber ihr seid noch so jung, nutzt alle Chancen, die sich bieten, und macht etwas aus

eurem Leben. Kümmert euch um eure Bildung! Glaubt mir, es lohnt sich, auch wenn es mühevoll ist", versuche ich ihnen Mut zu machen. Das Mädchen nickt zustimmend. Wir verabschieden uns freundschaftlich voneinander.
Zum Abendessen sitze ich mit der polnischen Frau in der Küche. Sie selbst isst nicht mit, obwohl ich sie mit Gestik dazu auffordere. Sie bleibt bei der Anrichte stehen und sucht das Gespräch mit mir. Das stellt sich als ziemlich mühevoll heraus. Sie kann kaum sprechen, versteht aber einiges.
Nach dem Essen suche ich mir Salz aus dem Küchenschrank. Damit bereite ich mir in der großen Badewanne ein Fußbad. Dann lasse ich mich mit hochgelegten Beinen im Wohnzimmer nieder und schaue fern. Hier bin ich wieder einmal fürstlich untergebracht. Praktisch habe ich eine kleine Wohnung für mich allein. Mein Zimmer ist gemütlich. Ein Schreibtisch ist vorhanden, so dass ich meine Sachen gut ausbreiten kann. Alles ist sehr sauber, so richtig zum Wohlfühlen.

Donnerstag, 30. Mai 2013

Zeitig breche ich auf und suche lange nach dem Trifftweg, der nicht mehr auf meinem Innenstadtplan verzeichnet ist. Niemand kennt diesen Weg. An einem Autohaus sucht der Verkäufer im Internet danach und kann mir den Weg schließlich erklären. Ab hier soll der Jakobsweg laut Beschreibung wieder mit Muschel markiert sein. Der Trifftweg liegt zunächst als lange gerade Strecke vor mir. Nach einer Kurve stehe ich plötzlich vor einem großen See. Die Straße steht mindestens fünfundzwanzig Zentimeter unter Wasser. Hundert Meter See trennen mich vom Bahndamm, den ich überqueren müsste. Ein Auto kommt um die Kurve und hält an. Zwei Frauen sitzen darin. Ich frage, ob ich nicht durch diesen See zum Bahndamm mitfahren könnte. Das Auto ist leider vorne besetzt und hinten voll mit Waren. Mit Schwung fährt es durch den See und dann über den höher gelegenen Damm. Ob ich diese Stelle mit meinen Wassersandalen passieren soll? Doch wer weiß, wie die Landschaft hinter dem Bahndamm aussieht. Eine Weile bleibe ich unschlüssig stehen und unterhalte mich mit einer Frau, die

ihren Hund ausführt. "Gestern Abend war das noch nicht überschwemmt", berichtet sie.
Geradeaus ist eine Straße frei befahrbar. Doch auf dieser Straße komme ich ziemlich vom Jakobsweg ab. Außerdem weiß ich nicht, wie weit die Straße begehbar ist. Vielleicht muss ich dann umkehren und bin, wie so oft, sinnlose Kilometer gelaufen, überlege ich.
Schließlich bleibt mir nichts anderes übrig, als diesen Weg zu nehmen. Also marschiere ich Richtung Adelheidsdorf. Die Straße führt an einem riesigen Spargelfeld vorbei, an dem viele Ausländer arbeiten. Niemand kann mir Auskunft geben. Auch in Adelheidsdorf können mir etliche Leute auf der Straße nicht sagen, wie ich von hier aus nach Ehlershausen komme. Eine Frau rät mir schließlich, immer geradeaus durch den Wald zu gehen und dann irgendwelche Abzweigungen mal links, mal rechts zu nehmen. Ohne Markierung ist mir der Waldweg nicht geheuer. Am letzten Haus des Ortes klingle ich. Eine Frau öffnet. Sie schickt mich zurück zur letzten Abzweigung, um dann zur Bundesstraße zu gelangen. Das sei der sicherste Weg für mich, meint sie. Diese Strecke erscheint auch mir besser, selbst wenn ich nun umkehren muss.
Der Radweg an der Bundesstraße führt endlos geradeaus. Die Straße mündet schließlich in eine vierspurige Schnellstraße. Über eine Brücke werde ich auf die andere Straßenseite geleitet. Von oben kann ich die riesigen Überschwemmungen in der Landschaft gut sehen.
Der Weg scheint kein Ende zu nehmen. Bei Ehlersdorf ist die Auffahrt zur Autobahn nach Hannover. Nur noch achtundzwanzig Kilometer sind es bis dorthin. Die heutige Tour, mit ihren vielen Umwegen auf ermüdenden Pflasterwegen, ist besonders hart für mich. Im Ort gehe ich ins erste Hotel an der Straße und frage, ob ich mich ein wenig setzen und ausruhen dürfte.
Die Chefin spendiert mir eine Tasse Kaffee. Als sie die näheren Umstände meiner Reise erfährt, bekommt sie großes Interesse. Gerade will ich aufbrechen, da bringt mir die Bedienung Suppe und Brot. Es handelt sich um eine Hochzeitssuppe, Eierstich, Graupennudeln, Spargel, Karotten und kleine Fleischbällchen. Diese Suppe gibt es zu

jeder Hochzeit, aber nur in diesem Ort. Andere Dörfer bereiten die Hochzeitssuppen nach anderen Rezepten, erfahre ich nun. Beim Abschied will mir die Frau einen Regenschirm in Knirpsform auf den Weg mitgeben, denn der nächste Regen wird schon erwartet. Doch mein Gepäck ist schwer genug. Mit einem Schirm will ich mich nicht belasten.
Wenn nur diese endlosen Pflasterwege nicht wären. Heute reicht es! Aber bis zu meiner Unterkunft sind es noch einige Kilometer durch den Wald. Dunkle Regenwolken begleiten mich ständig, aber der Regen bleibt aus. Dankbar blicke ich zum Himmel auf.
Am frühen Nachmittag bin ich bei der Familie, die mich trotz gewerblicher Vermietung kostenlos aufnehmen will. Frau N. begegnet mir freundlich und unkompliziert. Das Haus ist im ersten Stock eine Baustelle. Wegen eines Wasserschadens im Bad findet nun seit längerer Zeit ein Totalumbau statt. Im ersten Stock hängen Staubschutzfolien von der Decke herab. Nur das Bad im unteren Bereich ist benutzbar. Die Familie vermietet hauptsächlich an ausländische Monteure aus Polen. Diese kommen erst spät abends und gehen morgens sehr früh. Von Frau N. bekomme ich ein dreiteiliges Klappbett im ehemaligen Zimmer ihres Sohnes. Das Zimmer ist noch voll gestellt mit Computern und sonstigen technischen Geräten. Sie räumt ein wenig auf und saugt den Teppich. Solange sitze ich daneben auf einem Stuhl. Ich kann einfach nicht mehr stehen. Auf meine Bitte bekomme ich sofort eine Schüssel mit Salzwasser. Sie gibt mir auch ein Handtuch. Das Salzwasser ist eine Wohltat für meine Füße.
Anschließend falle ich völlig erschöpft auf das Bett und schlafe bleiern bis siebzehn Uhr.
Danach setze ich mich zu meiner Gastgeberin in den Wintergarten und erzähle ihr von meiner Tour. Sie hört neugierig zu. Ich spüre zwar ihre allgemeine Akzeptanz, aber sonst scheint sie mich nicht zu verstehen. Mit Gott hat sie wenig am Hut, erklärt sie. Die Bibel kennt sie nicht näher. Die Botschaft "Gottvertrauen stärkt" ist für sie nichts sagend. Sie bleibt von meinen Beweggründen völlig unberührt. Die Frau findet es einfach nur interessant, wie so eine Reise ohne Geld möglich

ist. Sie verhält sich mir gegenüber menschlich und nett. Trotzdem finde ich keine wirkliche Verbindung zu ihr.
Ihr Mann kommt nach Hause. Er liest seine Zeitung. Mit mir weiß er nichts anzufangen. Es gelingt mir nicht, mit ihm ins Gespräch zu kommen. Die Frau bietet mir Abendessen an. Es gibt Nudeln mit Soße. Anschließend fährt sie zu ihrem Sohn nach Hannover. Der Mann beginnt im ersten Stock zu arbeiten. Noch rasch vor dem Regen laufe ich durch den Ort und suche mir den Weg für morgen. Wenig später kommt der Regen mit aller Heftigkeit. Es schüttet wie aus Eimern.
Später sitze ich wieder mit Frau N. im Wintergarten. Zwei polnische Arbeiter fahren mit dem Firmenwagen in den Hof. Sie gehen sofort in ihr Zimmer hoch.
Bis in den späten Abend hinein unterhalte ich mich mit Frau N. über allgemeine Themen. Dann gehe ich ins Bett. Doch ich kann nicht einschlafen. Mit dem Bett komme ich überhaupt nicht klar. Die Bettdecke ist schwer und brettsteif. Wie ein fester Karton liegt sie auf mir und kann sich nicht anschmiegen, also zieht es überall. Durch ihr Gewicht rutscht die Decke ständig auf einer Seite des Bettes zu Boden. Alle Muskeln verkrampfen sich wieder einmal. Um Mitternacht laufe ich nach unten zur Toilette. Anschließend will ich die Matratze vom Gestell auf den Boden legen, damit die Decke nicht ständig nach unten fallen kann. In dem Augenblick, als ich die Matratze hochnehme, sehe ich eine Katze unter meinem Bett sitzen. Sie blickt mich schuldbewusst an.
"Wie kommst du denn unter mein Bett?", rufe ich halblaut aus. "Ich habe die Zimmertür doch nicht offen gelassen als ich zur Toilette ging. Du versteckst Dich also schon den ganzen Abend unter meinem Bett ohne dich zu mucksen?" Ich öffne die Zimmertür und sofort huscht sie davon.
Mit der Matratze am Fußboden ist das Problem mit der Decke etwas besser. Aber richtigen Schlaf finde ich nicht. Auch kann ich auf diesem seltsamen, harten Kissen nicht gut liegen. Um halb sechs bin ich erneut wach. Doch ich bleibe liegen, um den polnischen Arbeitern im Bad nicht in die Quere zu kommen.

Grossstadtatmosphäre in Hannover

Psychische Verwahrlosung setzt ein,
wenn keinem Menschen daran gelegen ist,
ob du da bist oder nicht.

Ruth Klüger

Freitag, 31. Mai 2013

Die ganze Nacht hat es heftig geregnet. Es regnet auch jetzt noch. Das Frühstück ist für sieben Uhr verabredet. Ich betrete die Küche und begrüße Frau N., die am Tisch sitzt. Kaffee, Brot, Marmelade und Käse stehen schon für mich bereit. Frau N. verhält sich freundlich und entgegenkommend. Sie bietet mir sogar ein Brot für unterwegs an. Nach dieser Nacht fühle ich mich nicht besonders gut. Ich kann kaum etwas essen und nehme auch nichts mit. Die Tasse Kaffee ist mir allerdings wichtig. Frau N. schenkt mir einen alten Schirm. Da es gerade heftig regnet, nehme ich ihn gerne an. Ich bedanke mich für die Gastfreundschaft und gehe in den Regen hinaus. Bei diesem Wetter will ich nicht die ganze Strecke zu Fuß zurücklegen. Im Stadtbereich von Hannover sind noch viele Kilometer zu laufen, überlege ich. Am Ortsrand beginne ich zu trampen. Bei Regen habe ich wenig Hoffnung. Doch sofort hält eine junge Frau an. Sie arbeitet bei einem Anwalt in Eilenried. Dort parkt sie und lässt mich aussteigen. Nun sind es nur noch wenige Kilometer in die Innenstadt. In Hannover suche ich das Pfarrbüro der Marktkirche. Bei Regen gestaltet sich alles viel schwieriger als sonst. Endlich finde ich es und stelle ich mich der Sekretärin wie üblich vor. Die Frau hat weder Zeit, noch Geduld, sich mit einer Pilgerin ohne Geld abzugeben. Sie erklärt mir sofort, dass sie über die Bürokasse nicht verfügen könne.
"Ich will kein Geld," antworte ich rasch. "Aber vielleicht könnten Sie mir die Telefonnummer vom Pfarramt in Sarstedt heraussuchen?"

"Dafür habe ich jetzt keine Zeit, wir müssen ein Fest vorbereiten." Deutlich spüre ich, wie sehr ich störe. Für einen kurzen Kontakt mit der Pastorin wegen einer Unterschrift für *Solwodi* sieht die Sekretärin keine Chance.
Großstädte haben ihre besondere Atmosphäre. Nach meinem Empfinden weht da immer ein kälterer Wind. Hier ist man anonym, keiner beachtet den anderen. Jeder eilt dahin, niemand hat Zeit, keiner will aufgehalten werden. Wehe, man sucht oder braucht etwas!
Mir wird deutlich bewusst, dass ich für meine weitere Reise ein dickes Fell und ein stabiles Selbstwertgefühl brauche.
Es regnet unverändert heftig. Deshalb setze ich mich in die Marktkirche und überlege, was ich als nächstes tun könnte. Es gibt in Hannover einen Ka-Punkt. Der Ka-Punkt ist ein offenes Haus der katholischen Kirche mitten in der Fußgängerzone. Dahin frage ich mich durch. Im Ka-Punkt werde ich herzlich empfangen. Wie schön, dass es so etwas in dieser Großstadt gibt. Meinen tropfenden Poncho hänge ich an der Garderobe auf. Im Büro erkläre ich einer Frau des Ka-Punkt Teams meine Situation und bekomme sofort volle Unterstützung. Die Frau schenkt mir eine Straßenbahnkarte für den weiten Weg nach Herrenhausen zu Anna.
In einem weiteren Büroraum darf ich allein und ungestört das Pfarramt in Sarstedt anrufen. Der Pastor ist von mir erst einmal überfordert. Eine Pilgerin ohne Geld, die in der Gemeinde aufgenommen werden möchte, so etwas hatte er bisher noch nicht. Aber er ist bereit, mich zu unterstützen. Er wird sehen, was sich machen lässt. Ich verabrede mich mit dem Pastor in der St. Paulus-Gemeinde für Montagnachmittag.
Der Ka-Punkt ist ein gemütliches Café für jedermann. Es gibt hier Zeitungen und kostenloses Internet. Sofort melde ich mich für den PC an. Umsonst bekomme ich einen Kakao und lese dabei die Zeitung. Eine Frau wurde in Hannover von der Strömung des Hochwassers mitgerissen. Sie ist ertrunken. Sämtliche Bilder in der Zeitung sind erschreckend. Zwischen Hannover und Hildesheim ist es zur Zeit besonders schlimm. Das ist genau die Strecke, die vor mir liegt. Eigent-

lich wäre ich nun am PC an der Reihe. Doch eine Frau drängt sich vor. Danach möchte ein Mann, der es eilig hat, vor mir an den Computer. Damit bin ich selbstverständlich einverstanden. Als ich endlich am PC sitze, bittet mich ein anderer Mann, zwei Sätze für ihn zu schreiben.
"Wenn ich meine E-Mails abgerufen habe, nehme ich mir dafür Zeit. Es dauert nicht lange", vertröste ich ihn.
Für den Mann geht es um zwei Kurzbewerbungen. Zum einen für eine Tätigkeit im Lager bei *Lidl* und dann für einen Job in der Zugreinigung bei der Bahn. Der Mann erzählt mir von seinem 24-jährigen, behinderten Sohn, der vom Verhalten her sehr schwierig ist. Die Exfrau kümmert sich nicht um ihn. Sie ist Alkoholikerin. Er hofft sehr, einen dieser Jobs zu erhalten. Er ist zu allem bereit, um wieder in ein Arbeitsverhältnis zu kommen. Er möchte endlich von Hartz IV weg. Mit den beiden Kurzbewerbungen gebe ich mir wirklich Mühe, um seine Chancen für den Job zu erhöhen. Der Mann ist überglücklich und bedankt sich vielmals dafür. Wir unterhalten uns über seine Lebenssituation. Als ich mich verabschiede, sagte er: "Es war schön mit Ihnen zu reden. Sie haben mir wieder Mut gemacht."

Der Regen hat aufgehört. Meinen Rucksack lasse ich samt Stöcken im Büro des Ka-Punktes. Den Schirm nehme ich mit. Im Touristenbüro erkundige ich mich nach einem Stadtplan. Gratis gibt es nur einen Innenstadtplan.
Heute morgen habe ich nur ein kleines Brot gegessen. Inzwischen meldet sich der Hunger. Bei einer Dönerbude frage ich in üblicher Weise, ob man mir einen Döner spendieren würde. "Nein", ist die knappe Antwort. Mein nächster Versuch bei einem Mann aus dem Irak ist erfolgreich. Er packt mir einen richtig dicken Döner ein. Damit werde ich satt.
Beim Essen spüre ich einen äußerst unangenehmen Schmerz unten rechts an meinem hintersten Backenzahn. Ich kann überhaupt nicht mehr beißen. Das fühlt sich ernsthaft an! In der nächsten Apotheke untersuche ich in einem Spiegel die betreffende Goldkrone. Ich kann

äußerlich keine Veränderung feststellen. Kein Teil fehlt an der Krone, aber Beißen ist unmöglich.
An einer Hauswand sitzt ein Mann auf der Erde. Er hat einen Becher für Almosen aufgestellt. Lange unterhalte ich mich mit ihm über seine Situation und erzähle ihm auch von meiner Tour ohne Geld. Wie der Mann berichtet, kann er die Miete nicht mehr zahlen. Ein fester Räumungstermin steht bereits an. Die Arbeitsagentur übernimmt die Kosten längst nicht mehr. So sind Mietschulden aufgelaufen. Eine günstigere Wohnung konnte er nicht finden. Doch das interessiert die Behörden nicht. Die setzen eine Frist, und sobald die vorbei ist, streichen sie das Geld. Arbeit findet er auch nicht mehr. Er ist gesundheitlich angeschlagen und nur noch eingeschränkt leistungsfähig. Der Mann macht in seiner Art und wie er mit mir spricht, einen sehr ordentlichen Eindruck. Er scheint kein Alkoholiker zu sein.
"Was werden Sie jetzt tun?", frage ich ihn.
Er zuckt die Schultern. "Erst mal bleiben, solange sie mich lassen."
"Ihre Situation ist schrecklich, ich bedauere, dass ich nichts für Sie tun kann. Mir bleibt nur, Ihnen viel Kraft und alles Gute zu wünschen."
Ich reiche ihm zum Abschied die Hand.
Auch ich spüre um mich herum die schmerzhafte Kälte, wenn ich zwischendurch abgewiesen werde. Doch zum einen bin ich bisher immer untergekommen und zum anderen mache ich alles freiwillig. Auf mich wartet ein sicheres Zuhause. Aber wie mag man sich fühlen, wenn es all das nicht mehr gibt? Wenn es keinen Menschen mehr gibt, den es interessiert was aus mir wird? Ich kann mich in diese Situation gar nicht hineindenken. Sie erscheint mir unerträglich.
Für Obdachlosigkeit gibt es verschiedene Gründe. Doch seit der Hartz IV-Gesetzgebung ist es für viele nur noch ein kurzer Weg zur Obdachlosigkeit. Die Arbeitsagentur fordert von Hartz IV-Empfängern den Umzug in günstigeren Wohnraum. Dieser ist auf unserem Wohnungsmarkt nicht zu finden. Die Zeitungen berichten überall von explodierenden Mieten, aber die Behörden fordern unverändert das Unerfüllbare. Schon sitzt der Betroffene in der Falle. Wer privat kein soziales Netz hat, das ihn auffängt, landet auf diese Weise schnell in der

Obdachlosigkeit. Die Folgen einer falschen Politik werden auf dem Rücken der Schwächsten ausgetragen. Und weil einzelne unser Sozialsystem missbrauchen werden Millionen von Hartz IV-Beziehern entwürdigt und zu den Sündenböcken der Nation gemacht.
Viele Obdachlose sind psychisch krank und ihrer Situation völlig hilflos ausgeliefert. Vorurteile verhindern auch hier oftmals die normale Menschlichkeit. Häufig höre ich die Meinung, die Obdachlosen seien selbst schuld und wollten es gar nicht anders. Sie sollten nur mit dem Trinken aufhören und endlich einmal richtig arbeiten.
Für Obdachlose ist die soziale Kälte unseres Landes eine schreckliche Realität geworden. All meine Gedanken um ein besseres Miteinander, greifen nicht mehr für Obdachlose. Für sie ist Endstation, sie haben keine Chance mehr und erreichen den Einzelnen in der Gesellschaft nur noch für ein Almosen. Am schlimmsten ist für Obdachlose, dass sie nicht mehr als Menschen wahrgenommen werden, dass man durch sie hindurchschaut. Wer kein Geld hat, zählt in unserer Gesellschaft nicht. Solche Menschen haben keine Stimme, kein Gesicht.
Diesem Mann nützt es nichts, dass ich stärkende und ermutigende Erfahrungen in unserer Gesellschaft mache.
Seit 2012 ist die Anzahl wohnungsloser Menschen um 15 % gestiegen. Nach amtlichen Zahlen sind 285.000 Menschen ohne Wohnung. Das sind unhaltbare Zustände, ein Armutszeugnis für unsere gesamte Gesellschaft.
Die Reichen werden immer reicher, die Armen immer ärmer. Die soziale Schere geht zunehmend weiter auseinander.
Der Sozialverband VDK berichtet aktuell, dass in Deutschland, das eines der reichsten Länder der Welt ist, die Armut in der Mitte unserer Gesellschaft angekommen ist.
Wenn staatliche Sicherheitsnetze versagen, bleibt nur die Familie. Familie im guten Sinn ist ein Hort der Liebe, ein Fundament, das Sicherheit gibt. Um Familie zu erleben, ist nicht zwangsläufig die biologische Abstammung nötig. Zur Familie können auch Menschen werden, mit denen man nicht im üblichen Sinne, sondern in der Seele verwandt ist. Dazu bräuchten wir allerdings ein verändertes Bewusst-

sein in unserer Gesellschaft. Wenn wir uns doch mehr als Brüder und Schwestern wahrnehmen könnten.
Armut ist nicht allein am Geld festzumachen. Unsere Gesellschaft ist reich an Besitz. Doch ihr fehlt die tiefere Lebensfreude, die in einem guten Miteinander zu finden ist.
Nicht weit entfernt erreiche ich den Frauentreff. Hier bekommen obdachlose Frauen Unterstützung. Leider habe ich die Öffnungszeiten ganz knapp verpasst und kann mich nicht weiter über Frauenobdachlosigkeit informieren.
Im Ka-Punkt hole ich meinen Rucksack. Da es nicht regnet, will ich die Strecke nach Herrenhausen zu Fuß laufen. Das liegt in der entgegengesetzten Richtung meines weiteren Weges. Lieber verwende ich die Straßenbahnkarte um am Montag quer durch Hannover wieder zum Jakobsweg zu gelangen.
Meine Freundin Anna ist bei meiner Ankunft bereits da. Sie ist erst heute, kurz zuvor, aus dem Urlaub zurückgekehrt. Sie kocht für uns Tee und bereitet das Abendessen. Dann steckt sie meine Wäsche in die Waschmaschine und kümmert sich um mein Bett. Wir haben uns viel zu erzählen und bleiben bis Mitternacht auf.

Samstag, 1. Juni 2013

Endlich wieder einmal eine Nacht mit gutem Schlaf. Anna schläft noch und ich bereite mir mein Frühstück selbst zu. Mein Zahn macht mir zunehmend Sorgen.
Später setze ich mich an den Laptop. Erstmals sehe ich im Internet Videos und kann mir ein Bild vom Ausmaß der Überschwemmungen machen. In Sarstedt sieht man die Menschen bis zur Hüfte im Wasser stehen. Sarstedt ist nach Hannover mein nächstes Ziel. Die Dorfstraße eines weiteren Ortes gleicht einem Fluss. Auch Hildesheim ist sehr betroffen.
Der Südschnellweg ist momentan die einzige Verkehrsader nach Hannover. Die Stöckener Straße hier ganz in unserer Nähe ist überflutet. Für meinen weiteren Weg sind das keine guten Aussichten. Allerdings

werde ich das Wochenende hier verbringen und erst am Montag aufbrechen. Vielleicht bessert sich bis dahin die Lage.
Es ist herrlich, dass ich ungehindert Zugang zum Internet habe. Anna hat eine *Flatrate*, so kann ich ohne zeitliche Begrenzung telefonieren. Ich nutze diese Gelegenheit, die so schnell nicht wieder kommen wird. Im Kloster Marienrode in Hildesheim, melde ich mich telefonisch für Dienstag zum Übernachten an. Die Oberin reagiert sehr positiv und nimmt mich ohne Geld auf. Sie freut sich schon auf meine Geschichte, wenn ich komme. Allerdings kann es sein, dass vor achtzehn Uhr niemand an der Klosterpforte ist, um mich aufzunehmen.
Elke, die ich im Franziskanerkloster in Kiel kennenlernte, hat mir ihre Schwiegereltern in Göttingen als eventuelle Übernachtungsmöglichkeit genannt. Diese rufe ich ebenfalls an, um vorab zu klären, ob sie mich überhaupt aufnehmen würden. Elke hat vergessen, ihre Schwiegereltern zu fragen. Die Schwiegermutter weiß nichts von mir, ist aber offen und freundlich. Sie will mit Elke noch sprechen und ich soll am Sonntag erneut anrufen.
Sofort telefoniere ich mit Elke. Sie hat es tatsächlich vergessen, will es aber gleich nachholen. Wenig später teilt Elke mir mit, es ginge alles in Ordnung. Ich solle aber wie vereinbart am Sonntag nochmals bei den Schwiegereltern anrufen. Wir unterhalten uns ein wenig über unsere Erfahrungen beim Pilgern.
Dann versuche ich meine krebskranke Freundin Renate, die im Schwarzwald wohnt, telefonisch zu erreichen. Auf verschiedene E-Mails bekam ich keine Antwort mehr. Tatsächlich ist sie zufällig zuhause. Normalerweise wohnt sie abwechselnd mal bei der ehemaligen Nachbarin, mal bei zwei Freundinnen, denn Familie hat sie keine. Die Nachbarin und die Freundinnen wohnen in ihrer Nähe. Mir fehlen leider die Telefonnummern zu diesen Kontaktpersonen. Diese Menschen stehen ihr zur Seite und nehmen sie abwechselnd bei sich auf. Welch ein Glück, dass es solche Menschen gibt und sie nicht allein gelassen wird. Deshalb ist das nun ein Zufall, dass ich Renate telefonisch in ihrer Wohnung erreiche. Die Krankheit schreitet unaufhaltsam fort, berichtet sie mir. Sie ist mit Hilfe von Medikamenten relativ

schmerzfrei, fühlt sich nur unendlich schwach. Wir verabschieden uns voneinander und ich ahne, dass dies unser letztes Gespräch sein wird. Aufgrund der Prognose glaubte sie, das letzte Weihnachtsfest nicht zu erleben. Fast unglaublich, dass sie sich immer noch normal bewegen und Auto fahren kann.

Sonntag, 2. Juni 2013

Anna ist bereits am Vormittag zu einer Geburtstagsfeier eingeladen. Mit Telefon und Internet kann ich mich heute gut beschäftigen. Mein Zahn ist noch schlimmer geworden. Das macht mir ernsthafte Sorgen. Er tut seltsamerweise nur dann weh, wenn ich darauf kauen will. Ich kaue schon ganz vorsichtig auf der linken Seite. Doch sobald ein winziges Körnchen an den Zahn kommt, tut es höllisch weh. Der Nerv dieses Zahnes ist vor vier Jahren abgetötet worden. Nach einer Wurzelbehandlung wurde er überkront. Ich verstehe nicht, wie ein abgetöteter Zahn noch Schmerzen bereiten kann. Das spricht eher für eine Entzündung im Unterkiefer. Mit diesem Problem kann ich nicht untätig abwarten. Ein vereiterter Kiefer kann zum Abbruch meiner Pilgerreise führen. Dies versuche ich mit all meinen Möglichkeiten zu verhindern.
Also brauche ich morgen einen Zahnarzt. Doch in Hannover, dieser riesigen Stadt, will ich keinen Zahnarzt aufsuchen. Übers Internet suche ich mir eine Zahnärztin in Sarstedt aus und notiere Adresse und Telefonnummer. Für Hildesheim notiere ich eine Alternativadresse.
Dann rufe ich Regina in Lauenburg an. Als Zahntechnikermeisterin weiß sie sicher, wie Zahnärzte in solchen Fällen vorgehen.
Regina ist sicher, dass der Zahnarzt aufbohren wird. Dann ist die Krone natürlich kaputt.
Diese Antwort habe ich befürchtet und sie gefällt mir gar nicht.
Im Internet finde ich die Telefonnummer meiner eigenen Zahnärztin in Bamberg und höre den Anrufbeantworter der Praxis ab. Meine Zahnärztin gibt eine Notfallnummer an, mit der ich sie auch am Sonntag erreichen kann.

Schon bin ich mit ihr in Kontakt. Sie kennt meine Zähne und klärt mich am Telefon auf. Wenn ich zu einem Zahnarzt gehe, bohrt er die Krone auf, berichtet sie. Das soll ich nicht machen lassen, denn das bringt nichts. Sie vermutet nach meiner Schilderung eine Entzündung der Wurzelspitzen. Dafür soll ich das Antibiotikum *Clindamycin* nehmen.
Morgen kann ich von einer Apotheke ihre Praxis anrufen lassen. Dann faxt sie mir das entsprechende Rezept zur Apotheke. Aber bereits frühmorgens soll ich in der Praxis anrufen. Sie will mein Röntgenbild noch mal ansehen.
Das hört sich für mich schon besser an. Ich bin unendlich froh und dankbar über diese Beratung.
Dann beschäftige ich mich weiterhin mit dem Internet. Damit kann ich Pfarrämter und Telefonnummern herausfinden. Einfach herrlich, wenn man so mühelos an Informationen kommt. Mit vielen Freundinnen und Bekannten telefoniere ich während Annas Abwesenheit.
Im Laufe des Tages lässt am Zahn die Intensität des Schmerzes etwas nach. Zutiefst hoffe ich dieses Problem mit dem Antibiotikum in den Griff zu bekommen.
Anna kommt am Abend entspannt vom Geburtstag zurück. Die Feier war schön und hat ihr gut getan.
"Ich frage mich, warum du diese Tour machst und solche Strapazen auf dich nimmst."
Anna schaut mich prüfend an.
"Du kennst meine Motivation und meine Beweggründe doch, ich habe dir nichts verschwiegen", antworte ich.
"Nein, ich glaube da ist etwas Tieferes dahinter. Vermutlich suchst du Anerkennung mit dieser Aktion", stellt sie fest.
"Möglicherweise steckt noch mehr dahinter als mir selbst bewusst ist. Wir werden ja vielfach von unbewussten Kräften gesteuert", räume ich nachdenklich ein.
"Das Bedürfnis nach Anerkennung ist nichts Verwerfliches, das finde ich ganz normal. Wir alle brauchen Anerkennung. Vermutlich will man in all seinem Tun anerkannt werden. Somit wäre die Suche nach

Anerkennung nichts, was ich vor mir verstecken müsste", füge ich hinzu.
"Aber auf diesem Weg ist persönliche Anerkennung nicht das Ziel. Denn dafür war sie von vorneherein nicht zu erwarten, eher das Gegenteil. Also wenn das mein Ziel wäre, müsste ich mir schon etwas suchen, was mich weniger fragwürdig macht. Anerkennung und Ablehnung liegen hier viel zu dicht beieinander", gebe ich zu bedenken.
"Nun, ich finde das schon noch heraus", meint Anna listig und verschmitzt.
"Ich habe nichts dagegen, informiere mich, wenn du es weißt", lache ich über ihren Forscherdrang. Die Wissenschaftlerin lässt sich nicht verleugnen.

Montag, 3. Juni 2013

Um sieben Uhr rufe ich wie verabredet meine Zahnärztin in ihrer Praxis an. Sie schaut sich mein Röntgenbild an und bestätigt, dass der hinterste Zahn, wie bereits vermutet, wurzelbehandelt wurde. Röntgen hält sie für unnötig. Ich berichte ihr von einem geringen Nachlassen der Schmerzen. Heute ist es sogar noch ein wenig besser als gestern Abend. Sie rät mir das Medikament auf jeden Fall zu holen, mit der Einnahme aber noch zu warten. Wenn der Schmerz zurückgeht, scheint es nur eine kleine Entzündung an den Wurzelspitzen zu sein. Das könnte nach zwei Tagen ganz weg sein. Dann brauche ich überhaupt kein Medikament, meint sie. Doch vorsorglich soll ich es auf jeden Fall holen.
Diese Auskunft gefällt mir noch besser. Das macht mich richtig zuversichtlich.
Anna und ich verabschieden uns. Der Aufenthalt hier hat mir richtig gut getan und war eine große Unterstützung für meinen weiteren Weg. Anna schenkt mir noch eine zweite Straßenbahnkarte. Damit kann ich Hannover samt Überschwemmungsgebiet in den Vororten hinter mir lassen. Während der Straßenbahnfahrt beobachte ich die Menschen. Jeder zweite hat Stöpsel in den Ohren und ist für sich. Andere drücken

an ihrem Handy herum. Die Unnahbarkeit und Vereinzelung vieler Menschen sticht mir deutlich ins Auge.
Der Jakobsweg in der Natur ist nirgends begehbar, nur die normale Straße. Der Maschsee, die Gebiete um Laatzen bis Sarstedt, alles ist noch vom Hochwasser betroffen.
In Sarstedt betrete ich die nächste Apotheke und bitte die Apothekenhelferin meine Zahnärztin anzurufen, damit das Rezept gefaxt werden kann. Doch ein gefaxtes Rezept wird nicht akzeptiert, nur das Original. Direkt neben der Apotheke ist zufällig die Zahnärztin, die ich mir im Internet ausgesucht hatte. An der Rezeption der Praxis schildere ich meine Zahngeschichte und bitte nur um ein Rezept. Die Zahnärztin will mich aber dennoch sehen, bevor sie ein Antibiotikum aufschreibt.
Zum Glück muss ich nicht im Wartezimmer warten, sondern die Zahnärztin holt mich sofort ins Behandlungszimmer. "Ich habe schon von ihrer abenteuerlichen Geschichte gehört", begrüßt sie mich lachend. "Selbstverständlich bekommen Sie das Rezept. Aber damit alles in Ordnung geht schaue ich mir ihren Zahn kurz an.
Die Zahnärztin ist eine sehr nette, junge und hübsche Frau. Sie interessiert sich für meinen Weg und nimmt sich Zeit für eine Unterhaltung. Freundschaftlich verabschiedet sie mich und drückt mir das Rezept in die Hand. Es ist vier Wochen gültig. Die Zuzahlung würde fünf Euro kosten. Da ich kein Geld habe, bemühe ich mich nicht um das Medikament. Vorerst reicht mir das Rezept in der Tasche. Im Pfarrbüro der Nicolai-Kirche bekomme ich einen Stempel. Die Sekretärin ist sehr entgegenkommend. Sie kocht für mich Kaffee und bietet mir dazu Plätzchen an. Eine weitere Frau läuft in der Zwischenzeit für mich zum Rathaus und besorgt mir einen Ortsplan. Die wohlmeinende Unterstützung von allen Seiten tut gut. Hier herrscht wieder ein ganz anderes Klima als in der Großstadt. Die Menschen sind offener und interessierter an ihren Mitmenschen.
Erst um drei Uhr bin ich mit dem Pastor beim Pfarramt St. Paulus verabredet, noch genug Zeit, um durch die Fußgängerzone zu bummeln. Eine Frau ist mit einem silbernen Scooter und einer Geige unterwegs.

Sie hält die Geige spielbereit in der Hand. Der Geigenkasten liegt offen auf der Bank vor ihr. Ihr Scooter steht daneben. Neugierig beobachte ich sie. Für eine Straßenmusikantin ist sie viel zu elegant und gepflegt. Aber mit dem Roller und ihren auffallend gefärbten Haaren ist sie irgendwie besonders. Sie strahlt sehr viel Lebendigkeit aus. Diese Frau interessiert mich und ich möchte sie ansprechen.
Doch nun beginnt sie auf ihrer Geige zu spielen. Ein Brautpaar verlässt das Rathaus. Anscheinend gehört sie zur Hochzeitsgesellschaft. Sie spielt wunderschön. Einige Zeit höre ich zu und beobachte alles. Das Brautpaar wird mit Reis beworfen. Danach wird Sekt ausgeschenkt.
In Gedanken wünsche ich diesem Paar alles Gute. Möge diese Ehe eine gute Verbindung sein und für immer halten, damit ihre Kinder ein sicheres Nest haben.
Nun suche ich mir ein schattiges Plätzchen für meine Mittagspause. Es dauert nicht lange und ich finde auch die geeignete Bank dafür. Hier lasse ich mich nieder und packe mein Brot aus. Wenig später rollt die Geigenspielerin mit ihrem Roller heran. Sie zeigt ebenfalls Interesse an mir und spricht mich an. Ich erzähle ihr von meiner Pilgerreise ohne Geld. Wir verstehen uns sofort. Sie ist Polin, spricht ausgezeichnet Deutsch, aber der Akzent ist unüberhörbar. Eine sehr sympathische, elegante Frau sitzt vor mir. Obwohl sie schon viele Jahre hier wohnt, findet sie nicht den gewünschten Anschluss. In Polen hatte sie viele Freunde. Aber in Sarstedt ergeben sich keine Freundschaften. Sie hat Abitur und war Bilanzbuchhalterin. Um einen deutschen Mann zu heiraten, hat sie ihre Heimat in Polen aufgegeben. Doch diese Ehe hat nicht lange gehalten. Nun ist sie hier in Deutschland. In Polen hatte sie ein gutes Leben, war anerkannt. Sie versteht nicht, warum die Menschen hier nicht offener sind.
"Ich glaube, die Ursache liegt daran, dass die Deutschen mit zu vielen Ausländern überfordert sind", fügt sie traurig hinzu.
"Aber ich bleibe nicht zuhause in meinen vier Wänden. Ich gehe immer raus und spiele auf meiner Geige. Mein Musizieren soeben war ein Geschenk an das Brautpaar aus der Nachbarschaft."

"Sie haben sehr schön gespielt, das hat mir gut gefallen," lächle ich sie an. Sie schaut mich erfreut an. "Ich fahre mit meinem Roller, weil mir das Laufen nicht mehr so leicht fällt."
Diese Frau finde ich äußerst interessant und anziehend. Ihre silbergrauen Haare hat sie im vorderen Bereich rötlich gefärbt. Sie dürfte die Sechzig überschritten haben. Die Frau ist eine durch und durch angenehme Erscheinung. Warum ist es für sie so schwer, Freunde zu finden, frage ich mich. Sie ist sehr gepflegt, chic gekleidet, intelligent und gebildet. Doch ich ahne, was ihr Problem ist.
Sie ist ein Original mit ihrem Roller und ihrer Geige. Und dann noch dieser Akzent. Anderssein ist für viele Menschen fragwürdig, sie können damit nicht umgehen.
Aber wir beide verstehen uns auf Anhieb und mögen uns.
Ich schenke ihr meine geweihte Marienmedaille. Sie schaut sie andächtig an und ist überglücklich, denn in Polen hat die Marienverehrung eine große Bedeutung. Ich denke hier ist meine Medaille in den richtigen Händen.
"Eine Freundin hat sie mir ausdrücklich für diesen Weg geschenkt", teile ich ihr mit. "Deshalb habe ich sie auch mitgenommen. Seit meiner Kindheit zählt für mich nur Jesus. Weder zu Maria, noch zu irgendwelchen Heiligen habe ich einen besonderen Bezug. Doch ich finde die Vielfalt der Frömmigkeit völlig in Ordnung. Es gibt viele Wege zu Gott. Entscheidend ist für mich die gute Absicht, die jeweils dahinter steckt. Die Gräben, die zwischen der katholischen und der evangelischen Kirche bestehen, kann ich nicht nachvollziehen. Ich beleuchte alles unter dem Gesichtspunkt, ob es die Menschen in guter Weise miteinander verbindet oder voneinander trennt. In einem guten menschlichen Miteinander ist Gott automatisch anwesend. Was Jesus von diesen kirchlichen Debatten halten würde, lässt sich leicht erraten", gebe ich meine Auffassung bekannt. Die Frau nickt zustimmend.
Ein Mann kommt daher und spricht uns an. Er erzählt uns Geschichten, die durchaus interessant sind. Aber er hört damit nicht mehr auf. Wir beiden können uns nicht mehr unterhalten. Meine polnische Freundin löst das Problem elegant. Sie lädt mich in die nahe Eisdiele

zu einem Eis ein. Sie erzählt mir weiter aus ihrem Leben. Wir kommen uns dabei sehr nahe. Zwischen uns schwingt innerlich etwas, was uns beide bewegt. Die Frau hatte gestern Geburtstag und betrachtet die Begegnung mit mir als ihr Geburtstagsgeschenk. Mir geht es umgekehrt ähnlich. Auch ich empfinde die Begegnung mit ihr als Geschenk. Immer wieder geschehen auf diesem Weg Dinge, die kann man nicht selbst auslösen kann. Sie fallen einem wie Geschenke in den Schoß. Wir tauschen noch Adressen aus, denn ich muss leider aufbrechen.
"Es freut mich sehr, Sie kennengelernt zu haben. Sobald ich zuhause bin, melde ich mich", versichere ich ihr.
Wir umarmen uns fest und herzlich. Diese Begegnung erinnert mich an Irmgard aus Hohenbostel. Von einem bisher unbekannten Menschen, wird mir spontan eine unglaubliche Offenheit, Herzlichkeit und Wärme geschenkt. Ein kostbarer Augenblick. Wir genießen es gegenseitig und so soll es auch sein. Tiefe Dankbarkeit erfüllt mich.
Pünktlich um fünfzehn Uhr bin ich an der St. Paulus Kirche in Sarstedt. Der Pastor fragte im Gottesdienst, wer eine Pilgerin aufnehmen würde. Eine ältere, allein lebende Frau hat sich gemeldet.
Mir ist sofort klar, dass der Pastor meine Vertrauenswürdigkeit prüfen muss. Er trägt die Verantwortung, wenn er eine fremde Pilgerin an ein Kirchenmitglied vermittelt.
Ganz offen spreche ich diesen Punkt an und zeige unaufgefordert meine Papiere, erzähle von meiner Seelsorgetätigkeit und allem, was mich vertrauenswürdig machen könnte. Meine Motivation ohne Geld zu pilgern lege ich ebenfalls dar. Er ist freundlich, aber gleichzeitig kritisch, was ich auf Grund der Umstände durchaus berechtigt und gut finde.
Mir imponiert an dem Mann besonders, wie er mit seiner Behinderung umgeht. Er hat keine Arme. Seine Hände befinden sich direkt oben an den Schultern. Doch er hat ein unglaubliches Geschick entwickelt damit umzugehen. Er hat es geschafft alle Hürden zu überwinden und sich in ein normales Leben mit Familie zu integrieren und dabei die herausfordernde Berufung als Pastor zu leben. Besonders durch seine

Position in der Öffentlichkeit ist er ein wichtiges Beispiel für den selbstverständlichen Umgang mit einer Behinderung.
Vermutlich stärkt und ermutig er damit viele Betroffene.
Menschen die sich von Schwierigkeiten nicht klein kriegen lassen und dann noch ein Beispiel für andere sind, begeistern mich immer wieder.
Ohne ihn näher zu kennen bin ich überzeugt, einen wertvollen Menschen und einen fähigen Seelsorger vor mir zu haben.
Schon die Tatsache wie er sich für eine fremde Pilgerin einsetzt und nun damit umgeht, spricht für ihn. Gerne wäre ich mit ihm näher in Kontakt gekommen.
Er telefoniert mit Frau G. und kündigt an, dass er nun mit mir kommen würde. Offensichtlich habe ich die Prüfung bestanden.
Er fährt mich zu meiner Gastgeberin, die einige Kilometer abseits vom Jakobsweg in einem kleinen Einfamilienhäuschen wohnt. Der Pastor stellt mich vor und wir sitzen noch ein wenig im Wohnzimmer zusammen. Frau G. ist eine liebenswerte, ältere Dame, bereits über achtzig Jahre alt, aber in jeder Hinsicht wach und lebendig. Sie lebt allein, hat aber im Obergeschoss an zwei jüngere Frauen vermietet.
Sie war die Einzige in der Kirchengemeinde, die den Mut hatte, ungesehen eine fremde Pilgerin in ihr Haus aufzunehmen.
Die Frau ist in einem Alter, in dem die Menschen oft schon wieder frei von Angst sind. Den Tod fürchten sie nicht und was soll ihnen sonst schon passieren. Frau G. ist freundlich und erstaunlich offen. Sie zeigt mir mein Zimmer und ich schlafe die nächsten zwei Stunden. Das tut besonders meinen Beinen gut.
Später finde ich Frau G. in ihrem großen Garten. Sie bestellt alles noch selbst. Bewundernswert, mit welcher Haltung sie ihr Leben allein meistert. Wir finden guten Zugang zueinander. Sie erzählt mir, wie der Pastor im Gottesdienst verkündete, dass eine Pilgerin ohne Geld ein Übernachtungsquartier suche. Nur sie allein hatte sich gemeldet.
Frau G. erzählt aus ihrem Leben. Sie und ihre Familie waren Flüchtlinge. Vielleicht haben all diese harten Erfahrungen sie so menschlich gemacht, denke ich. Doch nicht alle Menschen werden durch schmerz-

liche Erfahrungen menschlich. Manche werden leider auch stumpf und hart.
Nach dem Abendessen schaue ich mit Frau G. gemeinsam im Wohnzimmer fern. Im Haus ist es frisch. Frau G, reicht mir eine Wollweste, legt mir ganz fürsorglich eine Decke auf die Beine und stopft mir Kissen in den Rücken. Diese liebevolle Geste geht mir richtig nahe.
Der *Brennpunkt* zeigt Bilder über die Hochwasserkatastrophe. Bis zweiundzwanzig Uhr schauen wir auch noch *Hart aber fair* an.

Dienstag, 4. Juni 2013

Die Nacht über konnte ich gut schlafen. Draußen ist es sehr grau und regnerisch, aber laut Wetterbericht soll es trocken bleiben. Um acht Uhr gehe ich los. Frischer Wind weht. Um meinen Zahn warm zu halten setze ich ein Kopftuch auf. Der Zahn tut zwar noch weh, aber die Schmerzen haben sich weiterhin gebessert. Sollte sich diese Zahngeschichte tatsächlich noch in nichts auflösen? Es wäre kaum zu glauben.
Ich laufe an einem weißen Kaliberg vorüber, der weit in die Landschaft hinein sichtbar ist. Der Kaliabbau hatte zu Beginn des 20. Jahrhunderts große Bedeutung für die Gemeinde. Doch 1987 wurde die Produktion eingestellt. Der Rohstoff Kali ist weltweit sehr gefragt. Die Bürger hoffen, dass die Produktion wieder aufgenommen wird.

In Gießen ist der Jakobsweg noch nicht begehbar. Bagger haben einen tiefen Graben gezogen, damit das Wasser abfließen kann. Mir bleiben nur Ausweichmöglichkeiten über die Höhen.
Die Sonne bricht durch, es wird warm. Auf den saftig grünen Wiesen grasen schwarz-weiße Kühe, die Insekten summen überall.
Beim Laufen denke ich über die Frau aus Polen nach. Mir fällt der hohe Ausländeranteil hier überall auf. Vielleicht hat sie recht, dass viele Deutsche sich damit überfordert fühlen. Vermutlich haben wir vor allem ein Verständigungsproblem mit ausländischen Mitbürgern. Würde die Verständigung besser klappen, wäre die Akzeptanz viel größer.

Vor Himmelsthür stoße ich wieder auf meine Jakobsmuschel und lasse mich von ihr über den "Liebesgrund" in die Innenstadt von Hildesheim leiten. In der St. Jakobi-Kirche erhalte ich keinen Pilgerstempel, dafür beim St. Andreas-Kirchturm, der mit 114,5 Metern der höchste Kirchturm Niedersachsens ist. Über 364 Stufen führen nach oben und geben dort einen herrlichen Blick frei auf Hildesheim und seine Umgebung.
In der Fußgängerzone singt wieder die rumänische Familie, die ich schon in Lüneburg getroffen habe. Ein junger Mann spielt Gitarre, ein kleiner Junge Schlagzeug, ein etwa zehnjähriges Mädchen singt mit den Eltern zur Musik und tanzt gleichzeitig. Ich kenne diese Familie schon aus meiner Heimatstadt Bamberg. Mit der Mutter unterhielt ich mich schon öfters. Sie machen anscheinend eine Tournee durch Deutschland. Zweifellos ist das ein hartes Brot.

Um vierzehn Uhr bin ich am Kloster Marienrode. Zum Glück ist im Gästehaus jemand erreichbar und ich muss nicht wie besprochen bis zum Abend im Freien warten. Ich bekomme ein schönes Zimmer zum Wohlfühlen mit eigener Dusche. Alles ist liebevoll gestaltet und man spürt sofort den guten Geist dieses Hauses. Später treffe ich mich mit der Priorin Sr. Maria Elisabeth, einer dynamischen, lebendigen Schwester, mittleren Alters, die sehr viel Fröhlichkeit ausstrahlt. Sie will ja meine Geschichte hören.
Zuerst bedanke ich mich für die Aufnahme und biete meine Arbeitskraft und Mithilfe an. Doch sie winkt ab: "Ruhen Sie sich aus. Sie können auch länger bleiben, wenn Sie möchten." Sie nimmt sich Zeit für meine Geschichte und ich berichte von meinen Beweggründen für diese Pilgertour. Die Priorin ist sehr zugewandt und interessiert.
"Wie kamen Sie zu diesem Gottvertrauen?", fragt sie mich interessiert.
"Ich kann Ihnen erzählen, wie ich meine innere Stimme zum ersten Mal bewusst vernahm. Daraus entwickelte sich dann mein Gottvertrauen. Es liegt nun fast fünfundzwanzig Jahre zurück und war mein eigentliches Schlüsselerlebnis. Zu diesem Zeitpunkt hatte ich überhaupt kein Selbstwertgefühl.

Seit meiner Kindheit hatte ich immer wieder die Botschaft erhalten, ich sei verkehrt und meine Wahrnehmungen seien ebenfalls verkehrt. So lernte ich von klein auf meine Gefühle, meine Wahrnehmungen, eigentlich meine ganze Person in Frage zu stellen. Unter diesen Umständen war es nicht möglich, eine sichere Identität oder den Glauben an mich selbst aufzubauen. Schein und Sein stimmten in der unmittelbaren Umgebung meiner Kindheit nicht überein. Das war verwirrend und hat zu einer tiefen Verunsicherung meiner Selbstwahrnehmung geführt. Zusätzlich wurde ich mit meinem Vater in eine Schublade gesteckt. Mein Vater galt als gottloser, gefühlskalter Egoist, als Faulpelz, als Spinner, der nicht normal war, weil er an einer technischen Erfindung bastelte. Er bekam für seine Kriegsverletzung nur eine geringe Rente. Er hatte kein Geld, also galt er auch nichts. Alle schlechten Eigenschaften, die man sich nur denken kann, wurden meinem Vater zu Unrecht angedichtet. Mein Vater lehnte die Institution Kirche ab. Er war ein freier, philosophischer Denker. Unabhängig von der Meinung anderer erfüllte er keine falschen Erwartungen. Er war weder rücksichtslos noch faul. Doch als Kind konnte ich das nicht beurteilen. Immer wieder wurde mir vorgeworfen, dass ich genau so sei wie er.
In meinem erwachsenen Leben änderte sich nicht viel. Menschen meiner Umgebung hielten mich für verkehrt und wollten mich anders haben. Mit meinem fehlenden Selbstwertgefühl und der Bereitschaft, alle Schuld anzunehmen, machte ich es jedem leicht, sich so zu verhalten. Ich gab mir alle erdenkliche Mühe, mich anzupassen, um irgendwann nicht mehr verkehrt zu sein. Aber es ist mir nie gelungen, richtig zu sein."
Ich erzähle der Priorin von meiner Beziehung zu Jesus, die mir in meiner Kindheit half, meine Realität zu ertragen.
"Doch irgendwann auf dem Weg zum Erwachsenwerden kamen Krisen. Sie führten zu einer Abkehr von Gott bis zum Kirchenaustritt. Meine Schwangerschaften und Geburten trugen zweifellos dazu bei, dass ich wieder an Gott glauben konnte. Das Wunder des Lebens am eigenen Leib zu erfahren, machte etwas mit mir. Selbstwertgefühl

konnte sich dann über meine vier Töchter entwickeln. Deren bedingungslose, kindliche Liebe und Wertschätzung waren heilsam.
Dennoch blieb ich weit entfernt von einer selbstsicheren Persönlichkeit. Durch meine intensive Beschäftigung mit dem Neuen Testament bekam ich wieder einen klaren und tiefen Bezug zu Gott. Gleichzeitig entdeckte ich für mich in dieser Botschaft vieles völlig neu und anders als bisher. Aus der Botschaft von Jesus erkannte ich, dass ich vor Gott menschlich schwach sein darf, und dass alle meine menschlichen Schwächen sich nicht zwischen Gott und mich stellen. Über die Bibel wurde mir erstmals mein menschlicher Wert bewusst. Wir können zu unseren Fehlern stehen, ohne uns selbst entwerten zu müssen, das wurde eine ganz neue Basis für meinen Glauben. Entscheidend war nur, auf Gott zu vertrauen. Das war meine befreiende Erkenntnis.
Damit sah ich auch völlig neue Möglichkeiten für unser Miteinander. Dann müssten wir Menschen unsere Schwächen auch voreinander nicht mehr verstecken. Dann müssten wir uns nicht gegenseitig Fassaden hinhalten, weil wir nicht wagen, uns so zu zeigen, wie wir wirklich sind. Doch ich war nicht in der Lage, mit jemandem darüber zu sprechen oder meine neu gewonnene tiefe Verbindung mit Gott sichtbar umzusetzen. Ich schaffte es nicht, aus meiner bisherigen Rolle auszubrechen. Meine Beziehung zu Gott versteckte ich nach außen. Gleichzeitig spürte ich, dass das falsch war.
Zu diesem Zeitpunkt war ich auf allen Ebenen sehr schwach und hatte keinen Mut, zu mir selbst zu stehen. Das zeigte sich auch in vielen anderen Alltagssituationen.
Massive Schuldgefühle hatten mich über Jahrzehnte zu Boden gedrückt und mir das Gefühl gegeben, ich sei als Mensch wertlos.
Ich fühlte mich zutiefst verunsichert, auch wenn ich das nach außen kaschierte und mir nicht anmerken ließ. Oft war ich so blockiert, dass ich vor fremden Personen keinen vernünftigen Satz herausbrachte. Besonders vor Gruppen war unfähig zu sprechen. Die Angst, ich könnte etwas Falsches oder Lächerliches sagen, war übergroß. Am liebsten verhielt ich mich still und machte mich möglichst unsichtbar.
Ich war in mir selbst total gefangen und war stumm geworden.

Eines Tages gab es in meinem Dorf einen Sonntagsgottesdienst mit einem fremden Geistlichen als Urlaubsvertretung. Mit meinen vier Töchtern saß ich in einer Bank im hinteren Bereich. Der Priester war Dozent an der Uni. Und er predigte ganz anders als unser Dorfpfarrer. Er predigte von einer ehemals lebendigen Kirche, einem lebendigen, freien Miteinander. Er schilderte Jesus, der mit zwölf Jahren einfach die Thorarolle öffnete und im Tempel offen vor allen Anwesenden seine Meinung äußerte. Dies konnte damals jeder tun, das war üblich.
Diese Predigt traf mich mitten ins Herz. So wünschte auch ich mir unsere Kirche. Ich fühlte mich persönlich angesprochen. Durch diese Predigt überkam mich die Gewissheit: ich darf meinen Bezug zu Gott nicht aus Feigheit verstecken. Wenn ich gläubig war, dann musste ich dies auch bekennen und dazu stehen.
Der Anspruch Gottes stand für mich plötzlich glasklar im Raum. Und dieser Anspruch musste unverzüglich erfüllt werden. In diesem inneren Prozess gewann ich die Überzeugung, Gott wolle von mir, dass ich mich der ganzen Kirchengemeinde stellte.
In meinem Dorf lebten damals neunhundert Einwohner. Die Kirche war brechend voll.
Meine Unfähigkeit, vor vielen Menschen zu sprechen, war eine Tatsache. Also glaubte ich, Gott würde mir vorne am Altar schon eingeben, was ich sagen sollte. Das erschien nur logisch. Bei meiner Sprachlosigkeit konnte es gar nicht anders sein. Mit dieser Überzeugung machte ich mir über die Wortwahl im entscheidenden Moment keine weiteren Gedanken.
Dennoch hatte ich panische Angst vor diesem Schritt.
Aber da war deutlich eine innere Stimme, die sagte: Das ist Sein Anspruch an Dich. Hier und jetzt ist das deine Aufgabe. Ein fürchterliches inneres Ringen begann.
Das Herz klopfte mir bis zum Hals. Die Angst steigerte sich unermesslich. Vom Gottesdienst bekam ich nichts mehr mit.
Nur noch dieser Anspruch und meine Angst standen sich gegenüber.
Irgendwann wurde die Kommunion ausgeteilt. Als der Priester mir die Hostie in die Hand legte, fiel meine Entscheidung.

„Ich möchte vorne am Altar etwas sagen," flüsterte ich ihm zu.
Der Priester schaute mich völlig überrascht, ja direkt erschrocken an und zauderte. Er war natürlich in Sorge. Schließlich trug er die Verantwortung, für das, was er vorne am Altar verkünden ließ.
Mit einem prüfenden Blick sah er mich an und sagte dann leise:
„Warten Sie, bis ich Ihnen ein Zeichen gebe."
Nun war die Entscheidung gefallen, ich konnte nicht mehr zurück!
Das Blut rauschte nur so in meinem Kopf. Keinen klaren Gedanken konnte ich mehr fassen. Es gab nur noch die Gewissheit: "Du musst da vor gehen!"
Schließlich war es soweit. Der Pfarrer verkündete laut, für alle vernehmbar: „Eine Frau aus der Gemeinde möchte ein Glaubenszeugnis ablegen."
Diese Vorgabe irritierte mich für einen Moment, denn ich hatte ja keine Ahnung, was ich dort vorne sagen würde.
Ich erhob mich von meiner Bank. Während ich zum Altar schritt, spürte ich viele feindselige und spöttische Blicke. Wie ich es unter diesen Blicken bis nach vorn schaffte, ist mir selbst unerklärlich. Meinen ganzen Mut brauchte ich, um vor die Kirchenbesucher zu treten.
Meine Schwäche und meine Angst waren wohl für jedermann spürbar.
Nun stand ich vorne am Altar, allein und einsam.
Alle Blicke waren auf mich gerichtet. Die Kirche war voll besetzt, atemlose Stille. Man hätte eine Stecknadel zu Boden fallen hören.
Da stand ich nun und wartete auf die göttliche Eingebung, um schließlich zu erkennen:
Sie kommt nicht!
In diesem Augenblick brach in mir alles zusammen. Eine unglaubliche innere Krise wurde ausgelöst und stürzte mich in tiefste Selbstzweifel.
Sie brachte mich schließlich zu der Überzeugung: Nun bist du vollkommen übergeschnappt. Du bist größenwahnsinnig geworden. Was bildest du dir denn ein! Warum sollte Gott ausgerechnet von dir, diesem Nichts, etwas wollen! Wie anmaßend! Wer bist du denn, dass Gott dir Worte eingeben sollte.
Ich hatte mich in eine einzige Katastrophe hineinbegeben.

Es gab in meinem Leben schon viele peinliche Bloßstellungen. Aber das war die schlimmste, die ich mir nur vorstellen konnte. Und ich hatte sie selbst herbeigeführt.

Niemals hatte Gott mich aufgefordert, vor diese Gemeinde zu treten. Was für ein Irrtum!
Hätte er es wirklich gefordert, dann wäre er ja jetzt an meiner Seite und würde mir die richtigen Worte eingeben, die ich selbst nicht zur Verfügung hatte. Gott ließ mich im Stich um mir meine Vermessenheit zu zeigen! Die Blicke aus den Kirchenbänken waren bezeichnend.

In dieser übergroßen Not gab es nur noch eines: Jetzt musste ich selbst mit eigenen Worten meine Haut so gut wie möglich retten und eine Art Schadensbegrenzung betreiben.
Und tatsächlich fand ich auf unglaubliche Weise, ganz spontan eigene Worte.
Kurz heraus sagte ich, dass ich mir eine lebendigere, ungezwungene Kirche wünschte. Eine Kirche in der jeder so sein darf, wie er wirklich ist. Ich sprach von unseren Fehlern, unserer Schuld, für die wir uns nicht entwerten und vor anderen verstecken müssen.
Es ging darum, dass unsere menschlichen Schwächen für Gott kein Hindernis sind, uns voll und ganz anzunehmen und zu lieben. Wichtig ist nur an Gott zu glauben und auf ihn zu vertrauen. Ich versuchte, diese befreiende Erkenntnis, die ich durch meine Beschäftigung mit der Bibel gewonnen hatte, mitzuteilen.
Den genauen Wortlaut weiß ich nicht mehr, denn ich konnte ihn in meiner Aufregung nicht speichern.
In meinen Ohren klangen diese Worte vollkommen unbedeutend, sie konnten mich zweifellos nicht retten. Die harten und hämischen Blicke in vielen Gesichtern waren unübersehbar. Innerlich fühlte ich, wie man mich mit diesen Blicken zu steinigen begann.
Wie ein geprügelter Hund schlich ich schließlich zu meinem Platz. Der Weg dahin war für mich ein fürchterliches Spießrutenlaufen. Aber ich bemühte mich aufrecht zu gehen.

Meine vier Töchter, zwischen sieben und zwölf Jahren, waren zweifellos erstarrt und hätten sich wohl am liebsten in ein Mauseloch verkrochen. Sie taten mir in diesem Moment unendlich leid.
Nach dem Gottesdienst trat eine junge Frau an mich heran, die ich nie vorher gesehen hatte und leider auch später nie mehr sah. Sie gab mir die Hand, bedankte sich ganz ernst und eindringlich für meine Worte. Genau diese Worte waren für die Frau immens wichtig gewesen, das wurde deutlich. Aber in dem Moment prallte das an mir ab und erreichte mich innerlich nicht. Ich fühlte mich vom Rest der Kirchengemeinde so verachtet, so verschmäht, dass mich die Frau von meiner Selbstentwertung nicht abhalten konnte.

Nach außen war ich bemüht, mir nichts anmerken zu lassen. Aber innerlich war ich zutiefst aufgewühlt und zerrissen, von abgrundtiefer Scham wie betäubt. Wie in einem Trancezustand verbrachte ich die folgenden Tage. In dieser Krise spürte ich auch Gott nicht mehr. Nun hatte ich total den Glauben an mich selbst verloren. Schließlich normalisierten sich meine heftigen Gefühle von Angst und Scham. Die innere Anspannung flachte ab.
Allmählich konnte ich wieder nüchtern denken und die ganze Situation ohne Panikgefühle betrachten.
Nun erreichten mich in meinem Innern die Worte der jungen Frau.
Wenn es nur für einen einzigen Menschen Sinn hatte, wie für diese junge Frau, dann war es den Preis der Lächerlichkeit wert gewesen, waren meine neuen Überlegungen.
Egal, ob Gott dieses Bekenntnis in der Kirche von mir wollte oder nicht, der Anspruch Gottes war grundsätzlich richtig. Dies wurde zu einer neuen Einsicht. Für Gott hätte es zweifellos ein anderer Ort, ein anderer Zeitpunkt, eine andere Gelegenheit sein können. Aber für mich selbst war es die richtige Zeit. Wäre ich meiner innersten Überzeugung nicht gefolgt, dann hätte ich Gott aus Feigheit verleugnet. Und das hätte mich in meiner gesamten Entwicklung zurückgeworfen. Die allgemeine Feigheit und die Angst wären in mir noch mächtiger geworden.

So betrachtet war dieser Moment in der Kirche doch der einzig richtige Moment für mich.

Meine tiefste Lebensangst war bis zu diesem Zeitpunkt, nicht ganz normal zu sein. Indem man mich immer mit meinem Vater verglichen hatte, war diese Angst bei mir ständig aufrecht erhalten worden.
Der Auftritt in der Kirche führte mich genau an diese Angst. Nun musste ich mich zwangsläufig ganz intensiv damit auseinandersetzen. Und in diesem Prozess konnte ich sie überwinden.
Dabei ging es überhaupt nicht darum, ob ich normal war oder nicht. Es ging eher darum, zu wissen: ich bin trotzdem ein von Gott geliebter und akzeptierter Mensch, selbst wenn ich unnormal sein sollte.
Hier begann meine Selbstannahme: Ich darf *ich* sein, so wie ich bin! Es wurde unbedeutend ob ich in den Augen der Menschen richtig oder verkehrt war.
Vor Gott ist jeder von uns richtig. Auch ich war und bin richtig. Nur noch das zählte. Es fühlte sich so an wie nach dem Motto: Ist der Ruf erst mal ruiniert, lebt sich's gänzlich ungeniert.
Neben Spott und Unverständnis gab es aber auch unausgesprochene Anerkennung. Verschiedene Menschen meines Dorfes grüßten mich nach diesem Ereignis anders als bisher. Nun begegneten sie mir mit spürbarer Anerkennung und Wertschätzung.
Ab da begann ein völlig neuer Prozess in meinem Leben. Ich lernte zunehmend zu mir selbst zu stehen. Eine innere Freiheit entwickelte sich.
Rückblickend ist es für mich unbedeutend, ob Gott diesen Schritt in der Kirche von mir wollte oder nicht. Außerdem macht es überhaupt nichts, sich auch einmal im Irrtum zu befinden und Fehler zu begehen. Man lernt doch aus seinen Fehlern.
Dieser Schritt in der Kirche war überhaupt nur deshalb möglich, weil ich glaubte Gott sei auf diese Weise an meiner Seite. Vorne am Altar wurde ich dann mit meiner Naivität konfrontiert und in die Realität geführt.

Gott war zweifellos in diesem Augenblick an meiner Seite, nur anders als ich mir das vorgestellt hatte.
Erst viel später wurde mir eine Tatsache bewusst, die sich vorne am Altar vollzog. Bis zu diesem Moment war ich stumm gewesen und plötzlich konnte ich sprechen. Eine meiner tiefsten Blockaden hatte sich in diesem Moment aufgelöst.
Aus dieser Erfahrung entwickelte ich große Dankbarkeit und gleichzeitig den entschiedenen Wunsch:
Ich möchte Gott und dem Leben dienen, mit meinem ganzen Sein, so gut es mir möglich ist. Dazu muss ich nicht großartig oder heilig sein. Egal wie groß meine Fähigkeiten, wie stark meine Kräfte sind. Egal wie lange ich brauche, um mich zu einem bestimmten Punkt zu entwickeln. Entscheidend ist, dass ich mich mit allem, was ich bin und habe, ganz einsetze. Dahinter sehe ich für mich keine betende Frömmigkeit im kirchlichen Sinn, auch keine Opferhaltung und Pflichterfüllung. Gott dienen bedeutete und bedeutet für mich zu allererst, so zu werden, wie er mich gemeint hat.
Gott will uns echt und authentisch, ohne Fassaden. Wir sollen wissen, dass wir von ihm geliebt werden und somit wertvoll sind. Wir sollen lernen uns selbst anzunehmen, damit es möglich wird, alles Weitere aus Liebe zu tun. Dem Spruch von Sören Kierkegaard[4] entsprechend, hatte ich nun die verschlüsselte Botschaft über meinen Auftrag für dieses Leben enträtselt. Damit bekam mein Leben eine tiefere Aufgabe, es bekam seinen Sinn und seinen Wert. Zum ersten Mal hatte ich den Mut, meiner eigenen inneren Stimme in blindem Gottvertrauen zu folgen. Für Menschen in der Kirche war mein Verhalten vielleicht absurd. Aber für meine weitere Entwicklung wurde es zu einem wich-

---

[4] Jeder Mensch hat von Gott eine verschlüsselte Botschaft über seinen Auftrag für dieses Leben mitbekommen, die er in dieser Welt enträtseln muss.

tigen Schritt. Es wurde zu einem Befreiungsschlag gegen alle falschen Erwartungen an mich, die mich bis dahin in Abhängigkeit gehalten und an einer guten Entwicklung gehindert hatten."

Nachdem ich meine Geschichte beendet habe, lächeln wir uns beide an. Die Priorin versteht meine Beweggründe für diesen Weg und will mich unterstützen. In Fulda nennt sie mir ein weiteres Kloster zum Übernachten. Sofort will sie mich dort anmelden. Aber ich kann noch gar nicht einschätzen, wann ich in Fulda sein werde. So soll ich der dortigen Oberin zu gegebener Zeit einen Gruß von ihr bestellen.
Marienrode ist ein Kloster, das von Benediktinerinnen geführt wird. Das Gästehaus – ein Haus der Stille – steht für Einkehr und Begegnung. Die Atmosphäre, die zweifellos durch die Priorin stark geprägt wird, ist wohltuend.
Beim Abendessen sehe ich die anderen Hausgäste. Es sind nur fünf Personen anwesend. Einige sind zu Schweigeexerzitien da, deshalb wird im Speiseraum nicht gesprochen.
In meinem Zimmer denke ich noch über die innere Stimme nach. Sie ist eine wunderbare natürliche Fähigkeit, die uns zum Leben hilft. In unserer Gesellschaft wird der Verstand überbewertet und damit gerät vieles aus dem Gleichgewicht. Die innere Stimme bewirkt in uns mit Kopf und Herz zugleich zu leben. Sie hält uns gemeinsam mit dem Verstand in der richtigen Balance.
Gott hat uns unsere Seele, unseren Körper mit Herz und Verstand gegeben. Er hat uns auch mit einer inneren Stimme ausgestattet, von der wir uns führen lassen können. Was wir daraus machen, überlässt er uns selbst. Er greift nicht ein, wie es viele manchmal gerne sähen. Wir haben unseren freien Willen. Was er sich von uns wünscht, wissen wir durch Jesus. Gott ist für uns da, wenn wir ihm vertrauen. Mit ihm haben wir einen mächtigen Freund an der Seite, der deutlich zu spüren ist, wenn er uns im Gottvertrauen Kräfte verleiht, die wir sonst nicht hätten. Es ist eine faszinierende Erfahrung, sich ganz Gott auszuliefern und dann zu erleben, wie sehr Gottvertrauen trägt.

Vertrau deinem Weg – er führt dich zur Mitte

Mittwoch, 5. Juni 2013

Ich bin die Erste im Frühstücksraum. Die Küchenfrau ist noch beim Tischdecken, aber ich darf anfangen. Sie ist sehr freundlich und warmherzig. Auch ihre Fröhlichkeit ist ansteckend.
Nach dem Essen gehe ich noch kurz zu ihr in die Küche und sage: "Ich möchte mich bedanken und verabschieden. Auch ein Kompliment muss ich Ihnen aussprechen. Sie haben eine gute Ausstrahlung und verbreiten damit eine angenehme Atmosphäre um sich herum. Bewahren Sie sich das, es tut den Menschen, die Ihnen begegnen, sehr gut."
Die Frau freut sich sichtlich. Nach meiner Meinung ist es wichtig, unseren Mitmenschen positive Wahrnehmungen mitzuteilen. Wir alle sind ständig Herausforderungen und schmerzlichen Ereignissen ausgesetzt. Wir brauchen immer wieder neue Ermutigung und Stärkung, um unser Leben zu meistern.
Den anderen im Speisesaal nicke ich nur lautlos zu und verlasse den Raum. Nach mir verlassen zwei junge Frauen ebenfalls den Raum. Sie haben von *Solwodi* gehört und möchten gerne unterschreiben. Eine der Frauen ist von meiner Pilgertour ganz angetan und will Näheres wissen. Wir unterhalten uns länger miteinander.
Die Frau macht hier ihre Abschlussarbeit für Atemtherapie und gibt mir ganz spontan ihre Adresse. Sollte ich jemals nach Düsseldorf kommen und eine Schlafstelle brauchen, kann ich mich jederzeit an sie wenden. Ich staune über soviel Offenherzigkeit und freue mich natürlich.
Sr. Maria Elisabeth erscheint mit ihrem schönen Dienstsiegel, das sie mir noch in den Pilgerpass drückt.
"Haben Sie sich eine Brotzeit eingepackt?", fragt sie zum Abschied.
"Ihr Einverständnis vorausahnend habe ich das gemacht", grinse ich sie unbekümmert an.

Wir schütteln uns die Hände und trennen uns.
Es ist bereits zehn Uhr. Mein Weg führt an einem kleinen Teich vorbei. Hier treffe ich die Frau aus Düsseldorf erneut. Sie schenkt mir eine sehr schöne Bronzeplakette. Sie wird als Jakobsweg-Handschmeichler angeboten und ist ziemlich schwer. In der Mitte ist ein Labyrinth eingezeichnet. Am Rand steht: *Vertraue deinem Weg, er führt dich zur Mitte.*
Zweifellos hat diese Plakette große Bedeutung für diese Frau, denn sie trägt sie seit eineinhalb Jahren stets in ihrer Hosentasche. Nun verschenkt sie diese wunderschöne Plakette ganz spontan an mich. Ich bin ergriffen. Obwohl ich sonst jedes unnötige Gramm an Gewicht vermeide, weiß ich sofort, dass ich dieses Geschenk gerne mittragen werde.
"Sie machen mich ganz sprachlos", strahle ich sie an. "Aber ich freue mich sehr darüber. Das ist ein ganz besonderes Geschenk. Ich werde es in Ehren halten!"
"Es soll Sie begleiten und gut führen", wünscht sie mir. Sie schaut mich mit einem liebevollen, warmen Blick an.
"Wie schön, dass wir uns spontan so nahe fühlen, obwohl wir uns gar nicht kennen", sage ich verwundert den Kopf schüttelnd.
Dann frage ich: "Darf ich?" Und schon umarme ich sie zum Abschied.
"Das gibt mir richtig Energie für den Weg", lache ich sie an und winke ihr im Weggehen nochmals zu.
Ich fühle mich wahrhaft gestärkt, als ich weiter laufe. Es ist doch erstaunlich, wie viel Energie wir uns gegenseitig geben können, wenn wir uns liebevoll und wertschätzend begegnen.
Bei Hildesheim endet das bisher flache Land. Die Hügel und Berge des Vorharzes beginnen.
In Diekholzen, der nächsten Ortschaft, sehe ich eine Muschel an einem Haus und spreche die Anwesenden vor der Haustür an. Es handelt sich hier aber nicht um die Kennzeichnung eines Pilgerquartiers, sondern nur um eine Wegmarkierung. Doch ich bekomme sofort ein Getränk. Eine der Frauen schickt mich zwei Häuser weiter. Da woh-

nen Pilger, die schon in Santiago waren. Die freuen sich bestimmt, wenn ich mich melde, meint sie.
Am besagten Haus ist eine goldene Muschel im Boden eingelassen. Leider öffnet niemand auf mein Klingeln. So gehe ich bergab zum Pfarrbüro. Der Pfarrer ist nicht da, aber ich bekomme von der Sekretärin einen sehr schönen Stempel. Weiter drinnen im Ort kommt eine Frau von der anderen Straßenseite auf mich zu. Sie interessiert sich für meine Pilgertour. Als sie hört, dass ich ohne Geld reise, sagt sie sofort: Ich hätte Sie gerne bei mir aufgenommen. Wie schade, dass Sie heute noch weiter wollen."
"Sind Sie wohl Frau M. ?", frage ich. "Ja, woher wissen Sie das?", bestätigt sie überrascht.
"Ich habe gerade an Ihrer Haustür geklingelt, weil Nachbarn mir sagten, ich solle mich bei Ihnen melden. Wir lachen beide über dieses ungewöhnliche Zusammentreffen. Frau M. nennt mir eine Familie in Wrisbergholzen, die mich ihrer Einschätzung nach bestimmt für die Nacht aufnehmen würde. Sie wird mich bei dieser Familie telefonisch anmelden. Zusätzlich will sie mir Geld für meinen Weg geben, welches ich wie immer ablehne. Wir verabschieden uns herzlich voneinander.
Beim Rathaus studiere ich die Umgebungskarte. Die Muschelmarkierung ist wieder verschwunden und ich finde den Einstieg zum Weg nicht. Eine Frau schickt mich dann den Weg bergauf. Oben treffe ich auf das Wanderzeichen des Rennstiegs, ein "R", das laut Beschreibung gleichzeitig den Jakobsweg markiert. Also folge ich dieser Markierung. Irgendwann liegt die riesige Krone eines umgestürzten Baumes mitten auf dem Weg. Durch Dickicht und Unterholz muss ich mir einen Weg bahnen. Die Jakobsmuschel sehe ich schon lange nicht mehr. Die Richtung gefällt mir nicht, aber der Rennstieg ist deutlich markiert.
Nachdem ich sehr weit gelaufen bin endet mein Weg an einer Straße. Wo bin ich jetzt nur, frage ich mich. Schließlich erhalte ich die schreckliche Gewissheit. Ich bin Kilometer um Kilometer durch den Hildesheimer Wald zurück gelaufen. Sogar weiter zurück als nach

Marienrode. Und das ausgerechnet an einem so heißen Tag. Die Straße vor mir führt nach Diekholzen. Diese Strecke überwinde ich nun per Anhalter. Jetzt bin ich wieder im Ort, wo ich Frau M. begegnete. Den richtigen Einstieg zum Jakobsweg finde ich auch diesmal nicht. Also verzichte ich darauf, erneut die Etappe durch den Wald zu laufen. Die unsinnigen Kilometer gleiche ich aus, indem ich noch zu dem Ort trampe, den ich nach Durchquerung des Waldes erreicht hätte. In Nienstedt finde ich meine Muschelmarkierung wieder. Es geht in der heißen Sonne ungeschützt durch Wiesen und Felder auf die andere Talseite nach Eberholzen. Der Weg zieht sich in die Länge. In der prallen Sonne laufe ich im Ort die Teerstraße bergauf. Ich suche Schatten, um Brotzeit zu machen. Im Kloster habe ich mir ein Wurstbrot belegt. Dazu wäre jetzt ein Bier hervorragend. Ich habe nur lauwarmes Leitungswasser in meiner Flasche. Die Wirtschaft scheint geschlossen und ich laufe vorbei. Ich bin so fertig, dass ich die 50 Meter bis zum Eingang nicht unnötig riskieren will. Etwas weiter oben ist ein kleines Brunnenhäuschen. Hier kann ich im Schatten sitzen. Zwei Mädchen belagern den Brunnen bereits. Ich passe gerade noch mit in das Häuschen hinein.
"Wisst ihr beiden, ob die Wirtschaft da unten geöffnet hat? Sie sah gerade so verlassen aus. Mir wäre zu meiner Brotzeit nach einem Bier."
Hilfsbereit bieten die Mädchen an, dies zu erkunden. Sie fahren mit ihrem Rad hinab, kommen gleich wieder und berichten: "Die Wirtschaft ist geöffnet."
"Was meint ihr, wird mir der Wirt ein Bier spendieren? Darauf hätte ich große Lust. Ich mache eine Pilgerreise durch Deutschland. Aber ich besitze kein Geld." Die beiden zucken die Schultern, staunen aber über eine Pilgerin ohne Geld.
"Vielen Dank für eure Mühe, ich versuche mein Glück", verabschiede ich mich. Die Hoffnung auf ein Bier motiviert mich, wieder hinunter zu laufen.
Beim Wirt stelle ich mich als Jakobspilgerin vor, die ohne Geld durch Deutschland läuft.

"Wissen Sie, ein Bier ist natürlich nichts Notwendiges auf meinem Weg. Aber ich habe so große Lust auf ein frisches Bier. Würden Sie mir zu meiner Brotzeit ein Bier spendieren?", frage ich den Mann ganz direkt.
Der Wirt ist gutmütig und bringt mir ein Weizenbier, da sein Zapfhahn am Fass ist gerade defekt ist. Er gibt mir ein Weihenstephaner aus Bayern. "Weil das ja Ihre Heimat ist", grinst er mich freundlich an.
Im kühlen Gastraum genieße ich unendlich dieses Bier. Da schmeckt das Wurstbrot noch einmal so gut.
Danach geht es schweißtreibend steil bergauf in den Wald hinein. An meinen Händen haben sich durch den Stockeinsatz schon richtige Schwielen gebildet. Anfangs hatte ich Blasen, die waren sehr unangenehm.
Laut Beschreibung ist der Weg sehr überwachsen und die Wegzeichen sind schwer zu erkennen. Na, das hört sich ja schon wieder nach Verlaufen an, denke ich skeptisch. Außerdem wird auf Wildschweine hingewiesen. Die Wildschweinbestände haben überall stark zugenommen. Doch wie ich seit Hösseringen schon weiß, sind die Tiere bei richtigem Verhalten harmlos.
Lange Zeit führt der Weg am Kamm entlang. Natürlich gibt es wie befürchtet, einige Kilometer Umweg durch Verlaufen. Schließlich geht es bergab zur Kulturherberge Wernershöhe, einem Seminarhaus mit erlebnispädagogischen Programmen. Ich treffe Jugendliche an, die hier beschäftigt sind. Sie hören mit Interesse von meiner Tour und bieten mir an, hier umsonst zu schlafen. Dieses Quartier fände ich sehr interessant. Da mich aber Frau M. bei einer Familie in Wrisbergholzen angekündigt hat, will ich nicht ohne Benachrichtigung wegbleiben. Vielleicht lässt sich alles telefonisch klären, überlege ich. Doch die Telefonnummer dieser Familie ist weder im Telefonbuch, noch im Internet zu finden. Falls mich die Familie im Ort nicht aufnimmt, darf ich zurückkommen. Weiter bergab gelange ich nach Wrisbergholzen. Am betreffenden Haus ist nur der Ehemann anwesend. Ein großer, kräftiger Mann im mittleren Alter steht mir gegenüber. Er wirkt sehr

sympathisch. Ich stelle mich vor und frage, ob er und seine Frau mich vielleicht aufnehmen würden. Er weiß Bescheid. Frau M. hat mich bereits angekündigt. Der Mann ist sehr aufgeschlossen. Er glaubt schon, dass seine Frau ebenfalls einverstanden ist. Doch sie kommt erst später von der Schule heim. Ein erwachsener Sohn ist mit Gartenarbeit beschäftigt. Herr B. bittet mich an den Terrassentisch und bringt mir zu trinken. Wir unterhalten uns einige Zeit nett miteinander.
"Wenn Sie möchten, können Sie sich einstweilen noch im Ort umsehen und die Gräfin im Schloss besuchen. Die freut sich sicher, Sie kennenzulernen. Die Gräfin hat auch interessante Geschichten zu erzählen", schlägt er vor.
"Das hört sich gut an. Ich lasse mein Gepäck hier und schaue mich mal um."
Schon schlendere ich durch den Ort und finde bald das Schloss.

Das Barockschloss ist durch sein Fliesenzimmer mit 680 verschieden bemalten Emblemfliesen aus der gräflichen Fayence-Manufaktur berühmt. Alle Emblemfliesen sind Unikate. Was einst wohl ein stattliches Anwesen, war wirkt nun sehr heruntergekommen. Das Hauptgebäude ist teilweise eingerüstet. Ich strebe aufs Hauptportal zu. Die Tür steht leicht offen. Mehrfach rufe ich laut: "Hallo!" Nichts regt sich. Mein Blick fällt in eine große Halle. Erstaunt sehe ich überall wertvolle Möbel, Antiquitäten und kostbare Kleinteile. Alles wirkt wahllos abgestellt und zusammengeschoben wie nach einem Umzug. Manche Möbelstücke sind mit Tüchern zugedeckt. Ich laufe durch die Halle und klopfe an einer anderen Tür. Eine Tür nach der anderen öffne ich und rufe erneut nach der Gräfin. Jeder Raum ist in gleicher Weise voll von Kunstgegenständen. Vielleicht hört die Gräfin schlecht, denke ich und gehe die wuchtige, geschnitzte Freitreppe nach oben. Auch hier sieht es in allen Räumen ähnlich aus. Nur der ehemalige Prunksaal ist zum Restaurieren leer geräumt. Er reicht über zwei Stockwerke und ist mit schönen Stuckverzierungen ausgestattet. Der kunstvolle Stuck ist teilweise von der Decke gefallen. In diesen Räumen steht ein un-

glaubliches Vermögen offen herum und nirgends ist die Gräfin zu finden. Schnell verlasse ich das Schloss wieder.
Im Freien höre ich nun Radiomusik. Dem Klang folgend komme ich zum eingerüsteten Seitenflügel des Gebäudes. In der Sonne sitzt eine alte Dame auf einer Bank an der Eingangstreppe.
So habe ich mir die Gräfin nicht vorgestellt!
Die grauen Haare stehen wild ab, der Mund ist zahnlos, an den nackten Beinen zeigen sich überall Entzündungen. Äußerlich eine erbarmungswürdige Gestalt, trotzdem eine Persönlichkeit, die innere Würde ausstrahlt.
Ich reiche ihr zur Begrüßung die Hand und stelle mich als Jakobspilgerin vor.
Sie freut sich über meinen Besuch und bietet mir auf der Bank einen Platz zum Sitzen an. An beiden Händen trägt die Gräfin wuchtige Ringe, die den Glanz vergangener Tage erahnen lassen.
Es geht ihr gesundheitlich nicht gut, sie hat schon zwei Schlaganfälle hinter sich, berichtet sie. Aber sie will das Schloss erhalten und noch in Ordnung bringen. Da hängt soviel Geschichte dran und es geht doch um die Tradition. Der Dachstuhl ist vom Regen kaputt und muss komplett erneuert werden. Der Staat übernimmt die Restaurierung, nachdem sie 400.000 Euro vorgelegt hat. Sie ist über neunzig Jahre alt, das alles ist eine große Belastung für sie. Ihr Adoptivsohn hat sie entmündigen lassen. Sie bekommt im Monat nur hundert Euro Taschengeld.
"Wenn ich sterbe, wird er sofort alles verkaufen." Sie sitzt mir gegenüber und hat die Hände im Schoß übereinander gelegt. Einen Moment schaut sie auf ihre Hände, dann hebt sie den Blick wieder.
"Mit zwölf Jahren bin ich ins Wasser gefallen und ertrunken, da ich nicht schwimmen konnte. Aber sie haben mich zurückgeholt", fährt sie fort.
"Ich hatte ein Nahtoderlebnis. Ich habe das Licht gesehen und das Glück erlebt. Seitdem habe ich keine Angst vor dem Tod", berichtet sie ganz emotionslos.

Interessiert höre ich ihr zu, stelle immer nur kurze Fragen um alles besser zu verstehen.
Sie erzählt weiter von früher, von der Kriegszeit, von Wanzen und Flöhen, die sich unter den Tapeten ansiedelten und mit Gift beseitigt werden mussten, von den achtundsiebzig Flüchtlingskindern, mit denen sie damals Weihnachten feierte. Für jedes Kind kaufte sie neue Kleidung. Mit dem Anbau von Zuckerrüben wurde alles finanziert.
Später verkauften sie dreiunddreißig Güter. Diese Güter hatten den Hof getragen. Danach ließ sich der Hof nicht mehr halten. Ihre Schwiegermutter war Schwedin und lebte ebenfalls hier im Schloss. Es gab leider auch viel Neid in der Bevölkerung. Die Jugend hat im Park immer wieder Zerstörung angerichtet. Das war ganz schrecklich.
Der Gräfin tut es offensichtlich gut, eine Zuhörerin zu haben und erzählen zu können. Sie macht auf mich einen wachen, klaren Eindruck und ich verstehe nicht, warum sie unter Betreuung steht. Noch weniger verstehe ich, warum sie dann nicht wirklich betreut, sondern so elend sich selbst überlassen ist.
Die Geschichten der Gräfin sind so interessant, dass ich noch lange zuhören könnte. Doch ich will wieder zurück zu meiner eventuellen Gastfamilie.
Die Frau ist immer noch nicht von der Schule zurück. So unterhalte ich mich mit Herrn B. auf der Terrasse über die Gräfin.
Herr B. kennt ihre Verhältnisse bestens.
"Das Schloss und die Ländereien, welche die Gräfin auch noch in Schweden besitzt, sind mindestens fünfunddreißig Millionen wert. Aus EU-Mitteln und ihrer vorgelegten Eigenleistung wird nun das Dach vom Staat renoviert. Die Kulturherberge gehört ihr ebenfalls", berichtet er mir.
"Wie kann die Gräfin bei so einem Vermögen im Hintergrund nur so erbärmlich leben", schüttle ich den Kopf.
Es ist schon neunzehn Uhr vorbei, als Frau B. von der Schule kommt und ahnungslos die Terrasse betritt. Sofort erhebe ich mich vom Stuhl. Der Mann ist in diesem Moment nicht anwesend. Wir stehen uns allein gegenüber.

"Wie kommen Sie hierher?" Völlig überrascht schaut sie mich mit großen Augen an. Ich stelle mich mit meinem Namen vor und reiche ihr die Hand.
"Sie haben Besuch und wissen nichts davon. Es tut mir leid, dass Sie nun so überrumpelt werden", versuche ich der Frau die Situation schonend beizubringen. "Ich bin Jakobspilgerin. Ich laufe von Flensburg nach Konstanz und habe heute Frau M. in Diekholzen getroffen. Frau M. war der Meinung, Sie würden mich vielleicht für eine Nacht aufnehmen und hat mir Ihre Adresse gegeben. Sie hat mich schon tagsüber bei Ihrem Mann angekündigt."
Die Frau schaut mich völlig entgeistert an.
"Was? Wie bitte? Sie wollen bei uns übernachten?" Geschockt steht sie vor mir.
"Ich bedauere, dass Sie erst jetzt am späten Abend von mir erfahren", sage ich teilnahmsvoll.
Die Situation finde ich keineswegs peinlich, denn sie lässt sich regeln. Und die Reaktion der Frau finde ich nur natürlich.
"Wissen Sie, ich komme eben von einem anstrengenden Schultag und bin geschafft! Und jetzt sind Sie da und wollen hier übernachten?", bricht es impulsiv aus ihr heraus. "Da muss ich mich erst einmal setzen und alles sortieren. Nun erzählen Sie mir das alles noch mal ganz langsam von vorne", fordert sie betont sachte auf. "Wie war das mit Frau M., wie kommen Sie zu uns?"
Sie lässt sich auf der Bank nieder und schaut mich gespannt an. Auch ich setze mich wieder. Vor mir sitzt eine jüngere, hübsche Frau mit halblangen, dunklen Haaren und lebendig blitzenden Augen. Die positive Ausstrahlung dieser Frau ist unübersehbar. Ihre temperamentvolle, impulsive Art finde ich köstlich.
Die Frau ist keineswegs unfreundlich. Sie zeigt einfach spontan, echt und ehrlich ihre Gefühle. Mir gefällt diese Echtheit sehr. Keinesfalls fühle ich mich abgelehnt. Ich muss fast lachen über die Komik dieser Situation und bin echt amüsiert. Doch das zeige ich nicht. Mit der Kulturherberge im Hintergrund ist das Ganze ohnehin kein Problem.

Für mich ist deutlich spürbar, dass sie mich nicht loshaben, sondern erst einmal nur die Lage verstehen will.
So schildere ich ganz gelassen die Begegnung mit Frau M. in Diekholzen.
"Ihr Mann glaubte am Nachmittag, Sie wären ebenfalls einverstanden. Aber Sie müssen mich nicht aufnehmen, nur wenn es für Sie wirklich in Ordnung ist. Ich kann zurück zur Kulturherberge. Dort lässt man mich umsonst übernachten", erkläre ich.
Jetzt erzähle ich ihr, dass ich ohne Geld unterwegs bin.
Die Frau wirkt erst einmal sprachlos.
Aber auch sie spürt nun die Komik dieses Geschehens und beginnt vor sich hinzuschmunzeln.
Die Lage ist schnell geklärt und ich kann selbstverständlich bleiben. Sie müsse nur das Zimmer aufräumen und klar Schiff machen. Denn ihr Sohn hat sein eigenes Zimmer zur Zeit verlassen und sich im Gästezimmer ausgebreitet, informiert sie mich.
Als der Sohn erscheint, konfrontiert sie ihn sofort damit, dass er für diese Nacht das Zimmer verlassen müsse. Ein lang gezogenes "Waaas? Ich soll aus dem Zimmer raus", drückt das ganze Unverständnis und den Unwillen gleichzeitig aus. Herrlich! Der Sohn reagiert genauso echt und offen wie seine Mutter. Aber auch hier spüre ich weder Groll noch Ablehnung dahinter. Solche Überraschungen wollen eben erst verkraftet werden. Sofort schwenkt er um, als seine Mutter ihm die Gründe erklärt. Selbstverständlich verlässt er für einen Gast das Zimmer.
Herr B. grillt im Garten. Danach gibt es Abendbrot auf der Terrasse. Franz-Ferdinand, der Frosch, gehört ebenfalls mit zur Familie. Er quakt gelegentlich im Gartenteich. Familie B. wohnt in einem wunderschön restaurierten, alten Bauernhaus. Später, beim Kaminfeuer im Wohnzimmer, erzähle ich von meiner inneren Stimme, der ich inzwischen blind folge. Ich erzähle von Ereignissen, die zu meinem Gottvertrauen führten. Auch von meinen Pilgererlebnissen berichte ich. Über manche Situation müssen wir miteinander herzhaft lachen. Aber

Frau B. schüttelt immer wieder den Kopf und sagt, sie könne sich das alles gar nicht vorstellen, es sei schon sehr ungewöhnlich.
Herr B. schlägt seiner Frau vor, sie solle mich morgen mit in die Schule nehmen. Das wäre doch für die Schüler interessant, meint er. Frau B. wirkt nicht abgeneigt, aber dann geht es in anderen Themen unter. Herr B. arbeitet bei der Kriminalpolizei. Er überreicht mir einen Zettel. "Für alle Fälle", sagt er kurz und bündig.
Darauf steht seine Handynummer. Lachend lese ich den weiteren Text des Zettels laut vor: "Freund und Helfer", steht unter der Handynummer.
"Vielen Dank! Gilt das auch, wenn ich ein Quartierproblem habe?"
"Auch dann", nickt er ernsthaft. "Ich werde meine Kollegen vor Ort anfunken und wir finden dann sicher eine Lösung."
"Werde ich dann in eine Ausnüchterungszelle vermittelt", frage ich erheitert. Er schüttelt amüsiert den Kopf.
Wir gehen spät ins Bett und ich brauche einige Zeit um einzuschlafen.

Bitten öffnet die Herzen

Donnerstag, 6. Juni 2013

Beim Frühstück kommen wir noch mal auf die Schule zu sprechen. Ich biete Frau B. an mitzukommen, wenn Sie es möchte. Schon sitze ich in ihrem roten Fiat, einem offenen Sportflitzer, und fahre mit zur Schule. Im Lehrerzimmer macht sie mich mit ihren Kolleginnen und Kollegen bekannt. Hier und da gibt sie auch die gestrige Geschichte auf der Terrasse zum Besten.

In der ersten Schulstunde stellt sie mich ihrer vierten Klasse mit ein paar einführenden Worten vor. Die beiden Mädchen, bei denen ich gestern im Brunnenhäuschen von Eberholzen Schatten suchte, sind zufällig in ihrer Schulklasse. Sie kichern vor sich hin und berichten, dass sie mich schon kennen.

Ich erzähle der Klasse von meiner Pilgerreise ohne Geld und berichte von der Aussendung der Jünger in der Bibel, wo Jesus seine Jünger zum absoluten Gottvertrauen auffordert. Weiterhin erzähle ich von meiner Jesusbegeisterung in der Kindheit und von meinem Gottvertrauen.

"Die Menschen spüren mein Gottvertrauen. Sie spüren, dass ich ehrlich bin und nehmen mich deswegen auf. Natürlich bitte ich die Menschen auch höflich um das, was ich brauche. Und ich erkläre Ihnen, warum ich es brauche. Die Menschen wollen ja verstehen, warum ich von ihnen etwas möchte.

Dazu will ich euch eine kleine Geschichte erzählen. Sie steht in einem Lesebuch aus meiner eigenen Schulzeit.

> *Es war einmal ein Zaubergarten. Man sah von fern die Blumen blühen und die Springbrunnen springen. Aber das Tor war verschlossen. Da wollten die Leute über die Mauer klettern. Doch wenn sie meinten, sie seien oben, da wuchs die Mauer immer wieder ein Stück höher hinauf. Darauf nahmen die Leute ein Beil und woll-*

ten das Tor einschlagen. Doch das Beil zerbrach. Schließlich holten sie Feuer, um das Tor zu verbrennen.

Jetzt kam ein Kind und sagte nur ein kleines Wort: B i t t e ! sagte das Kind, und das Tor sprang auf, und das Kind ging in den Garten hinein.

Mit einer Bitte sprang das Tor auf. Und so ist es auch zwischen uns. Bitten öffnet die Herzen der Menschen."

Dazu bringe ich das Beispiel von den beiden Mädchen in Eberholzen, vom Wirt, der mir ein Bier spendierte und auch von der Familie ihrer Lehrerin, die mich diese Nacht aufnahm. Ich erzähle von Fügung und Führung und der inneren Stimme, die ganz natürlich ist.

"Wenn ich noch Kraft habe, biete ich auch meine Hilfe an, Zum Beispiel habe ich bei meinen Gastfamilien den Rasen gemäht, oder fehlende Knöpfe an die Bettwäsche genäht. Es ist nicht so, dass ich nur etwas bekommen will. Ich will auch etwas geben, wenn es möglich ist. Wenn man anderen eine Freude macht, bereitet es einem selbst ebenfalls Freude."

Ein Junge meldet sich und erzählt, wie seine Nachbarn sich freuen, wenn er bei ihnen im Winter Schnee schiebt. So gibt es verschiedene kleine Beiträge auch von den Kindern.

"Natürlich ist das tägliche Wandern bei Hitze und Regen sehr anstrengend", berichte ich weiter. "Aber Gott gibt mir die Kraft für diesen Weg."

Die Kinder hören sehr aufmerksam zu und ich fahre fort:

"Ich will das Gute, das ich auf meinem Weg erfahre, auch weitergeben und den Menschen damit Mut machen, sich für andere zu öffnen und ebenfalls zu bitten, wenn sie etwas brauchen."

Nun werde ich gefragt, wie ich damit umgehe, wenn Menschen mich abweisen.

"Wenn jemand mich abweist, dann nehme ich das nicht persönlich. Ich denke, der andere hat vielleicht schlechte Erfahrungen gemacht und kann sich in diesem Moment einfach nicht öffnen. Mit solchen Menschen versuche ich besonders nett umzugehen, damit sie eine gute

Erfahrung machen können. Denn gute Erfahrungen helfen uns allen weiter.
Wenn ich nach Hause komme, will ich ein Buch über meine Erlebnisse schreiben. Dann berichte ich auch von dieser Schulstunde heute und von euch beiden gestern." Ich lächle den Mädchen aus Eberholzen zu.
"Sobald ich wieder zuhause bin werde ich eurer Lehrerin eine E-Mail über meinen weiteren Weg schreiben. Nach den Ferien könnt ihr sie fragen, wie ich den weiteren Weg geschafft habe."
Damit beschließe ich meinen Vortrag und wünsche allen eine gute Zeit.
Frau B. bringt mich nach draußen.
"Das war jetzt sehr schön. Die Kinder sind von allem ganz perplex. Das müssen sie erst verdauen", meint sie. Sie umarmt mich und wünscht mir alles Gute.
Am Ortsende halte ich ein Auto an. Es bringt mich in die Nähe der Kulturherberge. Mein Weg führt direkt daran vorbei. In einem Bauwagen hätte ich hier gestern auch gern übernachtet. Aber dann hätte ich weder die Gräfin noch die Schulklasse erlebt. Alles war gut, so wie es sich gefügt hat.
Nach einiger Zeit komme ich aus dem Wald heraus und atme den Duft eines riesigen gelben Rapsfeldes ein. Auf dem Höhenzug habe ich einen weiten Blick ins Land. Dann erreiche ich wieder einen Wald. Bei einer Abbiegung ist die Markierung sehr missverständlich angebracht. Nach einigen Kilometern kehre ich um. An der der Gabelung entscheide ich mich nun für den anderen Weg, auf dem ich nach einiger Zeit die Muschel wieder entdecke. Es geht lange Zeit durch Waldgebiet. Ein Hase sitzt auf dem Weg. Er ist überhaupt nicht scheu und lässt mich ganz dicht an sich herankommen, bevor er davonhoppelt. Der Bärlauch duftet überall, bis ich den Wald bei Winzenburg verlasse. Am Waldrand, an einer Spielwiese, treffe ich auf eine größere Kindergartengruppe.
Eine Erzieherin bittet mich, den Kindern doch etwas von meinem Weg zu erzählen.

Sie ruft alle Kinder zusammen. Erst einmal bekomme ich Quellwasser zum Trinken.
Nachdem sich die Kinder dicht vor mir am Boden niedergelassen haben, erzähle ich von meiner Reise. Acht Frauen hören ebenfalls zu. Sie können gar nicht glauben, dass ich bisher ohne Geld immer aufgenommen wurde.
"Haben Sie schon mal im Freien schlafen müssen?", fragt mich eine Frau.
"Nein, bisher wurde ich immer zu guten Menschen geführt", erwidere ich.
Mir werden viele Fragen gestellt und ich beantworte sie. Alle Frauen wissen, dass ich hier im Ort ein Quartier suche. Doch keine bietet mir eine Übernachtung an. Also frage ich auch keine der Frauen danach. Schließlich will ich niemanden in Bedrängnis bringen. Es wird sich schon eine Gelegenheit bieten, denke ich optimistisch.
Im Dorf spreche ich zwei Frauen an, die ich im Freien an ihren Häusern treffe. Doch jede nennt einen Grund, warum sie mich nicht aufnehmen kann. Eine weitere Frau schickt mich zu einem Jakobspilger, der im Ort wohnt, und beschreibt mir den Weg. Die heutige Hitze ist sehr ungünstig. Da verkriechen sich die Leute in ihren Häusern und niemand ist zu sehen. Aber auch für mich ist die Hitze ein Problem. Nirgends ist Schatten, nirgends kann ich mich setzen und ausruhen.
Eine Frau fährt mit ihrem Auto in den Hof. Sie schickt mich zum Forsthaus. Da sei Platz und man könne mich aufnehmen, meint sie. Ich laufe zurück zum Forsthaus. Ein Auto hält an. Zwei Frauen vom Kindergarten sitzen darin und fragen, ob ich etwas suche.
Nun berichte ich, dass sich die Suche nach einem Nachtquartier im Ort schwierig gestaltet. Man hätte mir geraten, im Forsthaus nachzufragen. Die beiden bestärken mich, es dort zu versuchen.
Beim Forsthaus klingle ich an der Tür. Innerlich spüre ich jetzt schon, dass ich hier falsch bin.
Ein Mann öffnet und ich stelle mich mit meinem Namen vor.
"Ich bin Jakobswegpilgerin und ich bräuchte für diese Nacht ein Quartier. Eine Frau im Ort hat mich zu Ihnen geschickt."

Der Mann macht auf mich nicht den Eindruck, als wäre er für mich offen. Prompt lehnt er auch ab. Ich zeige ihm meinen Pilgerpass. "Ich laufe ohne Geld durch Deutschland und bin für diesen Weg natürlich auf Unterstützung angewiesen", versuche ich weiter zu erklären, weiß aber gleichzeitig, dass es sinnlos ist, noch mehr zu sagen. Hier ist nicht fehlendes Vertrauen, sondern völliges Desinteresse das Problem.
"Da sind Sie bei mir falsch. Gehen Sie lieber zur Tischlerei. Die haben mit der Kirche zu tun. Das ist die richtigere Adresse", schließt er die Angelegenheit für sich ab.
Die Frau, die mich zum Forsthaus schickte, wollte mich bloß loswerden und die Kindergartenfrauen ebenfalls. Das fühlt sich natürlich nicht so schön an.
Nun suche ich das Haus des Jakobspilgers auf.
Doch niemand ist zuhause. Meine Füße schmerzen schrecklich. Ich habe noch nichts gegessen und fühle mich inzwischen sehr erschöpft. Die unnötigen Kilometer, die ich mir mit Verlaufen einhandle, geben mir oft den Rest.
Nun gehe ich systematisch von Haus zu Haus und klingle überall. Doch an jeder Tür werde ich abgewiesen. Die Gesichter werden oft schon hart, bevor ich ein Wort sage.
So wie heute wurde ich noch nie abgewiesen und ich frage mich, woran das liegen mag. Liegt es an meiner Erschöpfung? Bringe ich mein Gottvertrauen nicht mehr rüber, fehlt mir die nötige Selbstsicherheit? Wirke ich verzagt?
Ich kann meine äußere Wirkung selbst nicht beurteilen.
Im Haus neben der Kirche ist niemand zu Hause. Eine Frau im Nachbarhaus, die ich bisher auf ihrer Terrasse sitzen sah, verschwindet sofort im Haus und zieht ihren Vorhang vor.
Das werte ich als eindeutige Flucht vor mir. An diesem Haus klingle ich nicht. Später, als ich mich an der Straße weit genug entfernt habe, sehe ich die Frau wieder auf der Terrasse sitzen.
Die heutige Erfahrung ist hart. Um das auszuhalten darf man nicht allzu zart besaitet sein. Wichtig ist für mich immer, mich in meiner

Person nicht entwerten zu lassen. Aber die abweisenden Gesichter lassen mich sogar an diesem heißen Sommertag frösteln.
Sofort muss ich an die Menschen aus dem osteuropäischen Raum (Sinti oder Roma) denken, die auch in unseren Dörfern von Tür zu Tür gehen. Wie schrecklich muss es für diese Menschen sein, wenn sie tatsächlich in Not und auf Unterstützung angewiesen sind, aber dann häufig abgewiesen werden. Meine augenblickliche Situation ist damit überhaupt nicht zu vergleichen und trotzdem geht es mir schlecht dabei.
Ich habe mir zum Grundsatz gemacht, Menschen die mich an meiner Haustür oder anderswo ganz direkt bitten nie völlig abzuweisen. Nach meiner Meinung lässt sich kein Mensch zum Betteln herab, wenn er es nicht doch irgendwie nötig hat. Je nach Einschätzung der Lage gebe ich wenigstens ein paar Euro und wünsche ihm in jedem Fall freundlich alles Gute. Das hilft vielleicht der Finanzlage nicht, aber ich demonstriere zumindest keine kalte Gleichgültigkeit. Denn die Gleichgültigkeit von Mitmenschen ist immer am schwersten zu ertragen. Im Zweifelsfall will ich lieber einem Betrüger aufsitzen, als einem Menschen in Not die kalte Schulter zeigen.
Nach dieser heutigen Erfahrung nehme ich mir vor, künftig noch achtsamer mit diesen Menschen umzugehen.
Nun habe ich das Dorf fast umrundet. Da sehe ich einen Mann, der in seinem Garten Rasen mäht. Er stellt den Motor ab, als ich auf ihn zugehe. Wie üblich stelle ich mich vor.
Der Mann sagt, er würde mich gerne aufnehmen, aber da er abends zur Kirchenratsversammlung müsse, sei es nicht möglich. Ich wäre ja sonst mit den Kindern allein im Haus und das ginge nicht.
Mir fehlt die Kraft, um zu fragen, ob er jemanden im Ort kenne, der mich aufnehmen würde.
Schwerfällig schleppe ich mich zur Tischlerei. Eine jüngere Frau öffnet, hört mich an und schickt mich dann zu ihrer Schwiegermutter ins Nachbarhaus. Die Schwiegermutter vermietet die Ferienwohnung, erklärt sie mir.

Vermieten und Ferienwohnung, das hört sich kommerziell und teuer an. Vor mir sehe ich ein ausgesprochen schönes Haus, das Wohlstand erkennen lässt. Im Momentan kann ich nicht einschätzen, ob ich bei einem solchen Haus eine Chance habe. Ich drücke einfach die Klingel. Eine ältere Frau öffnet. Sofort erfasse ich die gütigen Augen und die menschliche Ausstrahlung. Das lässt neu hoffen.

Ich erzähle der Frau von meinem Weg ohne Geld, von den vielen Absagen im Dorf und von meiner Erschöpfung.

Die Frau wirkt sehr verständnisvoll und ist bereit, mich auch ohne Geld aufzunehmen. Sie zeigt mir die kleine Wohnung im Dachgeschoß des Nebengebäudes. Die ungewöhnliche Situation mit mir mag für sie zwar irritierend sein, aber sie lebt die Menschlichkeit, die für sie offensichtlich Vorrang hat.

Ich kann nur danke sagen, zu mehr habe ich keine Kraft. Um ihre menschliche Größe entsprechend zu würdigen, bin ich im Augenblick auch geistig viel zu erschöpft. Trotz aller Müdigkeit wasche ich zuerst meine Wäsche, damit sie bis morgen trocken wird. Danach genieße ich die Dusche. Ich bin noch nicht wieder angezogen, da klopft es an der Flurtür. Mit vorgehaltenem Handtuch öffne ich. Die Schwiegertochter bringt eine Flasche Mineralwasser und einen Teller mit warmem Zwiebelkuchen. Davon bin ich völlig überrumpelt. Mit verdutztem Gesicht bedanke ich mich. Gemütlich am Tisch sitzend lasse ich mir dann den herzhaften Zwiebelkuchen schmecken.

Und auf einmal fühle ich mich tatsächlich wie im Paradies. Unglaubliche Gefühle stellen sich ein, wenn man nach derartigen Strapazen einen Ort zum Ausruhen erreicht hat und angenommen wird. Es ist, als hätte man nach einem Marsch an einem heißen Wüstentag eine Oase mit Wasser gefunden. So fühlt sich für mich diese Gastfreundschaft nach meiner Erschöpfung und der erlebten Ablehnung an.

Ursprünglich wollte ich von Winzenburg per Anhalter nach Alfeld. Alfeld liegt gut zehn Kilometer abseits der Jakobsroute. Dort habe ich mich telefonisch beim Pfarramt angemeldet. Aber in meinem Zustand fühlte ich mich nicht mehr in der Lage, über Freden bis zur entspre-

chenden Verbindungsstraße zu laufen, um dort in der heißen Sonne zu warten, bis irgendwann ein Auto kommt.
Dem Pfarrbüro in Alfeld möchte ich nun gerne Bescheid geben, dass ich nicht zum Übernachten komme. Ich trage meine Wäsche in den Garten zu Frau B. und frage, ob ich beim Pfarrbüro in Alfeld anrufen dürfte.
Von der Sekretärin erfahre ich, dass man mich schon erwartet. Eine Matratze und Essen sind für mich inzwischen bereit gestellt worden. Das ist mir nun richtig peinlich.
"Es tut mir sehr leid, dass ich so spät anrufe und Sie alles umsonst vorbereitet haben. Ich habe mich im Wald ziemlich weit verlaufen und ich konnte vor Erschöpfung nicht mehr weiter. Ich habe auch kein Handy dabei ...", sage ich zerknirscht.
"Aber zu wissen, dass ich erwartet werde, das stärkt mich für meinen weiteren Weg. Dafür will ich mich bei Ihnen ganz besonders bedanken. Denn ich werde nicht überall so freundlich empfangen. Bitte geben Sie meine Entschuldigung und meinen Dank an den Pfarrer weiter", versuche ich die Situation auszubügeln.
Die Schwiegertochter meiner Gastgeberin befindet sich im angrenzenden Garten. Sie lädt mich zu Kaffee und Kuchen ein. Da ich nachmittags ungern Kaffee trinke, lehne ich ab. Aber so bietet sich die Gelegenheit *Solwodi* vorzustellen. Und ich bekomme tatsächlich von beiden Frauen eine Unterschrift.
Nachdem alle notwendigen Dinge erledigt sind falle ich wie ein Stein ins Bett und strecke alle Viere von mir. Zwei Stunden schlafe ich tief und fest.
Am Abend hole ich aus dem Garten meine Wäsche. Sie ist in Sonne und Wind rasch getrocknet. Frau B. überreicht mir einen Teller mit verschieden belegten Brothäppchen, die sie bereits für mich vorbereitet hat. Tomaten mit Mozarella, Radieschen, Ei, Käse, Hartwurst, Hackbraten, alles ist liebevoll garniert und in einer Menge, wie ich es niemals essen kann. Den Rest soll ich morgen auf den Weg mitnehmen. Ich weiß gar nicht, wie ich dieser Frau danken soll.

Das Wetter wird auch morgen wieder gut. Der *Brennpunkt* zeigt im Fernsehen schreckliche Bilder aus Regensburg und Deggendorf. Das Hochwasser hat sich inzwischen von Niedersachsen in den Süden und Osten des Landes verlagert.
Ich habe die Überschwemmungszone längst hinter mir und bekomme auf meinem Weg gar nicht mit, was in Deutschland in diesen Tagen los ist.

Freitag, 7. Juni 2013

Bei Frau B. bin ich zum Frühstück eingeladen. Kurz vor acht Uhr erscheine ich an ihrer Tür.
Am Kaffeetisch erzähle ich einiges von meinem ersten Jakobsweg. Sie hört mit Tränen in den Augen zu.
"Ich bin so froh, dass Sie hier bei mir gelandet sind," sagt sie und schaut mich liebevoll an.
Es geht mir richtig zu Herzen, was mir auf diesem Weg geschenkt wird. Immer wieder spüre ich bei einzelnen Menschen, wie stark deren Bedürfnis ist, ihre Menschenliebe und ihre Hilfsbereitschaft zu zeigen und zu leben.
Zum Abschied umarmen wir uns. Sie gibt mir noch die Adresse von Verwandten in Kalefeld mit auf den Weg.
Diese Begegnung hat mich wieder völlig aufgebaut. Die Erschöpfung von gestern ist weit weg. Gestärkt marschiere ich los.
Zunächst auf der Straße bis nach Klump. Dort führt eine kleine Ortsstraße in die Höhe auf die Helleberge. Dann geht es einen schönen Waldweg am Kamm entlang. Viele Schlammlöcher erinnern an den heftigen Dauerregen und ich muss sie oft umgehen. Ein riesiger Baum liegt entwurzelt auf dem Weg. Wieder einmal muss ich weit herum durchs Gestrüpp kriechen.
Die Zeit der einsamen Wälder brauche ich dringend, um die vielfältigen Ereignisse zu verarbeiten, die täglich geballt auf mich einstürmen. Über diesen gesamten Weg gibt es viel nachzudenken.
Die ganze Geschichte mit Mallorca, wo ich mir am Sandstrand meinen linken Vorderfuß ruinierte, scheint mir wie eine Fügung, die mich

von Santiago abgehalten hat. Es sollte so und nicht anders kommen. Davon bin ich inzwischen überzeugt. Dieser Weg hat einen tiefen Sinn, den ich selbst noch gar nicht ermessen kann. Wie sollten mich Strapazen und Hindernisse dann von dieser Aufgabe abhalten können.
Der Bodensee ist mein erklärtes Ziel. Aber mehr noch ist mein Ziel, mich zu meiner tieferen Bestimmung führen zu lassen. Vielleicht werde ich den Bodensee nie erreichen und auf mich wartet ein ganz anderes Ziel. Das alles halte ich für möglich.
Ich hatte und habe keinerlei Vorstellung wohin mich dieser Weg letztendlich führen wird. Ich weiß nicht, was mich alles erwartet, wie weit es überhaupt gelingt. Ich weiß nicht, welches genaue Ziel dieser Weg hat. Ich weiß nur, dass ich ihn gehen soll, weil er genau so, wie ich ihn gehe, meine Aufgabe ist.
Gott mutet mir immer die volle Realität dieses Lebens zu. Das beinhaltet die unangenehmen Erfahrungen mit Menschen genauso, wie Krankheiten mit allem Leid und Schmerz. Gott befreit mich nicht von diesen Ereignissen des irdischen Daseins. So naiv laufe ich nicht durchs Leben. Gottvertrauen heißt für mich nicht, dass ich nie Angst vor unangenehmen Dingen habe. Ängste sind nur allzu menschlich. Aber sehr oft nimmt mir das Gottvertrauen die Ängste, die ich sonst hätte.
Im Gottvertrauen spüre ich die Verbindung zu Kräften, die ich allein nicht habe. Es sind Kräfte, die mich manchmal über mich selbst hinauswachsen lassen, mit denen ich etwas bewirken kann, was ich sonst nicht bewirken könnte. Auch umgekehrt lässt es mich aushalten, was ich sonst nicht aushalten könnte.
Gottvertrauen bedeutet für mich nicht, zu erwarten, dass mich nicht auch normale menschliche Schicksalsschläge treffen. Es bedeutet für mich, alles anzunehmen, was kommt, mich zu führen lassen in der Gewissheit, im Einklang mit dem Leben und der Schöpfung zu sein. Es bedeutet für mich auch, unsere Sterblichkeit akzeptieren zu lernen. Gottvertrauen bedeutet für mich, an den tiefen Sinn von allem zu glauben, auch dann, wenn es die Grenzen meines Verstandes übersteigt.

Und dieser tiefe Sinn ist für mich das Fundament meines Lebens geworden.
Bei der großen Tsunami-Katastrophe im indischen Ozean überlebten die Wildtiere, wie Elefanten und Hasen. Es wurden keine Kadaver von Wildtieren gefunden. Man vermutet, dass die Tiere bereits vorher die Katastrophen spüren und einen sechsten Sinn haben.
Etliche Menschen sind damals dem Instinkt der aufgeregt rennenden Elefanten gefolgt und wurden dadurch gerettet. Auch ein Urzeitvolk hat den Tsunami überlebt. Diese Inselbewohner leben abgeschottet von der Zivilisation, sehr mit der Natur verbunden. Sie haben, ähnlich wie die Tiere, die Gefahr im voraus gespürt. So konnten sie sich ebenfalls rechtzeitig in Sicherheit bringen.
In unserem Zeitalter folgt alles rational und funktional den Gesetzen der Vernunft. Allein die Intelligenz des Verstandes wird auf den Sockel gestellt. Da ist kein Platz für die innere Stimme, für Dinge, die man nicht sehen kann. Alles was nicht im Röntgenbild oder mit einem Messgerät feststellbar ist, existiert für viele nicht. Auf diese Weise trainieren wir diesen wertvollen Sinn nicht und er verkümmert immer mehr.
Die innere Stimme wurde uns für dieses Leben mitgegeben. Sie kann uns zu Weiterentwicklungen führen, aber auch vor Gefahren warnen. Leider haben in unserer Gesellschaft nur noch wenige Menschen Vertrauen zu ihrer inneren Stimme. Wie oft höre ich, wenn etwas schief läuft: Hätte ich nur auf mein Bauchgefühl gehört. Ja, hätten sie dazu nur mehr Vertrauen gehabt.
Ich denke, der Zugang zu diesem Sinn erleichtert es auch, an Gott zu glauben und ihn zu spüren. Schon deshalb erscheint es mir wertvoll, dass wir Menschen Verbindung zu unserer inneren Stimme haben.
Es gibt Shaolin-Mönche, die Lebensenergie so zu steuern vermögen, dass Übermenschliches möglich erscheint. Die Wissenschaft findet inzwischen eine Erklärung für diesen Shaolin-Mythos. Der Geist beherrscht hier den Körper. Es handelt sich um universelle Techniken, Gesetzmäßigkeiten, bei denen es stets um die Einheit von Körper und Geist geht. Alles Heil oder Unheil fängt beim Denken an. Jeder Ge-

danke ist Energie und wirkt sich auf den Körper positiv oder negativ aus. Die Mönche arbeiten mit Entspannung und Intuition. In dieser Geisteshaltung zerbricht bei einem Schlag auf den Kopf mit einer Eisenstange nicht die Schädeldecke, sondern das Eisen.
Das Leben birgt viele Dinge, die wir nicht enträtseln, nicht greifbar und sichtbar machen können. Aber sie sind trotzdem da.
Wir alle haben in uns eine innere Stimme und können uns intuitiv führen lassen. Nach meiner Überzeugung ist in uns etwas, das dem bloßen Verstand weit überlegen ist.

Die Wegmarkierung lässt erneut zu wünschen übrig und führt auf Umwege. Nun komme ich zu spät ans Pfarrbüro um für den nächsten Tag ein Quartier zu vereinbaren. Das bedeutet, dass ich morgen auf gut Glück los muss. Hoffentlich erlebe ich dann kein zweites Winzenburg.
Vor dem Abstieg ins Tal ergibt sich noch ein weiter Ausblick in die Landschaft. Am Stadtrand von Bad Gandersheim will ich meinen Zettel mit der Quartiersadresse aus der Stofftasche holen. Aber ich finde ihn nicht. In der offenen Umhängetasche könnte er unterwegs leicht herausgerutscht sein, da ich zigmal die Wegbeschreibung hervorgeholt habe.
Ich lasse mich auf der nächsten Parkbank nieder und suche gründlicher nach dem Zettel. Doch ich kann ihn nirgends finden. In aller Ruhe versuche ich mich an den Namen für das heutige Quartier zu erinnern. Aber mir fällt beim besten Willen kein einziges Stichwort ein. Nun packe ich den Rucksack aus. Die winzige Hoffnung, dass dieser Zettel am Morgen versehentlich in den Rucksack gepackt wurde, erfüllt sich nicht. Die möglichen Quartiere der nächsten Tage mit wichtigen Notizen und Telefonnummern stehen ebenfalls auf diesem Zettel Nun werde ich doch leicht nervös. Noch einmal leere ich die ganze Umhängetasche aus und sortiere Stück für Stück, falte jeden Zettel auseinander. Tatsächlich hat sich die Quartierliste in einem der gefalteten Zettel versteckt. Erleichtert atme ich auf. Als ich meinen Rucksack wieder auf die Schultern nehme, bleibe ich mit der Armbanduhr

am Rucksackgurt hängen. Der Stift, der die Uhr am Armband hält, springt ins Laub und ist nicht mehr zu finden.
Bald bin ich in der Innenstadt von Bad Gandersheim und suche das erste Schmuckgeschäft auf. Eine elegant gekleidete Frau bedient gerade einen vornehm wirkenden Herrn. Alles hier ist glitzernd und edel. Es dauert einige Zeit, bis die Verkäuferin mit dem Kunden fertig ist. Nun zeige ich ihr meine Uhr und frage, ob sie den fehlenden Stift für das Armband hätte. Als sie bejaht, muss ich ihr erst einmal gestehen, dass ich als Pilgerin ohne Geld unterwegs bin.
"Könnten Sie mir die Uhr umsonst richten?", frage ich und schaue ihr treuherzig und bittend in die Augen.
Sie zieht über diese ungewöhnliche Anfrage einen Moment die Augenbrauen hoch und schaut mich irritiert an. Dann entscheidet sie knapp: "Ausnahmsweise." Sie öffnet ihre Schublade und fügt leicht pikiert hinzu: "Mal sehen, ob ich die passende Größe habe."
Stumm warte ich daneben. Ich will weder ihre Suche noch ihr dezentes Schweigen in diesem noblen Geschäft stören. Wie ein Fremdkörper fühle ich mich hier. Eigentlich gehöre ich mit meinem Rucksack und meiner gesamten Person überhaupt nicht in einen solchen Laden.
Welch ein Glück! Sie findet den passenden Stift. Ich bedanke mich und wünsche ihr alles Gute. Schon bin ich wieder auf der Straße.
Hunger meldet sich. Ich habe noch Käse und Zutaten vom gestrigen Abendessen. Ich bräuchte nur ein Brötchen. Bei der nächsten Bäckerei bitte ich um ein einfaches Brötchen und bekomme zwei geschenkt und eine Käsestange obendrein. Das kommt spürbar von Herzen. Die Käsestange esse ich sofort auf der Straße. Sie ist ganz locker und schmeckt köstlich.
Dann gehe ich zielstrebig zur Pilgerherberge in der Barfüßlerklosterstraße. Eine große Muschel hängt über der Eingangstür aus Holz. Ich betätige die Klingel. Niemand kommt. Die Tür ist offen. Sie gibt unter meinem Druck ächzend nach und ich betrete das Haus. Alles macht auf mich den Eindruck als wäre ich in einer Art Jugendherberge, die von Herbergseltern betreut wird. Ich rufe in den Flur hinein und stehe schließlich einer freundlichen Frau gegenüber. Sie zeigt mir mein

Zimmer mit eigener Dusche und WC. Mineralwasser und Apfelsaft stehen für mich im Zimmer bereit. Das Essen ist in einer dreiviertel Stunde fertig, verkündet die Frau ganz selbstverständlich. Welch eine Freude verspüre ich bei diesem Empfang! Ich stelle mein Gepäck ab und laufe zum Pfarrbüro um die Ecke. Im Pfarrbüro kann ich die Küsterin vom Klostergut Wiebrechtshausen telefonisch erreichen. Die Küsterin erklärt mir, dass im Klostergut keine Pilgerunterkunft sei und sie mit Pilgern überhaupt nichts zu tun hätte. Fälschlicherweise glaube ich in Wiebrechtshausen ein Kloster vorzufinden und kapiere meinen Irrtum immer noch nicht.
"Ich bin ohne Geld unterwegs und deshalb darauf angewiesen, dass mich jemand aufnimmt", gebe ich zu verstehen.
"Wir können Ihnen aber nichts weiter bieten", fährt sie fort.
"Ich bin ganz anspruchslos. Wenn ich nur etwas habe, wo ich meine Glieder ausstrecken kann."
Sie lässt mich kurz warten, um ihren Mann zu fragen.
"Haben Sie einen Schlafsack dabei?" Diese Frage ist mir jedes Mal peinlich.
"Ich habe Probleme mit dem Fuß, ich konnte ihn aus Gewichtsgründen leider nicht mitnehmen", erkläre ich mein Versäumnis. Mir ist sehr unangenehm, dass ich überall Bettwäsche benötige. Pilger haben in aller Regel ihren Schlafsack dabei.
"Gut, wir nehmen Sie auf! Aber hängen Sie es nicht an die große Glocke."
"Vielen Dank! Ich werde schweigen wie ein Grab", versichere ich.
Pfarrer P. kommt ins Büro und gibt mir einen Pilgerstempel. Er erklärt mir, dass er sich im Umzug befinde und mich deshalb bei Frau A. unterbringen musste. Jetzt erst klärt sich für mich auf, dass ich in keiner institutionellen Herberge, sondern in einer Privatfamilie bin. Diese Familie hat viele Kinder und ist sehr offen für Pilger. Sie macht das alles umsonst, erklärt mir der Pfarrer.
Um fünfzehn Uhr gibt es am großen Tisch der Familie A. Risotto und als Nachtisch Erdbeeren mit Vanillepudding. Alles schmeckt sehr gut. Der Ehemann ist als Arzt im Krankenhaus tätig. Beide bieten mir das

Du an. Karin ist zweiundfünfzig Jahre alt. Sie erzählt von ihren sieben Kindern. Sie haben fünf Töchter und zwei Söhne.
"Sie machen immer zweimal Freude, einmal beim Kommen und einmal beim Gehen," lacht sie herzlich. Eine ihrer Töchter ist Lehrerin, die andere Psychotherapeutin, die nächste Ärztin, eine weitere tritt ebenfalls in Vaters Fußstapfen. Mit Philosophie und Geschichte, sowie Informatik setzen die Söhne die Berufsliste fort. Alle haben etwas aus ihrem Leben gemacht.
Karin selbst hat Betriebswirtschaft studiert. Sie engagiert sich stark im öffentlichen Leben und ist stellvertretende Bürgermeisterin. Karin ist nie gepilgert. Dazu hat sie keine Zeit. Aber sie mag Pilger. Das sind immer interessante und besondere Menschen, meint sie. Karin ist eine sehr pragmatische Frau, stets am Wesentlichen orientiert. Sie gefällt mir gut in ihrer herzlichen, warmen Art.
Das ganze Haus strahlt Offenheit und Lebendigkeit aus. Jeder kann ins Haus, denn die Haustür ist tagsüber immer offen. Die Haustür klemmt und lässt sich nur noch zur Hälfte öffnen. Nichts ist hier perfekt. Sterile Ordnung ist hier nicht zu finden. Aber genau darum ist alles so gemütlich und menschenfreundlich. Das Treppenhaus ist voller Fotos mit vielen Menschen und schönen Landschaften. Die Familie ist offensichtlich auch viel gereist.
Später mache ich einen Stadtbummel, gehe zum Touristenbüro und zur Kirche.
Am Abend müssen Karin und Bernd beide fort. Ich bin allein im Haus, kann mich aber mit Essen bedienen und darf auch telefonieren.

Samstag, 8. Juni 2013

Sehr spät, erst um halb zehn Uhr verlasse ich Bad Gandersheim. Ohne Stadtplan wäre ich mal wieder verloren. So finde ich außerhalb des Ortes die Muschel und den Einstiegsweg. Der Himmel ist herrlich blau, die Sonne scheint. Bereits jetzt ist es extrem warm. Der Rucksack ist schwerer als sonst. Schon bald tropft mir der Schweiß vom Gesicht. Im freien Feld begegne ich einer größeren Wandergruppe, die aus älteren Damen und Herren besteht. Wir haben ein Stück weit den

gleichen Weg. Die Markierung lässt wieder zu wünschen übrig. Aber die Wandergruppe kennt sich angeblich aus, da sie den Weg ja erst gestern gegangen ist. Sie behaupten ganz sicher, dass der Weg nun in den Wald hineinführt. Gegen mein inneres Gefühl folge ich ihnen, bis der Weg im Gestrüpp endet. Die Gruppe sammelt sich zur Beratung. Zum Umkehren habe ich keine Lust, deshalb gehe ich allein durch das Gestrüpp weiter und schlage die Richtung ein, die nach meiner Auffassung die richtige ist. Irgendwann müsste ich wieder auf den Jakobsweg stoßen. Durch Brennnesseln und Dornen schlage ich mich bis zum Waldrand durch. Ein dichter und sehr breiter Wall von Dornen und Brombeeren hindert mich, den Wald zu verlassen. Ich laufe am Wall entlang bis ich endlich eine geeignete Stelle finde. Hier ist es halbwegs möglich, das Dickicht zu durchbrechen. Dann bin ich wieder an einem Weg und kann mich neu orientieren. Bald finde ich auch den Jakobsweg wieder.
Die vielen Menschen, die ich auf diesem Weg schon kennengelernt habe, ziehen an meinem inneren Auge vorüber. Es gibt Menschen, bei denen möchte ich verweilen, so wohl fühle ich mich bei ihnen. Aber der Weg ist eine stetige Übung zum Loslassen.
An meine sterbenskranke Freundin Renate muss ich ebenfalls denken. Wie mag es ihr gehen?
Wir unterhielten uns auf Mallorca gelegentlich über das Thema 'Gott'. Sie fand meinen Glauben grundsätzlich gut. Doch sie konnte ihn nicht mehr annehmen. Mit der Kirche hatte sie zu viele negative Erfahrungen gemacht.
Ich würde ihr so sehr wünschen, dass sie im Sterben die Geborgenheit Gottes spüren könnte, mit dem Wissen, alles wird gut, wenn auch auf einer anderen Ebene.
Wieder fehlt die Markierung. Der Weg in der Natur und die Beschreibung stimmen auch nicht überein. Laut Beschreibung geht es steil bergab. Also gehe ich bergab und lande viel zu bald im Tal. Nun muss ich über einen Flurweg wieder bergauf, werde mit vielen Kurven und Umwegen durch die Felder geführt. Über saftig grüne Wiesen und Felder setze ich meinen Weg fort. Alles duftet wunderbar. Die schöne

Hügellandschaft erinnert mich an die Landschaft meiner Heimat. Die Sonne knallt gnadenlos herab und macht mir zu schaffen.
Endlich finde ich die Muschel wieder und gelange mit ihr bis zur Weißenwasserkirche von Kalefeld. Hier ist ein schöner, parkähnlicher Friedhof, der Ruhe und Frieden ausstrahlt. Auf einer Friedhofsbank lasse ich mich im Schatten nieder und packe meine Brotzeit aus. Mit Genuss esse ich die beiden belegten Brötchen von Karin.
Am späten Nachmittag erreiche ich das Klostergut Wiebrechtshausen. Am ersten Haus frage ich nach der Küsterin. Die Frau weiß schon über mich Bescheid und bittet mich ins kühle Haus zu einem erfrischenden Getränk. Sie freut sich sichtlich über die Begegnung mit einer Pilgerin.
"Wenn irgendetwas nicht klappen sollte, können Sie bei mir übernachten", bietet sie mir an.
"Das ist ja ein liebenswürdiger Empfang! Das tut gut", rufe ich erfreut aus.
"Darf ich vielleicht meine Schuhe ausziehen?", frage ich. "In den Stie feln halte ich es nicht mehr aus. Heute war ich in ihnen viel zu lange unterwegs."
Die Frau ist völlig offen und entgegenkommend.
Die Sandalen sind ein Wohltat gegen die Schmerzen. Trotzdem brauche ich heute dringend ein Fußbad. Um siebzehn Uhr humple ich zu Frau A. Sie ist mit ihrem Mann und den kleinen Kindern vor dem Gebäude. Von beiden werde ich sehr herzlich empfangen.
Frau A. trägt lange blonde Haare. Sie ist als Küsterin für die Klosterkirche angestellt. Ich hatte eine ältere Frau erwartet und bin überrascht, wie jung sie noch ist. Ihr Mann arbeitet bei KWS auf dem Klostergut. Früher war das Gut ein Zisterzienserkloster.
Frau A. zeigt mir mein Zimmer und ich kann nur staunen, was ich hier angeboten bekomme. Auf meine Bitte bringt sie mir sofort eine Schüssel für ein Salzwasserbad.
"Ich dachte, sie hätten keine geeignete Unterkunft für mich?", frage ich noch immer verwundert. "Und jetzt bekomme ich so ein tolles Zimmer mit Dusche und WC?"

Sie lacht herzlich. "Das ist das Zimmer meines Schwiegervaters, sein Heiligtum. Der ist im Moment nicht da und ich habe sie einfach hier einquartiert. Sie haben richtiges Glück. Normalerweise bin ich nur für Auskünfte in der Klosterkirche zuständig."
"Warum haben Sie mich dann aufgenommen?" Nun bin ich richtig verblüfft.
"Ich war schon in Volkenroda, da ist der Christus-Pavillon von der Expo Hannover ..." Mit dieser Erklärung lässt sie mich allein, denn sie hat wenig Zeit. Sie ist abends noch verabredet.
In diesem restaurierten alten Klostergut bin ich direkt fürstlich untergebracht. Der Gutshof ist sehr gepflegt und erinnert von seiner Ausstattung her eher an ein kleines Schloss. Wie eine Pilgerin bin ich wahrhaftig nicht untergebracht in diesen edlen Räumen.
Später schaue ich mir die Klosterkirche von innen an. Sie ist eisig kalt, ein krasser Gegensatz zu den Außentemperaturen. Rasch verlasse ich sie wieder.
Frau A. bringt mir vor ihrem Aufbruch Brot, Wurst und Käse, mit Tomate und Karotte. Dazu eine Banane, zwei Schokoriegel und sogar ein Bier ins Zimmer. Alles ist auf einem Tablett schön platziert. Ihr Mann kommt aus Bayern. Sie ist 42 Jahre alt, erfahre ich. In ihrer Jugend reiste sie mit dem Rucksack durch die Türkei und erlebte dort tolle Gastfreundschaft. Sie überreicht mir eine Infoschrift über Volkenroda, bevor sie geht.
Der Papa fährt mit seinen beiden Kindern und einem Picknickkorb auf dem Traktor davon.
Ich bin allein im Haus und genieße das Vertrauen meiner Gastgeber. Manchmal frage ich mich, ob ich wach bin oder träume. Wieder einmal bin ich im reinsten Himmelreich gelandet. Ich werde richtig verwöhnt, denke ich vergnügt.
Alles fügt sich so unglaublich. Nun bin ich gespannt, mehr über Volkenroda zu erfahren. Ich lasse mich gemütlich nieder und lese.
Volkenroda war ehemals ein Zisterzienserkloster und ist heute Tagungsort und Gästehaus mit spiritueller Ausrichtung. Der Text über Gastfreundschaft gefällt mir besonders:

Gastfreundschaft gehört zu den ältesten Werten der Menschheit. Noch heute findet man sie besonders ausgeprägt bei den Nomaden des Orients. Klöster bewahrten Gastfreundschaft als hohes Gut, der heilige Benedikt widmet ihr ein ganzes Kapitel in seiner Ordensregel und die Zisterzienser hatten den Wahlspruch:

Zur wahren Gastfreundschaft gehören nicht nur die offene Tür, sondern mehr noch "die offenen Herzen."

Gerade Fremdheit und Anonymität ist in unserem modernen Leben für viele ein vertrautes Gefühl. Wir haben wieder etwas Nomadenhaftes. Unser Alltag ist von Mobilität gekennzeichnet - viele Menschen versuchen ihr Leben als Reise; Pilgern hat wieder Konjunktur. Und wenn es gelingt, sich mit ganzer Person auf die Fremdheit und Andersartigkeit eines Menschen einzulassen, dann kann Gastfreundschaft zu einem Ausdruck der Lebensfreude werden. Dies drückt sich besonders im gemeinsamen Essen aus.

Nun verstehe ich den Satz "ich war in Volkenroda ..." Diese herzliche Gastfreundschaft erfahre ich nun auf dem Klostergut.

Besondere Begegnung mit Doro

Glaube denen, die die Wahrheit suchen.
Und zweifle an denen, die sie gefunden haben.

Andre Gide

Sonntag, 9. Juni 2013

Das Frühstück nehme ich gemeinsam mit Familie A. in deren Küche ein. Wir unterhalten uns übers Pilgern. Frau A. sagt, ich hätte einen Impuls gesetzt und sei der Anstoß, hier ein Pilgerquartier öffentlich anzubieten. Denn es würde zum Klostergut passen.
"Ich habe Ihnen ja zugesichert, diese Übernachtung hier zu verschweigen. Darf ich dann in meinem Buch davon berichten?"
"Das muss mein Mann entscheiden", sagt sie.
Der Mann denkt inzwischen ebenfalls positiv über die Idee eines Pilgerquartiers und es gibt kein Geheimnis mehr zu wahren.
Der Aufenthalt auf dem Gut wurde wieder zu einer sehr schönen Erfahrung.
Um acht Uhr breche ich auf. Die Sonne ist noch hinter Schleierwolken, es ist frisch. Aber nach der gestrigen Hitze tut das gut. Nur die Markierung ärgert mich wieder. In Northeim finde ich keine Kirche für einen Stempel, da ich keinen Ortsplan besitze. Fußgänger sind so früh nicht unterwegs. Sonntage sind einfach schwierig für Pilger. Oberhalb von Northeim irre ich lange herum, trotz Beschreibung, die ohne Markierung kaum weiterhilft. Niemand kennt den Planetenweg, den ich laut Anweisung gehen soll. Schließlich kommt ein Mann mit Navigationsgerät daher. Er zeigt mir den Weg, der nicht ausgeschildert ist. Weit und breit ist keine Markierung zu sehen. Aber der Weg führt in die passende Richtung. Ich kann ihn beruhigt gehen. Er verläuft oben am Waldrand.
Die Häuser habe ich bereits hinter mir gelassen. Da sehe ich eine attraktive Frau mit grauem Lockenschopf und Brille auf einer Bank sit-

zen. Sie hat ein Sektglas neben sich stehen und wirkt sehr interessant. Nachdem mich das Umherirren soviel Zeit gekostet hat, wäre ich mit einem Gruß weitergegangen.
Aber die Frau spricht mich an und so lasse ich mich auf ein Gespräch ein. Augenblicklich spüre ich, dass das eine besondere Begegnung ist. Ich setze mich neben sie. Wir kommen schnell zu einer guten Unterhaltung. Sie bietet mir von ihrem Sekt an. "So früh am Morgen trinke ich keinen Alkohol", lehne ich lachend ab. Doch die angebotene Schokolade nehme ich gerne an.
"Hier gibt es Wildschweine! Haben Sie keine Angst allein in den Wäldern?"
"Über Wildschweine habe ich mich informiert, sie sind scheu, da werde ich wohl kaum eines zu Gesicht bekommen."
"Und vor den Menschen ...?" Sie schaut mich prüfend an.
Ich erkläre ihr meine Einstellung: "Natürlich gibt es in unserer Gesellschaft gefährliche und brutale Menschen, die das Leben anderer nicht achten. Aber solche Monster sind selten. Ich glaube nicht, dass mir ausgerechnet in den Wäldern eines begegnet. Da müssten sie viel zu lange auf der Lauer liegen, bis endlich eine Frau allein daher kommt. Das andere sind die Gewalttaten in den Familien. Das sind meistens Beziehungstaten.
Die meisten Menschen sind normal und nicht bösartig. Sie sind freundlich und hilfsbereit. Und die, die das nicht sein können, haben nur Blockaden und Ängste. Aber gefährlich sind sie nicht. Die bösartigen Menschen sind nach meiner Einschätzung eine Minderheit. Die Ängste und das Misstrauen werden jedoch häufig auf jeden Unbekannten übertragen, der es überhaupt nicht verdient."
Die Frau hört mir interessiert zu.
"Außerdem habe ich gute Menschenkenntnis oder besser gesagt ein gutes Gespür für Menschen und Situationen. Meine innere Stimme warnt mich bei Gefahr. Auf meine innere Stimme kann ich mich absolut verlassen."
"Da haben Sie aber eine Gabe", stellt sie fest.

"Die Gabe haben wir alle in uns. Wir haben nur verlernt, auf diese innere Stimme zu hören oder ihr zu vertrauen. Wir glauben zu sehr nur an die Fähigkeiten unseres Verstandes."
Ich berichte von meiner inneren Stimme und wie ich mich von der Intuition führen lasse. Wie unsere Gespräche zeigen, lebt sie genau wie ich sehr intuitiv. Sie lässt sich ebenfalls von ihrer inneren Stimme führen.
Wir sitzen nebeneinander am Waldrand auf der Bank und haben einen schönen Blick auf die Stadt.
"Ich suche nach Antworten", fahre ich fort. "Menschen sind mir sehr wichtig. Ich erlebe, wie Misstrauen und Ängste sich in unserer Gesellschaft immer mehr ausbreiten und den Einzelnen in die Isolation und Einsamkeit treiben. Es würde mir viel bedeuten, neue Ansätze für unser Miteinander zu finden. Ich wünsche mir so sehr, dass die Menschen zu sich selbst finden, dass unser Miteinander anders wird. Ich weiß nicht, was genau ich dafür tun könnte. Aber ich suche nach Lösungen", versuche ich meiner Gesprächspartnerin zu verdeutlichen.

Die Frau vor mir ist einundsiebzig Jahre alt. Sie hat feministische Theologie studiert und sich dadurch, nach ihrer Aussage, von vielen kirchlichen Zwängen befreit.
Ich erzähle ihr von meiner Tour ohne Geld. Sie bietet sofort an, ich könnte bei ihr übernachten.
Wir wollen uns auf jeden Fall wiedersehen, das ist uns beiden ohne Worte sofort klar.
"Das würde gut passen, denn für heute habe ich kein Quartier. Und am Sonntag ist das äußerst schwierig, privat jemanden zu finden. Ich könnte nach meiner heutigen Etappe am Abend per Anhalter zurückkommen", schlage ich vor.
"Ich bin erst ab neunzehn Uhr wieder zuhause. Vorher bin ich bei einer blinden Frau zum Vorlesen", informiert sie mich.
"Das ist kein Problem, ich kann mich danach richten."

Sie hat einen Ortsplan von Northeim dabei und erklärt mir ganz eifrig, wo sie wohnt. Dann übergibt sie mir den Plan, damit ich abends zu ihrer Wohnung finde.
"Der Plan ist wohl extra für mich dabei", schmunzle ich.
"Das soll wohl so sein," entgegnet sie heiter.
"Brauchen Sie eigentlich das 'Sie'?", frage ich ganz forsch.
"Das Gleiche wollte ich auch gerade fragen." Wir müssen beide herzhaft lachen.
"Jetzt müssen wir aber doch darauf trinken. Ich heiße Brunhilde", sage ich und nehme das Glas von der Bank.
"Und ich Doro." Wir blicken uns beide belustigt an. Gemeinsam trinken wir nacheinander aus dem Sektglas.
"Hiermit ist auch besiegelt: ich komme heute Abend zum Übernachten zu dir", sage ich ganz feierlich.
Wir reden und reden und merken, wir haben uns viel zu sagen.
"Mich beschäftigt auch, wie man Menschen in Krisen und Nöten wirklich helfen könnte. Die meisten möchten nur ihre augenblickliche Situation verändert wissen, aber das ist in der Regel nicht möglich. Wir können Schicksale oder Krankheiten nicht ändern und auch unsere Sterblichkeit nicht. Aber wir können einen anderen Umgang mit allem finden. Mein Bezug zu Gott ist mir dabei eine große Hilfe. Leider kann ich meinen Glauben auf niemanden übertragen", erkläre ich weiter.
Wir spüren im Gespräch zunehmend, wie viel uns in unserem Denken und Fühlen verbindet.
Nach einiger Zeit schickt Doro mich auf den Weg.
"Du musst los, sonst kommst du am Abend nicht bei mir an", sagt sie entschieden. Wir verabschieden uns voneinander. Ich bin schon fast im Aufbruch, da durchzuckt mich eine Idee.
"Warum nutzen wir die Gelegenheit dieser Begegnung nicht gleich jetzt? Wir haben uns etwas zu sagen, das spüren wir doch beide. Unsere Begegnung ist doch viel wichtiger als eine Laufleistung von zwanzig Kilometern zu erfüllen."

"Das ist ein schöner Vorschlag", freut sie sich. "Ja, machen wir das so."
"Ich bin morgen um siebzehn Uhr in Göttingen fest verabredet. Das bedeutet, ich muss morgen früh ein Stück trampen, weil die Etappe sonst zu weit wäre. Aber das erscheint mir richtiger, als sich jetzt zu trennen", bekräftige ich unser Vorhaben.
Wir laufen gemeinsam zu ihrer Wohnung. Sie hat eine Zwei-Zimmer-Wohnung mit Balkon. Alle Räume sind klein, aber gemütlich eingerichtet. Die Wände sind voll mit Bücherregalen, Bildern, Gegenständen, Erinnerungstücken und verraten viel von ihrer Persönlichkeit. Auch etliche Blumen beanspruchen Platz. Mehr passt beim besten Willen nicht in die engen Räume. Doro war einst verheiratet und hat aus dieser Ehe sechs Kinder.
Nun lebt sie allein nur mit ihrer schwarzen Katze. Die Katze ist sehr eigenwillig und will von Fremden nicht gestreichelt werden. Am besten ist es, wenn ich sie gar nicht beachte, meint Doro. Das habe ich auch vor, doch als ich mir im Bad die Hände wasche und zum Handtuch greife, schlägt sie mit ihrer Tatze nach mir und kratzt mich am Unterarm. Die Kratzer bluten sogar. Die Katze saß dicht neben dem Handtuch in ihrem Körbchen.
Doro bereitet das Essen zu und hält danach ihren Mittagsschlaf. Ich darf solange telefonieren.
Später sitzen wir wieder zusammen. Unsere Unterhaltung wird sehr offen und persönlich.
Wir führen auch intensive Gespräche über die Kirche und das Gottesbild, das uns als Kindern vermittelt wurde.
"Für mich war das Auge Gottes, das alles sieht, ganz schlimm. Ständig fühlte ich mich davon beobachtet", berichtet Doro.
"Ich erinnere mich noch gut an das Auge Gottes", erwidere ich. "Wir haben es im Religionsunterricht gemalt. Doch den kontrollierenden oder strafenden Gott habe ich nie angenommen. Ich verinnerlichte Jesus, der wunderbar mit den Menschen umging. Daraus entstand ein anderes Gottesbild. Aber aus vielen Gesprächen weiß ich: die Kirche hat mit ihrer Drohbotschaft vom strafenden Gottes mit Hölle und Fe-

gefeuer keine Befreiung gebracht, sondern bei vielen nur Angst verbreitet.
Gott ist für mich nicht dieser strafende Gott, wie es im Religionsunterricht gelehrt wurde. Für mich ist er ein gütiger, barmherziger Freund. Der beste Freund, den ich habe. Neuerdings versucht die Kirche, die weibliche Seite Gottes zu beleuchten. Für mich ist Gott weder männlich noch weiblich. Er ist in meiner Vorstellung auch keine Person. Gott ist Geist, Atem, Kraft, Liebe. Das ist zwischen uns spürbar, wenn wir uns richtig miteinander verbinden, wenn wir uns gegenseitig berühren.
Für mich ist er eine allumfassende Kraft und Macht der Liebe, die mich dennoch ganz persönlich meint, die mich schützt und mein Bestes will. Meine Vorstellungskraft reicht nicht aus, um diesen Gott zu erfassen. Aber ich setze Herz und Verstand ein, so wie es mir verliehen wurde, um den Weg zu Gott und seiner Wahrheit so gut wie möglich zu finden.
Je tiefer ich mich mit diesem Gott verbinde, desto mehr lebe ich im Einklang mit der Schöpfung. Das sehe ich als Ziel für mein Heil."
Gegen sechzehn Uhr geht Doro zur blinden Frau. In dieser Zeit telefoniere ich mit Regina in Lauenburg. Die Lauenburger haben sich alle für die am Donnerstag angesagte Flut gerüstet. Viele Häuser sind bereits evakuiert. Aber sie kann mit Peter bleiben, weil ihr Haus höher liegt. Die Polizei hat schon alles abgeriegelt. Sie kommen nur noch mit Personalausweis an ihr Haus. Von ganzem Herzen wünsche ich ihnen, dass sie die Flut gut überstehen.
Die Zeit vergeht schnell und meine Gastgeberin kommt wieder zurück.
Der kleine Couchtisch im Wohnzimmer und alles andere wird zur Seite geschoben, um das Schlafsofa auszuziehen. Hier bereitet sie mir mein Nachtlager. Ich darf mein Bett nicht selbst beziehen, ich soll nur ausruhen.
Wir setzen unsere Gespräche vom Nachmittag fort.
Doro berichtet: "Ein großes Problem bereitete mir das Kreuz. Ich soll mit meinen persönlichen Sünden an der Kreuzigung von Jesus schuld

sein. Damit bin ich nie klar gekommen. Das war eine ganz schreckliche Schuld, mit der man nicht leben konnte."
"Das verstehe ich gut", nicke ich. "Diese Lehre der Kirche, finde ich ebenfalls extrem niederdrückend. Wie sollen wir Menschen mit dieser Schuld jemals freie aufrechte Menschen werden und uns unseres menschlichen Wertes bewusst werden. Das schafft doch kaum jemand. Mit diesem Schuldbewusstsein wurden die Menschen klein und in Abhängigkeit gehalten. Darüber habe ich erst kürzlich mit einer Theologin gesprochen. Sie erklärte mir, dass das eine theologische Auslegung aus der früheren Opfertheologie sei. Moderne Auslegungen sehen in Jesus die Inkarnation Gottes. Jesus hat alle Stationen des Menschseins durchlebt, Armut, Schmerz und schließlich den Tod am Kreuz. Er ist für seine Botschaft konsequent den Weg bis zu Ende gegangen. Damit wird deutlich, Gott ist in allem gegenwärtig. Es gibt keinen Bereich, wo Gott nicht vorhanden ist. So finde ich das annehmbar."
Doro schaut mich an und nickt dazu.
"Für dieses spezielle Problem habe ich meine eigene Lösung gefunden", erzähle ich weiter.
"Als Kind nahm ich Jesus einfach vom Kreuz ab. Denn ich konnte nicht ertragen, dass er da so erbärmlich hängt. Das Kreuz musste ich verschwinden lassen, denn sonst wäre ich geschimpft worden, weil ich es ja zerstört hatte. Aber Jesus legte ich dann in eine Schuhschachtel, die ich mit Watte und Stoff ausgepolstert hatte. Für mich war Jesus damit von seinem Leiden erlöst. Jetzt hatte er es weich und warm.
Heimlich habe ich viel mit ihm geredet. Er wurde mein bester Freund und für mich war es dann eher so, als breite er seine Arme für uns alle aus. Durch diesen Bezug zu Jesus bekam ich nie Angst vor Gott. Ich erlebte in allen Bibelgeschichten, wie er mit den Menschen umging. Er war ein Menschenfreund, das begeisterte mich."
Wir schweigen einen Moment. Dann fährt Doro fort:
"Das Problem ist, dass die meisten Menschen sich nicht selbst auf den Weg machen, um die Botschaft zu entdecken und zu verstehen. Sie lassen sich alles von der Kirche vorsagen und nehmen es als gegeben

an, egal ob es falsch oder richtig ist. Wie viel war schon falsch, was die Kirche gelehrt und praktiziert hat. Wir müssen nur ins Mittelalter zurückschauen. Uns bleibt nur, selbst mündig zu werden und nach unserem Gewissen zu leben. Die Botschaft ist so voller Kraft und Befreiung. Doch die Kirche reduziert die Menschen auf ihre Schuld, auf die Übertretung von Geboten, die meist von der Kirche selbst aufgestellt wurden.
Ich musste lange feministische Theologie studieren, um mich von diesen niederdrückenden Auslegungen zu befreien", wirft sie ein.

Schließlich macht sie sich in ihrer winzigen Küche an die Vorbereitung unseres Abendessens. Für mich ist in dieser Küche kein Platz mehr. Ich betrachte nun die vielen Bücher und Gegenstände, mit denen die Wände des Wohnzimmers bedeckt sind.

Doro sagt sich bei der Vorbereitung des Abendessens laut vor, was sie gerade tun will. Ich muss darüber herzhaft lachen, denn ich führe auch oft Selbstgespräche, wenn ich mich auf etwas konzentrieren muss.
"Meine Freundin Daniela foppt mich immer für meine Selbstgespräche", rufe ich ihr in die Küche zu.
"Aber Selbstgespräche sind ein Zeichen von Intelligenz, weil man sich zusätzlich über das Gehör strukturiert. Das habe ich einmal in der Zeitung gelesen."
Der gemeinsame Abend verläuft sehr schön. Die Zeit rast nur so dahin. Später im Bett kann ich längere Zeit nicht einschlafen. Die Ereignisse dieses Tages ziehen an mir vorüber. Mir fällt ein Satz ein: "Und sie erkannten sich und wurden eins."
Das empfinde ich jetzt in der Begegnung mit dieser Frau und möchte es folgendermaßen auf den Punkt bringen: Sie erkannten sich als Geschöpfe Gottes und wurden eins. So erlebe ich es öfters in der Begegnung mit Menschen. Zwei Menschen die sich bisher fremd waren, begegnen sich und erkennen sofort eine tiefe Gemeinsamkeit. In diesem Moment geschieht etwas Besonderes, wofür es kaum eine Beschreibung gibt.

Es ist eine Gemeinsamkeit, die nicht mit dem Verstand erfasst und in Worten ausgedrückt werden kann. Sie kann nur erspürt und erfühlt werden.

Montag, 10. Juni 2013

Um sechs Uhr bringt mir Doro Kaffee ans Bett und setzt sich mit ihrer Tasse dazu. Wir erzählen uns gegenseitig von unseren Erfahrungen. Immer mehr nehmen wir wahr, wie viele Gemeinsamkeiten es in unserem Denken und Empfinden gibt.
Und für mich ist diese Gemeinsamkeit wie ein wenig nach Hause kommen. Hier werde ich verstanden und darf ich selbst sein. Ein herrliches Gefühl, nach einer weiten Reise im "Zuhause" anzukommen.
Ich fühle mich in ihrer Nähe unheimlich wohl und frei. Diese Frau trägt in sich eine tiefe menschliche Liebe, in der ich mich sicher und geborgen fühle. Hier darf ich ganz ich selbst sein. "Du bist eine wunderbare, liebenswerte Frau", muss ich einfach meine Gefühle zum Ausdruck bringen. "Du bist so feinfühlig, so achtsam in allem was du tust. Du willst nicht verletzen, sondern nur behüten. Das mag ich sehr an dir."
Spontan umarmen wir uns herzlich.
"Ich habe lange keine Frau mehr umarmt", sagt sie. Aber das tut so gut. Ich finde es wunderbar, dass wir uns begegnet sind", strahlt sie mich an.
"Jetzt weiß ich was dein Auftrag ist", ruft sie aus.
"Du musst durchs Land ziehen, den Leuten die Angst nehmen, ihnen Mut machen und sie so von ihren Ängsten befreien. Das ist deine Aufgabe" fügt sie bekräftigend hinzu.
"Eine schöne Vorstellung, wenn ich das tatsächlich könnte", lächle ich sie an.
Doro will heute zu ihrer Tochter nach Berlin fahren.
"Du kannst ruhig noch länger bleiben wenn ich zum Zug gehe", bietet sie an.
"Nein, ich will gleichzeitig mit dir gehen."

"Du musst die Wohnung nicht verlassen", ruft sie entrüstet aus. "Ich habe absolutes Vertrauen zu dir!"
"Das weiß ich! Das ist nicht der Grund. Ich will nur ebenfalls zeitig los."
Wir verlassen gemeinsam das Haus. Sie zeigt mir den Weg zur Bundesstraße und biegt selbst zum Bahnhof ab.
"Ich freue mich, dass wir uns begegnet sind", Doro schaut mich liebevoll an.
"Ich freue mich ebenso. Wir werden uns wieder sehen!", sage ich voller Überzeugung. Mit diesen Worten verabschieden wir uns voneinander.
Unsere Wege trennen sich nun wieder. Jede von uns hat ihren Platz, ihre Aufgabe. Aber unsere Seelen bleiben miteinander verbunden.

Bis Nörten-Hardenburg will ich trampen. Von dort aus gibt es den wesentlich kürzeren Radweg, als Alternative zum Jakobsweg. Über den Radweg will ich schneller nach Göttingen kommen.
Das dritte Auto an der Bundesstraße, ein Mercedes, hält sofort an. Ein sympathischer Mann mit etwa fünfundvierzig Jahren lässt das Fenster herab. "Fahren Sie nach Nörten-Hardenburg?"
"Ja, ich kann Sie mitnehmen", antwortet er freundlich und ich steige ein.
Unterwegs erzähle ich ihm von meiner Pilgerreise. Der Mann ist gläubig und deshalb offen für meine Geschichte. Wir unterhalten uns intensiv über Gottvertrauen.
Ich gebe ihm die Hand zum Abschied: "Vergelt's Gott und alles Gute für Sie."
"Das war ein guter Gedankenaustausch. Ich werde Sie nicht vergessen", erwidert er mit Nachdruck.
Ich setze meinen Weg fort und bin dankbar für all die erfreulichen Begegnungen, die mir einfach so zufallen.
Besonders über die Begegnung mit Doro muss ich noch viel nachdenken. Auch über die Angst vor gefährlichen Menschen. Von allen Seiten erlebe ich diese Angst.

Gewalt entsteht häufig in einem negativen Milieu aus destruktiven Beziehungen heraus. Sie hat ihre Ursache oft in Kränkungen. Menschen rasten aus, weil sich jemand über sie lustig macht und das Maß der Kränkungen plötzlich voll ist. Und dann kann sich die Aggression an Unbeteiligten entladen.
Derartige Gewalttaten haben immer eine Vorgeschichte, die man meist wahrnehmen könnte, wenn man genau hinsehen würde. Nach meiner Einschätzung nimmt die Gewalt zu, wenn der Einzelne nicht mehr positiv in eine menschliche Gruppe integriert ist. Durch unser Abschottungsverhalten und die sich ausweitende Isolation provozieren wir eine Zunahme dieser Gewalt.
Schließlich bin ich im Zentrum von Göttingen. Hier habe ich mich vor über zwölf Jahren bei Besuchen öfters aufgehalten und kenne mich ein wenig aus. Mir fällt der Straßenfriseur Jan ein. Ob es den noch gibt? Damals ließ ich öfters meine Haare bei ihm schneiden. Jan hatte eine stattliche Größe. Damit er sich nicht bücken musste, verlängerte er mit Klötzen die Stuhlbeine eines alten Stuhls. Über einen umgestürzten Limokasten konnten die Kunden den Stuhl erklimmen. Unter einem Sonnenschirm, an dem ein leicht beschädigter Spiegel hing, wurden die Haare geschnitten. Er konnte ausgezeichnet schneiden, war schnell und günstig.
Jan hatte keine Lust, unter der Knechtschaft eines Chefs zu stehen. Er war ein fröhlicher, humorvoller Mann und ist mir noch gut in Erinnerung.
Im Touristenbüro von Göttingen erkundige ich mich. Jan gibt es noch! Er hat inzwischen in der Innenstadt seinen eigenen Laden.
In der Fußgängerzone sehe ich eine dunkelhäutige alte Frau am Boden sitzen. Sie ist vermutlich von der Gruppe der Sinti oder Roma. Sie wirkt so erbärmlich, wie man es meiner Meinung nach nicht spielen kann. Mir fällt ein, dass ich noch das Restgeld von Ahrensbök habe, das ich ja längst verschenken wollte. Das Geld war gar nicht mehr in meinem Bewusstsein. Mit dem Pfandgeld von geschenkten Trinkfläschchen ist meine Barschaft auf drei Euro angewachsen. Etwas abseits hole ich das Geld aus meinem Rucksack.

Dann begebe ich mich zu dieser Frau in die Hocke hinab, reiche ihr das Geld und zeige, dass ich nicht mehr im Geldtäschchen habe. Ich versuche mit ihr zu reden. Offensichtlich versteht sie kein Deutsch. Die Frau nimmt meine Hand, küsst sie und weint.
Es geht nicht ums Geld! Es geht darum, dass ich mich zu ihr hinabbeuge und versuche mit ihr zu reden. Sie spürt, dass ich sie menschlich annehme und das berührt sie offenbar sehr. Sie gibt mir zu verstehen, dass sie Hunger hat. Ich hole mein belegtes Brot von Doro aus der Umhängetasche. Sie weint noch heftiger, denn sie erfasst, dass ich selbst auf Wanderschaft, mein eigenes Brot hergebe. Ich streichle ihr über die Wange und berühre sie liebevoll an der Schulter. Damit will ich ausdrücken, dass sie für mich nicht unberührbar ist, egal wie schmutzig sie ist. Mit dieser Geste gebe ich ihr wichtigeres als Geld. Schade, dass ich mich mit ihr nicht unterhalten kann. Zum Abschied wünsche ich ihr Gottes Segen und unterstreiche dies mit Gesten. Mir scheint, sie hat verstanden, was ich meine.
Endlich bin ich dieses Geld los, das ich ohnehin nicht für mich verwenden wollte.
Im Pfarrbüro der Jacobikirche bekomme ich den Pilgerstempel. Die Pfarrsekretärin schenkt mir einen Apfel. Da ich mein Brot verschenkt habe, ist er mir sehr willkommen.
In der Fußgängerzone versucht ein junges Mädchen aus Rumänien die Obdachlosenzeitung zu verkaufen. Doch alle gehen achtlos an ihr vorüber. Sie spricht deutsch und ich unterhalte mich mit ihr. Ich erkläre, dass ich kein Geld besitze, aber ich will ihr beim Verkaufen helfen. Also versuche ich Passanten für den Kauf der Straßenzeitung zu gewinnen und spreche einige direkt an.
"Kann ich Sie einen Moment sprechen", versuche ich freundlich an sie heranzukommen. Doch sofort verschließen sich die Gesichter. Die Menschen wenden den Blick ab, gehen wortlos weiter oder sagen: "Keine Zeit!"
Eine resolute, gepflegte Frau im mittleren Alter pflaumt mich unfreundlich an, was mich die Zeitung anginge, wenn ich doch gar nicht die Zeitungsverkäuferin sei.

"Ich dachte, ich könnte diesem jungen Mädchen beim Verkauf der Zeitung helfen, weil ich sehe, wie schwer es für sie ist", antworte ich. Die Frau wirft mir nur noch einen geringschätzigen Blick zu und eilt weiter. Nach einiger Zeit gebe ich auf.
So hat das keinen Sinn, ich kann ihr leider nicht helfen. Mein Rucksack ist für diese Situation nicht geeignet um die Menschen zu erreichen. Bedauernd verabschiede ich mich von ihr und wünsche ihr alles Gute.
Es ist kalt in den Fußgängerzonen unserer Städte. Wie halten die Obdachlosen und ausländischen Bettler diese Gleichgültigkeit, dieses Nicht-wahrgenommen-werden aus, frage ich mich.
Man muss das am eigenen Leib erfahren, um sich nur ein wenig vorstellen zu können, wie es für die Betroffen sein mag.
In der Caritas-Zeitschrift Sozialcourage habe ich erst kürzlich gelesen, dass Roma schwer an den Vorurteilen vom lustigen Musikanten bis hin zur diebischen Elster und dem trickreichen Bettler tragen. Norbert Mappes-Niediek, Balkankorrespondent etlicher Tageszeitungen, räumt mit den Vorurteilen auf. Arm sind die Roma aus Südosteuropa, weil es seit dem Übergang zur EU dort an Arbeitsplätzen fehlt. Vor allem fehlen Jobs für wenig Qualifizierte. Arme Familien, dazu gehören auch viele Roma, sind auch dort Bildungsverlierer und haben kaum Chancen auf eine auskömmliche Anstellung. Krank, behindert und lädiert sind arme Menschen in Südosteuropa vor allem, weil es für sie keine zuverlässige und bezahlbare Gesundheitsversorgung gibt, angefangen vom Trinkwasser bis hin zur Krankenversicherung. Auch die Mär vom dominanten Familienclan hat einen ganz banalen Hintergrund: Wo Gesellschaft weder Arbeit noch Auskommen bietet, Bildung und Gesundheit unerreichbar sind - wer soll da helfen, wenn nicht die Familie? Viel geholfen wäre in den Herkunftsländern mit Zugang zu Ärzten, Kliniken und Medikamenten für Kranke. Mit beheizbaren Wohnungen. Und mit der klaren Perspektive, dass es heute und auch morgen genug zu essen gibt. Das würde vermutlich viele vom schließlich ganz unsicheren Exodus in fremde Länder wie Deutschland abhalten. Niemand emigriert aus Übermut, so das Fazit

des Berichtes. Der Balkankorrespondent hat in seinem Buch mit dem Titel: "Arme Roma, böse Zigeuner" seine Recherchen ausführlich dargelegt.

In diesen Ländern herrscht bitterste Armut. Auch von Bekannten weiß ich, in welcher Not sich die Menschen befinden. Im ländlichen Bereich leben Familien häufig in Häusern ohne Fenster und das selbst im Winter. Hier sind Wohnverhältnisse und Lebensbedingungen, die können wir uns überhaupt nicht vorstellen.
Neuerdings hat das Parlament in Ungarn mit großer Mehrheit entschieden, dass Obdachlosen Gefängnis droht, wenn sie sich an unerlaubten öffentlichen Orten aufhalten. Damit kann man sich ja ausmalen, wie die Stimmung in osteuropäischen Ländern auch gegen die Roma ist. Kein Wunder, dass immer mehr nach Deutschland kommen. Unsere Abneigung und Ablehnung sollte sich gegen die Probleme und ihre Ursachen aber nicht gegen die armen Menschen selbst richten.

In der Stadtbibliothek darf ich als Pilgerin umsonst ins Internet. Einige Leute bekommen meine Geschichte mit, sie werfen mir freundliche Blicke zu. Ein älterer Herr kommt auf mich zu: "Ich habe eben mitgehört. Ich finde Ihre Tour sehr gut und mutig. Alles Gute für Sie", wünscht er mir freundlich.
Wenig später im Freien sehe ich die nächste Bettlerin am Boden sitzen. Sie lacht mir freundlich entgegen, grüßt und winkt mich zu sich. Sie streckt mir die Hand entgegen, die ich selbstverständlich annehme. Der Schmutz, dieser abgearbeiteten, schwieligen Hand stört mich nicht. Ich schenke ihr meinen Apfel und sie freut sich.
Hier in Göttingen werde ich von vielen Bettlern und Obdachlosen wahrgenommen. Ich wundere mich. Vielleicht liegt es an meinem Rucksack, dass sie mich als Freundin betrachten und freundlich grüßen. Sie haben recht, ich bin ihre Freundin! Sie liegen mir alle am Herzen, auch wenn ich nichts für sie tun kann. Mit etlichen komme ich ins Gespräch. Durch zwei Obdachlose erfahre ich von der Heilsarmee, die sich zwei Straßen weiter befindet.

Dort erkundige ich mich, ob ich ebenfalls aufgenommen werden könnte, wenn ich keinen Schlafplatz hätte. Unter meinen besonderen Pilgerumständen würden sie mich ausnahmsweise auch als Frau in das Männerheim aufnehmen, erfahre ich. Na, das klingt ja sehr menschlich.
Ein ausländischer junger Mann, der an einem Stand Schmuck verkauft, spricht mich auf die Aufschrift meines Rucksacks an. Er findet sie sehr gut, denn Gottvertrauen ist seiner Meinung nach wichtig. Wir unterhalten uns längere Zeit.
Danach mache ich mich auf den Weg zu Jan.
Ich habe inzwischen ordentlich Hunger. In einer türkischen Bäckerei liegen leckere Blätterteigrollen mit Spinat und Käse gefüllt in der Auslage. Mir läuft direkt das Wasser im Mund zusammen.
Fremde Menschen um etwas zu bitten kostet mich normalerweise keine Überwindung. Nicht das Bitten bereitet mir Probleme, sondern die Ablehnung und Härte, die manchmal daraufhin erfolgen. Vom gescheiterten Verkauf der Obdachlosenzeitung habe ich mich noch nicht ganz erholt. Deshalb kostet es mich im Moment Überwindung zu fragen. Wenn da der Hunger nicht wäre ...
Aber die junge Verkäuferin ist äußerst freundlich, als sie meine Geschichte hört, packt sie mir noch ein sehr großes Brotlaibchen dazu.
"Vielen Dank! Ich wünsche Ihnen Gottes Segen ..., ich meine den Segen von Allah", verbessere ich mich. "Aber eigentlich ist es doch egal, welches Wort wir verwenden, wir meinen doch das Gleiche", lache ich ihr zu und sie lacht zurück.
Das ist es, was ich mit "Brüdern" und "Schwestern" meine. Wir sind es! Und wenn wir uns auf diese menschliche Weise verbinden, können wir es auch spüren.
Von hinten überholt mich eine Frau mit dem Fahrrad. Sie reagiert auf die Aufschrift meines Rucksacks und spricht mich an. Nach wenigen Worten bietet sie mir an, bei ihr zu übernachten.
"Vielen Dank für das Angebot, ich würde es gerne annehmen. Aber ich werde schon an meinem heutigen Übernachtungsplatz erwartet."

Hier in Göttingen werde ich häufiger als sonst wahrgenommen. Verwundert frage ich mich woran das liegen könnte. Meine Botschaft bleibt nicht ohne Wirkung. Ich freue mich darüber.
Im Gespräch sagen mir viele, wie sie Glauben und Kirche trennen. Sie meinen, die Kirche sei eher geeignet, die Menschen vom Glauben an Gott abzubringen.
Kirchliche Institutionen sind für viele ein rotes Tuch geworden. Auf das Wort Gott reagieren sie allergisch. Sie wollen es nicht mehr hören. Viele Menschen haben mit der Kirche auch Gott selbst über Bord geworfen.
Der Name Gottes wurde im Laufe der Geschichte auf vielfältigste Weise missbraucht. Kreuzzüge, Hexenverbrennungen, Waffensegnungen, viele körperliche oder seelische Grausamkeiten unter Berufung auf Gott sind traurige Tatsachen in der Geschichte der Kirche.

Da ist das Höllenfeuer, mit dem Menschen eingeschüchtert und manipuliert wurden. Da ist die Überbetonung von Schuld und Sünde, die die Menschen nicht davon befreit, sondern eher darauf fixiert. Da ist der moralische Anspruch, den Menschen beim Scheitern ihrer Lebenspläne nicht erfüllen können.
Anstelle der gesunden Liebe zu sich selbst wurde eine falsche Selbstverleugnung gepredigt. Da ist der geforderte blinde Gehorsam, der das eigene Denken und Wahrnehmen verbietet. Da ist die Heuchelei einer Institution, die Wasser predigt, aber selbst Wein trinkt.

Die vielen großartigen Menschen, die aus dieser Kirche hervorgegangen sind, konnten die Miss-Stände der Institution nicht verhindern.
Der Mann, der sich vor zweitausend Jahren mit den Pharisäern und Schriftgelehrten anlegte, kam aus der Mitte der einfachen Menschen. Er lehrte einen einfachen Glauben. Seine Botschaft war für die einfachen Menschen, für die Kleinsten und Schwächsten am besten verstehbar. Erst durch die Auslegungen der Kirchengelehrten und Dogmatiker wurde die Botschaft kompliziert und schwer verstehbar.

Aus einer wunderbaren Botschaft ist eine komplizierte Lehre entstanden, die normale Menschen kaum verstehen, die Katholiken und Protestanten zu Religionskriegen geführt hat und sie bis heute unverändert trennt.
Die Konsequenz daraus ist nicht der befreite, aufrechte Mensch, den Jesus wollte, sondern der von Schuld niedergedrückte, in seinem Selbst entwertete Mensch, der sich hinter Hunderten von Fassaden versteckt, weil er nicht wagt, sich zu zeigen, wie er wirklich ist.

Genau wie alle Kirchengegner sehe ich diese Probleme. Trotzdem bleibe ich Mitglied dieser Institution, denn ich will nicht, dass diese Kirche untergeht. Ich will, dass sie heiler wird und dass mit ihr auch die Menschen heiler werden. Gott will ich nicht an den Irrtümern von Menschen und Institutionen festmachen.
Dieser Kirche verdanke ich trotz allem meinen Glauben. Sie vermittelte mir grundsätzliche Werte der Menschlichkeit. Und ich glaube, ohne sie wäre es noch kälter in unserer Gesellschaft.
Der neue Papst legt den Finger auf die Wunden der Kirche und gibt Anlass zur Hoffnung.

Jans Laden ist hinter der Jacobi-Kirche, in der Burgstraße, in einem alten, schmalen Haus. Auf einem der beiden Schaufenster steht: "Jans Freiluftsalon."
Er unterbricht seine Tätigkeit und kommt ans Fenster, als er mich sieht.
"Vor zwölf Jahren habe ich mir mehrfach auf dem Marktplatz die Haare schneiden lassen. Damals hattest du einen Stuhl, der mit Klötzen erhöht war."
"Den gibt es immer noch, hier steht er", deutet er auf den Stuhl, auf dem seine Kundschaft gerade sitzt. "Damit schneide ich auch noch am Marktplatz", klärt er mich auf.
"Heute habe ich im Touristenbüro nach dir gefragt. Es freut mich, dass es dich nun mit eigenem Laden gibt. Ich bin auf der Durchreise und laufe von Flensburg nach Konstanz. Allerdings bin ich ohne Geld un-

terwegs. Was meinst du, halten meine Haare noch sechs Wochen bis zum Bodensee?"
"Komm rein, ich schneide sie dir umsonst", ist seine spontane Aufforderung. Es dauert nicht lange und schon sitze ich auf dem gleichen Stuhl wie damals.
Der Laden sieht aus, als hätte er ihn mit Sperrmüllmöbeln eingerichtet. Der Spiegel hat in der Ecke blinde Stellen, den Kämmen fehlt so mancher Zahn, aber Jan schneidet spitzenmäßig.
Jan ist voller Humor und Menschenfreundlichkeit. Jan ist ein Friseur für den kleinen Geldbeutel. Auch ganz normale Leute der Mittelschicht lassen sich von ihm die Haare schneiden. Die Göttinger mögen ihn. Wir sprechen über meine Pilgertour.
"Göttingen ist eine schöne Stadt, warum willst du morgen schon weiter", fragt er mich während des Schneidens.
"Ich habe noch einen weiten Weg vor mir."
"Ach was, eine Woche Pause kannst du Dir gönnen. Morgen früh, nach dem Frühstück, jammerst du über Bauchweh. Die schicken dich dann nicht fort. Am nächsten Tag hast du Hexenschuss. Das sind doch keine Unmenschen, die dich dann nicht mehr bleiben lassen.
Am dritten Tag wirfst du irgendein wertloses Glas auf den Boden. Du holst eilig Schaufel und Besen, kehrst sofort auf. Dann sehen die Leute, dass du brauchbar bist. Dann wollen die von sich aus, dass du bleibst. So bringst du die Woche schnell herum", berät er mich und ich muss herzlich lachen.
Jan lebt den Menschen deutlich vor, wie man ohne Konsum, ohne tolle Einrichtung leben kann. Er ist nicht in das gesellschaftliche Hamsterrad eingestiegen, in dem viele Menschen sich selbst verlieren und erst durch Herzinfarkt und Burnout abgeworfen werden. Jan hat sich seine Persönlichkeit in diesem System bewahrt. Er ist ein liebenswertes Original voller Witz und Charme. Er versteht sein Handwerk, schneidet ausgezeichnet, ist schnell und günstig. Alle die wenig Geld haben und kein Statussymbol brauchen, finden bei Jan den richtigen Mann. Ich finde es großartig, dass es Menschen wie ihn gibt.

Ich stelle mir Jesus in unserer Gesellschaft vor. Was würde er tun? Zu welchen Menschen würde er gehen? Ich bin überzeugt, dass er bei Jan landen würde.
Jan hat mir in Windeseile einen hervorragenden Haarschnitt verpasst. Ich bedanke mich und begebe mich auf den Weg zu meinem Übernachtungsquartier.

Der Ortsteil Weende liegt nördlich von Göttingen. Ich muss wieder zurück in die Richtung, aus der ich am Morgen kam. Es ist heiß, meine Füße sind vom vielen Laufen wieder einmal überstrapaziert. Der Weg zieht sich endlos dahin. Pünktlich wie vereinbart klingle ich um siebzehn Uhr an der Haustür. Beim Klingeln beschleicht mich ein eigenartiges Gefühl, für das ich keine Erklärung finde.
Ein Fenster neben der Tür öffnet sich und sofort begrüße ich freundlich den Mann, der wohl Elkes Schwiegervater sein muss.
"Frau Schierl", ich komme raus, sagt der Mann knapp.
Seltsam lange stehe ich vor der Tür. Niemand öffnet. Mein komisches Gefühl verstärkt sich. Schließlich öffnet sich von innen das Tor der integrierten Garage. Herr E. sagt nur:
"Ich fahre das Auto raus." Er steigt dann aus dem Wagen, öffnet den Kofferraum und gibt die Anweisung: "Legen Sie Ihren Rucksack in den Kofferraum."
Was geschieht hier? Ein Schreck durchfährt mich. Seiner Frau muss etwas passiert sein, denke ich. Darum kam sie jetzt nicht zur Tür. Deshalb ist der Mann so kurz angebunden und meidet meinen Blick. Es geht ihm nicht gut. Das ist das einzige was mir als Erklärung einfällt.
Menschen sind oft unnahbar und reserviert, wenn es ihnen schlecht geht und sie die Kontrolle über ihre Gefühle nicht verlieren wollen. Natürlich kann er mich in dieser Situation nicht gebrauchen, vermutlich bringt er mich zu guten Bekannten. Wie peinlich, dass ich ihn nun belaste, denke ich. Der Mann tritt so knapp bestimmend, ja richtig dominant auf, dass ich in meinem Schreck nicht zu fragen wage, was

los ist. Ich befolge einfach seine Anweisungen. Er wird es mir erklären, wenn ihm danach ist, denke ich.
Herr E. behandelt mich mit korrekter, aber reservierter Höflichkeit, fragt mich während der Fahrt, was ich beruflich mache, ob ich schon öfter gepilgert sei usw. Als ich mein Buch erwähne, erkundigt er sich, wo man mein Buch finden könne.
Die ganze Situation verwirrt mich und seine Umgangsart ist für mich sehr irritierend. Ich fühle mich für die Umstände, die ich ihm in seiner Lage bereite, irgendwie schuldig. Alles verschlägt mir die Sprache. Wir fahren über irgendwelche Schnellstraßen, ich habe keine Ahnung wohin, bin aber auch nicht in der Lage zu fragen.
Schließlich biegen wir in ein Grundstück und ich erkenne eine Jugendherberge. Im gleichen Augenblick erklärt mir Herr E.: "Ich habe hier eine Unterkunft für Sie arrangiert. Sie bekommen ein Einzelzimmer mit Abendessen und Frühstück."
"Wie bitte?" rufe ich fassungslos aus.
So wie er mit mir spricht wird mir in diesem Augenblick alles klar. Es stimmt gar nicht, dass es dem Mann schlecht geht, weil seiner Frau etwas passiert ist. Sein ganzes Verhalten, seine Reserviertheit richtet sich einzig gegen meine Person. Und von diesem Mann soll ich mir meine Übernachtung zahlen lassen? Unmöglich!
"Ich wollte auf gar keinen Fall Unkosten verursachen. Wenn bei Ihnen etwas dazwischen gekommen ist, dann akzeptiere ich das. Ich möchte nicht, dass Sie Geld für mich ausgeben", versuche ich aus dieser Situation heraus zu kommen.
"Das ist bereits alles für Sie arrangiert", sagt er in einem Ton, der keine Widerrede duldet.
Ich weiß überhaupt nicht, wo ich bin, wie weit entfernt von der Stadt. Irgendetwas habe ich falsch gemacht. Ich bin nur verwirrt und wie gelähmt. Ich kann keinen klaren Gedanken fassen, mein Gehirn steht einfach still.
Auf seine Anweisung nehme ich meinen Rucksack aus dem Kofferraum. Willenlos und handlungsunfähig wie ein kleines Kind folge ich ihm zur Rezeption der Jugendherberge.

Die Frau an der Rezeption und Herr E. kennen sich offenbar gut. Alles ist arrangiert. Papiere, Schlüssel, alles liegt vorbereitet da. Herr E. muss nur noch bezahlen.
An dieser Stelle reagiert mein Gehirn wieder. Ich bitte die Frau, mir das Zimmer auf meine Rechnung zu geben. Ich versichere, dass der Betrag schnellstens überwiesen wird.
Doch die Frau lässt sich nicht darauf ein. Sie sagt, das sei bereits alles geklärt, Herr E. hätte das Zimmer gebucht und trage dafür die Kosten.
Ratlos stehe ich da und weiß nicht, was ich tun soll.
Auf die einfachste Lösung, das Zimmer zu verweigern und zu gehen, komme ich in meinem Schockzustand nicht.
Ich fühle mich in dieser Situation ohnmächtig und gefangen. Mir geht es damit nur schlecht.
"Bitte geben Sie mir die günstigste Unterkunft. Ich brauche kein Einzelzimmer", ist alles, was ich hervorbringe.
Die Frau bucht das Einzelzimmer auf ein Fünfbettzimmer um. Herr E. bezahlt mit Karte 33.50 Euro und bekommt die vorbereitete Rechnung ausgehändigt.
"Würden Sie mir bitte Ihre Kontonummer geben, damit ich Ihnen den Betrag überweisen kann, sobald ich zuhause bin", wende ich mich an Herrn E.
Zum ersten Mal schaut er mich richtig an.
"Ich übernehme das!", ist in scharfem Ton seine entschiedene Antwort, die abermals keinen Widerspruch zulässt.
"Ich mache das für meine Schwiegertochter", fügt er eisig hinzu.
Damit macht er noch einmal deutlich, dass er für eine Person wie mich nichts übrig hat.
Demütigender könnte er sich nicht verabschieden.
Da die Übernachtung auf seine Kosten geht, fühle ich mich auch noch verpflichtet, dafür aus Höflichkeit danke zu sagen. Das ärgert mich noch mehr. Warum war ich nicht in der Lage, diesem Mann die Stirn zu bieten?
Da laufe ich von Flensburg bis Göttingen, meistere jede Situation und hier bei diesem Mann werde ich wehrlos und lasse mich auf diese

Weise entwürdigen. Es macht mich unendlich wütend auf mich selbst. Wie konnte ich mich von diesem Mann so bestimmen lassen, neben ihm so hilflos werden?
Bei klarem Kopf hätte ich meine eigene Lösung gefunden. Auf diese Jugendherberge war ich nicht angewiesen. Notfalls wäre ich bei der Heilsarmee untergekommen.
Innerlich bin ich zutiefst aufgewühlt. Ich kann mich gar nicht erinnern, wann mich etwas so sehr aufgewühlt hat. Jedenfalls ist das lange her.
Nun sinne ich nach einer Lösung, um meine Würde und Selbstachtung wieder herzustellen. Dann habe ich einen Plan.
An der Rezeption hole ich mir weißes Papier und einen Umschlag.
Ich schreibe Herrn E. einen Brief, spiegle, wie lieblos und demütigend ich ihn mir gegenüber erlebte und versichere, dass er so schnell wie möglich sein Geld erhalten wird, weil ich ihm nichts schuldig bleiben möchte. Danach fühle ich mich wohler.

Dienstag, 11. Juni 2013

Sobald wie möglich verlasse ich die Jugendherberge. Meine innere Stimme treibt mich zur Eile an. Ein Mann steigt in der Nähe der Jugendherberge gerade in sein Auto und ich spreche ihn an.
"Ich muss dringend so schnell wie möglich nach Weende. Können Sie mich ein Stück mitnehmen?" Er fährt tatsächlich in die gewünschte Richtung, zaudert aber und schaut mich erst lange prüfend an. Wortlos mit einer Kopfbewegung gibt er mir zu verstehen, ich könne einsteigen. Im Auto versuche ich zu erklären, warum ich ohne Geld unterwegs bin.
Sobald das Wort Gottvertrauen fällt, greift er scharf ein:
"Ich will das nicht hören! Ich will nicht missioniert und von nichts überzeugt werden."
"Das war nicht meine Absicht, ich wollte Ihnen nur erklären, warum ich gerade in dieser Lage und auf Ihre Hilfe angewiesen bin. Sonst hätte ich für meine dringende Angelegenheit den Bus oder ein Taxi nehmen können. Aber natürlich respektiere ich Ihren Wunsch."

Ich schweige einige Zeit. Der Mann wird schließlich netter und versöhnlicher. Wir reden nun über allgemeine, belanglose Dinge.
Er weicht dann sogar von seiner Route ab, um mich näher an mein Ziel zu bringen.
Als er mich absetzt, bedanke ich mich bei ihm besonders freundlich.
Mir wird klar, dass die Aufschrift auf meinem T-Shirt bei vielen auch Ablehnung auslöst. Manche Menschen fragen mich, ob ich von einer Sekte käme. Andere bringen mich mit ihren negativen Erfahrungen aus dem Religionsunterricht und der Kirche in Verbindung. Sie sind dann sofort voreingenommen und wollen von mir nichts wissen. Manche Menschen provoziere ich anscheinend damit. Auch Pastoren stehen mir skeptisch gegenüber. Nur bei einigen kommt meine Botschaft im Herzen an.
Die letzten Kilometer nach Weende muss ich zu Fuß gehen. Unterwegs überlege ich, wo ich fünfunddreißig Euro herbekommen könnte. Hundert Meter vom Haus der Familie E. entfernt sehe ich zwei ältere Damen über einen schmalen Fußweg kommen. Sie lächeln mir freundlich entgegen.
"Könnten Sie mir sagen, wo das nächste Pfarramt ist?", spreche ich die beiden an.
Sie versuchen mir den Weg zu erklären. Das Ganze erscheint mir jedoch zu umständlich, es ist nicht nah genug.
Spontan frage ich: "Hätten Sie soviel Vertrauen zu mir, dass Sie mir fünfunddreißig Euro leihen würden? Ich bin augenblicklich in einer schwierigen Lage und bräuchte das Geld dringend. Sie bekämen es in wenigen Tagen garantiert zurück."
So knapp wie möglich erkläre ich meine Pilgersituation ohne Geld. "Hier ist mein Ausweis. Sie können sich alles notieren." Ich hole den Personalausweis und den Pilgerausweis heraus.
Die beiden wehren ab. "Ach, das brauchen wir nicht, wir vertrauen Ihnen."
"Meine Freundin zuhause wird Ihnen das Geld sofort überweisen, wenn ich sie anrufe.

Ich bin in eine komische Situation geraten und schulde nun einem Mann dieses Geld.
Von diesem Mann fühle ich mich menschlich und auch als Frau entwürdigt. Deshalb möchte ich mich so schnell wie möglich von dieser Schuld befreien."
Eine der Frauen gibt mir vierzig Euro.
"Das ist zu viel, ich möchte nur fünfunddreißig Euro."
"Wollen Sie nichts für sich behalten", fragt sie?
"Nein, ich will nur meine Schuld begleichen können."
Beide Frauen wechseln die Scheine untereinander bis die Summe passt.
"Ich danke Ihnen von ganzem Herzen, dass Sie mir vertrauen."
Ich bin so dankbar und erlöst, dass mir die Tränen in die Augen treten.
Beide Frauen erschrecken. "Ist es denn so schlimm?", fragt die eine.
"Nein, ich bin nur froh, dass ich mich so rasch aus dieser Lage befreien kann. Es ist so schön, dass Sie mir vertrauen", versuche ich mich verständlich zu machen.
In diesem Moment kommt eine Frau aus dem Haus von Herrn E. Sie winkt und die Frauen grüßen sie mit ihrem Namen.
"Ist das Frau E.?", frage ich.
Nachdem die beiden Damen das bestätigen, verabschiede ich mich und eile der Frau hinterher.
Kurz bevor ich sie erreiche, dreht sie sich um.
"Frau E., guten Morgen! Ich bin die Pilgerin von gestern."
Es war noch keine Zeit, das Geld in den Briefumschlag zu stecken. Sie sieht die Scheine in meiner Hand und ruft aus: "Auf keinen Fall! Es ist etwas dazwischen gekommen."
Sie dreht sich abrupt um und eilt davon.
Nun versuche ich Herrn E. am Haus zu erreichen. Auf mein Klingeln öffnet niemand.
Deshalb spurte ich jetzt doch hinter Frau E. her. Sie ist schon um eine Kurve verschwunden. Aber ich habe Glück und sehe sie in einem Vorgarten in einer Gruppe von Frauen stehen. Auch die beiden älteren Damen, die mir Geld geliehen haben, befinden sich in der Gruppe.

Frau E. sieht mich erst im letzten Moment.
"Dies ist für Ihren Mann! Bitte übergeben Sie ihm den Brief." Mit diesen Worten drücke ich ihr den verschlossenen Umschlag, in dem sich das Geld befindet, in die Hand. Es ist ihr sichtlich unangenehm.
Auf dem Absatz mache ich kehrt und laufe davon. Gleichzeitig habe ich das Gefühl, mir sei ein Zentnerstein vom Herzen gefallen. Welch ein Glück, dass ich nicht nur den Brief, sondern mit Hilfe der älteren Damen auch gleich meine Schulden bei Herrn E. losgeworden bin.
Das war wirklich genau auf die Minute richtig. Mein inneres Gefühl hat mich nicht umsonst zur Eile gedrängt.
Befreit laufe ich stadteinwärts. Nun geht es mir wieder richtig gut. Ein junger Mann überholt mich mit dem Fahrrad und hält dann an, um mit mir ins Gespräch zu kommen. Wir plaudern ein wenig und er gibt mir Tipps, wie ich den Jakobsweg außerhalb der Stadt finden kann.

Grenzdurchgangslager Friedland - das Tor zur Freiheit

Wenn das Gute nicht getan wird
wächst das Böse.

Papst Pius XII

Mein heutiger Weg führt mich nach Friedland. Hier hoffe ich ein Quartier zu finden.
Als ich in Friedland ankomme, sehe ich im Ort Hinweisschilder: *Grenzdurchgangslager Friedland*. Das hört sich ja interessant an. Gut, dass mein Weg mich hierher führt.
An der katholischen Kirche begegnet mir der Pfarrer. Auf meine Frage nach einem Pilgerquartier rät er, ich solle mich nebenan beim Caritashaus melden. Er hat gerade keine Zeit. Hier bekomme ich tatsächlich ein Zimmer.
Es befindet sich im oberen Stockwerk und ist sehr ordentlich, sogar mit Waschbecken.
Daneben befinden sich WC und Dusche. Seife, Handtücher, alles ist da, auch eine Küche, die ich benutzen darf. Der Caritasmitarbeiter übergibt mir einen Hausschlüssel. Damit kann ich mich frei bewegen. Das Büro ist nur noch kurze Zeit besetzt. Da habe ich wieder einmal richtig Glück gehabt.
Ohne Gepäck und in den bequemen Sandalen, durchschreite ich die Eingangspforte des Lagers. Niemand hält mich auf.
Landesaufnahmebehörde Niedersachsen
Standort Grenzdurchgangslager Friedland
steht auf einem Schild.

Ich schlendere im Lager zwischen Wohnunterkünften, Kleiderkammer, Caritas-Migrationsdienst, Krankenstation usw. hindurch. Überall sehe ich angenehme, freundliche Menschen.
Im Haus Vier ist die Essensausgabe. Es ist gerade Mittagszeit und alle strömen in den Speiseraum. Ich folge dem Strom der Menschen. Ein buntes Gemisch von Nationalitäten zeigt sich. Der Speiseraum ist ein riesiger Saal. Vier Tische sind der Länge nach aneinander gestellt. Zur Zeit befinden sich 600 Menschen im Lager, viele Familien mit Kindern, Kriegsflüchtlinge aus Syrien, Menschen aus Tschetschenien, aus Afghanistan usw.
Bei der Essensausgabe müssen die Lagerinsassen ihre Personalkarte mit Passbild vorlegen. Jedes Essen wird darauf abgestempelt. Ich reihe mich einfach an der Theke mit ein und frage ob ich als Jakobswegpilgerin, die ohne Geld unterwegs ist, auch etwas zu essen bekäme.
"Ich habe zwar keine Papiere, dafür aber ordentlichen Hunger", bekenne ich.
Die Frau am Band gibt mir mit Kopfbewegung und Augenaufschlag zu verstehen, dass ich das nächste Tablett vom Fließband nehmen kann. Auf meinem Tablett befinden sich eine Schüssel mit Gemüsesuppe, zwei Scheiben ungetoastetes Weißbrot und ein Joghurt.
An einem Tisch mit jungen Frauen und kleinen Kindern frage ich, ob ich mich dazu setzen könne. Eine der Frauen spricht sogar Deutsch. Nach dem Essen räume ich mein Tablett auf und wünsche hier und da den Menschen "Guten Appetit". Sie freuen sich darüber. Gerne würde ich mit den Leuten näher in Kontakt kommen. Aber meistens können sie kein Deutsch sondern nur Englisch. Alle machen einen friedlichen Eindruck. Dann finde ich einen Mann, der ein wenig Deutsch spricht. In einem Gemisch aus Englisch und Deutsch erfahre ich von seiner Situation. Er kommt mit seiner Frau und seinen vier Kindern aus Syrien. Die Familie macht einen sehr sympathischen Eindruck. Die Kinder sind nett und offensichtlich gut erzogen. Das älteste Kind dürfte vielleicht zehn Jahre alt sein.

Weil sie Christen sind, werden sie verfolgt und sind in Syrien ihres Lebens nicht mehr sicher, berichtet er. Seine Frau ist PC-Expertin, er ist Ingenieur.
Sie sind dankbar für die Aufnahme in Deutschland, für das Essen, für die Versorgung, die der Staat ihnen gewährt. Sie sind auch Gott sehr dankbar, dass sie alle gesund sind, denn das ist in so einer Lage äußerst wichtig, meint er.
Nun erzähle ich von meiner Pilgerreise durch Deutschland. Wir sind uns einig, wie wichtig und hilfreich der Glaube an Gott ist, besonders in schwierigen Zeiten. Weil er die Aufschrift auf meinem T-Shirt nicht lesen kann, hole ich meine Dollarnote aus der Tasche und zeige ihm den Aufdruck. Nun kann ich meine Aufschrift verständlich machen. Er freut sich sehr und lässt mich seine Anerkennung spüren.
Er und seine Frau schieben mir ihre drei Joghurts zu, die sie nicht essen wollen.
"Wie kommen Sie hier im Lager mit den vielen verschiedenen Nationalitäten zurecht?", interessiere ich mich weiter.
"Das Problem ist die Enge und Nähe bei so vielen unterschiedlichen Menschen, mit denen man sich nicht verständigen kann. Es gibt keinen Streit, alle sind friedlich, aber es ist belastend", erklärt er.
Er liebt seine Arbeit und ist froh, wenn er bald wieder arbeiten kann.
"Ich hoffe sehr für Sie, dass Sie in Deutschland viele Menschen mit offenem Herzen finden, die Sie gut aufnehmen", verabschiede ich mich von der Familie und trage meine Teetasse zur Geschirrabfertigung.
Eine nette junge Frau schaut mir lächelnd entgegen. Sie weiß schon über mich und meinen Weg Bescheid, erklärt sie, während sie Geschirr auf das Fließband stellt.
Ich zeige mein Interesse am Leben der Asylanten im Lager und sie erzählt mir davon.
"Die Menschen sind alle grundsätzlich sehr nett und sehr dankbar. Nur zu gerne würden sie hier im Lager arbeiten, Hauptsache sie hätten etwas zu tun. Sie leiden ordentlich unter der erzwungenen Untätigkeit", berichtet sie.

"Ich spüre trotz der vielen Menschen von allen Seiten Harmonie und Frieden. Alle gehen nett miteinander um. Besonders vom Personal erlebe ich hier viel Entgegenkommen und Freundlichkeit gegenüber den Menschen. Es freut mich, dass das Personal so ein gutes Klima schafft. Mein Kompliment an Sie alle!", drücke ich meine Anerkennung aus.
Sie lächelt. "Ja, das Personal hier gibt sich alle Mühe."
"Aber sobald diese Menschen vom Lager hinaus in unsere deutsche Wirklichkeit kommen, werden sie vermutlich andere Erfahrungen machen", werfe ich bedauernd ein.
"Das wird wohl so sein", nickt sie nachdenklich und fährt dann fort: "Die Leute im Ort haben ebenfalls eine sehr tolerante Einstellung zu den Flüchtlingen. Da gibt es keinerlei Probleme. Immer wieder werden Begegnungsmöglichkeiten geschaffen."

Im Lager gibt es in der 'Nissenhütte' ein kleines Museum, das über die Entstehung des Lagers im Jahr 1945 berichtet. Vertriebene, Soldaten, Zwangsarbeiterinnen, Flüchtlinge, Waisenkinder, Kriegsheimkehrer usw. wurden hier aufgenommen. Provisorisch errichtete Wellblechhütten boten zunächst Schutz vor Kälte und Nässe. In der Hütte waren Strohsäcke ausgelegt.
Ein Kriegsheimkehrer ist abgebildet, der aus russischer Gefangenschaft kam. Er ist auf dem Bild fünfundvierzig Jahre alt. Vom russischen Lager gezeichnet sieht er aus, als wäre er fünfundsiebzig. Bilder von Menschen, die die Heimaterde am Boden küssen, Dokumente, praktische Gegenstände, die sich die Menschen in Gefangenschaft gebastelt haben, sind hier zu sehen. Viele Bilder und Gegenstände erinnern an diese Zeit. Die Nissenhütte und der durch Stacheldraht schreitende Heimkehrer sind eindrucksvolle Zeugnisse der Not und der Hoffnung. Als Tor zur Freiheit ist das Grenzdurchgangslager Friedland über alle Grenzen der Welt berühmt geworden.
Das Personal der Kleiderkammer vom Roten Kreuz weiß ebenfalls schon von mir und begrüßt mich freundlich. Sie ist nur zur Aufsicht da, damit es nicht zu bunt wird, erklärt mir eine Frau. Ihre Hauptauf-

gabe ist die Migrationsberatung. Die Bediensteten hier sind aufgeschlossen und geben bereitwillig Auskünfte.
Die Kleiderkammer wird von ehrenamtlichen Mitarbeiterinnen aus dem Lager betreut. Der Raum ist sehr voll. Ein buntes Gemisch von Menschen bewegt sich zwischen den riesigen Wühltischen und den Kleiderbergen am Boden.
Das Personal im Feuerwehrhaus ist für alles zuständig, für die Aufsicht im Speisesaal, für Hilfestellungen aller Art, für sämtliche Probleme der Asylanten.
Ein Mann meint, es wäre hier zwar friedlich, aber absolut stressig, weil zu wenig Personal da sei.
Später treffe ich die Frau, die mir das Mittagessen gegeben hat, und bedanke mich noch mal.
"Das ist doch selbstverständlich," sagt sie freundlich.
"Sie können auch zum Abendessen kommen. Aber ich kann Ihnen nicht versprechen, ob es da ebenfalls klappt. Versuchen Sie es einfach", ermuntert sie mich.
Ich laufe in den Ort und suche den Jakobsweg für den nächsten Morgen. Beim Pastor der evangelischen Kirche bekomme ich Unterstützung. Er sucht mir die Telefonnummer des Pfarramtes in Allendorf heraus. Beim evangelischen Pfarramt ist niemand anwesend. Der katholische Pfarrer ist zum Glück erreichbar. Als er mein Anliegen hört, wirkt er zuerst einmal überfordert und meint, eine Pilgerin ohne Geld hatte er noch nie.
Aber er ist bereit, sich mit mir morgen um siebzehn Uhr zu treffen.
Nun kann ich mich der weiteren Erkundung des Lagers widmen. Es gibt ein Frauenzentrum zum Basteln und Reden, Jugendräume mit Billardtischen und Tischtennisplatten. Im Freien haben einige Jugendliche zwischen zwei Bäumen ein schmales Band gespannt und balancieren darauf. Ich versuche es ebenfalls. Doch trotz helfender Hand stürze ich gleich ab.
Mit zwei jungen Mädchen aus Afghanistan komme ich ins Gespräch. Wir können uns nur auf Englisch verständigen. Sie sind mit ihrer Familie wegen der Taliban geflüchtet.

Ich erzähle ihnen, dass ich vor vielen Jahren durch ihr Land reiste und damals im Tal von Bamiyan die riesigen Buddhastatuen bestaunen konnte. Die fünfunddreißig und dreiundfünfzig Meter hohen Buddhastatuen stammten aus dem sechsten Jahrhundert und waren bis zur Kopfhöhe begehbar. Diese Statuen wurden 2001 von den Taliban absichtlich zerstört.
Die beiden Mädchen freuen sich, dass ich ihr Land kenne, und ich freue mich über die kleinen Gespräche, die mich mit den Menschen in Verbindung bringen.
Im Speisesaal hat sich inzwischen eine lange Schlange vor der Essensausgabe gebildet. Gemeinsam mit den Asylanten stelle ich mich ganz hinten mit an. Wie bei der Flughafenabfertigung werden wir durch Absperrungsschleifen geschleust. Die Menschen hier wirken sehr ausgeglichen, ja sogar fröhlich. Es gibt zwar lautes Stimmengewirr, aber keinen außergewöhnlichen Lärm. Trotz der vielen Kinder gibt es kein Geschrei oder Gekreische. In Anbetracht der vielen Menschen im Raum empfinde ich den Geräuschpegel sogar ungewöhnlich niedrig. Alle benehmen sich sehr gesittet.
Überall erlebe ich freundliches und wohlwollend wirkendes Personal. Das finde ich ganz wunderbar für diese Menschen, die Heimat, Freunde, Nachbarn, oft auch Teile der Familie verloren haben.
Diesmal ist ein junger Mann an der Essensausgabe und stempelt die Papiere ab. Genauso wie am Mittag frage ich, ob ich ein Abendessen haben könnte. Er zuckt die Schultern, er muss erst in der Küche fragen. Eine blonde Frau, mittleren Alters, kommt von der Küche an die Theke und ich erkläre ihr meine Lage. Sie schaut mich einen Moment an und sagt dann freundlich: "Nehmen Sie sich einfach ein Tablett weg."
Es gibt zwei Brötchen, zwei kleine Butterpäckchen, zwei Scheiben Wurst und zwei Eier. Auf jedem Tablett ist das Gleiche. Alles spartanisch ohne Schnörkel, keine Servietten, nichts, was nicht unbedingt benötigt wird. Tee gibt es aus großen Behältern zur Selbstbedienung. Viele Frauen packen die Esswaren von sämtlichen Tellern ihrer um-

fangreichen Familie gleich in eine große Plastiktüte. Offensichtlich wollen sie es in ihrer Unterkunft essen.
Ich hole mir eine zweite Tasse Tee, um meinen Flüssigkeitsbedarf zu decken. Der Saal leert sich und ich sitze inzwischen allein an meinem Tisch. Plötzlich erscheint die Angestellte aus der Küche an der Theke und winkt mich heran. Sie überreicht mir eine Tüte mit Obst. "Damit Sie bei Kräften bleiben", fügt sie scherzhaft hinzu.
"Vielen Dank! Das ist ja eine Überraschung", staune ich.
Die Frau interessiert sich für meinen Weg und stellt Fragen. Ich erzähle von meinen Beweggründen.
"Das finde ich ja toll, dazu hätte ich nie den Mut. Noch dazu allein", sagt sie. Eine zweite Frau kommt wissbegierig aus der Küche dazu.
"Ach wissen Sie, den Mut zum Bitten habe ich nur, weil ich ebenfalls für andere Menschen da bin, wenn es nötig ist. Und dann wird Geben und Nehmen etwas ganz Natürliches. Es gibt Zeiten, da ist es richtig zu geben. Und es gibt Zeiten, da ist es richtig zu bitten und zu nehmen. Heute nehme ich, morgen gebe ich", sage ich beschwingt.
Nach dem gestrigen Erlebnis in Göttingen tut mir diese Zuwendung richtig gut. Das baut auf.
Als ich den Raum verlasse, sehe ich den Ingenieur mit seiner Familie. Ich will ihm vom Obst etwas abgeben. Für mich ist das zu viel, gebe ich zu verstehen. Doch er nimmt nichts davon und winkt kopfschüttelnd ab.
Dann erzählt er offensichtlich den anderen Familien, die mit uns laufen, meine Geschichte über Gottvertrauen und zeigt auf meine Aufschrift am T-Shirt. Sofort bekomme ich lauter freundliche Blicke zugeworfen.
Diese Menschen haben alle eine so liebenswerte Ausstrahlung. Am liebsten würde ich ihnen sagen, egal welche Nationalität wir haben, wir gehören doch alle zusammen, wir sind Brüder und Schwestern von einem gemeinsamen Schöpfer.
In meiner Obsttüte sind zwei Orangen, zwei Äpfel, zwei Bananen und sogar zwei kleine *Snickers*. Die beiden Orangen esse ich gleich, weil ich morgen nicht soviel Gewicht tragen will.

Dann gehe ich mit meinen Unterlagen für *Solwodi* in den hinteren Teil des Lagers. Alle Mitarbeiter, die ich entdecke, unterschreiben sofort. Mit einigen tausche ich mich sehr persönlich aus.
Als ich später wieder durchs Lager laufe, werde ich überall mit liebevollen Blicken gegrüßt, egal ob mir Männer oder Frauen begegnen. Ich frage mich verwundert, woran das liegt. Nur weil ich eine Deutsche bin, die sich ganz selbstverständlich mit Asylanten abgibt und unterhält? Natürlich freue ich mich über die Freundlichkeit der Menschen und erwidere sie, so gut ich kann.
In der Nachbarschaft des Lagers spreche ich mit Frauen aus dem Dorf. "Wie kommen Sie damit zurecht, dass hier so viele Asylanten sind?", frage ich.
"Grundsätzlich kommen wir gut zurecht. Es gibt keine Probleme. Die Leute sind sehr nett und bemüht. Aber es sind einfach zu viele Fremde in diesem Dorf konzentriert. Früher waren es Aussiedler. Die waren ganz anders, eher schüchtern und zurückhaltend. Diese Leute hier haben eine ganz andere Mentalität. Sie sind lebhaft und laut. Sie reden laut, sie lachen laut. Die haben ein ganz anderes Temperament. Sie sind, wie sie sind, einfach anders. Das ist man hier im Dorf untereinander nicht gewohnt", schildert sie ausführlich die Situation.
"Aber sonst kann man nichts gegen sie sagen. Sie benehmen sich gut, machen keine Probleme."
Später im Zimmer dusche ich und wasche mir die Haare. Seit Jans Haarschnitt hatte ich dazu noch keine Gelegenheit. In meinem Zimmer fühle ich mich richtig wohl.
Wie so oft auf diesem Weg, sind die Menschen für mich offen. Mir wird hier alles von Herzen gegeben. Da vollzieht sich etwas, was ich noch gar nicht begreifen kann. Es ist so ungewöhnlich, so etwas gibt es im normalen Alltag einfach nicht. Dabei ist es wunderschön und bereichernd für beide Seiten.
Warum gelingt uns das in unserem Alltag nicht? überlege ich für mich.

Mittwoch, 12. Juni 2013

Um sechs Uhr trinke ich bereits meinen Kaffee in der Küche. Ich habe zum Glück noch zwei Brötchen von der Jugendherberge. Denn außer Kaffee ist in der Küche nichts zu finden.
Um halb sieben kommt der Mann von der Caritas in sein Büro. Ich darf Daniela zuhause kurz anrufen.
Ich teile Daniela die Adresse der Frau von Göttingen mit und bitte sie, so schnell wie möglich fünfunddreißig Euro mit meinem vollen Absender in einem Briefumschlag abzuschicken.
"Würdest du bitte auf einen Zettel schreiben: Von Frau Schierl mit einem herzlichen Dankeschön, und dann einen Gruß mit deinem Namen. Es ist mir sehr wichtig, ich erkläre dir bei nächster Gelegenheit, worum es geht."
Dann breche ich auf. Am Supermarkt gebe ich eine leere Mineralwasserflasche ab und bin nun wieder im Besitz von fünfundzwanzig Cent.
An einem Bahnübergang im Ort steht ein endlos langer Güterzug. Die Schranke ist schon unüblich lange geschlossen. Immer mehr Autofahrer stauen sich hinter der Schranke nach beiden Seiten und rätseln, was los ist. Der Zug steht und es sieht nicht so aus, als würde er in absehbarer Zeit abfahren. Er ist so lang, dass ich ihn an diesem Bahnübergang auch nicht umgehen könnte.
Es gibt weiter südlich im Ort einen zweiten Bahnübergang ohne Schranke, erklärt mir ein Autofahrer. Sofort laufe ich los und suche diesen Übergang. Dort sehe ich, dass der Güterzug unverändert steht. Noch immer rührt sich nichts. Der letzte Wagen reicht fast bis zu meinem Bahnübergang. Das mag noch dauern, aber mich stört es nicht mehr.
Heute drückt mein Rucksack wieder einmal an der rechten Schulter. Auch der Ischiasnerv rührt sich. Mal tut das Knie weh, mal der Nacken. Vom Stockeinsatz fühlen sich meine Hände und Arme in der Nacht oft taub an.
Aber all diese Wehwehchen ignoriere ich und dann sind sie meist schnell wieder weg. Sie kommen und gehen. Nun fällt mir auch mein Zahn wieder ein. Ich glaube, nach drei Tagen waren die Schmerzen

weg und ich vergaß ihn einfach. Ohne Antibiotikum löste sich das Problem. Jetzt, wo es mir bewusst wird, kann ich es kaum glauben.
Erneut verlaufe ich mich heute auf den Feldwegen. Wieder muss ich deshalb Umwege gehen. Es ist einfach unmöglich, ohne Markierung oder Wanderkarte den richtigen Weg zu finden.

In meinem Umfeld haben viele Menschen ihr Gottvertrauen oder gar ihren Gottesbezug durch Schicksalsschläge oder durch negative Erfahrungen mit der Kirche verloren. Aus vielen Gesprächen weiß ich das. Mit Worten kann ich niemandem helfen, von dieser Haltung wieder abzukommen. Für alle diese Menschen möchte ich ein Zeichen für Glauben und Gottvertrauen sein. Vielleicht hilft es dem einen oder anderen auf seinem Weg zu Gott. Aber nicht nur in meinem Umfeld, auch unterwegs möchte ich etwas bewirken.
Ich komme zwischen Besenhausen und Kirchgandern an eine historische Stelle. Ein Straßenschild weist darauf hin:

Hier waren Deutschland und Europa bis zum
18. November 1989 um 6.00 Uhr geteilt.

Nun überquere ich das grüne Band und bin sogleich in Thüringen, der früheren DDR.
Es ist sehr heiß. Meine Wasserflaschen sind leer. In einem Dorf ist wieder einmal der Weg unklar. An einer Haustür erkundige ich mich nach dem Weg und bitte um Leitungswasser.
Eine Frau bringt mir eine kleine Flasche mit Mineralwasser, die ich in einem Zug austrinke. Wir unterhalten uns und ich lasse mich auf der Bank nieder. Eine süße Tigerkatze, nur acht Wochen alt, streicht umher. Der Ehemann kommt ebenfalls dazu. Beide zeigen großes Interesse an meiner Pilgerreise. Als sie hören, dass ich auch zum Kloster auf dem Hülfensberg will, raten sie mir ab. Dort würde ich nicht unterkommen, vermuten sie. Sie berichten mir von einer Fernsehsendung. Ein Mann ohne Geld bat dort um Aufnahme und wurde von den Klosterbrüdern angeblich abgewiesen. Das sei alles mit versteckter Kamera gefilmt worden. Von dieser Geschichte will ich mich nicht

entmutigen lassen, ich werde mein Glück trotzdem versuchen. Schließlich gibt mir das Ehepaar überreichlich Esswaren auf den Weg mit. Brote, Tomate, Banane, Orange und eine weitere Wasserflasche. Sie warnen mich davor, an der Straße entlang zu gehen. Denn diese hat keinen Fußweg, ist eng, viel befahren und die Autos rasen. Für Fußgänger sei die Straße sehr gefährlich, meint das Ehepaar.
Aber ich habe die Nase voll von schlechten Wegmarkierungen und entscheide mich für die Landstraße. Die rasenden Autos sind wirklich unangenehm, doch ich bin achtsam. Ich laufe bewusst nicht sehr eng am linken Straßenrand. Das zwingt die entgegenkommenden Autos weit in die Mitte zu fahren. Im letzten Moment weiche ich dann auf den Randstreifen aus.
Die Sonne scheint, die Hügellandschaft um mich herum ist saftig grün. Thüringen ist wahrhaftig ein schönes Land. Nur die Bewölkung gefällt mir nicht. Es könnte ein Gewitter geben.
Endlich in Allendorf angekommen esse ich im Ortskern meine guten Hartwurstbrote und die Tomate. Schon beginnt es zu tröpfeln. Von mir aus kann das Gewitter jetzt kommen.
Allendorf hat sehr schöne Fachwerkhäuser, besonders am Marktplatz. Aber auch in den Seitenstraßen und Gassen sind alle Häuser gut restauriert. Das Fachwerk ist sehr schön bunt bemalt. Hier bin ich nicht mehr in Thüringen, sondern wieder in Niedersachsen.
Im Touristenbüro habe ich Zugang zum PC und schreibe einen Brief an Elke, um ihr die Situation mit ihren Schwiegereltern zu erklären.
Anschließend bin ich am katholischen Pfarramt. Der Pfarrer hat sich anscheinend damit abgefunden, dass eine Pilgerin ohne Geld bei ihm übernachten will. Für alle Fälle kopiert er meinen Personalausweis, bevor er mir den Schlüssel zum Jugendraum übergibt. Er ist so nett, mir aus seiner Wanderkarte den Weg zum Hülfensberg zu kopieren. Er kennt sich in der Region gut aus, da er selbst gern und viel wandert. Danach schlendere ich ohne Rucksack durch den Ort, überquere die Werra und bin im Kurpark von Bad Soden. Die Leute blicken auffällig auf mein T-Shirt und lesen die Aufschrift.

Manche lächeln oder grüßen dann freundlich, manche zeigen keine Reaktion. Auf jeden Fall wird meine Botschaft gelesen, was immer sie auch in den Köpfen der Menschen auslösen mag. Mit einigen Leuten komme ich in Kontakt und wir plaudern miteinander.
Am großen Gradierwerk im Kurpark laufe ich die Gänge entlang und atme tief und bewusst die wohltuende Salzluft ein.
Später steige ich die lange Treppe in den Jugendraum, einem ausgebauten Keller unter der Kirche, hinab. Hier befindet sich auch eine kleine Kochnische. Die Fenster sind vergittert, oben ist eine Eisentür. Irgendwie fühle ich mich hier wie in einem Bunker.
Der Pfarrer kommt und lädt mich zum Abendessen ein. Dabei erzähle ich ihm von meinen Beweggründen für diese Tour. Er hört zu, sagt aber nichts dazu und ich habe nicht das Gefühl, dass er mich versteht. Seine Haushälterin, die alles gerichtet hat, isst ebenfalls mit uns. Sie ist mir gegenüber auffallend zurückhaltend.
Der Pfarrer hat noch einen Termin, erinnert ihn die Haushälterin plötzlich. Übcrstürzt endet das Abendessen. Hastig bekomme ich das Bettzeug ausgehändigt.
Um neunzehn Uhr bin ich wieder in meinem Keller.
Das Kloster auf dem Hülfensberg konnte ich telefonisch nicht erreichen. So muss ich morgen auf gut Glück dort vorsprechen.

Donnerstag, 13. Juni 2013

Nach sechs Uhr stehe ich auf und packe meine Sachen zusammen. Auf der Matratze am Boden konnte ich gut schlafen. Um sieben Uhr bin ich im Pfarrhaus zum Frühstück angemeldet. Das Bettzeug bringe ich gleich mit und gebe den Schlüssel ab.
Der Pfarrer ist allein und wirkt heute auf mich etwas gespreizt. Über Themen wie soziale Nöte in Deutschland, Hartz IV-Probleme und Obdachlosigkeit kann ich mich mit ihm nicht unterhalten. Er lässt sich auf kein Thema ein.
Nachdem ich ein Brötchen gegessen habe und nichts mehr im Körbchen liegt, fragt er, ob ich noch etwas möchte. Ich bejahe und er bringt

eine ganz kleine Scheibe Brot. Brotzeit zum Mitnehmen bietet er mir leider nicht an.
Die Wanderkarte habe ich inzwischen gründlich studiert. Die Wege gehen in vielen Schleifen durch Berg und Tal und sind auch nach Aussagen des Pfarrers nicht so einfach zu finden. Sie erscheinen mir viel weiter als an der Straße entlang. Dazu besteht die Gefahr sich in diesen dichten Wäldern zu verlaufen. Der Jakobsweg ist erst ab Eisenach wieder markiert. Nachdem ich für diese lange Etappe durch den Wald auch keinen Proviant habe, entscheide ich mich spontan, an der Straße entlang zu laufen.
Außerhalb von Eschwege führt ein Radweg Richtung Frieda. Die Landschaft ist herrlich, Hügel, Wälder, Dörfer, alles ist malerisch schön. Es ist drückend und feucht schwül. Gewitterwolken bauen sich auf.
Schließlich endet der Radweg an einem riesigen See. Die Folgen der Unwetterkatastrophe sind hier noch zu sehen. Um diese Passage zu überwinden, bleibt nichts anderes übrig als umzukehren und an der Straße ein Auto anzuhalten. Die wesentlich höher gelegene Straße ist für Fußgänger nicht begehbar. Sie ist mit Leitplanken wie eine Schnellstraße ausgebaut. Es gibt keine Standspur, eigentlich auch keine Möglichkeit anzuhalten. Ratlos stehe ich an der Straße und beobachte die Autos, die alle an mir vorüberrasen.
Vielleicht hält trotzdem jemand an, denke ich und strecke ohne große Hoffnung den Arm aus. Obwohl diese Stelle denkbar ungünstig ist, hält tatsächlich sofort eine Frau an. Ihre hohe Geschwindigkeit führte zu einem längeren Bremsweg. So schnell ich kann, renne ich zum Auto, öffne die Tür und begrüße sie mit den Worten:
"Kein Wunder, dass Sie anhalten, wenn Sie einen Fisch am Auto haben."
Wir müssen beide lachen. Und bevor von hinten die nächste Kolonne von der Ampel kommt, bin ich mit dem Gepäck im Wagen.
"So, erst einmal "Hallo" und vielen Dank, dass Sie angehalten haben. Ich heiße Brunhilde Schierl und bin Jakobswegpilgerin. Der Weg un-

terhalb der Straße endete für mich gerade an einem See und nun fiel mir nichts Besseres ein, als ein Auto anzuhalten."
Die Fahrerin ist vielleicht fünfunddreißig Jahre alt. Sie schaut mich amüsiert an und sagt:
"Ich halte sonst nie an und weiß gar nicht, warum ich jetzt angehalten habe."
"Fügung", sage ich ganz trocken und lache ihr ins Gesicht. Wer einen christlichen Fisch auf dem Auto hat, muss bei Jakobspilgern anhalten, das ist doch ganz klar," füge ich schmunzelnd hinzu.
"Wo wollen Sie denn hin?"
"Zum Kloster auf dem Hülfensberg. Sie können mich gleich bei Frieda wieder absetzen. Von hier führt eine Nebenstraße zum Kloster."
"Ich weiß Bescheid, ich bin von hier", erklärt sie. "Und wo kommen Sie her?"
Nun berichte ich von meiner Deutschlandtour.
Die Frau fährt in Frieda von ihrem ursprünglich geplanten Kurs ab und biegt Richtung Geismar ein.
"Ich fahre Sie noch ein Stück", meint sie. Und während ich erzähle, merke ich nicht, dass wir schon in Geismar sind.
"Stopp! Jetzt will ich wirklich aussteigen", rufe ich.
"Ich würde Sie gerne bis zum Kloster hochfahren", versucht Sie mich zu überreden.
"Nein, Sie haben mich weit genug gefahren. Ich möchte auch noch laufen."
Sie stellt den Motor ab und wir unterhalten uns noch einige Zeit.
"Es freut mich, dass ich Ihnen begegnet bin", meint sie zum Abschied.
"Beruht auf Gegenseitigkeit", lächle ich sie an.
Wir verabschieden uns sehr herzlich voneinander.
Der Weg führt steil bergauf durch den Wald. Es wird immer schwüler und drückender. Der Schweiß tropft mir vom Gesicht, ich bin richtig nass geschwitzt und habe einen roten Kopf als ich oben ankomme. Beim Franziskanerkloster klingle ich. Eine Frau öffnet mir und ich stelle mich vor.
"Waren Sie das, am Anrufbeantworter?", fragt sie.

"Ja, ich versuche schon seit Tagen, jemanden zu erreichen, weil ich fragen wollte, ob ich hier ohne Geld aufgenommen werde."
"Bruder Maximilian ist im Gespräch, das kann noch dauern."
"Das macht nichts. Kann ich solange hereinkommen und mich setzen?"
Mir scheint als würde sie einen Moment zögern, doch dann bittet sie mich in ein kleines Sprechzimmer.
Wenig später bringt sie mir ein Glas Wasser und die Tageszeitung. Nach einiger Zeit kommt Bruder Maximilian. Ich erzähle ihm von meiner Pilgerreise und meinen Beweggründen, ohne Geld zu gehen.
Bruder Maximilian ist freundlich und entgegenkommend. Ich darf hier übernachten. Außerdem unterstützt er mich und ruft den Pfarrer für die nächste Tagesetappe gleich selbst an. Nun habe ich für morgen bereits ein Quartier. Anschließend rufe ich die Pastorin in Creuzberg an. Sie erklärt, am Samstag sei ein großes Fest, das Haus sei voll und sie habe deshalb keinen Platz.
"Bei meiner Pilgerreise bin ich auf Unterstützung angewiesen, denn ich bin ohne Geld unterwegs", entgegne ich.
"Ich weiß nicht, wo mir der Kopf steht wegen der Festvorbereitungen. Es gibt hier keine Dusche, nichts ist da", versucht sie mir die Lage zu schildern.
"Wenn ich ein Dach über dem Kopf habe, bin ich zufrieden, ich bin anspruchslos", werfe ich ein.
"Also wenn Sie damit zufrieden sind, wie Sie es vorfinden, dann können Sie kommen. Ich lege Ihnen eine Matratze hinein. Die Tür ist offen, Sie können einfach reingehen, wenn ich nicht da bin."
Die nächsten beiden Tage sind gerettet.
Pater Maximilian zeigt mir das ganze Haus. Auch zur "Guten Seele", einer älteren Frau führt er mich in die Küche. Selbst die Vorratskammer zeigt er mir. Bier, Säfte, alles ist da, ich darf mich bedienen mit dem, was ich brauche, erklärt er.
Ich erzähle ihm von der Warnung vor dem Kloster und dem Fernsehfilm, wonach ein Mann ohne Geld abgewiesen wurde.

"In meiner Zeit ist das nicht passiert und ich kann mir auch nicht vorstellen, dass es bei meinem Vorgänger passiert ist", dementiert er ganz gelassen. "Vielleicht war das Haus einfach voll."

Ich bekomme meinen Pilgerstempel und von allen Brüdern eine Unterschrift für *Solwodi.*
Duschen und Wäsche waschen sind die nächsten Aktionen. Hier im Haus fühle ich mich äußerst wohl. Alles ist wunderbar und das Schreckenserlebnis von Göttingen verblasst zunehmend.
Zu einer Gebetsandacht gehe ich mit in die Kapelle. Wir beten abwechselnd den Text eines Psalms. Fünfmal handelt der Text von Gottvertrauen. Zufällig komme jedes Mal ich zum Lesen dran.
"Sie haben immer die passenden Psalmworte bekommen. Gott hat also auch hier gefügt", spricht Bruder Maximilian mich danach lächelnd an.
Ich erkunde die Umgebung des Klosters. Ein über achtzehn Meter hohes Kreuz, ein Zeichen aus Stahl und Licht leuchtet nachts vom Berg hinab ins Tal. Das Kreuz leuchtet nicht jede Nacht, sondern nur dann, wenn jemand das Licht bestellt. So ist das Leuchten des Kreuzes immer etwas Besonderes.
Später sitze ich auf einer Bank in der Sonne, lausche den Orgelklängen, die aus der offenen Kirchentür klingen, und genieße alles.
Hier ist wirklich ein Ort der Ruhe und des Friedens zum Durchatmen. Ich merke wie gut mir das tut, wie hilfreich es ist, um die bisherigen Ereignisse zu verarbeiten.
Das erwartete Gewitter hat sich vorerst wieder verzogen. Seit Hannover hatte ich trockenes und schönes Wetter. Es wäre direkt normal, wenn nun wieder eine Regenphase käme.
Gegen sieben Uhr ist Abendessen. Nach der Tagesschau und dem Wetterbericht ziehe ich mich in mein Zimmer zurück. Ich kann lange nicht einschlafen, im Zimmer ist es einfach zu heiß. In der Nacht regnet es heftig und lange.

Freitag, 14. Juni 2013

Nach dem Frühstück breche ich auf. Im Augenblick regnet es nicht, aber die Bewölkung verspricht nichts Gutes. Über Döringsdorf laufe ich nach Wanfried. Der Blick zurück zeigt schwarze, tief hängende Regenwolken. Doch Richtung Süden ist blauer Himmel. Ich begegne einer Frau und wir unterhalten uns über das gegenseitige Geben und Nehmen und über das Bitten. Sie ist im Pflegedienst tätig und berichtet aus ihrer Erfahrung: "Keiner kann heute mehr bitten. Das Miteinander der früheren DDR-Zeit hat sich aufgelöst. Da kann man sehen, was Geld aus den Menschen macht."

Überall sehe ich noch große Wasserflächen auf den Feldern. In den Wäldern ist alles sehr matschig, erfahre ich. Deshalb nehme ich den kürzeren Werratalweg. Um elf Uhr bin ich schon beim Pilgerquartier, welches mir Bruder Maximilian beim katholischen Pfarrer organisierte. Die Etappe war zu kurz, vielleicht sollte ich weitergehen bis Creuzberg, überlege ich.

Der Pfarrer zeigt mir meine Schlafstelle. Als ich den kleinen, modrig riechenden Raum mit der dreiteiligen Klappmatratze sehe, fällt sofort meine Entscheidung.

"Ich habe nicht den Weg durch den Wald genommen, sondern den kürzeren Radweg. Deshalb bin ich schon so früh da. Außerdem habe ich noch Kraft, um weiter bis nach Creuzberg zu gehen. Danke für Ihre Mühe, aber ich will lieber weiter", erkläre ich meine Absicht.

"Nun trinken Sie erst einmal was." Der Pfarrer stellt mir Limo und ein Glas auf den Tisch.

Er sucht das Gespräch mit mir und will von meiner Tour wissen. Ich erzähle ihm erfreut, wie offen ich die Menschen für Glaubensgespräche erlebe.

"Sie haben es leicht, gute Gespräche über Gott zu führen, denn sie müssen die Leute nicht auf die Pflichten eines Katholiken hinweisen", hält er dagegen.

Einen Moment bin ich irritiert. "Welche Pflichten meinen Sie denn?"

"Na, den Sonntagsgottesdienst und dass die Leute ihren Beitrag in der Gemeinde leisten."

"Aber dazu kann man doch niemanden verpflichten. Das muss doch eine freiwillige Sache sein. Dafür kann man Menschen nur gewinnen", reagiere ich erstaunt über seine Ansicht.
"Jesus hat die Menschen auch um sich geschart", beharrt er.
"Die kamen aber alle freiwillig, da wurde niemand zu irgendetwas verpflichtet. Jesus wollte freie, unabhängige Menschen. Die Menschen sind aus Begeisterung zu ihm gekommen", antworte ich.
Aus dem Blick des Pfarrers erkenne ich, dass ihm meine Äußerungen nicht gefallen. Aber ich fahre fort:
"Jesus hat die Menschen wahrgenommen, wie sie waren, und hat sie dort abgeholt, wo sie standen, in ihrer Not, in ihrer Schuld. In der Begegnung mit den Menschen hat er niemanden für sein Versagen in die Hölle geschickt. Im Gegenteil, er hat jeden Menschen die Barmherzigkeit Gottes spüren lassen. Jesus hatte nur ein vorrangiges Ziel, den Menschen die bedingungslose Liebe Gottes zu vermitteln und sie von ihren Ängsten und ihren Schuldgefühlen zu befreien. Jesus wollte freie Menschen. Er wollte uns bewusst machen, dass wir wertvoll sind. Aus der Angst heraus verstricken sich Menschen häufig in noch tiefere Schuld. Jesus hat die Menschen im Innern berührt und im Berührtwerden konnten sie heilen", versuche ich mein Bild von Jesus darzulegen.
Der Pfarrer bezieht dazu keine Stellung. Er schweigt. Nach einer Pause wirft er ein:
"Es kann nicht jeder einfach losgehen wie Sie und alle Verantwortung abgeben und alles hinter sich lassen."
"Da stimme ich Ihnen voll zu. In früheren Jahren als meine vier Töchter mich noch brauchten, hätte ich das auch nicht gemacht." Fast meine ich mich verteidigen zu müssen.
"Jesus hat eine wunderbare Botschaft gebracht. Wenn die Kirche es schafft, sie so befreiend zu vermitteln, wie Jesus sie gemeint hat, dann werden sich die Menschen auch wieder für die Kirche begeistern", versuche ich das Bedürfnis der Menschen zu verdeutlichen.

"Was wäre denn, wenn es die Kirchengemeinden nicht gegeben hätte, dann stünde die Mauer heute noch. Durch die Kirchengemeinden kam die Mauer zu Fall."
"Ich bin nicht gegen die Kirchengemeinden, im Gegenteil. Durch die Kirchengemeinden geschieht viel Gutes. Besonders wenn es ihnen gelingt, die Jugend für sinnvolle Aufgaben und Werte zu gewinnen. Außerdem sehe ich sehr wohl die vielen Menschen, die sich auf Grund ihrer christlichen Gesinnung ernsthaft für soziale Probleme engagieren. Viele sind ehrenamtlich tätig. Sie entstammen in der Regel kirchlichen Gemeinden. Auf dieses positive Potential weise ich bei Kritik an der Kirche immer hin.
Damit argumentiere ich auch, wenn jemand mir sagt, dass er austreten will, weil ihm vieles an der Kirche nicht gefällt.
Das alles ändert nichts daran, dass vieles in der Kirche im Argen liegt und verbessert werden muss. Die Kirche muss sich dringend reformieren, wenn sie nicht noch mehr Menschen verlieren will."
Der Pfarrer schaut mich nur stumm an und ich fahre fort.
"In der Botschaft von Jesus steckt soviel Kraft und befreiende Lebensqualität. Doch die Kirche nutzt dieses Potential nicht. Die Institution Kirche hat bei den Menschen an Glaubwürdigkeit verloren, das weiß ich aus vielen Gesprächen. Die Menschen spüren auch, dass vieles, was die Institution von sich gibt, an der Lebenswirklichkeit und an den Menschen mit ihren Sorgen und Problemen vorbeigeht. Damit will ich nicht Sie persönlich angreifen." Ich versuche, meine Kritik verständlich zu machen.
"Da ich ja auch ein Mitglied der Kirche bin und bewusst dabei bleibe, muss ich mich den Menschen, die von außerhalb anklagen, ebenfalls dieser Kritik stellen.
Aus der Kirche sind viele großartige Menschen hervorgegangen, wie Franziskus oder Hildegard von Bingen zum Beispiel. Und auch heute gibt es viele wunderbare Menschen in der Kirche. Aber die Institution muss das vorleben, was sie predigt, wenn sie glaubhaft sein will. Nur so kann sie das Vertrauen der Menschen zurückgewinnen."
Der Pfarrer blickt nicht gerade erfreut drein. Schließlich sagt er:

"Was Sie machen ist nichts Besonderes." Damit zeigt er mir offen seine Geringschätzung.
"Ich bin nicht unterwegs, weil ich etwas Besonders machen will, sondern weil ich meiner inneren Stimme gefolgt bin", erwidere ich abschließend.
Auf diese Weise will ich mich nicht weiter mit ihm auseinandersetzen. Ich rüste mich zum Aufbruch.
"Wenn Sie schon da sind, dann gehen wir auch noch in die Kirche!", sagt er in sehr bestimmendem Ton, der mir absolut nicht gefällt.
Doch ich will nicht unhöflich sein und folge ihm mit dem unschönen Gefühl, unfrei zu sein. "Wir beten noch!", bestimmt er in der Kirche weiter. Er betet laut das Vater unser, Gegrüßet seist du, Maria, Ehre sei dem Vater.

Es liegt mir nicht, vorgefertigte Formgebete zu sprechen. Ich habe eine andere Art zu beten. Besonders das 'Vater unser' will ich eher als Lebenshaltung verinnerlichen und nicht formelhaft aufsagen. Doch ich habe auch kein Problem, diese Gebete laut mitzusprechen. Aber das Ganze gibt mir das komische Gefühl, einer Art Test unterworfen zu werden, und ich weiß nicht, wie ich darauf reagieren soll. Seine Art, mit mir umzugehen, hat etwas unschön Nötigendes.
Nach den Gebeten gibt er mir ganz formell den Segen. Doch ich fühle mich nicht gesegnet! Allmählich wird mir der Pfarrer unangenehm. Erleichtert verlasse ich das Kirchengelände. Gut, dass ich hier nicht übernachten muss.
Was war das, was ich soeben erlebt habe? Das war kein Segen, sondern ich empfand nur eine Demonstration von männlicher Macht! Irgendwie war es verwirrend und überrumpelnd für mich. Habe ich mich mit meiner Anpassung richtig verhalten? Lieber wäre mir, ich könnte in solchen Momenten spontaner reagieren. Es wäre echter gewesen, hätte ich mein ungutes Gefühl gezeigt und wäre ihm nicht in die Kirche gefolgt. Ich muss an Frau B. auf der Terrasse in Wrisbergholzen denken. Sie hat so herrlich echt ihre Schockierung gezeigt. So wie sie möchte ich in bestimmten Situationen ebenfalls reagieren kön-

nen. Aber die eingetrichterte Höflichkeit behält in einer solchen Situation die Oberhand. Doch dabei soll es nicht bleiben, ich werde an mir arbeiten.
In Creuzberg finde ich rasch das Pfarramt und das besagte Nebengebäude. Die Pastorin ist anwesend und hantiert hektisch herum. "Ich habe überhaupt keine Zeit, ich muss gleich gehen", antwortet sie, nachdem ich sie begrüßt und mich vorgestellt habe.
"Die Luftmatratze können Sie benützen, mehr habe ich nicht für Sie", sind die letzten Worte.
Schon ist sie weg. Ich bin mit der Putzfrau, Frau K., allein.
Es schaut tatsächlich etwas chaotisch aus. Kartons, Geschirr und allerlei Gerätschaften für die 800-Jahr-Feier des Ortes stehen herum. Die Luftmatratze verspricht keine gute Nacht. Decken gibt es auch nicht.
"Bisher haben mich viele Privatleute aufgenommen. Eigentlich wollte ich im Ort schauen, ob ich privat jemanden finde, damit ich der Pastorin keine Last bin. Doch nun habe ich mitbekommen, wie der ganze Ort Kopf steht. Angeblich ist kein einziges Zimmer mehr zu bekommen," teile ich der Putzfrau mit.
"Sie haben schon jemanden gefunden", verstehe ich als Frage.
"Nein, leider nicht."
"Doch Sie haben jemanden gefunden!"
Jetzt erst verstehe ich. "Sie wollen mich aufnehmen?", rufe ich überrascht aus.
"Ja, bei mir kriegen Sie ein Bett und ein ganz neues Bad."
Begeistert gehe ich auf sie zu und umarme sie. "Das ist ja herrlich! Denn die Nacht auf einer Luftmatratze wäre kein Vergnügen geworden."
Wieder bin ich einer schlechten Schlafgelegenheit entronnen.
"Die Pastorinnen sind überall fürchterlich überlastet", stelle ich voller Mitgefühl fest.
"Ja, weil sie soviel machen, was nicht nötig wäre. Sie hat sich in den Kopf gesetzt, dass das Kaffeetrinken mit lauter alten Sammeltassen stattfinden soll. Die müssen jetzt erst mal aufgetrieben werden", schüttelt sie verständnislos den Kopf.

"Da kommen alle Größen daher, Minister, Landesbischof usw. Ach, ich höre jetzt auch auf, wir können zu mir nach Hause", schlägt sie vor.
Die Pastorin kommt noch mal und bringt mir den Stempel für meinen Pilgerpass.
"Die Unterkunft hier hat sich erledigt. Frau K. nimmt mich bei sich auf", verkünde ich ihr.
"Ach, das ist ja prima. Danke!", wendet sie sich flüchtig an Frau K. Schon ist sie wieder weg.
Frau K. stellt mich zuhause ihrem Mann vor und bezieht mir das Bett frisch. Mein Quartier im oberen Stock des Hauses ist herrlich. Ein Schlafzimmer, eine neu eingerichtete Küche und ein neues Bad.
"Kann ich etwas arbeiten oder Ihnen irgendwie helfen?", frage ich Frau K. Doch sie braucht nichts. Sie rät mir, zur Burg hoch zu laufen. Diesen Vorschlag nehme ich an. Die Burg ist wirklich sehenswert. Danach bekomme ich Hunger und entdecke eine Döner Bude. Ein sehr netter Kurde schenkt mir einen besonders leckeren Döner. Anschließend ziehe ich mich in mein Zimmer zurück. Frau K. hat eine Telefon-*Flatrate*. Sie übergibt mir ihr Telefon, ich darf es zu mir mit hoch nehmen. Wie schön, dass ich mich zuhause wieder melden kann. Später klopft Frau K. an meine Tür und bringt mir warme Bratkartoffeln. Aus Höflichkeit esse ich ein wenig. Den Rest bekommen die Hühner. An der Dönerbude konnte ich doch nicht ahnen, dass sie mir Essen zubereitet.
Wir unterhalten uns am Abend noch lange. Sie erzählt mir interessante Geschichten aus ihrem Leben und ich finde alles sehr spannend.
Als ich mich später ins Bett lege, schlafe ich sofort ein und kann die ganze Nacht wunderbar durchschlafen. So gut habe ich schon lange nicht mehr geschlafen.

Samstag, 15. Juni 2013

Um sieben Uhr stehe ich auf und fühle mich richtig erholt. Mit Frau K. frühstücke ich gemeinsam in ihrer Küche. Ich bedanke mich und sie umarmt mich zum Abschied.

Über die Werrabrücke, die älteste Steinbrücke Europas, gehe ich an der Liboriuskapelle vorbei Richtung Eisenach.
In Eisenach komme ich mit einem sehr netten Ehepaar ins Gespräch. Der Mann ist aus Thüringen, seine Frau kommt aus Rumänien.
Er spricht mich auf meine Aufschrift am Rucksack an. Ich berichte von meiner Tour.
Der Mann sieht die Lage in Deutschland wenig optimistisch.
"Die Menschen in Deutschland sind so unfähig zu einem guten Miteinander, wie ich es sonst nirgends auf der Welt erlebt habe. Ich kann gar nicht verstehen, wie das mit Deutschland passieren konnte", sagt er kopfschüttelnd.
"Ich bin unterwegs und suche nach Antworten und nach Lösungen", werfe ich ein.
"Ich weiß eine Lösung", sagt er sarkastisch. "Es muss kräftig knallen. In der Not finden die Menschen wieder zueinander. Dann merken sie, wie sie sich gegenseitig brauchen. Die Hilfsbereitschaft beim Hochwasser ist nur eine kurze, oberflächliche Sache. Das verändert die Menschen nicht wirklich.
Der Mann erzählt mir historisch interessante Ereignisse über Eisenach und Erfurt.
Seine Frau muss schließlich zur Arbeit und wir verabschieden uns.
In der Georgen-Kirche am Marktplatz bekomme ich einen schönen Stempel in meinen Pass.
An einem Gemüsestand bitte ich um zwei Karotten. Die Verkäuferin sucht einige Zeit in der Kiste, bis sie die richtigen für mich gefunden hat. Dann überreicht sie mir Karotten mit großen braunen Flecken. Die Flecken kann ich wegschaben, aber die Geringschätzung, die ich spüre, lässt sich nicht wegschaben.
An einer Dönerbude versuche ich wieder mein Glück. Kurz erzähle ich meine Geschichte und frage, ob ich einen Döner bekommen könnte. "Gerne" ist die Antwort. Als ich den Pilgerausweis hinhalte, sagte der Mann: "Das müssen Sie nicht. Wer so höflich fragt, bekommt in jedem Fall etwas von mir." Lächelnd überreicht er mir einen dicken

Döner. Nachdem ich ihn gegessen habe, wende ich mich nochmals an den Mann.
"Der Döner hat hervorragend geschmeckt, damit haben Sie mir viel Kraft und Mut für meinen weiteren Weg gegeben. Alles Gute für Sie!", sage ich verabschiedend. Wir lächeln uns gegenseitig an und wissen, dass uns etwas verbindet.
Man könnte meinen, ich wolle nur Döner essen. Ich glaube, die Dönerbuden wähle ich deshalb aus, weil ich mich von Türken oder Kurden am ehesten angenommen fühle.
Am Karlsplatz steht eine große Bronzefigur von Martin Luther mit der Bibel in der Hand.
Das evangelische Diakonissenhaus liegt zentrumsnah. Auf mein Klingeln öffnet eine etwa achtzigjährige Diakonisse.
"Da haben Sie aber Glück gehabt", empfängt sie mich. "Das Pilgerzimmer ist heute frei. Morgen ist alles belegt.
"Ich bin für morgen angemeldet, aber da ich eine größere Etappe bewältigt habe, bin ich heute schon in Eisenach. Ich laufe ohne Geld durch Deutschland, das habe ich am Telefon schon gesagt."
"Ach Sie sind das?" Sie schaut mich kritisch an.
"Ich habe mit der Oberin gesprochen. Die hat gesagt, fünf Euro müssen Sie für die Übernachtung bezahlen.
"Ich habe aber kein Geld, ich bin völlig ohne Geld unterwegs", reagiere ich überrascht.
"Sie müssen doch irgendetwas essen! Wie haben Sie das denn bisher gemacht? Bisher wurde ich immer aufgenommen und da habe ich auch Essen bekommen. Manchmal wird mir ein Döner spendiert oder in einer Metzgerei ein Wurstbrötchen."
"Das geht nicht, dass Sie ohne Geld kommen!", sagt sie mit strenger Miene.
"Die Oberin hat gesagt Fünf Euro! Ich kann nichts entscheiden."
Nun versuche ich, ihr die Motivation für meine Pilgerreise ohne Geld zu erklären.
"Die Oberin ist nicht da, ich muss das erst mit den anderen Schwestern besprechen."

Ihr Blick ist unnachgiebig. Sie will mich jetzt anscheinend nicht aufnehmen. Zu gerne wäre ich den Rucksack los, um mir Eisenach anzusehen.
"Wenn Sie darauf bestehen, dass Sie mich nur mit fünf Euro aufnehmen, dann werde ich versuchen, das Geld bei den Menschen auf der Straße aufzutreiben", lenke ich ein.
"Ich bin sicher, es wird mir gelingen", bekräftige ich meine Absicht, um sie für die Aufnahme zu gewinnen. Sie reicht mir wortlos einen Meldezettel für Namen und Adresse. Hier soll angekreuzt werden, ob zum Frühstück Tee oder Kaffee gewünscht ist.
"Bekomme ich ein Frühstück?", frage ich vorsichtig.
Sie verneint und schaut mich mit einem harten Blick an. Offensichtlich verdiene ich kein Frühstück, wenn ich es wage, so frech ohne Geld durch die Welt zu ziehen.
"Bei uns gibt es auch kein Abendessen", klärt sie mich gleich auf.
Nun führt sie mich zum Pilgerzimmer, in dem an beiden Wandseiten je ein Stockbett steht. Vor dem Fenster befindet sich ein kleiner Tisch mit Stühlen.
"Haben Sie einen Schlafsack dabei?", schaut sie mich fragend an.
So peinlich mir das in diesem Augenblick ist, ich muss es verneinen.
Sie bringt mir Bettwäsche, damit ich die Matratze und die Decken beziehen kann.
Noch einmal versuche ich verständlich zu machen, dass es mir nicht darum geht, auf Kosten anderer zu leben. Ich erzähle ihr, dass ich mich zeitlebens ehrenamtlich für andere eingesetzt habe. Doch sie versteht mich nicht.
"Wir leben nur von unserem Taschengeld. Wir können auch nicht sagen, wir haben unser Leben lang für andere gearbeitet und wollen deshalb umsonst irgendwo aufgenommen werden."
"Ich will auch nicht wegen meiner ehrenamtlichen Arbeit aufgenommen werden, sondern suche Unterstützung für die Aufgabe, die ich auf diesem Weg übernommen habe.
Noch immer versuche ich die Diakonisse auf ihrer Gefühlsebene zu erreichen.

"Sie kennen doch die Bibelstelle, als Jesus die Jünger aussandte und sie aufforderte, kein Geld und kein Brot mitzunehmen. Da ging es um Gottvertrauen. Und diese Bibelstelle bewegt mich seit meiner Kindheit. Jetzt bin ich meiner inneren Stimme gefolgt und deshalb ohne Geld aufgebrochen.
Mir scheint, ihr Blick wird für einen Moment ein bisschen weicher und versöhnlicher.
"Ich muss das mit meinen Mitschwestern abklären."
"Mir geht es doch jetzt nicht um die fünf Euro, ich möchte von Ihnen nur verstanden werden. Aber die fünf Euro werde ich mit Sicherheit auftreiben", füge ich hinzu. Die Diakonisse schweigt und geht.
Nachdem ich mein Bett gerichtet habe, laufe ich in die Innenstadt. In der Fußgängerzone sitzt eine junge Frau auf einer Bank. Ich setze mich zu ihr und frage, ob ich sie kurz sprechen dürfte. Ich zeige ihr meinen Pilgerausweis, erzähle von meiner Pilgerreise und der aktuellen Lage, in der ich fünf Euro für die Übernachtung benötige.
"Wenn ich das auf fünf Schultern verteile, ist das für niemanden ein Problem, mich zu unterstützen, dachte ich. Können Sie mir einen Euro geben? Dafür wäre ich Ihnen sehr dankbar."
Die junge Frau ist offen und zugänglich. Ihr macht es nichts aus, mir einen Euro zu schenken.

Anschließend suche ich ein Internetcafé auf. Ich darf umsonst ins Internet, als ich meine Situation erkläre. Renate, meiner kranken Freundin, will ich erneut eine E-Mail schicken, in der Hoffnung, sie damit noch zu erreichen.
In Hannover konnte ich noch mit ihr telefonieren. Seitdem ist der Kontakt abgerissen.
Die letzte E-Mail habe ich ihr bei Doro geschickt. Vielleicht geht es ihr schon zu schlecht um zu antworten, denke ich. Jedenfalls will ich ihr mitteilen, dass ich an sie denke und dass sie auf meinem Weg dabei ist.

Das Martin-Luther-Haus in Eisenach ist das älteste Fachwerkhaus Thüringens. Es ist sehr schön und vor allem gut restauriert. Hier hat Martin-Luther als Lateinschüler Aufnahme und "Brot um Gottes Gnaden" gefunden. Nachdem ich meinen Pilgerpass gezeigt habe, darf ich das Museum ohne Eintrittsgeld besuchen. Es ist sehr interessant und ich lasse mir viel Zeit. Als ich das Haus verlasse, hängen dicke, graue Wolken über mir. Es fallen bereits vereinzelt große Tropfen. So schnell ich kann eile ich durch die Fußgängerzone zu meiner Unterkunft. Den Regenmantel habe ich nicht dabei und nasse Kleidung kann ich jetzt absolut nicht brauchen. Immer wenn es heftig wird, stelle ich mich unter ein Vordach. Der Regen hört schließlich wieder auf, aber die Straßen haben sich deutlich geleert. Niemand bummelt mehr gemütlich durch die Fußgängerzone. Jetzt sind nur noch die Menschen unterwegs, die eilig irgendwohin wollen. Mir fehlen noch vier Euro für meine Übernachtung. Meine Möglichkeiten, dafür die richtigen Menschen zu finden, sind nun rapide geschrumpft. Ich halte mich nun am Karlsplatz auf und spreche zwei Frauen an. Die sagen, sie hätten keinen Euro. Mir fällt auf, dass ich nur auf Frauen zugehe und Männer gar nicht erst anspreche. Deshalb spreche ich nun bewusst einen jungen Mann an.
"Würden Sie mir einen Euro geben? Ich bin Jakobspilgerin ..."
"Das Wort allein reicht mir schon", sagt er und wendet sich ab.
Als nächstes frage ich ein Ehepaar. Der Mann antwortet:" Wir sind erst aus Russland gekommen."
"Nein, dann will ich nichts von Ihnen, Sie haben hier sicher genug eigene Probleme", erwidere ich verständnisvoll.
Wider Willen bin ich nun unter die Bettler geraten. Um Geld wollte ich auf diesem Weg ja keinesfalls bitten. Doch nun bleibt mir keine andere Wahl.
Ein Teenagerpaar kommt daher und ich frage: "Würdet ihr mir einen Euro spendieren?"
Der Junge überlegt nicht lange. Er nickt und sagt: "Warum nicht." Nun erst erkläre ich den beiden den Grund und bedanke mich.

Wenig später kommt eine Frau mit einer ca. 14-jährigen Tochter. Auch sie spreche ich ganz direkt an, ob sie mir einen Euro geben würde, und füge erst danach hinzu, wozu ich ihn brauche. Die Frau ist gutmütig und verständnisvoll. Sie gibt mir drei Euro, damit ich niemanden mehr bitten muss.
Nun kann ich zum Kloster zurück. An der Pforte sitzt wieder die gleiche Schwester. Sie schaut mir mit strengem Blick entgegen und ich bin froh, meine Zusicherung einhalten zu können.
"Ich habe es geschafft, das Geld aufzutreiben", sage ich und krame die fünf Euro aus der Hosentasche. Wenigstens einen anerkennenden Blick hätte ich mir für diese Leistung erhofft.
Doch sie verzieht keine Miene. Diese Schwester scheint mir das perfekte Pflichtbewusstsein und die Selbstdisziplin in Person zu sein.
Nach einer Pause fügt sie hinzu: "Es kam noch eine Pilgerin, die musste ich Ihnen mit ins Zimmer legen."
"Damit habe ich kein Problem. Wird das Pilgerzimmer eigentlich auch mit männlichen Pilgern belegt?"
"Ja", ist die kurze Antwort.
Das überrascht mich. In einer Ordenseinrichtung hätte ich das nicht erwartet.
"Wie ist das jetzt mit einem Frühstück? Kann ich nun etwas haben", frage ich erwartungsvoll.
Sie schüttelt nur mit dem Kopf.
"Eine Tasse Kaffee wenigstens?", frage ich gewinnend. Nun nickt sie.
"Ab wann kann ich die Tasse Kaffee bekommen?", frage ich weiter.
"Ab acht Uhr."
Ich bedanke mich und suche mir durch Gänge und über Treppen den Weg zu meinem Zimmer. Den großen Gebäudekomplex finde ich ziemlich verwirrend.
Mir fällt der Mann in der Döner Bude ein. Das war ein Türke oder ein Kurde. Wie schön, dass ich heute von ihm so liebevoll und wertschätzend einen Döner bekommen habe. Damit lässt sich doch manch rauer Wind aushalten.

Außer den Datteln sind alle meine Vorräte aufgebraucht. Das heutige Gespräch mit dem Ehepaar in der Stadt fällt mir ein. Der Mann hatte eine sehr düstere Einschätzung der Menschen in Deutschland abgegeben. Die will ich so nicht teilen.
Mir fällt auch der Pastor ein, der mich speziell vor Thüringen warnte und ebenfalls nur ein negatives Bild zeichnete. Nein, ich will mich nicht von der Meinung anderer verunsichern lassen. Die Warnung vor dem Kloster auf dem Hülfensberg war auch unberechtigt.
Es wird sich alles fügen, so wie es sein soll. Darauf will ich vertrauen.
Im Zimmer treffe ich die Pilgerin. Sie ist etwa fünfunddreißig Jahre alt, kommt aus Berlin und macht einen netten Eindruck. Wir unterhalten uns über unsere Pilgerrouten. Sie bricht morgen ebenfalls in die gleiche Richtung nach Oberellen und Vacha auf.
Als ich erwähne, dass ich ohne Geld pilgere, kritisiert sie mich sofort heftig. Es sprudelt aus ihr heraus, als hätte sie auf dieses Stichwort nur gewartet. Sie steht mir als eine einzige Anklage gegenüber und hält mir vor, was ich den armen Schwestern, die selbst nichts haben, für Unkosten verursache.
"Was denn für Unkosten?", frage ich verdutzt. "Ich benutze das vorhandene Bett, ich esse hier nichts ..."
"Du verbrauchst ja schließlich auch Wasser und Strom für dich. Damit belastest du diese Gemeinschaft", stellt sie vorwurfsvoll fest.
Das kann ich natürlich nicht leugnen. Auch wenn ich nach diesen Vorwürfen hier auf eine Dusche verzichten werde, brauche ich immerhin die WC-Spülung und das Wasser am Waschbecken. Meine Bettwäsche muss natürlich auch gewaschen werden.
"Es ist so schön, dass diese liebenswerten Schwestern ein Pilgerzimmer für uns zur Verfügung stellen. Das verdient Anerkennung und Wertschätzung. Ich komme immer sehr gern in dieses Haus. Deshalb gebe ich den Schwestern auch jedes Mal, wenn ich hierher komme, mehr als sie verlangen. Geben ist seliger denn nehmen steht in der Bibel", ereifert sie sich.
"Laut Bibel dürfen wir aber auch bitten", halte ich dagegen.

"Ja aber nur, wenn du in Not bist. Sonst ist es falsch, sich von anderen etwas zu nehmen. Wir sollen geben, das ist unsere Aufgabe.
Ich verlasse nie eine Kirche, ohne vorher etwas in den Opferstock zu werfen, auch wenn ich nur für fünf Minuten in der Kirche war. Nur geben und immer wieder geben ist richtig", fährt sie fort.
Nun versuche ich ihr meine Beweggründe zu erklären. Doch sie ist unerreichbar. Meine Motivation lässt sie nicht gelten.
"Du siehst mit dem Bitten ja alles ganz verdreht. Deine ganze Sichtweise, alles was du da machst, ist doch völlig verkehrt", bringt sie ihre Empörung zum Ausdruck.
"Was du hier machst, finde ich keinesfalls richtig. Du bist doch nur egoistisch, wenn du dir eine Erfahrung holen willst um dein eigenes Selbstwertgefühl aufzubauen", interpretiert sie meine Erklärungen.
Sie hat für meine Beweggründe nicht das geringste Verständnis. Zu all diesen Vorwürfen habe ich nichts mehr zu sagen.
"Übrigens werde ich für *Solwodi* nicht unterschreiben", fährt sie fort. Natürlich bin ich gegen Zwangsprostitution. Also wenn ich sonst was tun könnte, dann schon. Aber meine Unterschrift will ich nicht abgeben."
"Diese Entscheidung bleibt dir überlassen", erwidere ich gleichmütig und nehme die Unterschriftenliste vom Tisch wieder zu meinen Sachen.
Alles andere lasse ich auf sich beruhen. Es hat einfach keinen Sinn, es gibt zwischen uns keinen gemeinsamen Nenner. Unser Denken und Fühlen ist zu unterschiedlich.
Wir kennen uns vielleicht zehn Minuten, ich bin fast doppelt so alt wie diese junge Frau. Selbst wenn alle Kritik berechtigt sein sollte, verstehe ich nicht, welchen Beweggrund sie hat, mich schon allein durch ihren Tonfall so von oben herab zu behandeln.
So wie sie mit mir spricht, spüre ich nur Angriff und den Versuch, mich in meiner Person zu entwerten. Sie tritt äußerst selbstsicher auf und fühlt sich mir anscheinend sehr überlegen. Offensichtlich gehört sie zu den Menschen, die immer genau wissen, was richtig und was falsch ist.

Mir ist, als stünde die Diakonisse in verjüngter Gestalt vor mir. Mir kommt der Verdacht, dass die beiden sich über mich unterhalten haben.
Klöster waren für mich bisher Orte, in denen ich auch ohne Geld wunderbare Gastfreundschaft erleben durfte. Dafür war ich immer sehr dankbar. Aber mit Diakonissenhäusern gab es bisher gar keine Erfahrung. Die sind vielleicht mit den mir bekannten Klöstern nicht zu vergleichen.
Die Pilgerin scheint ja die Verhältnisse der Diakonissen gut zu kennen. Womöglich belaste ich mit meiner Anwesenheit hier wirklich Menschen, die um das Nötigste zu kämpfen haben. Dafür spricht ja auch die Vorgabe der Oberin, fünf Euro einzufordern.
Schließlich bekomme ich doch ein schlechtes Gewissen.
Das wollte ich natürlich nicht und konnte es auch nicht ahnen, sonst hätte ich mir eine andere Unterkunft gesucht. Nun wird es mir richtig peinlich, hier zu sein.
Ich versuche nichts mehr zu erklären und schweige. Auch meine Zimmergenossin sagt nichts mehr. Aber ihre massive Anklage schwebt deutlich im Raum. Ich kenne ihren Namen nicht und frage auch nicht mehr danach.
Später gehe ich zur Pforte. Die Schwester kommt mir von dort schon mit der nächsten Pilgerin entgegen.
"Ich möchte gerne irgendwo etwas arbeiten", spreche ich die Schwester an. "Hätten Sie für mich etwas zu tun?"
"Nein, das ist nicht möglich. Wir dürfen niemanden in die Räume lassen", ist ihre entschiedene Antwort.
"Ich hätte mich nur gern irgendwie eingebracht, nachdem Sie mich hier aufgenommen haben."
"Nein, das ist nicht nötig."
Neben der Schwester und der neuen Pilgerin laufe ich wieder mit nach oben.
Dann frage ich weiter:

"Wie kann ich das mit dem Schlüssel machen? Morgen möchte ich gerne frühzeitig losgehen. Deshalb werde ich doch keinen Kaffee trinken."
"Sie können hier frühstücken! Wir haben für Sie jetzt doch mit eingedeckt!", erklärt sie mir.
Und vom Tonfall her erscheint mir das nun wie ein Befehl.
"Vielen Dank. Wenn das so ist, dann bleibe ich zum Frühstück." Eigentlich wäre es mir nach all den Vorwürfen der Pilgerin lieber, hier kein Frühstück zu beanspruchen. Aber Ordnung und Disziplin sind für die Schwester offensichtlich oberstes Gebot. Nachdem nun schon mal für mich eingedeckt ist, würde es gegen die Ordnung ihres Systems verstoßen, wenn ich nun nicht zum Frühstück käme.
Die Schwester geht wieder. Mein moralischer Zeigefinger verlässt ebenfalls das Zimmer zu einem Stadtbummel. Mit Ute, der neuen Zimmergenossin, komme ich rasch ins Gespräch. Sie besitzt eine ausgezeichnete Wanderkarte mit dem markierten Jakobsweg, erklärt mir eifrig die Route nach Vacha und gibt mir Tipps. Ute ist vielleicht vierzig Jahre alt. Sie ist den Weg über Oberellen nach Vacha und heute wieder zurück nach Eisenach gelaufen.
Um halb sieben ist Andacht in der Hauskapelle. In der Absicht, die anderen Schwestern dieses Hauses kennenzulernen und eventuell sogar die Oberin zu treffen, nehme ich mit Ute daran teil.
Es sind etwa zwanzig Schwestern anwesend. Die meisten sind schon sehr alt. Eine ältere Schwester begrüßt uns und hält eine kurze Ansprache. Am Schluss der Andacht fordert diese Schwester uns auf, nach vorne zu kommen. Wir sollen uns vorstellen und von unserem Pilgerweg berichten. Oh je! Das fehlt mir gerade noch, denke ich.
Ute berichtet als erste von ihrem Jakobsweg und bedankt sich für die Aufnahme in diesem Haus.
Als ich an der Reihe bin, hole ich erst einmal tief Luft. Dann stelle ich meinen Weg wie üblich vor. Ich spreche über Gottvertrauen und meine Beweggründe, ohne Geld zu pilgern. Auch *Solwodi* stelle ich kurz vor, in der Hoffnung, jemand würde danach unterschreiben.

"Für die Aufnahme im Haus bedanke ich mich ebenfalls. Da ich ohne Geld pilgere, kann ich leider nicht die üblichen Unterkunftskosten bezahlen. Ich habe jetzt erst mitbekommen, wie jede Schwester hier bis ins hohe Alter arbeiten und für sich sorgen muss. Nun habe ich natürlich Zweifel bekommen, ob es von mir richtig war, hier ohne Geld um Aufnahme zu bitten und die Gemeinschaft mit mir zu belasten. Wenn es falsch war, dann bitte ich Sie alle um Verzeihung."
Die Schwestern zeigen keine Reaktion. Auch die Schwester, die uns nach vorne gerufen hat, ignoriert es. Sie übergibt nun Ute und mir eine kleine Plakette, mit dem Leitspruch des Hauses: *Der Herr ist mein Hirte.* Nach der Andacht verlassen alle den Raum. Die Oberin, eine 60-jährige Pastorin, war leider nicht anwesend. Sie ist verheiratet und lebt nicht im Kloster, erfahre ich nun.
Die Schwester, die mich aufgenommen hat, ignoriert meine Worte ebenfalls. Sie bietet Ute die Besichtigung des Museums im Haus an. Es ist deutlich spürbar, dass sie mir das Museum nie angeboten hätte. Aber da ich anwesend bin, darf ich es ebenfalls besichtigen.
Später schaue ich im Fernsehraum Tagesschau und Wetternachrichten an. Danach lege ich mich ins Bett. Inzwischen sind wir alle drei wieder im Zimmer.
Das Schweigen, das sich zwischen der ersten Pilgerin und mir ausgebreitet hat, überträgt sich offensichtlich auf den Raum. Es gibt keine gemeinsamen Gespräche.

Burschenkirmes in Oberellen

Sonntag, 16. Juni 2013

Heute wache ich gut ausgeschlafen auf. Meine Sachen sind schnell gepackt und um acht Uhr bin ich als erste am Frühstücksraum. Eine Frau sitzt bereits am Tisch. Doch die Schwester möchte, dass erst begonnen wird, wenn alle da sind. So nach und nach tröpfeln die verschiedenen Hausgäste sowie Ute und die Pilgerin aus Berlin ein. Wir sind etwa zehn Personen am Tisch. Am anderen Ende des Tisches sitzen zwei ältere Damen, die nicht frühstücken. Anscheinend gehören sie zum Haus. Die Berlinerin verlässt zuerst den Tisch. Ich verabschiede mich kurz danach.
Eine der Damen am Tischende frage ich im Gehen: "Gehören Sie zum Haus?"
"Ja, ich bin für Pilger zuständig. Gibt es noch etwas?" Automatisch erhebt sie sich, verlässt mit mir den Raum in den Flur hinaus.
Dort reiche ich ihr die Hand. "Ich möchte mich ganz herzlich für die Aufnahme in dieses Haus bedanken. Können Sie mir eine Kontonummer geben, damit ich das Geld für meine Unterkunft überweisen kann, sobald ich zuhause bin. Ich bin ohne Geld unterwegs und laufe von Flensburg nach Konstanz."
"Ich war gestern nicht da, aber ich habe von Ihnen schon gehört", wirft sie ein.
"Die Schwester, die mich aufgenommen hat, bestand darauf, ich müsste fünf Euro zahlen. Das Geld habe ich dann in der Fußgängerzone aufgetrieben. Aber inzwischen habe ich mitbekommen, dass die Schwestern selbst schauen müssen, wie sie über die Runden kommen. Es war nie meine Absicht, jemanden zu belasten, der damit Schwierigkeiten hat."
Ich erkläre der Frau meine Motivation für diesen Weg ohne Geld und sie scheint mich sofort zu verstehen.
"Sie müssen nichts überweisen. Das ist so in Ordnung, gehen Sie in Frieden Ihren Weg weiter", sagt sie freundlich und verständnisvoll.

"Ich bin nicht arm. Es macht mir nichts aus, das Geld von zuhause aus zu überweisen", versichere ich.
"Nein! Lassen Sie das!" Sie schaut mich warmherzig an.
"Diese Schwester ist nicht sehr beweglich. Sie müssen sich keine Gedanken machen", fügt sie hinzu.
"Mich hat eine Mitpilgerin im Zimmer heftig kritisiert, dass ich dieses Haus hier ohne Geld beanspruche. Sie hat mir zu verstehen gegeben, dass das Haus auf diese Einnahmen angewiesen ist. Da habe ich ein ganz schlechtes Gewissen bekommen. Ich will mit meinem Weg ja niemandem schaden."
Die Frau schaut erst ganz erschrocken, dann winkt sie ab:
"Lassen Sie sich davon nicht beeinflussen. Wir nehmen immer wieder mal auch Pilger ohne Geld auf. Aber wir müssen natürlich sehen, dass das nicht missbraucht wird."
"Das ist ja vollkommen verständlich", pflichte ich bei.
"Sie sind mit einem Missionsauftrag unterwegs. Ich bin sicher, Sie werden es dreifach weitergeben", lächelt sie mich liebevoll und verstehend an.
"Ich werde jedenfalls tun, was mir möglich ist", lächle ich nun befreit zurück.
"Es tut gut, verstanden zu werden. Danke für alles", strecke ich ihr die Hand entgegen.
"Ziehen Sie hin in Frieden", sagt sie noch einmal, während wir uns die Hände schütteln.
Beim Verlassen des Hauses ist wieder die gleiche Schwester an der Pforte. Eine Pilgerin erklärt ihr gerade, dass sie so kaputt sei und sich dringend ein wenig ausruhen möchte. Ich höre die Schwester sagen: "Das geht noch nicht, erst muss das Zimmer durchgeputzt werden. Ihren Rucksack können Sie hier lassen, aber ins Zimmer können Sie noch nicht."
Ja, hier herrscht strenge Ordnung im Ablauf der Dinge.
Dabei haben wir Waschbecken und Zimmer so sauber und ordentlich verlassen, dass es nichts zu putzen gibt. Die Frau möchte doch nur

ihre schmerzenden Beine hochlegen. Derart starre Formen kann ich nicht verstehen.
Vom Marktplatz aus brauche ich nur zehn Minuten, um zum Eselsplatz unterhalb der Burg aufzusteigen. Im Nu bin ich im Burghof. Es ist noch nichts los.
Die Wartburg, das stolze Wahrzeichen Eisenachs, thront seit nahezu tausend Jahren auf ihrem Fels, umgeben von der herrlichen Landschaft des Thüringer Waldes.
Am Turm befindet sich ein Drehkreuz, denn für die Turmbesteigung muss bezahlt werden.
Was macht *frau* ohne Geld? Sie nimmt den Rucksack ab und kriecht unter dem Drehkreuz hindurch. Ein großes Schild warnt am Aufstieg: *Bei Gewitter sofort Turm verlassen!*
Eisenach liegt tief unter mir. Ein herrlicher Blick ins Land ist von hier möglich. In einiger Entfernung sehe ich das Burschenschaftsdenkmal, das denjenigen gewidmet ist, die im 19. Jahrhundert für Einheit und Freiheit in Deutschland eingetreten sind. Ansonsten sehe ich ringsum nur riesige, dichte Wälder, soweit das Auge reicht. Durch diese Wälder führt meine Route weiter. Hoffentlich ist die gut markiert, denke ich.
Beim Burgverlies blicke ich in ein zehn Meter tiefes Loch, nur wenige Quadratmeter groß. Elektrisches Licht ermöglicht es, die Ausmaße des Kerkers zu erkennen. Fritz Erbe war von 1533 bis 1548 hier eingesperrt, weil er für die Erwachsenentaufe und gegen die Kindertaufe war!
Unvorstellbar, wie ein Mensch fünfzehn Jahre hier in Dunkelheit überleben konnte. Warum tun Menschen sich gegenseitig so etwas an? Noch dazu aus derart absurden Gründen. Das wird mir wohl immer unverständlich bleiben.
Die Burgschenke ist ebenfalls beeindruckend. Natürlich befinden sich hier nur gut gekleidete Gäste. Mit Wanderkleidung und Rucksack falle ich auf. Eine Frau feiert ihren 60. Geburtstag. Ich spreche sie am Tisch einfach an und wünsche ihr alles Gute. Sie freut sich sehr darüber. Inzwischen ist ein Brautpaar im Hof. Auch auf dieses Brautpaar

gehe ich einfach zu und wünsche ihm Glück und alles Gute für die gemeinsame Zukunft.
Für die innere Burgbesichtigung wären neun Euro zu bezahlen. So schaue ich mir die Kunstschätze und prächtigen Räume nur auf den Postkarten des Souvenirladens an. Das genügt mir. Im Laden lese ich einen Spruch von Martin Luther:

> *Frauen sind von Gott dazu geschaffen, Kinder zu gebären, die Männer mit Liebe zu erfreuen, barmherzig zu sein. (M.L. 32. Spruch Weimarer Ausgabe)*

Na bravo, rebelliert es in mir. Unglaublich, wie Männer sich einst über uns Frauen gestellt hatten und für sich das alleinige Wissen über Gott und die Welt beanspruchten. Und nur sie allein meinten zu wissen, was richtig und was falsch ist. Also gaben sie auch vor, was wir dürfen und was wir nicht dürfen. Auch heute erlebe ich noch immer ausgeprägte patriarchalische Haltungen.
Unterhalb der Burg werden seit über hundert Jahren Esel vermietet. Neun Esel stehen bereit. Der Besitzer hält sich in einem kleinen Kiosk auf, dessen Innenwände, einschließlich Decke mit Postkarten aus aller Welt beklebt sind. Wir unterhalten uns über Gottvertrauen. Dann erklärt er mir den Weg, der zur Sängerwiese führen soll.
Später erfahre ich, der Einstieg zum markierten Jakobsweg wäre oben an der Burg gewesen. Im Wald an den Weggabelungen bin ich bald ohne Hinweis. Nach vielen Kilometern wird mir klar, dass dieser Weg falsch ist. Er hat mich zurück ins Tal geführt. Jetzt habe ich genug vom Verlaufen im Wald. Den Autogeräuschen folgend suche ich nun die Straße. Sie führt bergauf. Vermutlich ist das die Straße, die der Jakobsweg ganz oben am Vachakopf an einem Parkplatz überquert. Also laufe ich nun diese Straße entlang. Das ist natürlich kein Vergnügen. Es kommen nur wenige Autos, und die rasen in hohem Tempo an mir vorbei. Die Straße zieht sich endlos. Irgendwann werde ich unsicher. Bin ich überhaupt auf der vermuteten Straße? Mein Versuch, jemanden anzuhalten, scheitert immer wieder am hohen Tempo der Autos. Schließlich hält doch eine blonde Frau mit etwa fünfzig Jahren

an. Sie wirkt auf mich sehr lebendig und fröhlich und sie nimmt mich mit. Immerhin befinde ich mich auf der richtigen Straße. Schon zwei Kilometer weiter sind wir am Vachakopf. Sie stellt den Motor ab und erzählt mir von ihrem ersten Mann, ihrer großen Liebe, von dem sie zwei Kinder hat. Durch einen Autounfall kam er ums Leben. Sie selbst lag zwei Wochen im Koma und hatte ein Nahtoderlebnis. Der Unfall liegt nun zwanzig Jahre zurück. Sie konnte anfangs nicht mehr sprechen. Das alles war eine ganz schreckliche Zeit.
Betroffen von ihrem Schicksal höre ich der Frau aufmerksam zu.
Sie hat dann zum zweiten Mal geheiratet, erzählt sie weiter. Der zweite Mann ist vor zwei Jahren gestorben. Danach ist sie so krank geworden, dass sie in eine psychiatrische Klinik musste. Auch heute weiß sie noch nicht, was oben und unten ist. Von ihrem zweiten Mann erbte sie ein Haus. Nach seinem Tod gab es mit der Familie erst einmal große Erbschaftskonflikte. Das Problem ist inzwischen ausgestanden. Aber am Haus fallen viele Reparaturen an, für die sie kein Geld hat. Sie hat seit kurzem wieder einen netten Freund. Aber dennoch ist ihre Lebenssituation äußerst schwierig. Es gibt viele Probleme für die sie keine Lösung weiß.
Wir stehen schon einige Zeit am Parkplatz. Die Frau hat ein starkes Redebedürfnis, was angesichts ihrer Lebenslage nicht verwunderlich ist.
Sie schaut auf die Uhr und sagt: "Leider muss ich weiter, ich habe eine Verabredung. Schade, dass wir nicht mehr Zeit haben", bedauert sie. "Geben Sie mir doch Ihre Telefonnummer, dann kann ich Sie mal anrufen."
"Gerne. Nur wird es noch einige Wochen dauern, bis ich wieder zuhause bin."
Wir tauschen Adressen und Telefonnummern aus. Wie ich nun sehe, wohnt die Frau ganz in der Nähe von Vacha.
"Morgen Abend bin ich in Vacha, wenn Sie wollen, können wir uns dann noch mal treffen", schlage ich vor.
"Das wäre ja schön", ruft sie begeistert aus.

"Ich bräuchte morgen noch ein Übernachtungsquartier. Wenn Sie Platz haben und es möchten, komme ich zu Ihnen."
"Das finde ich ja wunderbar", strahlt sie mich erfreut an. Sie erklärt mir, wie ihr Haus zu finden ist.
"Wie schaffen Sie es bei all diesen Schicksalsschlägen, so fröhlich zu wirken und so eine gute Ausstrahlung zu haben?"
"Das fragen mich alle", lacht sie.
Wir beschließen uns zu duzen.
"Wir sehen uns morgen", lächle ich sie an, während ich aus dem Wagen steige.
"Ich freue mich darauf, dann bin ich morgen wenigstens nicht allein."
"Ich freue mich ebenfalls auf ein Wiedersehen. Bis dann!"
Sie winkt und fährt davon. Es ärgert mich im allgemeinen zwar, wenn ich mich im Wald verlaufe, aber vielleicht sollte das wieder einmal so sein. Sonst wäre ich nie dieser Frau begegnet.

An der Wanderkarte des Parkplatzes verschaffe ich mir Orientierung. Hier entdecke ich auch die Jakobsmuschel wieder. Ihr folge ich auf einem schönen Waldpfad bis Hütschhof. Eine Tafel weist darauf hin, dass es hier ein Pilgerquartier für zehn Euro gibt. Meine Hoffnung ist, in Oberellen umsonst unterzukommen. Hier soll es laut Wegbeschreibung im alten Schulgebäude neben der Kirche eine Pilgerunterkunft geben.
Um die Mittagszeit erreiche ich Oberellen. Im Dorf ist kein Mensch zu sehen. Mein Magen knurrt schon. Heute früh habe ich natürlich keine Brotzeit mitbekommen.
Die Kirche sehe ich bereits vor mir. Die Pilgerunterkunft soll daneben sein. Auf der Straße kommt mir ein Mann sehr schnell entgegengeradelt. Obwohl es eigentlich keinen Grund gibt, halte ich den Mann trotz seines Tempos an.
"Grüß Gott! Hier soll es in einem alten Schulhaus ein Pilgerquartier geben?," frage ich den Mann, während er vom Fahrrad steigt.
Der Mann wirkt sehr aufgeschlossen. "Das war einmal. Das gibt es schon lange nicht mehr", sagt er freundlich lachend.

Ich bin ganz perplex. "Das kann nicht sein. Eine Pilgerin aus Eisenach hat erst gestern hier übernachtet. Sie sagte mir, im Pilgerquartier wären mehrere Betten zu haben. Es sei kein Problem hier unterzukommen."
"Das Schulhaus gibt es nicht mehr, aber da vorne im Gasthof oder bei Frau O., noch ein wenig weiter, können Sie unterkommen", deutet er die Dorfstraße entlang.
Nun gestehe ich dem Mann, dass ich ohne Geld durch Deutschland pilgere und ein Pilgerquartier bräuchte, das nichts kostet.
"Dann gehen Sie zu Frau O. Sagen Sie einen schönen Gruß von mir, die freut sich dann."
"Aber ich habe doch kein Geld", werfe ich ein.
"Bei der Frau O. sind Sie genau richtig, gehen Sie hin."
"Vielen Dank für diese Empfehlung." Der Mann radelt weiter und ich laufe der Beschreibung folgend zum Haus von Frau O.
Eine ältere Frau öffnet auf mein Klingeln.
"Ich bin Jakobspilgerin und soll Sie von Herrn W. grüßen. Ich bin ohne Geld unterwegs und er meinte, ich solle mich an Sie wenden."
"Kommen Sie erst einmal herein", fordert mich die Frau freundlich auf.
"Ich störe Sie wohl beim Essen?"
"Das macht nichts."
"Sie müssen mich ohne Geld natürlich nicht aufnehmen", sage ich, aber sie beruhigt mich:
"Ich schicke Sie nicht fort."
Sie zeigt mir gleich mein Zimmer, holt Bettzeug und Bettwäsche.
"Haben Sie schon gegessen?"
"Nein, aber ich habe noch Datteln im Rucksack."
"Wir haben noch Roulade und Kloß übrig. Wenn Sie wollen, können Sie mitessen."
"Wenn Sie mir das anbieten, nehme ich es gerne an."
Sie führt mich zu ihrem Mann in die Küche und wir begrüßen uns.
Frau O. serviert mir eine braun gebratene Roulade mit zwei Thüringer Klößen.

Dabei hatte ich mich heute schon auf einen Datteltag eingestellt.
"Mmm, ich liebe Thüringer Klöße und Roulade habe ich mir auch schon lange wieder einmal gewünscht. Das Essen schmeckt ganz wunderbar", schwärme ich.
Dann erzähle ich von meiner Motivation für den Aufbruch und zeige meinen Pilgerpass.
Hier spüre ich sofort die menschenfreundliche Annahme und fühle mich wohl. Man betrachtet mich in erster Linie als Mensch und beurteilt mich nicht nach meinem Geldbeutel. So sollte es überall sein, denke ich.
Nach dem Essen gehe ich in mein Zimmer, um mich auszuruhen. Mit einem vollen Bauch wird das Bedürfnis nach einem Mittagsschlaf noch größer. Frau O. öffnet mir die Balkontür, wischt den Tisch ab, damit ich mich auch draußen aufhalten kann.
In diesem Moment fährt Herr W. mit dem Rad vorbei. "Ist alles in Ordnung?", ruft er von der Straße herauf. Frau O. bestätigt. Er hätte sich ebenfalls um mich gekümmert, wenn es hier nicht geklappt hätte, gibt er zu verstehen.
"Welch ein Glück, dass ich Sie getroffen habe", rufe ich hinab. "Sonst hätte ich am Schulhaus alt ausgesehen. War das nun Glück oder Fügung?" Er lacht uns beide fröhlich an.
"Jedenfalls finde ich es sehr nett, dass Sie sich sogar noch mal umsehen. Auch vielen Dank für diese gute Vermittlung zu Frau O.", lächle ich ihm erfreut zu.
Am Nachmittag laufe ich zur Kirche mit der Absicht, einen Pilgerstempel zu bekommen. Dabei stoße ich an der Dorfstraße auf eine Gruppe jüngerer Männer. Sie dürften zwischen zwanzig und dreißig Jahren alt sein. Sie haben sich als Frauen verkleidet.
Mit ihren Bierflaschen stehen sie an einem hohen, runden Tisch unter einem Sonnenschirm. Bei einem der Männer quellen die starken Brusthaare aus dem Ausschnitt des Frauenkleides hervor. Der nächste hat sich einen Schottenrock angezogen. Jeder hat sich witzig hergerichtet. In den Frauenkleidern schauen sie alle sehr originell aus. Die Männer sind offensichtlich in bester Stimmung.

"Ah, eine Pilgerin ist in unserem Dorf", werde ich empfangen.
Einer der Männer bietet mir ein Bier an und schon bin ich in die Runde integriert.
"Und was treibt euch zu dieser attraktiven Aufmachung?", frage ich neugierig.
"Das ist die alljährliche Burschenkirmes", erklärt einer.
"Prost", stößt er mit der Flasche an meine. "Wir können uns doch duzen, oder?"
"Kein Problem!", erwidere ich. Wir nennen unsere Vornamen und stoßen alle mit unseren Flaschen an.
Die Männer wollen wissen, wo ich herkomme. Als ich sage von Flensburg, glauben sie, ich würde sie auf den Arm nehmen.
"Doch, ich bin am 2. Mai in Flensburg gestartet und ich will nach Konstanz am Bodensee." Sie schauen mich ungläubig an.
"Ich kann euch meinen Pilgerausweis zeigen, wenn ihr wollt."
Ich ziehe den Ausweis aus der Tasche und nun glauben sie mir und bestaunen die Stempel.
"Und das ganz allein?"
"Ja, natürlich, warum denn nicht?"
"Darf ich mal fragen, wie alt du bist", fragt mich einer der Männer.
"Kein Geheimnis! Äußerlich bin ich zweiundsechzig Jahre alt, innerlich bin ich zeitlos", lache ich sie alle an.
"Übernachtest du beim Wirt?"
"Nein, denn ich habe kein Geld!"
"Was kein Geld? Wie soll das gehen?"
"Das steht auf meinem T-Shirt: Mit Gottvertrauen!"
"Jetzt nimmst du uns aber wirklich auf den Arm."
"Nein! Ich habe keinen Pfennig Geld in der Tasche", versichere ich.
"Mit meiner Zugkarte bin ich nach Flensburg gefahren und ab da bin ich ohne Geld marschiert."
"Und warum machst du das?", fragt mich der blonde Mann im Schottenrock.
"Wollt ihr das wirklich wissen?"

"Ja, gerne", spricht der Blonde für alle. Die anderen nicken nur zustimmend.
Dann muss ich etwas ausholen und in meiner Kindheit anfangen.
So erzähle ich von meiner Begeisterung für Jesus in der Kindheit und von der speziellen Bibelstelle, die mich seitdem nicht mehr losgelassen hat. Die Männer hören mir aufmerksam zu, stellen zwischendurch Fragen und reden nun ohne Hemmungen über ihren eigenen Glauben an Gott.
Ich wundere mich, dass sich bei diesem allgemeinen Tabuthema ausgerechnet junge Männer so offen zu ihrem Glauben an Gott bekennen können. Nicht alle glauben in voller Überzeugung an ihn. Sie zeigen sich untereinander offen, wo sie stehen und wie sie über Gott denken.
Zwischen Kirmesverkleidung und Biertrinken finden unglaublich tiefe, offene Gespräche über Gott statt. Diese Situation fasziniert mich.
Der junge Mann im Schottenrock lässt sich von meinen Erzählungen ganz besonders berühren. Er kommt mir vor wie der ungläubige Thomas in der Bibel. Er würde anscheinend gerne glauben. Aber irgendwie kann er es nicht mehr. Er bringt seine Zweifel deutlich zum Ausdruck.
"Ich weiß nicht so recht, was ich von Gott halten soll. Wo ist Gott denn? Wenn es ihn gibt, warum lässt er dieses Unheil zu, die schrecklichen Dinge, die überall passieren? Den kann es doch gar nicht geben, sonst wäre unsere Welt eine andere", behauptet er.
"Gott wird für mich in allem Lebendigen, in allem Echten, in der Wahrheit, in der Liebe und Güte der Menschen sichtbar. Zieh mal die hausgemachten Probleme von allem was passiert ab. Wir verursachen doch unser Elend meist selbst, egal ob es Krankheiten oder Umweltkatastrophen sind. Wir sind es, die sich nicht darum kümmern, wenn himmelschreiendes Unrecht um uns herum geschieht. Wir Menschen führen Krieg und richten Chaos an. Wir leben in einem Machbarkeitswahn und respektieren die sinnvollen Abläufe und Gesetze der Natur nicht. Überall pfuschen wir der Natur ins Handwerk. Wir Menschen wollen immer mehr, immer größer, immer schneller. Wir wollen nicht bescheiden anerkennen, dass wir Geschöpfe sind und dass es

über uns etwas Größeres gibt. Wir wollen selbst die Größten sein. Am liebsten würden wir auch den Tod überwinden. Aber die Befreiung von der Angst liegt für mich eher darin, die Sterblichkeit als einen Teil unseres menschlichen Seins anzunehmen. Ich finde es hilfreicher, mich bewusst mit dem Tod auseinanderzusetzen als ihn zu verdrängen."

"Wo ist denn die Liebe? Überall ist doch Elend!", beharrt er.

"Jesus hat uns eine Botschaft der Liebe gebracht. Es liegt doch an uns Menschen, wenn wir diese Botschaft nicht annehmen. Gott handelt ausschließlich durch Menschen!

Schreibe Dir mal auf, was es alles Gutes in deinem ganz persönlichen Leben gibt. Dann wirst du feststellen, dass es das Leben wirklich gut mit dir meint. Überlege mal, wie dein Körper jeden Tag funktioniert, deine Arme, deine Beine, deine Augen, deine Sinne, was du damit alles machen kannst, welche Freude, welches Glück für dich damit erlebbar ist. Jeden Tag bringt uns die Sonne Licht und Wärme. Du hast Luft zum Atmen. Und hinter dieser gesamten Schöpfung, hinter all diesen Wundern steckt ein großer Geist, der das bis ins Kleinste durchdacht hat, damit es zum Besten funktioniert. Schon allein daran spüre ich die Liebe Gottes", bringe ich meine Überzeugung zum Ausdruck.

"Gott hat uns nicht als Marionetten erschaffen. Er hat uns einen freien Willen gegeben.

Wenn du heranwachsende Kinder hast - sperrst du sie ein, um ihre Fehler zu verhindern? Oder lässt du sie ihre Erfahrungen machen, aus denen sie lernen können? Wir müssen bei unseren Kindern oft mit blutendem Herzen zusehen, welche unguten Wege sie gehen. Sie lassen sich durch keine guten Worte, durch nichts aufhalten. Man müsste sie einsperren, um es zu verhindern.

Gott lässt uns in gleicher Weise frei, und lässt uns ebenso unsere Fehler machen, wie wir es bei unseren Kinder zulassen. Unsere menschlichen Schwächen und Fehler sind für Gott kein Problem. Aber für uns selbst werden sie zum Problem, wenn sie das menschliche Miteinander behindern."

Der Mann im Schottenrock hört mir aufmerksam zu.
"Ich kann nicht fassen, was hier passiert, und staune über mich selbst", ruft er verwundert aus. "Ich bin froh, dass ich Sie heute kennengelernt habe", erklärt er mir ganz ernsthaft. Das Gespräch entwickelt sich nun in erster Linie zwischen dem blonden Mann und mir. Die anderen hören meistens nur zu.
Ich erkläre ihm an Beispielen, wie ich durch Gottvertrauen Kräfte bekam, die ich sonst nicht hatte. Indem ich meine Botschaft über Gottvertrauen durch ganz Deutschland trage, will ich nun ein Zeichen für meinen Glauben sein.
Der junge Mann hört mir inzwischen völlig hingerissen zu. Irgendetwas hat bei ihm gezündet.
"Das gibt es doch nicht!", sagt er zwischendurch immer wieder kopfschüttelnd.
Ich erkläre allen, warum ich bewusst ohne Geld aufgebrochen bin.
"Schaut euch diese Frau an, wie frei sie ist! Sie ist freier als wir alle zu zusammen!", ruft der blonde Mann begeistert aus.
Ich erzähle von der Bibel, bringe Beispiele, welche Lebenshilfe sie für mich schon war.
"Sie ist sozusagen meine Gebrauchsanweisung für den Alltag und ich setze sie oft ganz wörtlich in meinem Leben um."
Der Mann schaut mich verblüfft an. "Heh", ruft er plötzlich aus. "Ich fasse es nicht. Da ist eine Frau vor uns, erzählt uns von Gott und fesselt hier den ganzen Tisch. Das ist doch unglaublich. Da kann ich nur vor Respekt den Hut ziehen."
Dazwischen gibt es auch Pausen mit Witzen und nettem Geplänkel. Aber von dem jungen Mann im Schottenrock kommen immer wieder ernsthafte Fragen über Gott.
"Was mag das wohl bedeuten, dass wir uns heute begegnet sind", äußert er erneut in ungläubiger Verwunderung.
Später kommt die Berliner Pilgerkollegin des Weges. Wir begrüßen uns höflich. Auch ihr wird ein Bier angeboten und sie gesellt sich zu uns. Sie hat in der Gaststätte ihr Quartier, berichtet sie.

Die Stimmung ändert sich sofort. Die Themen über Gott verstummen automatisch.
Sie erzählt, wie gut es tut, zwischendurch aus dem Arbeitsstress auszusteigen und die Kontrolle mal loszulassen. Beruflich ist sie sehr eingespannt und kann leider immer nur drei bis vier Tage weg, um ihre Überstunden zu nehmen.
"Es tut gut, so von einem Tag zum anderen zu leben. Denn in meinem Alltag muss ich alles immer unter Kontrolle haben, da muss eben alles funktionieren. Aber auf dem Jakobsweg lasse ich mich ein Stück weit auf die Ungewissheit ein. Das ist schon eine Herausforderung, nicht zu wissen, wo ich am nächsten Tag übernachte", berichtet sie von sich.
"Ich kann doch nicht mehr bis nach Vacha laufen", wendet sie sich nun an mich, "denn da finde ich am Abend keine geeignete Zugverbindung. Ich muss morgen zum nächsten Bahnhof und von dort nach Berlin zurück. Länger kann ich einfach nicht wegbleiben. Übermorgen habe ich dann wieder meine Leute unter mir", schildert sie mir ihre Situation.
Mit Komplimenten, Witz und Charme findet zwischen meiner Pilgerkollegin und den Männern ein heiterer harmloser Flirt statt, der offensichtlich jedem Spaß macht. Eigentlich möchte ich längst weiter. Aber ich bleibe, weil ich mich nicht in dieser flapsigen Stimmung verabschieden möchte.
Nachdem meine Pilgerkollegin gegangen ist, kündige auch ich meinen Aufbruch an." Ich werde versuchen, beim Pfarrer einen Stempel zu bekommen", teile ich mit.
Der junge Mann im Schottenrock gibt mir zum Abschied die Hand und beteuert noch einmal, wie froh er sei, mich kennengelernt zu haben. Der Kontakt mit diesem Mann ist für mich ein besonders erfreuliches Erlebnis. Ganz offensichtlich hat ihn das Thema Gott gepackt. Alle anderen geben mir ebenfalls die Hand und wünschen mir alles Gute. Ich spüre, wie viel menschliche Wertschätzung mir von diesen jungen Männern entgegengebracht wird.

Der Pfarrer ist nicht erreichbar. Es gibt keinen Stempel! Meine Gastfamilie sitzt im Hof. Frau O. will mir ihren Garten direkt hinter dem Haus zeigen. Wir müssen über einen schmalen Steg den Bach passieren.
Alles ist sehr schön und liebevoll gepflegt. Anschließend will sie mich ihren Nachbarn vorstellen, die nur wenige Schritte entfernt auf der Terrasse hinter dem Haus sitzen.
Vor mir sitzen zwei Generationen, die gemeinsam im Haus wohnen und sich offensichtlich gut verstehen. Irgendwie scheint die Welt in diesem abseits gelegenen Dorf noch sehr intakt zu sein. Ich fühle mich rundum wohl hier.
Wir werden aufgefordert, uns doch ein wenig zu setzen. Frau O. stellt mich als ihre Pilgerin vor, die ihr heute überraschend ins Haus geschneit kam. Ich erzähle meine Geschichte ohne Geld, meine Beweggründe und werbe gleichzeitig für *Solwodi*. Alle verstehen meine Motivation sofort. Sie finden sie anerkennens- und unterstützenswert.
Der Besuch bei den Nachbarn wird zu einer schönen Begegnung.
Eigenartig, dass andere wiederum gar nichts mit meiner Art zu pilgern anfangen können, sondern nur Negatives dahinter sehen, schießt es mir durch den Kopf. Ich denke besonders an die Schwester in Eisenach und die Pilgerin, die heute ebenfalls im Dorf anwesend ist. Aber auch einzelne Pastoren hatten ihr Problem mit mir.
Mir ist nicht klar, woran es liegt, dass man mir so konträr gegenübersteht.
Gedanken mache ich mir auch, warum ich diese Menschen trotz aller Bemühungen um Verständigung nicht erreichen kann. Warum ist da so eine unsichtbare Wand, die nicht zu durchbrechen ist?
Frau O. geht mit mir zurück zum Haus. Wenig später kommt die ältere Nachbarsfrau und bringt eine Schachtel mit Eiern. "Für euer Frühstück morgen", sagt sie dazu.
Später bringt sie mir noch eine Obsttüte für meine Weiterreise. Als ich die Tüte auspacke, entdecke ich zehn Euro, mit einem Psalmkärtchen eingepackt. 'Gottes Schutz und Segen auf dem weiteren Pilgerweg' hat jemand handschriftlich dazugeschrieben. Ich will doch kein Geld an-

nehmen! Aber so, wie die Umstände liegen, kann ich es nicht zurückgeben. Diesmal muss ich es annehmen, sonst würde ich die Frau verletzen. Sicher werde ich wieder jemanden finden, an den ich es weitergeben kann, überlege ich.
Frau O. näht mir später mit der Nähmaschine einen neuen Tragegurt an meine Umhängetasche. Durch die Reibung am Rucksack hat sich der Stoff schon fast aufgelöst.

Montag, 17. Juni 2013

Beim Aufbruch melde ich mich am Nachbarhaus und bedanke mich für die Obsttüte und den Geldschein. An der Dorfstraße entlang erreiche ich die Gaststätte. Hier sehe ich meine Pilgerkollegin an der Außentreppe sitzen. Sie cremt sich gerade ihre Füße ein. Wir wünschen uns guten Morgen.
"Ich habe noch mal nachgedacht", spricht sie mich an. "Ich stehe zu meiner Einstellung. Was du machst, ist nicht in Ordnung. Es bleibt dabei: Geben ist seliger denn Nehmen", verkündet sie.
Dazu kann ich nur sagen:
"Vielleicht kennst du die Theologin Dorothee Sölle. Sie sagt:

> *Lieben ist das tiefste Bedürfnis der Menschen.*
> *Geben und Nehmen zu lernen die größte Aufgabe.*

Nach meiner Erfahrung hat sie recht und wir müssen beides einüben und lernen."
"Ich könnte ebenso wie du ohne Geld durch das Land ziehen, ich hätte keine Angst. Denn ich kenne die Menschen. Die würden mich auch überall aufnehmen und mir zu essen geben. Aber ich tue es nicht, weil ich geben und nicht nehmen will."
"Es ist doch in Ordnung, wenn jeder das macht, wovon er überzeugt ist", reagiere ich ganz gelassen. "Es hat ja nicht jeder den gleichen Lebensauftrag. Außerdem habe ich keineswegs das Gefühl, dass ich nur nehme. Ich muss nicht in gleicher Münze zurückzahlen, sondern kann auch auf einer ganz anderen Ebene etwas zurückgeben."

"Meinst du?" Sie schaut mich zweifelnd an. Ihr skeptischer Blick zeigt deutlich, sie kann sich auf keinen Fall vorstellen, dass ich etwas zu geben hätte.
"Da muss ich dir noch etwas anderes sagen. Ich bin richtig in Sorge, dass du ein schlechtes Licht auf uns Jakobspilger wirfst und damit der ganzen Bewegung schadest," fügt sie mit gerunzelter Stirn hinzu.
"Wenn das deine Meinung ist, werde ich dich wohl kaum davon abbringen", antworte ich unberührt.
"Stell dir mal vor, wenn das jeder machen würde." Sie schaut mich missbilligend an.
Ich lasse ihr das letzte Wort. Es hat keinen Sinn, weiter darüber zu reden, sie würde es nicht verstehen. Deshalb lenke ich vom Thema ab und frage interessiert: "Was machst du eigentlich beruflich?"
"Ich bin an der Uni Verlegerin für wissenschaftliche Bücher. Leider wird da viel Halbwissenschaftliches herausgegeben, nur um der Eitelkeit willen. Damit geht es mir gar nicht gut, dass ich ungewollt diese Eitelkeiten unterstütze. Deshalb überlege ich manchmal, ob ich beruflich noch etwas anderes machen soll."
Wir verabschieden uns voneinander und ich gehe meines Weges.
Ihre Versuche, mich abzuwerten, prallen an mir ab. Sie mag sich in ihrer beruflichen Position der Rentnerin ohne Geld zwar überlegen fühlen, aber hinter all ihrem selbstsicheren Auftreten kann ich kein echtes Selbstwertgefühl erkennen.
Ja, wie wäre das, wenn jeder so wie ich aufbrechen würde. Ich phantasiere mal drauf los.
Wenn es mit meinen Beweggründen geschähe, dann käme im Großen in Bewegung, was durch mich im Kleinen in Bewegung kommt. Auch wenn manch einer darüber den Kopf schütteln würde. Viele Menschen würden sich miteinander verbinden und wie Brüder und Schwestern in die Arme fallen.
Und die, die Gastfreundschaft beansprucht haben, würden sie selbstverständlich anderen ebenfalls gewähren. Die Angst voreinander würde allmählich verschwinden ...

Ein wunderschöner Wunschtraum zieht in meiner Vorstellung vorüber.
Dann hätten wird das, wovon Jesus sprach, als er sagte: Das Himmelreich ist mitten unter euch.
Aber das verstehen nur die, die sich in Begegnungen berühren lassen. Und die Menschen in der eigenen Umgebung wird man selten berühren können. Zu fest geformt ist die Erwartungshaltung, der man ausgesetzt ist. Zu endgültig sind die Schubladen, in die man für immer einsortiert wurde.
In der Fremde hat man die Chance, unvoreingenommen und neu gesehen zu werden.
Um acht Uhr morgens ist es bereits wieder sehr heiß. In Wünschensuhl, bekomme ich ein Fläschchen Mineralwasser geschenkt. Unterwegs im Wald mache ich im Schatten Brotzeit.
Noch fünfzehn Kilometer sind es von hier nach Vacha. Wegen Fällarbeiten wird mir der Weg mit einem rotweißen Band und einem Verbotsschild versperrt. Wenn ich den markierten Weg verlasse, finde ich mich in diesem Wald nie mehr zurecht, überlege ich. So missachte ich das Verbotsschild und bewege mich vorsichtig am Weg entlang. Die Sägegeräusche sind deutlich zu hören.
Nach etwa zwei Kilometern habe ich die gesperrte Linie hinter mir. Die Hitze ist heute selbst im Wald unerträglich. Kopfschmerzen zeigen an, dass ich zu wenig getrunken habe. Dann endet der Wald und der Weg führt über schattenlose Wiesen und Felder. Die Hitze erschlägt mich fast. Meine Kopfschmerzen werden immer heftiger. In Unterzella kann ich nicht mehr. Per Anhalter fahre ich die letzten zwei Kilometer nach Vacha. Mit letzter Kraft frage ich mich zum Pfarramt durch. Der Pastor ist anwesend. Meine Pilgersituation ohne Geld ist schnell erklärt. Er zeigt mir einen Raum, in dem ich übernachten könnte. Hier liegen zwei Matratzen am Boden. Die Spannbezüge sehen sehr benutzt aus. Die Decken dazu haben Flecken. Da könnte ich also schlafen. Der Pastor bringt mir ein Glas Wasser.
"In N. wohnt eine Frau, die will mich für diese Nacht bei sich aufnehmen. Wir sind aber erst am Abend verabredet. Vielleicht ist sie

jetzt schon da. Darf ich bei Ihnen telefonieren? Wenn das tatsächlich klappt, würde ich bei ihr übernachten.
Andrea ist tatsächlich zu Hause und ich künde mein Kommen an.
"Normalerweise würde ich per Anhalter nach N. fahren. Durch die Sonne und den Wassermangel bin ich so fertig, dass ich das nicht mehr schaffe. Ich kann mich unmöglich an der Straße in die pralle Sonne stellen, bis mich ein Auto mitnimmt. Würden Sie mich nach N. fahren?", frage ich ganz direkt.
Der Pastor ist betroffen und schluckt sichtbar über dieses Ansinnen. Bevor er etwas sagen kann, fahre ich fort:
"Ich weiß, das ist jetzt viel verlangt. Aber ich würde Sie nicht bitten und mich Ihnen zumuten, wenn ich das aus eigener Kraft bewältigen könnte. Sie würden mir wirklich einen großen Liebesdienst erweisen, denn ich bin sehr erschöpft."
"Gut ich fahre Sie", entscheidet er schließlich.
Wir steigen in sein Auto und ich krame die genaue Straßenbezeichnung aus meiner Stofftasche.
Mir fällt alles sehr schwer, mein Denken ist verlangsamt. Das heiße Auto gibt mir den Rest.
Der Pastor erklärt mir während der Fahrt: "Ich kann solchen Lebenskünstlern wenig abgewinnen, die so ohne Geld durch die Welt ziehen. Aber Jesus muss sich ja was dabei gedacht haben, wenn er dazu aufgefordert hat. Nur ich persönlich kann mich damit nicht anfreunden."
"Sie denken vielleicht, ich suche ein Abenteuer? Das ist nicht der Fall! Ich will meinen Glauben und mein Gottvertrauen sichtbar machen."
Mein Kopf ist am Zerspringen, richtig apathisch fühle ich mich und bin daher nicht in der Lage, ihm meine tieferen Beweggründe darzulegen.
Wir sind schon in N. und fragen nach der Straße. Da wird uns geraten, die betreffende Straße über eine andere Ortschaft anzufahren, weil die Hauptstraße des Ortes gesperrt ist. Normalerweise wäre ich ausgestiegen und hätte das Haus zu Fuß gesucht. Es ist mir peinlich, dass der Pastor zusätzlich noch einen großen Umweg für mich fahren muss.

Aber ich kann wirklich nicht mehr und muss ihm auch das noch zumuten.
Bei Andrea kann ich mich kaum mehr auf den Beinen halten. Ich trinke viel Wasser und hoffe, damit die Kopfschmerzen zu beseitigen. Dann dusche ich. Nach dieser Erfrischung geht es mir etwas besser. Nur die Kopfschmerzen werden trotz Getränk nicht besser. Dies sehe ich als ernste Warnung für mich. Ich muss morgen unbedingt besser für mich sorgen und viel, viel mehr trinken. Rasch wasche ich meine Wäsche und hänge sie zum Trocknen in den Garten.
Andrea zeigt mir ihren wunderschönen, großen Garten. Ein Traumgrundstück in Randlage. Dahinter herrliche Natur. Eigentlich wäre mir nach einem Bett. Aber ich weiß, dass Andrea sich auf eine Unterhaltung freut. Ich bemühe mich, meine Schwäche zu überwinden.
Wir knüpfen an die Unterhaltung im Wald an und sprechen wieder über ihre Situation. Später fahren wir mit ihrem Auto gemeinsam zum Friedhof.
"Darf ich dir die zehn Euro schenken, die mir gestern ohne mein Wissen in eine Obsttüte gepackt wurden?"
"Du hast doch selbst nichts", sagt sie und will es zuerst nicht nehmen.
"Mein Weg ist ohne Geld. Ich will kein Geld haben. Du brauchst doch auch Benzin für dein Auto. Wenn du es nicht nimmst, muss ich mir jemand anderen für dieses Geld suchen."
"Na gut, räumt sie ein und nimmt das Geld schließlich an. Insgeheim hoffe ich, meine Gönner nehmen mir das nicht übel. Das Geld ist auf jeden Fall an eine richtige Adresse gekommen.
Nachdem Andrea das Grab ihres Mannes gegossen hat, fahren wir zu ihrer Mutter und dann gemeinsam zu einem weiteren Friedhof. Mit der Mutter kann ich mich ebenfalls schnell und gut verständigen. Sie hatte große Bedenken, als ihre Tochter erzählte, dass sie eine fremde Frau zum Übernachten eingeladen habe. Doch nun sind die Bedenken der Mutter ausgeräumt. Als wir zurück zu Andreas Haus kommen, steht ihr Freund überraschend vor der Tür. Er ist ein gutmütiger, netter Mann. Wir essen gemeinsam auf der Terrasse. Schließlich bin ich so geschafft, dass ich nicht mehr sitzen kann. Bereits um einundzwanzig

Uhr gehe ich ins Bett und schlafe vor Erschöpfung schnell ein. In der Nacht wache ich mit starken Kopfschmerzen auf und kann nicht mehr schlafen. Um vier Uhr fülle ich meine Wasserflasche im Bad auf und trinke sie in kurzen Abständen leer. Doch die Kopfschmerzen vergehen nicht. Eine Tasse Kaffee ist meine große Hoffnung. Kaffee hat mir bei Kopfschmerzen immer geholfen.

Dienstag, 18. Juni 2013

Um fünf Uhr höre ich endlich ein Rumoren in der Küche und stehe auf. Andreas Freund ist Fernfahrer. Er muss zeitig los. Allein frühstückt er in der Küche.
"Guten Morgen!" begrüße ich ihn. Ich habe so starke Kopfschmerzen. Gibt es noch eine Tasse Kaffee für mich", frage ich hoffnungsvoll.
"Ich habe keinen Kaffee", reagiert er ganz überrascht. "Ich trinke nur Tee und weiß auch nicht ob Kaffee im Haus ist", erklärt er.
Er fragt Andrea, die im Schlafzimmer ohnehin schon wach ist. Sie kommt im Morgenmantel und kramt in ihrem Küchenschrank. Sie findet ein Portionstütchen für eine Tasse zum Aufbrühen. Milch und Zucker sind bereits beigemengt. Der Kaffee schmeckt mäßig und ist viel zu süß. Aber der Koffeinanteil verfehlt seine Wirkung nicht. Die Kopfschmerzen werden besser. Auf nüchternen Magen, ohne ein Stück Brot, bekommt mir der Kaffee allerdings nicht. Nun plagt mich Brechreiz. Ich fühle mich rundum nur noch elend. Der Freund muss nun los. Andrea geht nicht mehr ins Bett. Sie gibt mir einen besonderen, ungewohnten Müslibrei zu essen. Dadurch wird mein Brechreiz noch verstärkt. Ich bin kurz davor, mich zu übergeben. Mit Mühe überspiele ich meinen schlechten Zustand. Was ist nur mit mir los? Sind das die Folgen eines Sonnenstichs?, überlege ich. Tiefe gleichmäßige Atemzüge bringen mich allmählich ins Lot und wir können uns wieder unterhalten.
Andreas Freund ist jeden Tag mit seinem Lastwagen unterwegs. Früh muss er zeitig los und abends kommt er müde und erledigt zurück. Sie erlebt mit ihm nur essen, schlafen, arbeiten, essen und wieder schlafen bis zum nächsten Arbeitstag. Für dieses Leben, das ihm keine Kraft

mehr für ein Privatleben lässt, bekommt er tausend Euro im Monat. Damit kommt er gerade so über die Runden. Die Ausbeutung der Menschen in Deutschland zu Gunsten einiger Weniger nimmt immer schrecklichere Formen an.
Andrea zeigt mir ihre Unfallnarben, die sich von oben bis unten am Bein entlang ziehen. Sie erzählt ihre Geschichte und weint. Ich bin sehr betroffen und lege den Arm um ihre Schultern.
Sie kann mit diesen Unfallfolgen nicht arbeiten, die Rente ist aber zu knapp zum Leben. Das Haus ist überall renovierungsbedürftig, aber auch noch nicht abbezahlt. Ein Hausverkauf ist wirtschaftlich nicht sinnvoll. Die Gemeinde hat ihr eine Rechnung über Kanalkosten gestellt. Sechshundert Euro sind fällig. Mit allem fühlt sie sich alleingelassen und überfordert. Der Freund ist zwar gutmütig und nett, aber er ist wegen seiner anstrengenden Arbeit fast nie bei ihr. Er kann sie in seiner Lage auch nicht unterstützen, weder emotional, noch zeitlich, noch wirtschaftlich. Wenn er kommt, ist er zu kaputt, um noch etwas zu machen. Außerdem versteht er von Haus und Garten überhaupt nichts. Die ganze Lage ist fatal. Der Blick aus dem Fenster zeigt mir die Unmengen von Holz, die Andrea nach dem Tod ihres Mannes trotz ihrer Unfallprobleme unter Schmerzen gespalten und aufgeschichtet hat. In diesem Augenblick wünsche ich mir zum ersten Mal einen Lottogewinn. Zu gern würde ich sie von ihren Finanzlasten befreien.
Mir fallen im Sitzen die Augen zu, ich kann sie kaum mehr offen halten. Ich muss mich dringend bewegen. Wie soll ich in dieser Verfassung meine heutige Tour schaffen? Was ist nur mit mir los? Ob ich wohl krank werde?
Zum Abschied schenkt Andrea mir ein Foto von sich. Wir umarmen uns fest. "Du hast mir gut getan. Melde dich, wenn du zuhause bist", bittet sie.
"Du hörst ganz sicher von mir. Ich denke an dich und nehme dich mit auf meinen Weg. Alles Gute!"
Schon vor sieben Uhr laufe ich los. Heute wird es wieder extrem heiß, fünfunddreißig Grad sind gemeldet.

Rasch bin ich am Ortsausgang an der Bundesstraße. Ich muss zurück nach Vacha. Ein Mann hält sofort an und nimmt mich mit. Der Weg nach Sünna ist nicht sehr weit. Inzwischen geht es mir besser. Die Bewegung hilft. Meine Kopfschmerzen sind fast weg. Aber ich weiß nicht, wie ich die heutige Hitze meistern soll, so erschöpft und angeschlagen wie ich mich noch fühle.
Ich bräuchte dringend einen richtigen Bohnenkaffee. In Sünna ist ein Laden mit Kaffeeausschank. Doch in meiner schlechten Verfassung fehlt mir die psychische Kraft, um eine Tasse Kaffee zu bitten. Ich bin nicht in der Lage, mich gut zu artikulieren. Die zehn Euro, habe ich an Andrea weitergegeben. So sehr ich mir einen Kaffee wünsche, bereue ich nicht, meinem Prinzip treu geblieben zu sein. Diesen Weg will ich ohne Geld gehen.
Schon am frühen Morgen ist es drückend heiß. Der heutige Tag soll von allen Tagen der heißeste werden und morgen wird es kaum besser. Danach soll es Wärmegewitter geben, die hoffentlich abkühlen.
Auf der Dorfstraße treffe ich eine jüngere Frau mit dunklen, kurzen Haaren. Sie spricht mich an. Mein Weg interessiert sie sehr. Als ich von meinen Beweggründen für diese Reise erzähle, sagt sie: "Ich bekomme direkt Gänsehaut, wenn ich das höre. Ich bin nicht religiös, aber ich habe eine Freundin, die erzählt mir das Gleiche, wie stark sie ihr Glaube mache. Sie ist so angstfrei durch ihren Glauben."
Ich erzähle von meinen Erfahrungen, über die ich mein Gottvertrauen entwickeln konnte. Sie hängt fasziniert an meinen Lippen und lässt sich von allem sehr berühren.
Beim Abschied bedankt sie sich bei mir. "Schön, dass ich Sie getroffen habe."
"Freut mich ebenso", gebe ich lächelnd zurück.
Der Markierung folgend laufe ich zum Ort hinaus. Seit Eisenach ist der Weg grundsätzlich ganz ordentlich markiert, zumindest wenn ich es mit Norddeutschland vergleiche.
Bereits nach Mosa finde ich die Beschreibung wieder schwierig. Sie ist häufig nicht hilfreich, sondern nur verwirrend. Für die nächsten acht Kilometer soll es durch Wald und Feld überhaupt keine Markie-

rung geben. Die Beschreibung des Weges wirkt auf mich allzu abenteuerlich. Darauf will ich mich in meinem erschöpften Zustand, an diesem heißen Tag, nicht einlassen. Außerdem ist meine Wasserflasche bereits leer. Ich verlasse den Weg und will die großen Schleifen des Jakobsweges, der bergauf und bergab führt, über die Landstraßen nach Geisa abkürzen. So komme ich durch den Ort Bermbach. Keine Menschenseele ist bei dieser Hitze zu sehen. Vergeblich versuche ich an mehreren Häusern jemanden für Wasser zu erreichen. Niemand ist zuhause. Alles wirkt sehr verlassen. Doch dann sehe ich ein Haus mit offenem Fenster. Sofort steuere ich darauf zu. Vom Hof aus blicke ich in eine Küche. Eine ältere Frau schält gerade Kartoffeln.
"Guten Morgen! Könnten Sie mir vielleicht meine Trinkflasche mit Leitungswasser füllen?", frage ich erfreut jemanden anzutreffen.
Einen Moment schaut mich die Frau vorsichtig prüfend an. Mir fallen sofort die Zeitungsberichte über die Betrügertricks mit dem Glas Wasser ein. Zweifellos denkt sie gerade das Gleiche.
Doch im nächsten Augenblick ändert sich ihre Haltung.
"Soll ich Ihnen eine Tasse Tee kochen?", fragt sie entgegenkommend.
"Das ist sehr nett von Ihnen. Aber wenn Sie mich schon so fragen, mir wäre mit einer Tasse Kaffee mehr geholfen. Gestern bin ich sechsundzwanzig Kilometer bei dieser Hitze gelaufen und hatte zu wenig Trinkwasser dabei. Seitdem habe ich Kopfschmerzen. Mit Kaffee lassen sich die Kopfschmerzen bei mir immer beseitigen."
"Kommen Sie herein", fordert sie mich auf. "Ich vertraue Ihnen", fügt sie hinzu.
"Das freut mich", entgegne ich aufgeräumt.
Sie öffnet die Haustür und ich trete ein. Die Frau hat gütige Augen und wirkt sehr menschlich auf mich.
"Darf ich mir den Kaffee selbst zubereiten", frage ich deshalb forsch. Wissen Sie, ich habe meine persönliche Methode mit der Menge und der Art, wie ich aufgieße. Erst lasse ich den Kaffee etwas quellen und dann gieße ich nach. So bekommt er die Stärke, die ich benötige, um früh mit meinem Kreislauf in die Gänge zu kommen. Heute morgen konnte ich keinen richtigen Kaffee bekommen und der fehlt mir sehr.

Die Frau gibt mir alles, was ich brauche, eine große Tasse für die richtige Menge, dazu den Filter mit einer Filtertüte, in die ich meine gewohnte Menge Kaffeepulver fülle.
Schon sitze ich mit meinem heißen Kaffee am Küchentisch und erfreue mich am lang entbehrten Genuss des gewohnt zubereiteten Kaffees.
Es dauert nicht lange und ich bin restlos von meinen Kopfschmerzen befreit. Auch das unangenehme Erschöpfungsgefühl weicht nun von mir.
"Sie haben mir mit dieser Tasse Kaffee einen großen Liebesdienst erwiesen", lächle ich sie dankbar an.
"Ich kann Ihnen gerne ein Frühstück machen", bietet sie an.
"Danke, das ist nicht nötig. Hunger habe ich keinen. Aber der Kaffee hier ist für mich wirklich ein Segen."
Die Frau ist von meiner Aufschrift angetan und wir kommen in ein tieferes Gespräch.
Auch sie lässt sich sehr berühren von meinem Weg und meinen Beweggründen. Sie bekommt feuchte Augen, genau wie die Frau heute morgen in Sünna.
Die Frau lädt mich zum Mittagessen ein. Ihre Kinder kommen später und würden sich freuen, mich kennenzulernen, meint sie.
"Das ist sehr freundlich von Ihnen. Aber der Tag wird nur noch heißer und ich will heute bis Kranlucken laufen. Dort gibt es ein Pilgerquartier. Normalerweise wäre ich gar nicht so lange geblieben. Aber die Unterhaltung mit Ihnen war so schön und ich habe mich hier bei Ihnen sehr wohl gefühlt. Doch jetzt muss ich aufbrechen."
"Dann gebe ich Ihnen wenigstens eine Brotzeit mit."
Das ist ebenfalls nicht nötig. Ich habe noch ein Butterbrot und einen Apfel. Das reicht mir für mein Mittagessen, denn ich will nicht so viel herumtragen."
"Ich bin froh, dass Sie zu mir gekommen sind. Welch ein Glück, dass ich das Fenster offen hatte", freut sich die Frau.
Mir wird von Begegnung zu Begegnung klarer, wie sehr die Menschen sich nach einer echten, lebendigen Botschaft von Gott sehnen.

Sie sehnen sich nach einem Gott, der für dieses Leben stärkt und trägt, der wirklich da ist, der dem Leben Sinn und Halt gibt. Hier ist bei vielen ein riesiger Bedarf.
Nie hätte ich gedacht, dass gerade der Aufdruck über Gottvertrauen bei den Menschen so viele positive Emotionen auslösen würde. Das Gegenteil hätte ich eher erwartet.
Das zeigt mir, dass Gott in unserer Gesellschaft noch immer einen sehr hohen Stellenwert hat.

In Geisa steuere ich direkt zum Pfarramt um einen Stempel zu bekommen. Der Pfarrer empfängt mich in angenehm freundlicher Weise. Wenige Häuser weiter ist erst vor einigen Wochen eine offizielle Pilgerunterkunft im neu erbauten Caritashaus eingerichtet worden, erfahre ich nun. Er zeigt mir im Keller des Gebäudes Dusche und WC, dazu zwei Räume zur Auswahl, wo ich die Klappmatratze aufstellen kann.
Sofort entscheide ich mich, hier in Geisa zu bleiben. Kranlucken liegt abseits vom Jakobsweg und wäre somit ein erheblicher Umweg gewesen. Alles fügt sich doch wieder einmal wunderbar.
Der Keller ist herrlich kühl, genau richtig bei der heutigen Hitze.
Im Küchenraum ist es gemütlicher. Er liegt auf der Sonnenseite des Gebäudes und hat viel mehr Licht. Der Pfarrer händigt mir den Schlüssel aus und lädt mich für morgen um halb acht zum Frühstück ein.
Da ich keinen Schlafsack dabei habe, gehe ich mit zurück zum Pfarrhaus. Hier bekomme ich eine Decke und Bettwäsche. Zusätzlich darf ich das Kloster in Hünfeld anrufen und die nächste Übernachtung anmelden. Es ist sehr beruhigend, für morgen ein Nachtquartier zu haben. Denn diese Hitzeperiode erschwert eine spontane Quartiersuche. In erschöpftem Zustand an Haustüren klingeln, das bringt mich in eine denkbar ungünstige Position. Winzenburg hat mir das deutlich gezeigt. Nun mache ich es mir im Keller gemütlich. Ich rolle die Klappmatratze vom anderen Raum in die Küche, richte mein Bett, packe den Rucksack aus und sortiere mich selbst erst einmal.

Die Matratze ist neu und somit noch nicht durchgelegen. Das lässt eine gute Nacht erhoffen. Wäschewaschen steht mit an vorderster Stelle. Mit Hilfe von Kleiderbügeln lassen sich T-Shirt, Socken und Unterwäsche an der Kellertreppe in der Sonne gut aufhängen.
Nach einiger Zeit merke ich, dass die anfänglich angenehme Kühle des Kellers unangenehm wird. Vermutlich ist der Beton seit der Bauzeit noch gar nicht ausgetrocknet. Deshalb ist hier der reinste Kühlraumeffekt. Das Haus wurde erst vor drei Wochen eingeweiht. Ich öffne Fenster und Tür ganz weit, um mir Wärme von draußen in den Kellerraum zu holen. Das funktioniert ganz gut. Aber die dünne Decke kann für die Nacht nicht reichen, wird mir nun klar.
Inzwischen stellt sich der Hunger ein. Der Apfel und das kleine Brot von Andrea sind längst verspeist. Essensbeschaffung ist nun angesagt. Beim Verlassen des Kellers schlägt mir im Freien eine Glutwelle entgegen. Mein Körper hat sich inzwischen an die Kellertemperatur angepasst. Die Hitze im Außenbereich empfinde ich nun besonders krass. Es ist entsetzlich heiß, noch viel schlimmer als gestern. Der Marktplatz an der Kirche ist wie ausgestorben. Freiwillig verlässt niemand das Haus. Es sind nur wenige Meter zur Metzgerei. Im Laden ist es wieder angenehm kühl.
Eine Frau in mittlerem Alter steht hinter der Theke. Sie wirkt sehr sympathisch und schaut mich durch ihre Brille freundlich an. Sie bedient gerade ein Frau und schneidet von einer Wurstsorte ab, die mich sofort anlacht. Schließlich ist die Metzgerei leer, das erleichtert mein Vorhaben.
"Sind Sie hier die Chefin?", frage ich zuerst.
"Nein, die ist nicht da, aber vielleicht kann ich Ihnen helfen?" Sie blickt mich aufmunternd an.
"Ich bin Jakobspilgerin und laufe ohne Geld von Flensburg bis zum Bodensee. Ich bin nicht arm und es geht mir nicht darum umsonst auf Kosten anderer durch Deutschland zu kommen. Ich möchte die Botschaft auf meinem T-Shirt durch Deutschland tragen, dazu bin ich bewusst ohne Geld aufgebrochen. Nun wollte ich fragen, ob ich zwei

Wurstbrötchen bekommen könnte. Doch wenn die Chefin nicht da ist, können Sie das vermutlich nicht entscheiden."
"Das ist überhaupt kein Problem", reagiert die Verkäuferin ganz spontan. Warten Sie einen Moment."
Sie geht nach hinten und legt dann drei Euro auf die Ladentheke.
"Das gebe ich Ihnen aus meinem privaten Geldbeutel und damit können Sie nun hier einkaufen", sagt sie leichthin, als wäre es das Selbstverständlichste von der Welt.
"Das ist mir irgendwie unangenehm. Ich möchte von niemandem Geld bekommen."
"Sie brauchen sich keine Gedanken zu machen. Das macht mir nichts aus und ich mache es gern," sagte sie und lächelt mich wohlwollend an.
"Na gut, wenn Sie das so sagen, dann nehme ich es an und kaufe jetzt von Ihrem Geld ein. Ganz herzlichen Dank!"
"Was hätten Sie denn gerne?"
"Von der Wurst, die sie eben verkauft haben."
"Wie viel möchten Sie haben?"
"Ich weiß nicht, es soll für zwei Brötchen reichen."
"Brötchen habe ich leider nicht mehr. Aber die bekommen Sie in der Bäckerei, gleich zwei Häuser weiter."
Die Verkäuferin schneidet die gewünschte Wurst ab, tippt in die Kasse ein und legt mir die Quittung mit 1,16 Euro hin. Sie gibt mir das entsprechende Wechselgeld heraus.
Ein seltsames Gefühl, vom Geld dieser Frau einzukaufen und dann auch noch das Wechselgeld zu nehmen.
"Wenn die Wurst so günstig ist, dann reicht das Kleingeld für zwei Brötchen. Den einen Euro kann ich Ihnen zurückgeben", sage ich und lege ihn auf den Teller zurück.
"Behalten Sie das Geld, ich gebe es Ihnen gerne. Bestimmt können Sie es noch brauchen."
Sie lächelt mich dabei liebevoll an, so dass es mir innerlich gut geht, als ich den Euro wieder an mich nehme. Diese Frau berührt mich tief

in ihrer Art, wie sie mit mir umgeht. Ich finde keine Worte, um zu beschreiben, was sie bei mir auslöst.
Das Verhalten der Menschen geht mir unter die Haut. Sie geben mir von Herzen. Sie tun es gern. Wann erfährt man das in dieser Intensität in seinem Alltag schon. Das zu erleben, tut unheimlich gut. Es steht in scharfem Kontrast zu den anderen Erfahrungen wie in Göttingen oder Eisenach. Vielleicht berührt es mich deshalb besonders tief.

Beim Bäcker hole ich drei Brötchen, weil die Wurstmenge mir dafür reichlich genug erscheint.
Danach habe ich das Bedürfnis, nochmals in die Metzgerei zu gehen. Ich fühle mich so beschenkt, dass ich der Verkäuferin auch etwas Nettes sagen möchte.
Ich erzähle ihr, dass ich in der ehemaligen DDR auf äußerst offene, hilfsbereite und nette Menschen treffe. Es ist richtig auffallend, dass die Menschen hier besonders zugewandt sind.
Wir unterhalten uns kurz über den guten Zusammenhalt in DDR-Zeiten, der nach Aussage der Verkäuferin leider nicht mehr so gut ist wie früher.
"Nur schade, dass sich davon nichts auf uns im Westen übertragen hat. Noch bedauerlicher ist, wenn die Menschen hier sich das nicht so wie damals erhalten konnten. Trotzdem, für mich ist die Hilfsbereitschaft hier auffallend ausgeprägt. Ich habe anderswo auch große Hilfsbereitschaft erlebt. Aber hier ist noch irgendetwas anders. Ich glaube, der Unterschied macht sich für mich an der spontanen Art fest, wie die Menschen reagieren. Die haben alle das Herz am rechten Fleck. Es ist so selbstverständlich zu helfen, so dass sie keinen Moment überlegen, ob sie das nun tun sollen oder nicht. Da könnten wir im Westen uns eine Scheibe abschneiden", teile ich der Frau meine Sichtweise mit.
Vielleicht haben die Menschen hier nicht soviel Angst wie im restlichen Deutschland, überlege ich unterwegs.
Am Marktplatz befindet sich ein Schuhgeschäft, aber leider ohne Schuster. Meine Sandalen sehen übel aus. Die Sohle hat kaum mehr Profil und ist löchrig gelaufen. Der vordere Riemen am linken Schuh

hat sich an der Außenseite bereits abgelöst. Ich gehe schon ganz achtsam, um meine defekte Sandale möglichst wenig zu strapazieren. Die Sandalen sind zur Entlastung meiner Füße extrem wichtig. Sobald wie möglich ziehe ich jeden Tag die Wanderstiefel aus. Wenn ich zu lange in den Wanderschuhen sein muss, werden die Ballenschmerzen unerträglich. An den Zehen bekomme ich ohnehin sehr schnell Blasen. Luft und Freiheit von den geschlossenen Schuhen ist auf jeden Fall ganz wichtig, damit sich meine Füße halbwegs erholen können.
Die Luft am Markplatz glüht. Es ist kaum auszuhalten. So schnell wie möglich will ich in meinen Keller zurück und meine Wurstbrötchen essen.
Da spricht mich eine Frau an.
"Wenn Sie ein Gasthaus suchen, da drüben können Sie gut essen", sagt sie im Vorübergehen und deutet auf ein Pizzalokal auf der anderen Straßenseite.
Ohne jede Absicht, nur aus purer Neugierde will ich den Aushang an der Straße ansehen. Ich überquere die Straße und lese an der Eingangstür die Speisekarte. Im Schatten daneben sitzt eine Frau an einem Tisch. Sie hat vor sich ein Getränk stehen und ich halte sie für einen Gast.
"Wo haben Sie das schöne T-Shirt her?", spricht sie mich an.
"Das habe ich mir anfertigen lassen. Das ist meine Botschaft, die ich durch Deutschland trage. Ich laufe von Flensburg bis zum Bodensee."
Sie staunt und sagt: "Alle Achtung! Das finde ich gut."
Als sie hört, dass ich ohne Geld unterwegs bin, will sie mir sofort ein Essen spendieren.
"Sind Sie hier die Chefin?", frage ich überrascht.
"Ja, das heißt: nein. Mein Mann ist der Chef. Aber das geht in Ordnung."
"Auf eine Pizza hätte ich schon Lust," erwidere ich ganz erfreut.
"Jeden Tag eine gute Tat. Menschen wie Sie unterstütze ich gerne", sagt sie ganz schlicht, als wäre das die Normalität des Tages.

Sie ruft die Bedienung und erklärt ihr: "Die Dame hier darf sich ein Essen und ein Getränk aussuchen. Das geht auf meine Rechnung. Nicht in die Kasse eintippen."
"Wenn es in Ordnung ist, setze ich mich nach drinnen. Denn im Freien halte ich es selbst im Schatten nicht aus", gebe ich Bescheid.
Schon die wenigen Meter über den Marktplatz in der prallen Sonne gaben mir selbst ohne Rucksack das Gefühl, gleich umzukippen.
"Suchen Sie sich aus, wo Sie sitzen wollen", bietet sie an.
In einer schönen Ecke des Lokals lasse ich mich nieder, bestelle eine Pizza und ein Bier.
Mit Genuss verspeise ich die Pizza. In mir ist ein einziges Dankbarkeitsgefühl.
Nach dem Essen wende ich mich an meine Gönnerin:
"Ganz herzlichen Dank für alles. Sie haben mir nicht nur zu essen gegeben. So wie Sie mir begegnet sind, haben Sie auch mein Herzen beschenkt."
Im kühlen Zimmer lege ich mich aufs Bett und schlafe sofort ein. Meine Erschöpfung zeigt sich deutlich. Wieder einmal verkrampfen sich im Schlaf meine Glieder. Nach drei Stunden werde ich wieder wach. Irgendetwas passt nicht. Bin ich übersäuert durch falsche Ernährung oder ist es doch Anstrengung und Überlastung? Ich finde keine Erklärung für diese unüblichen Schmerzen.
Es erscheint mir sinnvoll, noch einige Schritte zu laufen. Im Ort soll ein Supermarkt sein. Da kann ich meine Pfandflasche loswerden.
Auf der Straße ist es unverändert heiß. Nicht weit von meiner Unterkunft sitzen zwei Frauen im Schatten ihres Hauses. Eine Katze liegt in ulkiger Weise daneben und streckt alle Viere von sich. Über die Katze kommen wir miteinander ins Gespräch und ich erzähle von meinem Pilgerquartier. Schließlich bekomme ich eine Decke für die Nacht angeboten, die ich auf meinem Rückweg abholen soll.
Beim Supermarkt gebe ich nur meine Pfandflasche ab und besitze nun mit dem Restgeld der Metzgereiverkäuferin 1,64 Euro.
Die sechshundert Meter Weg in praller Sonne haben mich schon wieder völlig geschafft.

Es soll eine Abkürzung zum Marktplatz geben. Eine Frau verlässt den Laden und erklärt mir den Weg, der hinter einem Edeka-Gebäude beginnen soll. Es gibt aber an der beschriebenen Stelle keinen Edeka-Markt. Sicherheitshalber frage ich hier noch einmal. Ein Mann erhebt sich von seinem Platz und will mir gerade den Weg zeigen. In diesem Moment hält ein schwarzes Cabrio neben mir. Die Frau im Auto spricht zuerst den Mann an: "Lassen Sie es sein, ich fahre die Frau."
Dann wendet sie sich an mich und fordert mich auf: "Steigen Sie ein! Bei dieser Hitze ist Laufen wirklich unerträglich." Vor mir sehe ich die Frau, die ich eben nach dem Weg fragte. Schon sitze ich in ihrem schicken, schwarzen Flitzer, der an diesem Tag natürlich ein einziger Genuss ist.
Ganz automatisch landen wir bei meiner Pilgerreise. Sie findet meine Geschichte äußerst spannend und parkt deshalb am Marktplatz auf einem Schattenplatz. Darüber will sie noch mehr wissen. Sie holt aus ihrem Kofferraum ein Fläschchen Joghurtdrink. "Das trinken Sie erst mal zur Stärkung", hält sie mir die geöffnete Flasche hin. Das Getränk schmeckt gut und ist wunderbar kühl.
"Sind Sie religiös?", frage ich, nachdem die Flasche geleert ist.
"Nein, aber ich akzeptiere Religiosität."
Ich erzähle von meinem Bezug zu Jesus, wie wichtig er als Kind für meine psychische Entwicklung war. Dann von den vielen menschlichen Engeln, die Weichen stellend für mein Leben waren. Auch von der Bibelstelle, die mich auf den Weg brachte. Von der inneren Stimme berichte ich, zu der ich vierzig Jahre meines Lebens kein Vertrauen hatte, weil ich sie mir von anderen immer ausreden ließ.
"Aber erst durch mein Buch und die Vorträge darüber gab es eine entscheidende Weiterentwicklung, die mir den Mut gab, nun ohne Geld mit meiner Botschaft auf dem T-Shirt aufzubrechen", erzähle ich ihr, während sie mich aufmerksam betrachtet.
Sie will sofort den Titel meines Buches wissen. "Das werde ich auf jeden Fall lesen", ruft sie aus.
Ich zeige ihr meinen Pilgerpass und versuche auszudrücken, wie dankbar ich für alles bin, was ich erlebe.

"Das spürt man bei Ihnen", wirft sie ein.
"Wissen Sie, mir tut das alles so gut. Es macht mich so glücklich, guten Menschen zu begegnen."
Ich erzähle ihr von der Metzgereiverkäuferin und der Frau in der Pizzeria und wie sehr mich diese Begegnungen beschenken.
"Das liegt an Ihrer Art, wie Sie auf die Menschen zugehen", stellt sie nüchtern fest.
"Ich weiß nicht, was da jedes Mal passiert", erwidere ich und zucke mit den Schultern.
Sie legt den Kopf zur Seite und schaut mich ganz direkt an. "Sie kommen mir wie eine Sportlehrerin vor. Sie sehen gut aus," sagt sie dann.
"Nein, das bin ich nicht", lache ich amüsiert.
"Ich bin Lehrerin, ich unterrichte Deutsch", berichtet sie von sich.
Als wir uns voneinander verabschieden wollen, steigt sie aus, öffnet mir die Tür und umarmt mich.
"Ich glaube nicht an Gott. Ich glaube an die Menschen", sagt sie und lächelt mich dabei an.
"Ich glaube auch an die Menschen. Aber da ist auch noch einer über uns", füge ich ebenfalls lächelnd hinzu.
Ich habe kein Problem damit, dass über mir einer ist, der größer und mächtiger ist als wir Menschen. Denn die Macht Gottes ist eine positive Kraft. Sie richtet sich nicht gegen uns, sondern beschützt uns und ist für uns da.
Sie steigt in den Wagen und startet.
"Vielleicht sehen wir uns mal wieder", ruft sie winkend und fährt davon.
Wenige Schritte weiter bin ich am Haus der beiden Frauen mit der Katze. Eine blaue Mülltüte liegt in der Haustürnische. Ich schaue hinein. Eine richtige Bettdecke mit buntem Bezug steckt darin. Die Mülltüte ist praktisch, dann kann ich das Bett morgen in gleicher Weise vor die Tür stellen, falls die Leute noch schlafen, denke ich. "Vielen Dank!" rufe ich in den ersten Stock hoch, nachdem ich geklingelt habe.

Am Abend koche ich mir Tee und esse meine Wurstbrötchen. Im Raum über mir findet ein Bibelkreis statt. Beim Leiter habe ich bereits gefragt, ob ich *Solwodi* vorstellen dürfte. Er holt mich nach der Pause in den Versammlungsraum und ich stelle mich mit meinem Pilgerweg vor. Alle geben ihre Unterschrift für *Solwodi*. Danach liest er eine Verlautbarung des Papstes vor. Ich bleibe in der Gruppe und höre mit Interesse zu, was Papst Franziskus verkündet hat:

> *"Die Armen sind das Evangelium... Der Umgang mit dem Geld... das ist etwas, worüber wir nachdenken müssen... Habt Mut! Schlagt neue Richtungen ein! Fürchtete euch nicht vor den Risiken... Ihr werdet Fehler machen, ihr werdet anderen auf die Füße treten."*

Der Papst spricht von einer egozentrischen Kirche, die Jesus für sich drinnen beansprucht und ihn nicht nach außen treten lässt.

> *"Die um sich selbst kreisende Kirche glaubt, dass sie eigenes Licht hat... Diese Kirche lebt, damit die einen die anderen beweihräuchern..."*

Dies sind nur kurze Auszüge aus dem langen Text, den ich mir am Ende des Bibelkreises geben lasse.
Das hört sich gut an! Vielleicht ändert sich durch diesen Papst der Kurs der Kirche, denke ich erfreut.
Bei aller Kritik an der Institution Kirche, machen mir die Erfahrungen des Pilgerweges deutlich bewusst, wie wertvoll christliche Gemeinden sind. Sie pflegen das Miteinander in den Dörfern und Städten. Ohne diese Gemeinschaften gäbe es noch mehr Einsamkeit und Isolation. Alles, was Begegnung schafft, hat die wichtige Funktion, die Menschen miteinander zu verbinden. Wir brauchen die vielfältigen Schritte gegen die Angst in der Gesellschaft und jeder einzelne Schritt ist wichtig.
Bevor ich mich schlafen lege, dusche ich genussvoll in der neuen Dusche. Weil der Kellerraum so kalt ist, lasse ich Fenster und Tür weit offen. Im Dunkel liege ich auf meinem Bett. Plötzlich höre ich Stimmen und Schritte an der Kellertreppe. Ich stehe auf und gehe nach

draußen. Eine Frau steht auf den Treppenstufen. Ein Mann befindet sich oben am Geländer.
"Guten Abend! Ich bin Jakobspilgerin. Sie wundern sich über die offene Tür. Ich darf hier übernachten. Es ist so kalt im Keller, dass ich etwas Wärme von außen in den Raum lassen will", erkläre ich der Frau.
"Ach Entschuldigung, wir wollten nicht stören", beeilt sich die Frau zu sagen. "Wir wohnen nebenan. Wir haben gerade in unserem Garten Erdbeeren gepflückt und haben jetzt die offene Tür gesehen."
"Sie stören nicht", lache ich. Es ist doch richtig, wenn Sie aufmerksam sind und darauf achten, ob alles in Ordnung ist."
Schon bietet sie mir Erdbeeren an. "Ich liebe Erdbeeren, da kann ich nicht widerstehen," rufe ich erfreut aus.
"Es sind die ersten, die wir gepflückt haben. Haben Sie einen Teller? Dann kann ich Ihnen welche geben", fragt sie.
"Kommen Sie in meine Küche, hier ist Geschirr", biete ich an und schalte das Licht ein.
Schon interessiert sich das Ehepaar näher für meinen Pilgerweg. Beide kommen zu mir in den Keller und schauen sich meinen Pilgerausweis an. Einen ganzen Teller Erdbeeren bekomme ich geschenkt. "Was bin ich für ein Glückskind! Wie geht es mir wieder gut", rufe ich begeistert aus.
Für eine *Solwodi*-Unterschrift kann ich die beiden nebenbei ebenfalls gewinnen.

Schuhreparatur für ein "Vergelt's Gott"

Nicht der Gehorsam, sondern der zivile Ungehorsam kann heilen.
Denn es ist besser, ein Gesetz zu brechen als ein Herz.

Gotthold Hasenhüttl

Mittwoch, 19. Juni 2013

Die Matratze hat den Test bestanden! Ich konnte gut schlafen. Die Bettdecke der Frau war sehr wertvoll. Mit der dünnen Decke des Pfarrers allein hätte ich in diesem Kühlraum gefroren. Ich wollte ja nicht die ganze Nacht bei offener Tür schlafen.
Um sieben Uhr bringe ich das Bett zurück. Die Frau, von der ich das Bett bekam, sitzt bereits mit zwei weiteren Frauen auf ihrer Bank vor dem Haus.
"Vielen Dank. Mit dem Bett haben Sie mich vor dem Erfrieren gerettet", lache ich ihr dankbar entgegen. "Die Offenheit und Menschenfreundlichkeit, die mich hier an jeder Ecke empfängt ist eine wunderbare Erfahrung", lobe ich sie.
Wir unterhalten uns ein wenig und alle drei Frauen unterschreiben für *Solwodi*.
Ich verabschiede mich, damit ich nicht zu spät zum Frühstück komme. Eine der Frauen läuft ein Stück mit mir. Sie bittet mich, für sie auf dem Weg zu beten, und erzählt mir ihr Problem, das ich aber für mich behalten soll.
"Ich nehme Sie mit auf meinen Weg", versichere ich ihr. "Alles Gute für Sie und viel Kraft."
Mit einem festen Händedruck verabschiede ich mich von ihr.
Dann eile ich in den Keller, hole mein Gepäck, damit ich den Schlüssel sofort abgeben kann.

Der Tag wird wieder heiß. Wenn mich der Pfarrer nicht eingeladen hätte, wäre ich schon um fünf Uhr losgelaufen.
Während des Frühstücks berichte ich von der Verlautbarung des Papstes, die im gestrigen Bibelkreis verlesen wurde.
"Die Jugend kommt nicht mehr zur Kirche, weil die Botschaft nicht mehr lebendig ist", äußere ich unverblümt meine Meinung. "Dabei gäbe es so viel zu tun, denn der Bedarf bei den Menschen ist riesig. Institutionelle Einrichtungen wie 'Caritas' genügen nicht. Sie haben zu feste Programme und zu enge Grenzen. Ich träume von einer Kirche, die den Ausgegrenzten unserer Gesellschaft nicht nur Almosen verteilt und echte Solidarität einzelnen Initiativen und Gruppierungen überlässt", bringe ich meine Auffassung zum Ausdruck.
Der Pfarrer hört mir zwar zu, bezieht aber keinerlei Stellung zu meinen Ansichten. Um acht Uhr marschiere ich los.

In unserem reichen Land sind riesige Probleme. Mir geht es in erster Linie um die Misshandlung und Entwürdigung der Menschen auf vielen Ebenen. Egal, ob das durch Niedriglöhne, Hartz IV, Obdachlosigkeit oder Zwangsprostitution geschieht. Wir haben in unserer Gesellschaft ein Ausmaß an Versklavung, dass es zum Himmel schreit. Hier bräuchten die Menschen Beistand, um ihre Würde zu bewahren oder wieder zu finden.
Hier ist eine Not, die nicht mit Geld zu beseitigen ist, wohl aber mit Menschlichkeit und Solidarität. Jesus hat eine so befreiende Botschaft gebracht, die dem Menschen seinen Wert, seine Würde und seine Selbstachtung geben kann. Wir bräuchten eine Bewegung, die die Menschen von ihren Ängsten, von ihren Schuldgefühlen befreit und sie ihren Selbstwert erkennen lässt. Da sehe ich die Aufgabe und die Möglichkeiten der Kirche. Zutiefst wünsche ich mir eine Kirche, die sich mit den Schwachen und Ausgegrenzten solidarisiert, sie in ihre Mitte nimmt, ihnen eine Stimme gibt und sie ihren Wert als Mensch erkennen lässt.

Am Ortsrand von Geisa geht es steil bergauf. Der Blick zurück auf den Ort und in die Landschaft hinein ist herrlich. Leider ist es jetzt schon wieder so extrem heiß, dass mir der Schweiß vom Gesicht tropft. Ich kriege kaum Luft. Die Hitzewelle mit diesen extremen Temperaturen ist ein echtes Problem für mich. Meine Belastbarkeit nimmt rapide ab, das spüre ich deutlich.
Mein Kreislauf ist im Moment nicht der Beste. Der Rucksack ist natürlich nicht ohne an solchen Tagen.
Mein oberstes Gebot ist, gut auf mich zu achten, um auf keinen Fall in eine echte Erschöpfung zu kommen. In der Erschöpfung kann ich mich nicht mehr artikulieren. Da steht mein Gehirn still und ich erreiche keinen Menschen mehr. Mein Zustand in Vacha war eine ernsthafte Warnung.
Oben auf der Höhe ist es nicht weit zur Gedenkstätte Point Alpha, dem Freiland-Grenzmuseum des ehemaligen US-Beobachtungsstützpunkts an der innerdeutschen Grenze. Das Museum kostet fünf Euro Eintritt. Ich schildere meine Pilgertour ohne Geld und frage, ob ich die Anlage umsonst besichtigen könnte. Die Frau an der Kasse telefoniert und gibt mir dann eine Chipkarte, mit der ich an einzelnen Stationen Informationstexte abhören kann. Zusätzlich gibt sie mir eine Eintrittskarte, die ich einen Kilometer weiter für das "Haus auf der Grenze" benötige. Panzer, Jeeps, Zelte, alles mögliche ist aus der Zeit des kalten Krieges ausgestellt.
Ich besteige den ehemaligen Wachturm, der einen weiten Blick in die Landschaft bietet. Gedanklich versuche ich mich in die Menschen hineinzuversetzen, die den Schießbefehl tatsächlich ausführten.

Wir Menschen kommen doch als empfindsame Wesen auf diese Welt. Was passiert, dass Menschen für ihre Mitmenschen unberührbar und grausam werden? Diese Fragen beschäftigen mich, seit ich denken kann.
Entscheidend ist für uns Menschen immer, wovon wir überzeugt sind. Wenn ich als Soldat glaube, der Gehorsam sei das Wichtigste, dann

erfülle ich den Schießbefehl an der Mauer, dann werfe ich auch die Atombombe ab.
Um Menschen zu unmenschlichem Verhalten zu veranlassen, muss ein Feindbild aufgebaut werden. Mit Feindbildern sind Menschen manipulierbar. Egal wo Krieg geführt oder Gewalt ausgeübt wird, überall wo der Mensch ein Feindbild aufgebaut hat, führt es zu den schrecklichsten Grausamkeiten.
Das Schlimme daran ist: den Menschen ist oft nicht einmal bewusst, wie unmenschlich sie sich verhalten. Denn der Feind wird nicht mehr als gleichwertiger Mensch gesehen. Die Feindbildhaltung scheint die Wahrnehmung und die Persönlichkeit zu verändern.
So passieren täglich Grausamkeiten im Großen wie im Kleinen.
Das, woran wir glauben, hat eine ungeheure Macht über uns.

Mein Weg führt nun auf den Betonplatten der DDR-Grenztruppen an der ehemaligen Grenze entlang. Der Grenzzaun ist teilweise noch original vorhanden und erinnert an den Todesstreifen. Das "Haus auf der Grenze" ist ein Grenzmuseum und Dokumentationszentrum. Von der Kassenfrau werde ich schon erwartet. Sie weiß über mich Bescheid. Im Museum verbringe ich viel Zeit mit der Dokumentation der menschlichen Dramen an der Grenze.
Lange Zeit war diese Grenze ein unüberwindliches Bollwerk. Die Geschichte der Mauer beweist, dass der Wunsch nach Freiheit auf Dauer stärker ist als Beton - ist hier zu lesen.
Von vielen wird mein Mut für diese Pilgertour bewundert. Meine Tour ist ein lächerliches Unternehmen angesichts der Flüchtlingsgeschichten, die ich mir hier ansehe und anhöre.
Das Grenzmuseum ist hochinteressant.
Mit den Fotos und den gesprochenen Zeitzeugenberichten könnte ich noch Stunden verbringen. Ich picke mir nur einiges heraus und setze um elf Uhr meinen Weg fort.
Bald bin ich an einem Kreuzweg, dem "Weg der Hoffnung", der an der ehemaligen Grenze entlang verläuft. Der Weg ist ein 1400 Meter langer Kunstweg und zeigt vierzehn monumentale Skulpturen. Nach

einigen Stationen kehre ich um. Die Luft glüht. Der Weg verläuft in der prallen Sonne und ich müsste die ganze Strecke wieder zurückgehen. Vor mir liegt der Weg nach Rasdorf durch schattenlose Wiesen. In Rasdorf laufe ich mit letzter Kraft eine Schleife durch den Ort zur Kirche und hole mir einen Stempel. Meine Kreislaufprobleme nehmen zu und ich fühle mich elend. Das Atmen fällt mir schwer. Nach Hünfeld hätte ich noch fünfzehn Kilometer Weg. Es ist unmöglich, unter diesen Umständen in der prallen Sonne bis nach Hünfeld zu laufen.
Erschöpft stehe ich an der Bundesstraße und zum Glück hält sofort ein jüngeres Paar an. Sie kennen sich in Hünfeld aus und fahren mich direkt zum Kloster. Die Frau umarmt mich zum Abschied. Sie hat sich während der Fahrt von meiner Geschichte sehr berühren lassen.
Das Kloster ist ein großer Komplex, der als Tagungsstätte wie ein Hotelbetrieb geführt wird. Der Pfarrer, mit dem ich heute morgen frühstückte, zweifelte sehr, ob man mich hier umsonst aufnehmen würde. Als ich diese Einrichtung sehe, kommen auch mir Zweifel.
An der Pforte sage ich sofort, dass ich ohne Geld unterwegs bin. Doch zu meiner Verwunderung werde ich ganz selbstverständlich aufgenommen. Ein netter junger Mann erklärt mir alles und zeigt mir den Speisesaal. Danach befinde ich mich glücklich in meinem herrlichen Zimmer mit Dusche, WC und Telefon. Das Telefon ist fantastisch. Damit kann ich mich von außen kostenlos anrufen lassen. Vom Fenster aus blicke ich in die Parkanlage. Unglaublich was mir wieder Gutes geschieht. Sofort bin ich unter der Dusche und erfrische mich. Die Wäsche ist ebenfalls rasch gewaschen und hängt nun am Balkon zum Trocknen. Inzwischen geht es mir bedeutend besser. Das Touristenbüro ist nicht weit. Hier darf ich telefonieren und teile meiner Tochter Claudia die Telefonnummer meines Klosterzimmers auf dem Anrufbeantworter mit. Beim Pfarramt der Jakobus-Kirche rufe ich Daniela im Büro an und teile ihr ebenfalls meine Rückrufnummer mit.
Neben der Kirche befindet sich ein Orthopädie-Schuhgeschäft. Ich betrete den Laden und frage die Verkäuferin, ob auch ein Schuster anwesend sei. Als sie bejaht, frage ich:

"Könnten Sie Ihren Schuster fragen, ob er meine Sandale für ein "Vergelt's Gott" richten würde?"
Ich erkläre der Verkäuferin in wenigen Worten meine Situation. Sie grinst und meint: "Ich frage nach, aber ich denke schon, dass das geht."
Wenig später kommt sie zurück und informiert: "Wird gemacht, es dauert nur ein wenig."
"Kein Problem, ich habe Zeit", gebe ich zu verstehen.
Nach zehn Minuten erscheint eine junge Frau und erklärt mir, dass sie sich alle Mühe gegeben habe, den Schuh zu richten. Aber da die Sohle sich schon auflöst und überall Löcher sind, in die Schmutz eingedrungen ist, soll ich mich darauf einstellen, dass das Ganze nicht hält. Schließlich konnten die Klebeflächen nicht entsprechend gereinigt werden. Der Klebstoff hält nur, wenn alles gründlich von Schmutz befreit ist. Vermutlich wird es sich durch die Bewegung des Laufens morgen schon wieder lösen.
"Stellen Sie sich darauf ein, dass Sie sich neue Schuhe kaufen müssen", versucht sie mir klarzumachen.
"Das ist völlig unmöglich", rufe ich entsetzt aus. "Abgesehen davon, dass ich ohne Geld unterwegs bin, finde ich für meine Füße keine neuen Sandalen. Hier, sehen Sie, ich habe mir zuhause schon einen verlängerten Klettverschluss angenäht, damit mein Fußballen genug Platz hat." Ich zeige ihr meine Eigenkonstruktion.
"Ich würde Ihnen gerne etwas anderes sagen, aber ich kenne die Wirkungsweise meines Klebstoffs", schüttelt sie bedauernd den Kopf. "Warten Sie wenigstens noch zehn Minuten, bis sie den Schuh belasten", rät sie mir eindringlich.
Ich bedanke mich herzlich und hinke dann ohne Schuh am Fuß zum Laden hinaus. Die Straße ist im Sonnenbereich für meinen nackten Fuß unerträglich heiß. Ich hüpfe von Schatten zu Schatten, bis ich endlich wieder am Kloster bin. Den Schuh schone ich bis zum nächsten Morgen und laufe ungeachtet der Blicke im Gästehaus des Klosters nur mit einer Sandale umher.

Kaum bin ich im Zimmer, ruft meine Tochter Claudia an. Die Hitze macht auch ihr zu schaffen. Doch mit ihr und dem Baby ist alles in Ordnung. Das freut mich natürlich sehr. Sie beendete mit ihrem Mann gerade einen Toskana-Urlaub. Wir tauschen uns über unsere letzten Erlebnisse aus und telefonieren sehr lange miteinander.
Um 18.30 Uhr gehe ich in den Speisesaal. Das Abendessen ist ausgezeichnet. An meinem Tisch sitzt eine ältere Schwester, mit der ich mich über meine Pilgerreise unterhalte. Sie versteht meine Beweggründe sehr gut.
Um zwanzig Uhr ruft Daniela an. Auch wir führen ein langes Gespräch. Zuhause ist alles in Ordnung, ich muss mir um nichts Gedanken machen.

Donnerstag, 20. Juni 2013

Nach einem guten Schlaf starte ich frühzeitig Richtung Fulda. Durch die Hitze der letzten Tage fühle ich mich immer noch ganz schön angeschlagen. Es wird schnell klar, dass ich auch die heutige Strecke nicht vollständig zu Ende gehen kann. Die Temperaturen sollen wieder über die dreißig Grad Marke klettern. Bereits am Vormittag wird es unerträglich.
Ich bekomme Herzklopfen und Atembeschwerden. Mein Herz ist zwar gesund, aber einen Kreislaufkollaps will ich nicht provozieren. In meiner Rolle als Pilgerin wäre ich lieber die ganze Etappe gelaufen. Doch ich muss meine körperlichen Grenzen respektieren.
Eine nette Frau nimmt mich bis zum Stadtrand von Fulda mit. In einer Apotheke wiege ich meinen Rucksack. Er wiegt mit einem halben Liter Wasser 9,3 Kilogramm. Das ist heftig. Unterwegs hat sich einfach viel Papier angesammelt. Da sind die Listen für *Solwodi*, die sich durch immer neue Kopien vermehrten, aber auch verschiedenes Prospektmaterial trägt zur Gewichtszunahme bei. Mein Körpergewicht hat sich trotz der täglichen Laufleistung leider nicht reduziert. An meinen Pfunden habe ich auch viel zu viel zu schleppen.
Mittags bin ich an der Klosterpforte der Benediktinerinnen in Fulda. Mit einem Gruß der Priorin von Marienrode in Hildesheim stelle ich

mich vor und bitte um Aufnahme. Eine Ordensschwester in mittlerem Alter steht mir in schwarzer Klostertracht gegenüber. Sie scheint über eine Pilgerin ohne Geld nicht gerade begeistert zu sein. Sie zeigt mir im Nebengebäude den Gruppenraum und bietet mir eine Matratze am Fußboden an. Eine kleine Toilette mit einem winzigen Waschbecken ist ebenfalls vorhanden. Sie schaut mich sehr kritisch an, als ich auch noch um Bettlaken und Decken bitte.
Eine weltlich gekleidete Frau bekommt den Auftrag, mir alles zu bringen. Sie übergibt mir zur Matratze ein Spannbetttuch und eine Decke. Das Wichtigste ist immer ein Dach über dem Kopf. Mit allem andern komme ich zurecht. Marienrode und Hünfeld waren außergewöhnliche Oasen des Glücks, die für eine Pilgerin ohne Geld kein Maßstab sein können.
Bei diesen Hitzetagen ist tägliches Wäschewaschen angesagt. Mein T-Shirt und der Rest der Wäsche hängen schnell am Ast eines Baumes im sonnigen Garten. Dann esse ich Brot und den Apfel aus dem Kloster in Hünfeld.
Danach bin ich wieder so müde, dass ich zwei Stunden schlafe. Irgendetwas Lautes schreckt mich aus dem Schlaf. War das ein Donner? Obwohl ich noch sehr müde bin, raffe ich mich auf und gehe nach draußen. Blauer Himmel über mir. Die engen Klostermauern geben nur einen begrenzten Ausschnitt des Himmels frei. Schon zehn Minuten später zeigt sich an einer Ecke eine ungute Färbung.
In der Michaels-Kirche soll es einen schönen Stempel geben. Rasch bringe ich die noch feuchte Wäsche in meinen Raum. Dann spurte ich mit Regenmantel zur nahe gelegenen Kirche. Heftige Windböen wirbeln Blätter und Staub von der Straße hoch.
Im Nu ist der restliche blaue Himmel von grauen Wolken verdeckt. Der Wetterumschwung durchbricht die bisherige Sonnenglut. Den Wind erlebe ich angenehm erfrischend. Die Windböen treiben mich ins Joggingtempo. Die Michaelskirche und der Dom stehen dicht beieinander. Doch für den Dom reicht die Zeit nicht mehr. Am Schriftenstand der Michaelskirche erhalte ich meinen Stempel. Ich werfe nur noch einen kurzen Blick ins Innere des mittelalterlichen Sakralbaus. In

der Kirche befinden sich zwei Jakobsfiguren, denen ich kaum Zeit widme. Im Eiltempo geht es zurück zum Kloster. Der Klosterladen ist jetzt geöffnet. Hier gibt es reichlich Auswahl an schönen Geschenkartikeln. Auch Produkte aus dem Klostergarten werden angeboten. Zwei jüngere Ordensschwestern sind anwesend. Der Laden ist leer, die Gelegenheit ist günstig, um *Solwodi* vorzustellen. Sr. Lea Ackermann ist ihnen selbstverständlich bekannt, aber so schnell können sie die Liste nicht unterschreiben, entscheidet eine der beiden Schwestern resolut. So nimmt sich auch die andere wieder zurück, die schon zur Unterschrift angesetzt hatte.
Die ersten schweren Tropfen fallen wenig später. Rasch renne ich zum Haus und rette mich vor dem heftigen Regen, der nun herabprasselt, gerade noch in meine Unterkunft.
Mit hochgelegten Beinen sitze ich vor meinem offenen Fenster, schaue in den Klostergarten und beobachte den Regen und die gelegentlichen Blitze. Im Wissen um meine sichere Unterkunft fühle ich mich wohl und geborgen.
Der Regen dauert allerdings nicht lange. Das Wetter verzieht sich wieder. Hoffentlich reicht es für die erhoffte Abkühlung, denke ich. Morgen möchte ich endlich wieder eine komplette Tour laufen.
Den Dom will ich noch besichtigen. Da sehe ich die Pforte zur Klosterkirche geöffnet. Hier begegne ich einer betagten, aber ausgesprochen freundlichen Schwester. Sie unterschreibt sofort für *Solwodi*. Meinen Weg ohne Geld findet sie gut.
Im Kloster leben vierundzwanzig Schwestern, erfahre ich. Viele sind über achtzig Jahre alt. Es gibt auch einige junge Schwestern.
Ich berichte vom Gruß der Priorin in Marienrode für die Oberin des Klosters.
"Unsere Oberin, können Sie leider nicht sprechen. Sie ist auf der Treppe gestürzt und hat sich schlimme Prellungen mit starken Schmerzen zugezogen.
"Wir sehen uns noch beim Abendessen im Gästehaus", meint sie.
"Dazu bin ich nicht eingeladen, nur zum Frühstück", stelle ich die Situation klar.

Die Schwester erschrickt. "Soll ich ...?"
"Nein, lassen Sie nur", unterbreche ich sie. "Ich finde in der Stadt schon ein Brötchen, oder irgendetwas", beruhige ich sie.
"Ich bin im Nebengebäude im Gemeinschaftsraum untergebracht. Da habe ich eine Matratze zum Schlafen bekommen."
Sie wundert sich sehr, dass ich nicht im Gästehaus untergebracht bin.
Nachdem ich die Klosterpforte verlassen habe, sehe ich eine Gruppe von Frauen in der Gasse vor mir stehen.
"Wenn ich schon so viele Frauen vor mir sehe, will ich doch mal sehen, ob ich sie für ein Frauenprojekt gewinnen kann", spreche ich sie forsch an. Neugierig wollen sie wissen, worum es geht, und ich stelle *Solwodi* vor. Selbstverständlich unterschreiben alle. Die Frauen sind in fröhlicher Stimmung. Unter Gelächter unterschreiben sie auf dem gebeugten Rücken der Anderen. Wir unterhalten uns noch über meine Pilgertour durch Deutschland und die Frauen sind davon sehr angetan.
Danach besichtige ich den Dom mit dem Grab des hl. Bonifatius. In der Fußgängerzone versuche ich etwas zu essen aufzutreiben. In einer Metzgerei ist die Chefin nicht anwesend und die Verkäuferin kann mir natürlich nichts geben. Auch in einer Dönerbude zuckt ein junger Mann die Achseln und sagt: "Chef ist nicht da."
Ich spüre, dass ich keine Kraft mehr habe. Die Hitze, die sich nach dem Gewitter erneut ausbreitet, erschöpft mich sehr schnell wieder.
So flüchte ich zurück ins Zimmer. Hier sehe ich, wie eine Essensschüssel durch den Klostergarten getragen wird. Die Hoffnung, dass man vielleicht doch an mich im Nebengebäude denkt, erfüllt sich leider nicht.
Mir selbst überlassen in diesem Gruppenraum, in dem ich mich nicht beschäftigen kann, fühle ich mich ein wenig einsam und verloren. In diesem Kloster fühle ich mich nicht wirklich aufgenommen.
Die jungen Schwestern begegnen mir ohne Interesse, sie wollen von mir nichts wissen. Da ist keinerlei Nähe, keine Begegnung möglich. Das Gefühl mangelnder Wertschätzung umgibt mich. Mit Geld in der Tasche sähe das wohl anders aus.

Die Zimmer sind noch nicht gerichtet, war die Begründung, warum ich mit Matratze in den Gruppenraum gelegt wurde. Es geht mir nicht um ein eigenes Zimmer. Aber es ist ein sehr unschönes Gefühl, nicht wirklich willkommen zu sein. Mir fehlt im Moment einfach die psychische Kraft für eine innere Abwehrhaltung. Es ist es nicht angenehm, diese Situation zu ertragen.
Zum Schreiben habe ich momentan keine Kraft, denn ich spüre eine innere Leere. So wie heute habe ich mich auf dieser Tour noch nie gefühlt. Die Balance zwischen Herausforderung und Leistungsfähigkeit muss stimmen. In dem Maße wie ich bei dieser anstrengenden Tour Energie verbrauche, muss mir neue Energie zufließen. Sonst verliere ich die Ausstrahlung von Kraft und Stärke, und darauf reagieren die Menschen schnell. Um schwache Menschen machen die meisten einen großen Bogen.
Um neunzehn Uhr laufe ich nochmals los und frage mich zu einem Supermarkt durch. Auf dem Weg dorthin sehe ich zwei Teenager auf einer Bank sitzen. Eine der beiden ist dunkelhäutig. Sie spricht mich auf flapsige Art an: "Was steht denn auf dem T-Shirt?"
Ich stelle mich vor sie hin, damit sie Gelegenheit zum Lesen hat und sage: "Das ist eine meiner tiefsten Lebenserfahrungen. Durch Gottvertrauen habe ich in bestimmten Situationen Kräfte bekommen, die ich sonst nicht habe."
Sie grinst mich selbstbewusst an: "Ich bin Satanistin! Doch, ehrlich", bekräftigt sie, als ich ungläubig schaue.
"Ich finde Satan gut!", fährt sie fort und schaut mich herausfordernd an.
"Ich finde Gott gut! Was findest du an Satan gut?", will ich wissen.
"Wer war denn Jesus?", antwortet sie mit einer Gegenfrage.
"Der Sohn Gottes, das weißt du sicher selbst auch."
Sie beginnt unflätige Worte über Jesus zu sprechen. Das andere Mädchen daneben kichert nur.
Mir wird klar, das wird kein vernünftiges Gespräch, sie will nur provozieren.
Ich wende mich ab und laufe weiter.

War das nur eine Provokation wegen meines T-Shirts? Oder hat sie tatsächlich mit irgendwelchen Satansgruppen zu tun? Jedenfalls finde ich es ganz schön heftig, wenn Jugendliche sich so verhalten.
Bei *Tegut* kaufe ich mir für 79 Cent einen Camembert und für 29 Cent ein Brötchen. Doch nicht so verkehrt, dass ich noch das Restgeld von der Metzgerei in Geisa einstecken habe. Nun besitze ich noch 56 Cent. In meinem Zimmer mache ich mein Abendbrot. Dann schaue ich den ziehenden Wolken am Himmel zu. Gegen Mitternacht kommt ein heftiges Gewitter. Der Wind bläst stark. Ein riesiger Blumentopf wird im Garten umgeworfen. Es ist drückend und schwül, ich bin völlig verschwitzt und kann lange nicht mehr einschlafen.

Freitag, 21. Juni 2013

Um halb sieben stehe ich auf. Am Himmel zeigen sich üble Wolken. Um sieben Uhr frühstücke ich gemeinsam mit einer Frau, die hier ein häufiger Hausgast ist. Sonst ist keine Schwester zu sehen. Auch zu dieser Frau finde ich keine wirkliche Verbindung. Es geht über reserviert höfliche Gespräche nicht hinaus.
"Sicher darf ich mir ein belegtes Brot für unterwegs mitnehmen," sage ich laut vor mich hin und bereite es mir eigenmächtig einfach zu. Die Frau schweigt dazu und fast habe ich das Gefühl, als würde sie mein Tun missbilligen.
Kurz vor acht Uhr breche ich auf. Die üblen Wolken haben sich aufgelöst. Plötzlich empfängt mich blauer Himmel mit Sonnenschein. Die Temperatur ist gut. Es soll nur noch zwanzig Grad warm werden. Richtung Süden laufe ich durch Fulda. Ich überquere die Karl-Storch-Straße, die mich an meinen verstorbenen Freund Karl-Friedrich Storch erinnert. Außerhalb von Fulda sehe ich schon wieder bedrohliche Wolken. Doch das Wetter hält. Es ist heute sehr windig. Der Wind bläst die Regenwolken offensichtlich immer wieder fort.
Ohne Regen komme ich nach Thalau. Am Pfarrhaus treffe ich noch die Urlaubsvertretung, einen Priester aus Uganda, an. Er will mit seinem Wagen gerade wegfahren. Für ein Pilgerquartier schickt er mich zum Küster, wenige Häuser entfernt. Der Küster bringt mich ins alte

Pfarrhaus neben der Kirche. Ein extrem modriger Geruch schlägt mir entgegen. Hier gibt es eine große Luftmatratze, die mit Strom über die Steckdose rasch aufgeblasen ist.
Decken gibt es nicht. Der Küster meint, zur Zeit sei es warm, da bräuchte man keine Decke zum Schlafen. Einen Hausschlüssel händigt er mir nicht aus. Das Haustürschloss wird auf 'schnappen' gestellt. In der Kirche bekomme ich vom Küster einen Stempel. Danach bin ich allein und habe ein ganzes Pfarrhaus für mich.
Zuerst reiße ich alle Fenster auf um den modrigen Geruch zu beseitigen. Dann suche ich nach einer Decke. In den Schränken der Gruppenräume befindet sich Geschirr, Bastelmaterial und alles Mögliche, nur keine Decke. Die Küche hat außer Geschirr ebenfalls nichts zu bieten. Auch in allen anderen Räumen ist nichts zu finden.
Der starke Modergeruch kommt aus dem Keller. Nachdem ich mir den Keller angesehen habe, wundert mich das nicht mehr. Das Mauerwerk des Kellers ist extrem nass, der Putz fällt von den Wänden.
Es wird Zeit, etwas Essbares aufzutreiben. Die nahe Wirtschaft, bei der ich Arbeit gegen Essen anbieten will, öffnet erst um siebzehn Uhr. Beim kleinen Supermarkt im Ort fällt mir ein, dass ja viele Lebensmittel weggeworfen werden. Den Inhaber des Marktes frage ich, ob er Lebensmittel hat, die wegen ihres Verfalldatums entsorgt werden. Ich stelle mich als Jakobspilgerin vor und erkläre ihm alles.
Er ist sehr entgegenkommend und packt mir einige Sachen in eine Tüte. Zuhause betrachte ich meine Schätze. Eine Schale Aprikosen, fast alle noch gut, eine Packung Cherry-Tomaten, nur zwei sind gequetscht, Radieschen mit welken Blättern, 250 g Butter und eine Packung Grillsteaks. Morgen ist das Ablaufdatum für Butter und Grillsteaks. Das Datum ist kein Problem, denn die Waren sind noch gut. In der Küche befindet sich leider keine Pfanne, auch kein geeigneter Topf, womit ich die Steaks zubereiten könnte.
Bleibt mir nur ein Tauschhandel. Mit Butter und Steaks gehe ich zum Nachbarhaus, stelle mich mit meinem Ausweis vor und frage die Nachbarin ob sie Butter und Steaks vom Supermarkt brauchen könnte

und mir dafür eine Decke für die Nacht leihen würde. Der Deal gelingt auf Anhieb.
Die Steaks wird sie gleich heute Abend ihrem Enkel braten, sobald er von der Arbeit kommt.
Die Nachbarin, eine sehr nette, ältere Frau, ist gerade damit beschäftigt, ihre Wäsche im Garten aufzuhängen. Sie bittet mich ins Haus und unterhält sich einige Zeit mit mir. Sie findet meine Pilgerreise ohne Geld keineswegs komisch oder fragwürdig. Wir verstehen uns sofort.
"Ich bewundere Sie, dass Sie diesen Mut haben", sagt sie anerkennend. Sie gibt mir eine Decke mit Bettbezug und ein Bettlaken. Sie will mir unbedingt noch zwanzig Euro geben. Damit soll ich mir Essen kaufen und auch sonst etwas gönnen. Wie immer wehre ich mich gegen Geld. Doch die Frau lässt nicht locker.
"Sie können mir zwei Euro geben, dann kann ich mir Brötchen kaufen", schlage ich vor.
"Ich möchte, dass Sie wenigstens den Zehn-Euroschein nehmen", beharrt sie.
"Kaufen Sie sich etwas Gutes. Es kommt von Herzen!" Sie schaut mich bittend an und diesem Blick kann ich nicht widerstehen. Auf keinen Fall möchte ich sie verletzen.
"Sie bringen mich dazu, meine Grundsätze über Bord zu werfen. Also gut", gebe ich lachend nach. "Dann sage ich Ihnen dafür ein herzliches "Vergelt's Gott." Sie drückt mir noch eine Flasche Vitaminsprudel in die Hand. Bepackt mit allem gehe ich ins Pfarrhaus zurück. Vielleicht kann ich doch für mein Essen in der Gaststätte arbeiten und die zehn Euro zurückgeben, überlege ich. Ich möchten meinen Weg einfach ohne Geld gehen. Mit Aprikosen und Tomaten überbrücke ich die Zeit bis zum Abend. Dann stelle ich mich in der Gaststätte bei der Wirtin mit Pilgerausweis vor, erkläre meine Situation und frage, ob ich in der Küche oder irgendwo für ein Essen arbeiten könnte. Arbeit hat sie keine für mich, aber Essen bekomme ich auf jeden Fall. Sie fordert mich auf, an der Theke Platz zu nehmen und fragt, was ich trinken möchte. Ich bekomme das gewünschte Mineralwasser und wenig später eine Portion Hackfleisch mit Soße und Pommes, sowie einen aus-

gezeichneten Salatteller. Sie übergibt mir noch ein Buch über die Jakobswegbeschreibung von Fulda nach Würzburg. Das ist wunderbar. So kann ich in Ruhe die Route studieren. Auch die Bedienung begegnet mir sehr freundlich.
Später gehe ich satt und zufrieden zu meinem Quartier. Bei der Nachbarin klingle ich nochmals. Ich erzähle, dass ich in der Gaststätte für mein Essen arbeiten wollte, aber dann das Essen von der Wirtin umsonst bekam.
"Ich habe die zehn Euro nicht gebraucht, deshalb möchte ich sie Ihnen zurückbringen."
"Auf keinen Fall", reagiert sie entrüstet. "Die habe ich Ihnen von Herzen gegeben. Sicher können Sie das Geld unterwegs noch brauchen. Ich möchte, dass Sie das Geld behalten", sagt sie mit Nachdruck.
"Ich habe meiner Schwiegertochter alles von Ihnen erzählt. 'Das hast du richtig gemacht', hat sie zu mir gesagt."
"Also wenn Sie das so unbedingt wollen, muss ich das Geld wohl annehmen", kapituliere ich erneut.
"Wir haben heute den Kaffee vergessen," erinnert sie und überreicht mir einen kleinen Behälter mit Bohnenkaffee.
"Es ist doch nicht zu fassen, dass es überall so nette Menschen gibt. Ich nehme Sie dafür in mein Gebet und auf meinen Weg mit", verabschiede ich mich.
Auf dem Luftbett verbringe ich eine miserable Nacht. Immer tiefer sinke ich ein. Um zwei Uhr nachts muss ich mein Luftbett an der Steckdose anschließen und Luft nachpumpen. Doch die Luft hält nicht lange. Um fünf Uhr wache ich wie gewohnt auf und fühle mich völlig erschlagen.

Samstag, den 22. Juni 2013

In der Küche koche ich mir starken Kaffee und esse dazu mein Brot aus dem Kloster in Fulda, das ich mir extra für das heutige Frühstück aufgehoben habe. Für heute ist Schauerwetter gemeldet. Dem versuche ich durch frühzeitigen Abmarsch zu entgehen.

Um sechs Uhr gehe ich los. Die Decke stelle ich in einer Plastiktüte zusammen mit der geleerten Limoflasche und einem kleinen Dankbrief wie vereinbart in die offene Garage.
Ich genieße die morgendliche Ruhe, als ich zum Ort hinaus auf die Höhe von Frauenholz gehe. Oben werfe ich noch einen Blick ins Tal, auf die Wiesen und die entfernten, bewaldeten Hügel der Rhön hinter mir. Alles liegt im leuchtenden Sonnenlicht. Auf der anderen Seite des Ortes führt der Weg steil hinab.
Erfreut sehe ich wieder einmal einen Hasen vor mir herhoppeln. Es tut richtig gut, frühzeitig loszugehen. Das vermisse ich wegen der Frühstückssituation in den meisten Quartieren. Früh habe ich eine ganz andere Energie in den Gliedern als zu fortgeschrittener Stunde. Dies gilt besonders an Hitzetagen.
Nach etwa einer Stunde zieht sich der Himmel zu. Vorbei ist es mit den leuchtenden Farben.
Der Weg führt durch ein enges Tal, kein Auto, keine Menschenseele stört die herrliche Ruhe.
Nur Pferde und Kühe sind auf den Koppeln und ein Bächlein murmelt dahin. Trotz der Morgenfrische herrscht hohe Luftfeuchtigkeit, die ich als drückend empfinde. Aber die Temperaturen sind zum Glück gesunken. Donnergrollen lässt mich im Eiltempo ins Tal laufen. Nach viereinhalb Stunden bin ich in Oberweisenbrunn. Zum bekannten Kreuzberg in der Rhön sind es nur noch sechs Kilometer. In der Pension Mühlengrund frage ich die Wirtin nach einem Stempel. Leider hat sie keinen. Ich wurde falsch informiert und müsste in den Ort zurück bis zur Kirche.
Dazu bin ich nicht mehr bereit. Mit meinen Kräften muss ich gut haushalten. Außerdem schaut das Wetter kritisch aus.
Die Wirtin interessiert sich für meine vielen Stempel. So erzähle ich von meiner besonderen Tour. Sie stellt mir unaufgefordert eine Tasse Kaffee und ein belegtes Brötchen hin und setzt sich zu mir. Wir haben ein gutes Gespräch, deshalb halte ich mich entgegen meiner Absicht ziemlich lange in der Gaststätte auf. Die Wirtin ist skeptisch und meint, es sei am Wochenende sehr voll am Kreuzberg, sie wisse nicht,

ob ich heute dort unterkommen könne. Aber sie nennt mir für alle Fälle eine Familie, die neben dem Kloster wohnt. Die Leute sind sehr christlich, da könne ich versuchen ob sie mich umsonst aufnehmen.
Eine Stunde später laufe ich weiter, den Berg hinauf und bin um dreizehn Uhr am Franziskanerkloster auf dem Kreuzberg. Der Kreuzberg in der Rhön ist mit Kloster Andechs am Ammersee vergleichbar. Menschenmassen befinden sich auf dem Klostergelände, ein unglaublicher Betrieb herrscht hier. Kein Wunder, wir haben Samstag und das Wetter ist gut. Hier werde ich kaum jemandem begegnen, der zehn Euro nötig hat. So bleibt mir nur der Opferstock. Neben der Kirche ist eine Kerzengrotte. Es gibt ja etliche Menschen, für die ich Kerzen anzünden will.
Dann gehe ich zur Klosterpforte. Auch hier herrscht reger Betrieb. Die junge Frau an der Rezeption versucht in englischer Sprache ein Problem zu lösen. Es dauert, bis sie Zeit für mich hat. "Eine große Wallfahrt ist angemeldet und wir haben kein einziges Zimmer mehr frei", informiert sie mich.
Ein Bediensteter mittleren Alters, der gerade dazukommt, bestätigt, dass alles belegt ist.
Der Mann ist spürbar eilig unterwegs. Rasch und mit wenigen Worten versuche ich meine Lage zu verdeutlichen.
"Ich bin Jakobspilgerin und bin ohne Geld unterwegs. Ich bin ganz anspruchslos, wenn ich irgendwo eine Matratze und eine Decke bekomme, bin ich zufrieden." Gleichzeitig zeige ich meinen Pilgerausweis. "Ich bin seit dem zweiten Mai unterwegs und laufe von Flensburg zum Bodensee", füge ich hinzu.
"Ich soll Grüße von Bruder Maximilian vom Hülfensberg an Bruder Matthias ausrichten und wollte fragen, ob Sie mich nicht ebenfalls aufnehmen könnten." Den Flyer vom Kloster Hülfensberg halte ich beiden hin. Der Mann, der eben noch so eilig auf dem Sprung war, wird neugierig. Er beginnt sich für meine Pilgertour zu interessieren. "Und bei Bruder Maximilian haben Sie auch übernachtet?", vergewissert er sich. Ich nicke mit dem Kopf.

"Bruder Matthias ist nicht da, wir können ihn nicht fragen", wirft die Frau achselzuckend ein.
"Den können wir anrufen", meint der Mann ganz locker.
Schon sehe ich meine Chance. "Im Kloster Marienrode, im Kloster in Hünfeld und im Kloster in Fulda wurde ich ebenfalls aufgenommen", versuche ich für mich Punkte zu sammeln.
Er schaut anerkennend: "Darf ich mal fragen, wie alt sie sind?" Ich nenne ihm mein Alter. "Respekt!", sagt er. Der Mann ist offensichtlich beeindruckt.
Anscheinend hat er hier etwas zu sagen. Ich spüre, dass er auf meiner Seite steht und mir helfen will. Er schaut mich amüsiert an.
"Also jetzt lassen Sie mal Ihren Rucksack da stehen. Sie kommen mit mir!", bestimmt er, wie einer, der gewohnt ist, Anweisungen zu geben. "Sie brauchen ja auch was zu Essen. Wenn Sie gegessen haben, dann kommen Sie wieder hierher. Irgendwo werden wir Sie schon unterbringen. In den Hundezwinger müssen Sie nicht", lächelt er mich freundschaftlich an. Eiligen Schrittes verlässt er mit mir die Pforte und drängt sich durch die Menschenmassen. Ich kann kaum mit ihm Schritt halten.
"Was möchten Sie denn? Schweinebraten?", ruft er mir durch den Lärm der vielen Stimmen während des Gehens zu.
"Ja, gerne", erwidere ich.
"Und trinken?"
"Natürlich ein Bier von der Klosterbrauerei", sage ich erfreut über diese unerwartete Einladung. Unterwegs trifft er einen anderen Bediensteten. Er überreicht ihm einen Schlüssel und delegiert irgendetwas, was er offensichtlich meinetwegen nicht erledigen kann.
"Bleiben Sie bei mir", ruft er mir durch die Geräuschkulisse zu. Der Mann drängt sich an der langen Schlange der Menschen vorbei, die am Ausschank warten. Er hat das bestickte Wams der Klosterbediensteten an und kann sich das ungehindert erlauben. Am Ausschankfenster ruft er in den Schankraum:. "Das nächste Bier bekommt diese Dame hier, aber ohne Pfandgeld. Sie bringt den Krug später zurück."

Schon drückt er mir einen Bierkrug in die Hand. Weiter eilt er zur Essensausgabe. Hier stehen ebenfalls lange Schlangen.

"Kommen Sie mit", ruft er und geht mit mir direkt in die Küche hinein. Ich warte in der Küche neben der Tür, während er irgendwelche Anweisungen gibt. Ein Koch kommt daher und schaut ganz verdutzt, wie ich in die Küche komme. Doch dann merkt er, dass ich zu dem Bediensteten gehöre, der gerade mein Essen organisiert. Im Nu ist er zurück, überreicht mir einen Teller mit Schweinebraten, Blaukraut und zwei Klößen.

"So nun suchen Sie sich einen Tisch und danach kommen Sie zur Pforte." Er lächelt mir wie ein Verbündeter zu. "Alles Gute für Sie."

"Vielen Dank", kann ich nur kurz sagen und schon ist er mit raschem Schritt in der Menge verschwunden.

Im Klosterhof suche ich mir an einem Tisch einen freien Platz und betrachte erst einmal verwundert mein Essen. Alles ging so schnell. Wieder einmal weiß ich gar nicht, wie mir geschehen ist. Das ist doch unglaublich. Ich kann nicht fassen, wie ich in diesem hektischen Trubel überhaupt Gehör für mein Anliegen finden konnte. Ohne diesen Mann wäre ich nie untergekommen, das sagt mir mein Gespür. Wäre er nicht zufällig im gleichen Moment zur Pforte gekommen, säße ich jetzt nicht an diesem Tisch. Dabei hatte er es doch so eilig. Und trotzdem nahm er sich die Zeit für mich. Die junge Frau hätte nichts für mich tun können. Ihre Kompetenz hätte nicht ausgereicht, das war deutlich zu spüren. Vielleicht war das so besser als wenn der Prior da gewesen wäre, denke ich für mich.

Jedenfalls lasse ich mir diesen herzhaften Schweinebraten und das Bier nach meinem langen Marsch so richtig schmecken. Dabei fühle ich mich wie das größte Glückskind.

Nach dem Essen gebe ich das Geschirr und meinen Krug ab. Dann wende ich mich wieder an die Dame an der Rezeption. Sie reicht mir sofort einen Schlüssel entgegen, als ich eintrete und erklärt mir, wie ich das Zimmer finden kann. "Das Frühstück können Sie dann morgen ab sieben Uhr mit den Wallfahrern einnehmen", fährt sie fort.

Mit meinem Gepäck gehe ich zum Zimmer. Man hat mir ein Doppelzimmer mit Waschbecken gegeben. WC und Dusche sind auf dem Flur gegenüber. Noch immer kann ich gar nicht fassen, dass ich auf dem Kreuzberg ein richtiges Zimmer habe.
Nun kann ich den Tag frei genießen.
Ich laufe die vielen Stufen zum Gipfel hoch. Hierher machten wir vor fünfzig Jahren unseren Ausflug zur Firmung. Seitdem habe ich mir gewünscht, erneut zu dieser Kreuzigungsgruppe zu kommen. Ich schaue mir die drei Kreuze lange an und versuche mich zu erinnern. Was war das damals, was mich hier so faszinierte? Jesus wendet sich dem einen Verbrecher zu, der sich ihm ebenfalls zuwendet. Laut Bibel sagte er zu ihm: Heute noch wirst du mit mir im Paradies sein. Ungeachtet seiner Taten wurde der Verbrecher von Jesus ins Paradies eingeladen. Jesus erlöste ihn von aller Schuld. Das fand ich ungemein tröstlich für mich selbst und alle Menschen. Ja, diese Erlösungsgeschichte ging mir damals sehr zu Herzen.
Der Blick vom Kreuzberg über die weite Rhönlandschaft ist beeindruckend. Der Himmel ist zwar grau bewölkt, aber dazwischen brechen immer wieder die Sonnenstrahlen durch und lassen alles leuchten, wohin sie fallen. In der Ferne ist die Wasserkuppe zu sehen.
Ich setze mich auf eine Bank und genieße diesen Rundblick. Mit einer sehr netten, älteren Dame komme ich ins Gespräch. Sie schaffte mit ihren achtundsiebzig Jahren die vielen Stufen bis hierher. Die Frau ist für *Solwodi* zu gewinnen und unterschreibt auf meiner Liste, die ich immer und überall mit mir herumtrage.
Später besichtige ich die Umgebung des Klosters, vor allem das Franziskushaus. Hier lasse ich mir viel Zeit. Ein Text hängt an der Wand:

> *Franziskus hörte im Evangelium, wie Jesus seine Jünger ohne Geld und ohne Vorräte barfuß losschickt. Er ist wie elektrisiert. Das ist es, was ich machen will. Das ist es, was ich suche. Er will das Evangelium leben.*

Bisher wusste ich nicht, dass diese Bibelstelle für Franziskus zündend war. So ähnlich erging es mir als Kind. Auch bei mir zündete diese Stelle und wurde zu einem inneren Feuer.
Gegen Abend werde ich hungrig. Ich gehe in den Raum der Wallfahrer und frage an der Theke, ob ich etwas zu Essen haben könnte. Das junge Mädchen ruft in der Küche an. Ein Koch kommt und fordert mich auf, mit ihm zu kommen. Wollen Sie ein Käsebrot?"
"Ja, sehr gerne." Und schon reicht er mir von der Essenstheke an der Warteschlange vorbei eine vorbereitete Portion zu.
Über meinem Bett hängen die Worte: *Gott ist gut.*
Stimmt, denke ich, während ich mein Brot esse. Jeden Tag darf ich diese Erfahrung neu machen.
Am Abend lese ich noch ein wenig und nach dem Duschen falle ich müde ins Bett.

Sonntag, 23.6.2013

Nach einer ausgezeichneten Nacht fühle ich mich am Morgen sehr erholt. Um sieben Uhr stelle ich mich mit den Wallfahrern an der Essensausgabe an. Alle zahlen einzeln ihr Frühstück. Das Personal weiß schon über mich Bescheid und ich bekomme mein Frühstück ohne Bezahlung. Die Organisation ist hier perfekt, denke ich erfreut.
"Kann ich ein drittes Brötchen für meinen Weg haben?", frage ich. Die Bedienung ist nett und legt es mir freundlich lächelnd auf den Teller. Ich muss immer gut für mich sorgen, wo sich die Gelegenheit bietet, denn Sonntage sind für mich nicht einfach. Kein Laden hat geöffnet. Auch für die Quartiersuche ist heute wieder ein schwieriger Tag.
Um acht Uhr marschiere ich los. Durch den Wald geht es den Kreuzberg steil bergab, über feuchte, glitschige Steine und schmierigen Boden. Der Abstieg geht ordentlich auf die Knie. In der Nacht hat es heftig geregnet. Die Spuren sind überall deutlich zu sehen, doch jetzt fällt kein Regen. Ich schicke meinen Dank zum Himmel. Allein zu sein, nur von zwitschernden Vögeln umgeben, tut gut.

Der Jakobsweg biegt nun auf einen sehr schmalen, düsteren Pfad zwischen eng stehenden Nadelbäumen ab. Der Weg wird zunehmend düsterer. Die Bäume haben etwa fünf Meter hoch im unteren Bereich nur dürre Nadeln und wirken wie abgestorben. Erst die hohen Baumkronen hängen voll dichter grüner Nadeln. Die Bäume stehen so dicht beieinander, dass kein Licht zwischen sie hindurchfällt. Die toten Äste, die düsteren Lichtverhältnisse in diesem schmalen langen Tunnel erzeugen direkt eine geheimnisvolle, fast gespenstische Atmosphäre. Nirgends vor mir ist ein Lichtpunkt zu sehen. Der Tunnel führt nur geradeaus in ein langes, dunkles Nichts. Irgendwann nach einer Biegung ist in der Ferne das Ende dieses Tunnels zu sehen. Vor mir ist ein kleines rundes Loch, das immer größer wird, je näher ich darauf zukomme. Hohes Gras, von der Sonne beschienen, wird sichtbar. Trotz grauer Bewölkung kommt ab und zu ein Sonnenstrahl durch.
Ein schönes Gefühl, auf diese Tunnelöffnung zuzugehen. Draußen erwartet mich hüfthohes, nasses Gras. Der Pfad ist fast zugewachsen und kaum mehr sichtbar. Im Nu ist meine Hose bis obenhin nass. Nach dem Überqueren der Wiese geht es wieder in den Wald hinein. Ein idyllischer Weg erwartet mich. Mehrfach überquere ich ein angenehm murmelndes Bächlein, mal über einfache Holzbohlen, mal über eine richtige kleine Brücke. Plötzlich bin ich wieder von tiefschwarzen Wolken umgeben, wo sich gerade noch blauer Himmel zeigte. Alles wechselt ungeheuer schnell. Richtung Langenleiten geht es, von Bärlauchduft umgeben, wieder bergauf. Ich komme ganz schön ins Schwitzen. An den Wiesen wechselt es in Heuduft über. Um halb zehn bin ich in Langenleiten und hole mir in der Kirche einen Pilgerstempel. Er liegt am Schriftenstand bereit. Wenige Häuser weiter beginnt es zu regnen. Schnell flüchte ich unter ein Bushäuschen und warte ab. Bei diesem Wind werden die Regenwolken rasch wieder fortgetrieben. Nach einiger Zeit laufe ich weiter und verlasse den Ort. Es dauert nicht lange, da muss ich meinen Regenponcho überziehen, so stark regnet es für kurze Zeit. In Premich ist die Kirche offen. Aber drinnen sind alle Bänke abgebaut, eine große Baustelle wird sichtbar. Im Ort auf einer Bank unter einem Baum mache ich Brotzeit. Mit Ap-

petit esse ich mein drittes Brötchen vom Kreuzberg mit einem kleinen Dreieckskäse.
Wenig später im Wald spüre ich meine rechte Ferse bei jedem Schritt. Schon seit einiger Zeit spüre ich diesen Schmerz. Anfangs begannen diese Schmerzen erst nach zwanzig Kilometern, inzwischen beginnt die Ferse bereits nach fünfzehn Kilometern zu schmerzen. Ich hoffe, dass sich hier kein Fersensporn bildet. Vor mir liegt noch eine weite Strecke bis zum Bodensee.
Mein eigentlicher Problemfuß hat sich seit Lübeck auf unglaubliche Weise schmerzfrei gelaufen. Es ist schon interessant, wie viele körperliche Probleme ich in den letzten zwei Jahren durch intensives Laufen in der Natur verloren habe. In der Natur liegen nach meiner Meinung Heilkräfte für Körper und Seele. Wenn man sich dazu noch bewegt, werden unsere Selbstheilungskräfte aktiviert.
Der Jakobsweg zieht heute wieder viele Schleifen durch den Wald. Von den Kilometern und von der Zeit her müsste ich längst in Frauenroth sein. Ein Mann kommt mir mit dem Fahrrad entgegen. Ich frage ihn nach dem Weg.
"Sie sind schon viel zu weit gelaufen. Frauenroth liegt ein ganz gewaltiges Stück hinter ihnen. Sie sind jetzt kurz vor Aschach. Aber den ganzen Weg zurückzugehen ist unsinnig. Nehmen sie den nächsten Weg nach rechts, dann kommen Sie nach Frauenroth", rät er.
Wie empfohlen nehme ich den nächsten Weg nach rechts und nach einiger Zeit komme ich tatsächlich auf einen Weg, der mit der Jakobsmuschel markiert ist. Der Pfeil an der Muschel zeigt nach rechts und ich folge ihm. Doch nach einigen Kilometern wird der Wald immer dichter. Von Frauenroth ist nichts zu erkennen. Meine Befürchtung ist, dass ich mich nun schon wieder hinter Frauenroth in Richtung Premich befinde. Die Pfeile zeigen den Jakobsweg nicht nur Richtung Süden nach Santiago, sondern in beide Richtungen an. Vielleicht hätte ich doch den Weg in die andere Richtung nehmen sollen, überlege ich. Schließlich kehre ich bis zum ersten Muschelzeichen um und nehme nun die andere Richtung. Schon nach einiger Zeit wird mir klar, dass das auf keinen Fall stimmt, denn es gibt inzwischen über-

haupt keine Wegmarkierung mehr. Vermutlich war ich kurz vor dem Ziel und hätte nur noch ein wenig Geduld gebraucht. Diesen ganzen Weg laufe ich nicht noch ein drittes Mal, denke ich eigensinnig. Ich will den Ort jetzt ohne Markierung finden. Inzwischen ist es unwahrscheinlich heiß geworden. Das T-Shirt klebt mir am Rücken.

Lange Zeit laufe ich den unmarkierten Weg entlang. In der Ferne rechts sehe ich Hausdächer durch die Hecken schimmern. Optimistisch hoffe ich, nun sogar den nächsten Ort der Jakobsroute nach Frauenroth erreicht zu haben. Auch gut denke ich. Doch dann führt der Weg auf beträchtlicher Höhe in einer langen Kurve vom Ort weg in die entgegengesetzte Richtung.

Da mache ich nicht mehr mit, mir reicht es mit Umwegen. Das Dorf liegt tief unter mir. Da bleibt nur eines: über die steile Wiesenböschung durch weitere Heckenreihen hindurch abzusteigen. Durch hohes Gras und dichtes Gestrüpp - da sind Tücken und Hindernisse natürlich vorprogrammiert. Endlich ist es geschafft! Verschwitzt komme ich am Privatgrund eines Gebäudes heraus. An drei Häusern klingle ich. Doch das ganze Dorf scheint wie ausgestorben. Das sieht für die Quartiersuche auch nicht gerade rosig aus. Erst einmal möchte ich einfach nur wissen, wo ich bin. Eine Radfahrerin zerschlägt mir dann alle Hoffnungen. Ich bin nicht in Stralsbach, dem nächsten Ort am Jakobsweg, sondern in dem verflixten Aschau gelandet, von dem mich der Mann im Wald vor zwei Stunden weglotste. Stralsbach liegt sechs bis sieben Kilometer von hier entfernt. Den Weg zurück nach Frauenroth will ich keinesfalls mehr laufen. Also bleibt nur, mich vorwärts nach Stralsbach durchzuschlagen.

Aschau liegt in einem engen Tal zwischen zwei steilen Hängen. Einen Hang habe ich mit meinem Abstieg überwunden. Auf der Höhe der gegenüberliegenden Talseite verläuft eine Straße. Hier fährt nur gelegentlich ein Auto. Da will ich hin und den Rest des Weges per Anhalter zurücklegen. Doch ein breiter Bach hindert mich, diese Straße zu erreichen. Mir bleibt nichts anderes übrig, als den Weg zu nehmen, aus dem die Radfahrerin kam. Nun laufe ich im Tal genau die Strecke

zurück, die ich auf der Höhe hierher gelaufen bin. Es ist einfach schrecklich, wenn man keine Wanderkarte hat, um sich zu orientieren. Nach einiger Zeit überholt mich ein Mann mit dem Fahrrad. "Können Sie mir sagen, wann eine Brücke kommt, damit ich den Bach überqueren kann", rufe ich ihm nach. Der Mann steigt vom Rad.
Die Brücke ist noch ein gutes Stück entfernt. Doch der Mann schiebt sein Rad neben mir her und unterhält sich mit mir. Wir unterhalten uns über Gott und die Welt. Dadurch erscheint mir der Weg nicht mehr so lang. Der Mann kennt in Stralsbach die Wirtsleute der Gaststätte.
"Das ist eine sehr gute Gaststätte mit einer ausgezeichneten Küche. Die Wirtsleute sind nett", informiert er mich. Ob sie mich jedoch aufnehmen werden, kann er nicht einschätzen. Aber am anderen Ortsende ist ein Haus, in dem günstig Zimmer vermietet werden. Er meint, da könnte ich es probieren. An der Brücke trennen wir uns. Er setzt seine Radtour fort, ich stelle mich an die Straße. Sofort hält ein junges Mädchen an. Das ist wieder einmal Glück! Sie fährt genau in meine Richtung und setzt mich in Stralsund ab. Kaum habe ich mich hier ein wenig orientiert, kommt der Radfahrer von vorhin daher. Erneut unterhalten wir uns längere Zeit.
Die Gespräche gehen in die Tiefe und werden sehr persönlich. Durch einen Schicksalsschlag hatte er seinen Glauben an Gott verloren. Doch es gab Ereignisse, die ihn wieder zu Gott zurückführten. Interessiert höre ich ihm zu. Beim Abschied will er mir Geld geben, was ich wie immer ablehne. Seinen Müsliriegel dagegen nehme ich gerne. Dann laufe ich zielstrebig zur Gastwirtschaft. Eigentlich wollte ich die Wirtin nur fragen, ob sie im Ort jemanden kennt, der eine Pilgerin aufnehmen würde. Seltsamerweise kommen dann ganz andere Worte aus meinem Mund, mit denen ich sie ganz direkt um Aufnahme bitte. Tatsächlich werde ich kostenlos aufgenommen. Es ist kaum zu fassen.

Die Wirtin wirkt ausgesprochen menschlich und nett. Als erstes überreicht sie mir eine Apfelsaftschorle. Dann übergibt sie mir ein Doppelzimmer mit Dusche und WC. Wie üblich wasche ich gleich meine

Wäsche und hänge sie im Freien auf. Danach dusche ich und lege im Bett die Beine hoch. Wieder einmal habe ich das Gefühl, ein kleines Paradies erreicht zu haben. Dabei geht es nicht so sehr um ein schönes Zimmer mit Dusche, welches für mich zur Paradiesempfindung wird, sondern um etwas viel Tieferes. Es ist die Güte, die Menschlichkeit, die ich bei dieser Wirtin empfinde, welche im Kontrast zur sonstigen rauen Welt steht. Gleichzeitig treffe ich auf eine Gemeinsamkeit, da verbindet uns etwas, wovon ich träume. Hier erfüllt sich im Kleinen mein Traum von einer besseren Welt. Das ist ungemein stärkend und ermutigend. Auch wenn ich diesen Traum nicht tatsächlich verwirklichen kann, lebe ich ihn wenigstens im Kleinen. Und ich will nicht aufhören, an diesen Traum zu glauben.

Am späteren Nachmittag führt mich mein Weg steil zur Kirche hinauf. Von oben habe ich eine wunderbare Sicht über den ganzen Ort, der sehr schön in der Natur liegt. Dankbar genieße ich den idyllischen Ausblick, sowie meine ganze Situation. Mein Verlaufen im Wald hatte wieder einmal Sinn. Sonst hätte ich den netten Radfahrer nicht getroffen und wäre ohne das Gespräch mit ihm nicht bei dieser Wirtin gelandet.

Später setze ich mich an einen Tisch auf der Terrasse. Nun lerne ich den Mann der Wirtin kennen. Er wundert sich sehr, dass man mich auf dem Kreuzberg aufgenommen hat. Er hat von da schon ganz andere Geschichten gehört. Am Abend serviert mir die Wirtin einen Braten mit zwei Klößen und Salat. Dazu ein herrliches Bier vom Fass. Alles schmeckt ausgezeichnet. Am Tisch speist auch ein älteres Ehepaar. Sie können kaum glauben, dass ich in der heutigen Zeit von Flensburg bis hierher überall aufgenommen wurde. "Dass es so etwas noch gibt", schütteln sie ungläubig den Kopf. Immer wieder höre ich, wie sich die Zeiten gewandelt haben. Früher war so etwas noch möglich, doch heute kann es keiner mehr glauben.

Bei all den ermutigenden Erfahrungen, die ich machen durfte, spüre auch ich die allgemeine Veränderung zum Negativen hin. Doch ist es nur vordergründig die scheinbar mangelnde Menschlichkeit. Als eigentliche Ursache erkenne ich die immer mehr um sich greifende Angst.

Am Abend sehe ich vom Bett aus eine Sendung mit Günter Jauch. Doch ich bin so müde, dass ich dabei einschlafe. Nachts wache ich mehrfach auf. Im Zimmer ist es zu heiß und ich muss das Fenster weiter öffnen.

Begegnung im Wald

Montag, 24. Juni 2013

Kurz vor acht Uhr bekomme ich von der Wirtin ein Frühstück. Sie gibt mir reichlich Wurst und Käse und bringt mir auch noch ganz fürsorglich extra Brot und Alufolie zum Einpacken. Einen Apfel legt sie ebenfalls dazu.

Die Wirtin setzt sich zu mir und berichtet, dass sie gestern noch anderen Gästen von meiner Tour erzählt hat.

"Alle finden Ihren Weg sehr mutig."

"In einer Gastwirtschaft um Aufnahme zu bitten, das hat mich schon Mut gekostet, das muss ich zugeben. Eigentlich wollte ich Sie nur fragen, ob Sie im Dorf jemanden kennen, der mich aufnehmen würde. Ich weiß überhaupt nicht, warum mir das dann so ganz anderes herausgerutscht ist. Das war so ein plötzlicher Mutsprung", erkläre ich der Wirtin.

"Das sollte so sein", sagt sie voller Überzeugung. "Ich glaube auch nicht, dass Sie sonst im Dorf untergekommen wären. Übrigens war gestern der erste Tag, an dem überhaupt wieder ein Zimmer frei wurde. Vorher war alles belegt", lässt sie mich wissen.

"Ich bin eben ein Glückskind", lache ich erfreut.

"Sie können in Ruhe weiter essen. Ich will mich jetzt mit meiner Jogginggruppe treffen. Sperren Sie die Haustür hinter sich zu." Sie erklärt mir, wo ich den Schlüssel hinterlegen soll.

Voll Dankbarkeit frage ich: "Kann ich auch etwas Gutes für Sie tun?"

"Das passt schon", lächelt sie mich freundlich an.

Ich stehe vom Tisch auf und mache eine öffnende Geste mit den Armen. "Darf ich?"

"Gern" sagt sie und lässt sich von mir in die Arme schließen.

"Das war eine schöne Erfahrung für mich, danke!", gebe ich zu verstehen.

"Für mich ebenfalls", antwortet sie.

Dann befinde ich mich allein in der Gaststube. Süßigkeiten, Schokolade, alles liegt neben der Theke offen herum. Wie so viele vor ihr vertraut auch sie mir. Das ist nur möglich, weil wir uns auf einer bestimmten Ebene nicht fremd sind. Wir wissen, dass uns etwas verbindet. Auch wenn es nicht immer gleich ins Bewusstsein dringt. Der Bauch fühlt es, die innere Stimme sagt es: Wir sind Brüder und Schwestern. Gott verbindet uns und deshalb haben wir keine Angst voreinander.

Am Waldrand kommt mir eine Jogginggruppe entgegen. Die Wirtin ist dabei.

"So treffen wir uns noch einmal", ruft sie erfrcut aus.

"Ich habe mit dem Schlüssel alles gemacht, wie besprochen."

Die Gruppe bleibt vor mir stehen und die Wirtin umarmt mich. "Guten Weg!" Dann läuft sie mit ihren Frauen weiter.

Ich verspüre Respekt und Achtung vor dieser Frau. Die Wirtin ist eine fleißige Frau, die unentwegt arbeitet und sich trotzdem nicht in der Arbeit verloren hat. Sie hat als Kind Familie im guten Sinn erlebt. Sie waren zehn Kinder und lebten einfach, der Vater war Maurer. Es gab keinen Komfort, aber sie hatten immer zu essen. Ihnen fehlte es an nichts, denn sie hatten sich, sie hatten eine Familie.

Mein Weg führt an der Marieneiche aus der Zeit von Martin Luther vorbei. Eine Gedenktafel erläutert ihre Geschichte.

Sie fiel dem Orkantief Xynthia im März 2010 zum Opfer. Bis zur Verrottung soll dem am Boden liegenden Baum ein Sterben in Würde erlaubt werden, am ursprünglichen Standort. Gleichzeitig wurde eine neue Eiche gepflanzt in unmittelbarer Nähe, Abkömmling der Marieneiche. Sie soll heranwachsen und sich gut entwickeln, so dass die Marieneiche in dieser Eiche weiterlebt.

Ich bewundere den riesigen und dicken Stamm am Boden, ertaste seine bemooste Rinde und freue mich an dieser neuen Pflanzung, die durch ein Zäunchen aus Ästen geschützt ist.

Unweit von Bad Kissingen begegnen mir zwei Männer im Wald. Sie sind Wegwarte und gerade dabei, die Wandermarkierungen zu überprüfen und zu erneuern.

"Die Wegmarkierung in der Rhön ist grundsätzlich ausgezeichnet. Ich finde auch sehr gut, dass die Bäume bemalt werden, denn angenagelte Schilder werden immer wieder abgerissen", lobe ich die Arbeit der beiden. Die Männer reagieren sehr erfreut darauf.
"Nach meiner Meinung ist Ihre Methode die beste Lösung und sollte überall verwendet werden. Nur die Pfeile, die für den Jakobsweg in beide Richtungen angebracht sind, finde ich sehr verwirrend. Man weiß dann nicht, ob man vorwärts oder zurück läuft. Bei den Markierungen, die ich im Süden Deutschlands kenne, zeigt der Pfeil immer nur Richtung Santiago. So besteht nie die Gefahr, den Weg versehentlich rückwärts zu laufen. Mit diesem Problem hatte ich nämlich gestern bei Frauenroth zu tun. Das hat mich viele Kilometer Umweg gekostet", erkläre ich den Männern.
Wir kommen auf meinen 'Pilgerweg ohne Geld' zu sprechen. Der jüngere Mann bietet mir sofort an, bei ihm zu übernachten. In seinem Haus sei genug Platz.
Mit ihm komme ich in ein persönlicheres Gespräch. Seine Frau ist vor zwei Jahren gestorben. Er hat zwei Söhne im Alter von sechzehn und achtzehn Jahren. Er ist auch wieder mit einer Frau in einer Beziehung. Sie wohnen aber nicht zusammen.
"Ich habe hier in Bad Kissingen vermutlich schon eine Übernachtungsmöglichkeit. Aber wenn das nicht klappt, kann ich mich ja melden", meine ich leichthin.
Der Mann gibt mir seine Adresse und Telefonnummer. Ich spüre, er würde sich freuen, wenn ich käme. Und irgendetwas sagt mir, es wäre richtig und in Ordnung, mich darauf einzulassen.
Zum Abschied schenkt er mir einen Jakobsmuschelaufkleber für mein Auto.
Noch vor den ersten Häusern der Stadt treffe ich eine ältere Frau mit Gehwagen. Sie fragt mich nach dem weiteren Wegverlauf und spricht mich auf mein T-Shirt an. Meine Tour findet sie gut, aber an Gott glaubt sie nicht.
"Das Wichtigste ist, an sich selbst zu glauben", meint sie im Weitergehen.

An sich selbst zu glauben ist zweifellos wichtig, aber ich persönlich glaube, das kann nicht in allen Lebenslagen tragen. Wir Menschen stoßen irgendwann an unsere Grenzen und hier trägt dann der Glaube an Gott.

An einer Brücke überquere ich die Fränkische Saale, laufe durch den Rosengarten und durchs Kurparkgelände zum Touristenbüro. Ein Stadtplan hilft mir zur weiteren Orientierung.

Im Pfarramt St. Jakobus bekomme ich einen sehr schönen Pilgerstempel. Beim K-Punkt, einer Anlaufstelle der katholischen Kirche, trinke ich Tee und unterhalte mich mit der anwesenden Frau sehr gut. Sie erzählt mir Interessantes aus ihrem Leben.

Danach laufe ich zur Beratungsstelle von *Solwodi.* Diese liegt ein ganzes Stück außerhalb der Stadt am Waldrand. Das Büro befindet sich im Gebäudekomplex eines Pflegeheimes. Hier bin ich verabredet. Eine ältere Frau öffnet mir. Von den *Solwodi* Mitarbeitern ist noch niemand da. Die Frau unterhält sich mit mir einige Zeit und meint, ich könnte sicher hier im Gästehaus schlafen, da hätten schon öfter Pilger übernachtet.

Um halb drei kommen zwei Frauen. Die Frau, mit der ich telefonierte, ist nicht anwesend. Wir unterhalten uns über die Not der betroffenen Frauen und ich berichte von meinen bisherigen Erfahrungen mit den Unterschriften.

Eine Übernachtung ist hier nicht möglich, denn *Solwodi* hat hier nur seinen Büroraum. Unterkünfte für Frauen sind an anderen Orten. Im Pflegeheim will ich nicht bleiben. Also entscheide ich, mit den beiden Frauen zurück in die Stadt zu fahren. Sie fahren mich sogar bis zu Rainers Haus.

Rainer ist zuhause. Wir duzen uns sofort. Er erzählt mir seine Lebensgeschichte bis zum Tod seiner Frau. Sie hatte einen Gehirntumor. In der Beziehung zu den Söhnen läuft alles sehr schwierig. Jeder ist für sich und geht seiner Wege. Rainer ist darüber sehr deprimiert.

"Ich bin nierenkrank und stehe kurz vor der Dialyse. Doch die will ich nicht beanspruchen. Wenn es soweit ist, werde ich eben sterben", meint er ganz nüchtern.

Er hatte mit seiner Frau zusammen die Bäckerei geführt. Danach betrieb er sie nur noch ein halbes Jahr. Sie war nicht mehr rentabel. Seitdem ist er nicht mehr berufstätig. Mit einer neuen Arbeit ist es in seinem Alter ohnehin schwierig. Außerdem muss er nun den Haushalt führen, einkaufen, kochen, waschen usw. Und schließlich ist da noch die eingeschränkte Belastbarkeit mit der Niere. Seitdem lebt er von Erspartem. Ehrenamtlich ist er als Wegwart unterwegs. Dann hat er auch noch seine Jagdhütte. Damit ist er ausreichend beschäftigt, aber da er sich alles selbst einteilen kann, kommt er zurecht.
Rainer zeigt mir die ehemalige Bäckerei im Untergeschoss. Dann fährt er mit mir zur Burgruine hoch. Von hier bietet sich ein schöner Blick über die Stadt und in die Ferne. Rainer zeigt mir auch noch eine Kapelle, bei der er sich gerne aufhält. Wir sitzen auf der Bank davor, schauen in die Landschaft und schweigen manchmal längere Zeit.
Der Mann hat den Tod seiner Frau noch längst nicht verkraftet und trägt mit allem an einer schweren Last.
Ich spürte sofort, dass es richtig war, in diese Familie zu kommen. Keine Sekunde zweifelte ich daran, dass es Rainer nur um die menschliche Begegnung geht.
Wir sind später beim Abendessen in seiner Küche. Sein neunzehnjähriger Sohn Matthias fragt mich intensiv über meine Tour aus. Er geht höflich mit mir um, beleuchtet mich aber zweifellos kritisch. Es muss für ihn fragwürdig sein, wenn der Vater, der ja mit einer anderen Frau befreundet ist, eine fremde Frau aus dem Wald zum Übernachten ins Haus bringt. Die Tatsache, dass ich ohne Geld unterwegs bin, macht mich nicht vertrauenswürdiger. Er fühlt mir bezüglich meiner Beweggründe für diese Pilgerreise ganz schön auf den Zahn.
Ich kann nicht einschätzen, ob sich seine kritische Haltung durch meine Auskünfte gebessert hat.
Rainer geht später auf die Jagd. Er hat den Auftrag, in seinem Revier neun Rehe in bestimmten Abständen zu schießen. Zuerst bin ich interessiert mitzugehen, doch dann schreckt mich die Anstrengung, lange Zeit irgendwo stillsitzen oder stehen zu müssen. Ich muss mit meinen

Kräften für den weiteren Weg haushalten. Im oberen Geschoss telefoniere ich und schaue danach fern.

Dienstag, 25. Juni 2013

Um sieben Uhr bin ich bereits in der Küche. Rainers jüngerer Sohn Christian macht sich allein sein Frühstück. An meiner Zimmertür hing außen ein Kreuz mit Kettchen in einer durchsichtigen kleinen Tüte, dazu ein Zettel: *Ein Glücksbringer für Ihre weitere Reise.*
Ich frage Christian, ob er wüsste, wessen Schrift das ist. Wie vermutet stammt alles von Matthias. Matthias ist nicht mehr anwesend, er hat das Haus längst verlassen.
Ich bin davon ganz seltsam berührt und freue mich auf jeden Fall sehr. Es ist für mich ein Zeichen, dass er seine kritische Haltung überwunden hat.
"Christian, mit deinem Bruder habe ich mich gestern über meine Pilgerreise unterhalten. Ich hatte das Gefühl, dass er mir gegenüber eine sehr kritische Haltung einnimmt. Umso mehr freut mich jetzt dieses Geschenk von ihm. Würdest du ihm das bitte ausrichten?"
Christian nickt.
"Wenn du willst, erkläre ich dir, warum ich das Ganze überhaupt mache."
Wieder nickt er nur.
Ich erzähle von meiner Begeisterung für Jesus als Kind und von der speziellen Bibelstelle, die mich seit damals nicht mehr losgelassen hat. Christian hört aufmerksam zu.
"Deshalb habe ich mich ohne Geld auf den Weg gemacht. Ich will ein Zeichen für meinen Glauben sein. Vielleicht erzählst du das deinem Bruder, denn diese Beweggründe habe ich ihm gestern nicht mitgeteilt."
Nachdem Christian zur Schule aufgebrochen ist, kommt Rainer in die Küche.
"Schau mal, das hat dein Sohn Matthias an meine Tür geklebt. Rainer schluckt und bekommt feuchte Augen, so sehr berührt ihn das Verhalten seines Sohnes.

"Ich glaube du brauchst dir um deine Söhne keine Sorgen machen, die sind beide in Ordnung. Aber sie brauchen dich als Vater. Sie haben außer dir niemanden mehr. Wenn du keinen wirklichen Lebenswillen mehr hast, spüren deine Söhne das. Sie fühlen sich dann von dir im Stich gelassen. Du hast hier noch eine Aufgabe", versuche ich ihm bewusst zu machen.
"Du schaffst das, wenn du deinem Dasein mit einer Aufgabe einen Sinn gibst", versuche ich ihn zu ermutigen.
Rainer nickt nachdenklich vor sich hin.
"Ist das bei euch immer so, dass jeder von euch allein frühstückt?", frage ich nach einer Pause. Rainer nickt erneut.
"Könnt ihr nicht miteinander frühstücken, um euch gegenseitig das Gefühl von Familie zu geben?"
Rainer zuckt die Achseln. "Das hat sich so eingebürgert."
"Für deine Kinder wäre es sicher ganz wertvoll, wenn du anwesend wärst und sie Deine Fürsorge spüren könnten", gebe ich zu bedenken.
"Meine Freundin sagt mir auch schon das Gleiche", erwidert er.
"Du hast deine Frau verloren, das ist ganz schlimm. Aber diese Kinder haben ihre Mutter verloren. Sie sind noch so jung und genau wie du voller Schmerz. Ich glaube deine Fürsorglichkeit wäre ein großer Trost für sie. Ihr könntet vielleicht wieder als Familie zusammenwachsen."
Im Moment sehe ich in dieser Familie nur drei Einzelwesen. Jeder ist mit seinem Schmerz allein und sich selbst überlassen.
Später kommt Rainers Freundin mit frischen Brötchen. Wir frühstücken gemeinsam und unterhalten uns sehr persönlich. Unsere Gespräche sind mir wertvoll und ich lasse mir Zeit mit dem Aufbruch.
Hinter Bad Kissingen geht es wieder durch Waldgebiet zu den Weinbergen nach Ramsthal. Von der Höhe aus bietet sich ein einzigartiger Blick auf die Weinberge. Wieder im Wald treffe ich erneut zwei Wegwarte, die mit Eimer und Pinsel unterwegs sind. Nach einem kurzen Plausch setze ich meinen Weg fort. Bald bin ich am Altenfelderhof. Von hier sind es nur noch drei Kilometer nach Poppenhausen. Dort laufe ich direkt zum Pfarramt.

Der Pfarrer empfängt mich sehr nett.
"Ich habe mich bei Ihnen telefonisch angemeldet. Sie wussten am Telefon nicht so recht, wohin mit mir. Nachdem ich so gut in der Zeit liege und mich noch fit fühle, würde ich heute noch bis Schweinfurt gehen. Dann erübrigt sich ein Quartier."
"Oh! Es gibt jetzt aber schon ein Ehepaar, das sich freuen würde, wenn Sie kommen", meint der Pfarrer bedauernd.
"Ich habe jetzt zwar keine Zeit, weil ich gleich zu einer Beerdigung muss, aber ich würde mich danach ebenfalls gerne mit Ihnen unterhalten."
"Wenn das so ist, dann soll es wohl so sein, dass ich hier bleibe. Es ist ja schön, wenn man willkommen ist", lächle ich ihn erfreut an.
Die Pfarrsekretärin gibt mir in der Kirche den Stempel in meinen Pilgerpass und fährt mich dann zu der betreffenden Familie. Ich werde von einem sehr netten, älteren Ehepaar herzlich empfangen und auf der Terrasse gleich zum Essen an den Tisch gebeten. Es steht schon eine Mineralwasserflasche am Tisch. Doch ich hätte große Lust auf ein Bier. Erst zaudere ich, frage dann aber doch: "Ich habe im Moment so große Lust auf ein Bier. Wenn Sie für mich eines hätten, würde ich mich sehr freuen."
Selbstverständlich bekomme ich ein Bier. Es stammt aus Lohr am Main und schmeckt ausgezeichnet.
Das Ehepaar führte ehemals gemeinsam die Metzgerei am Ort. Inzwischen wurde sie an den Sohn übergeben. Sie erzählen von ihrem anderen Sohn, der nach dem Abitur eine Schreinerlehre machte und auf die Walz ging.
"Und was hat der Sohn danach gemacht", frage ich interessiert.
"Der hat seinen Meister gemacht und ist Handwerker geblieben."
"Das erklärt natürlich die spontane Offenheit für eine Pilgerin ohne Geld", lächle ich die beiden an.
Nach dem Essen zeigt mir Frau M. den künstlerisch gestalteten Garten, danach mein Zimmer und das Bad gleich daneben. Das ganze Haus ist sehr individuell und geschmackvoll eingerichtet. Die Treppe zum ersten Stock hat ihr Sohn gefertigt, während er von Werkstatt zu

Werkstatt durchs Land reiste. Er blieb ja immer einige Zeit bei einer Schreinerei.
Ich ziehe mich zurück und schreibe einen Brief an Matthias, in dem ich mich für das Kreuz an meiner Zimmertür bedanke. Er soll wissen, wie sehr ich mich darüber freue. Von Frau M. bekomme ich Briefpapier, einen Umschlag und eine Briefmarke.
Am Nachmittag regnet es heftig. Wie gut, dass ich meine Etappe hier beendet habe, denke ich.
Gegen sechzehn Uhr kommt der Pfarrer und wir trinken im Wohnzimmer Tee. Der Pfarrer ist ein interessanter Mann. Er hat eine ganz andere Ausstrahlung als die Pfarrer, die mir bisher begegnet sind. Er ist neu hier, erfahre ich. Bisher hielt er in seinem Kloster Kurse. Er ist Zen-Meister. Er wollte eigentlich keine Pfarrstelle mehr annehmen, wurde aber hierher abgeordnet.
Ich berichte auch von meinem Pilgerweg und der Erfahrung, dass Pastoren und Pfarrer eher selten mit mir und meiner Art zu pilgern umgehen konnten. Pastoren scheint es zu verwirren, dass ich nicht unterwürfig bettelnd, sondern selbstbewusst auftrete. Wobei ich keineswegs fordernd, sondern bittend und dankbar bin in meiner Haltung.
Wir reden über die Probleme der Kirche in der heutigen Gesellschaft. Der Pfarrer bringt die Situation auf den Punkt: Viele Kleriker mögen keine Frauen, keine Geschiedenen und keine Homosexuellen. Er erzählt auch von seinen Erfahrungen und berichtet, dass die größte Glaubensnot im innerkirchlichen Bereich herrsche.
Gerade bei vielen Hauptamtlichen der Kirche fehlt es an spiritueller Praxis, äußert er.
Die Zeit vergeht wie im Flug. Der Pfarrer verabschiedet sich und Frau M. geht zu ihrer Sportstunde. Herr M. bereitet das Abendessen zu. Ich esse die beiden Brötchen, die ich mir bei Rainer belegt habe. Dazu bekomme ich wieder ein gutes Bier aus Lohr.
Herr M. erzählt mir, dass er keinen Hasen und kein Kleintier schlachten könne, obwohl er gelernter Metzger ist. Er wollte ursprünglich nie Metzger werden. Aber der Betrieb war da und sollte übernommen werden.

Frau M. kommt vom Sport zurück. Auch sie erzählt, sie wollte ebenfalls nie in eine Metzgerei. Als Verwaltungsfachkraft war sie in einer Behörde beschäftigt. Aber sie wusste: dieser Mann und kein anderer. Und da musste sie sich entscheiden. Nach dem Motto: Alles gemeinsam oder gar nicht - gab sie ihren Job auf und brachte sich in die Metzgerei ein. Ich freue mich, ein Ehepaar kennen zu lernen, das von Anbeginn zusammen hielt und dies bis heute tut. Wir unterhalten uns bis lange in den Abend hinein.

Mittwoch, 26. Juni 2013

Frau M. läuft am Morgen mit mir zur Metzgerei. Dort bekomme ich noch zwei frisch belegte Wurstbrötchen mit auf den Weg. Wir umarmen uns zum Abschied und ich laufe los, dem nächsten Ziel entgegen. Mit Erschrecken sehe ich in meiner Wegbeschreibung, dass die heutige Strecke von Poppenheim bis zum nächsten Pilgerquartier in Binsbach dreißig Kilometer beträgt. Das ist mir für heute zu viel.
In Kronungen beobachte ich einen Auffahrunfall. Bei beiden Autos ist nur ein wenig Blech beschädigt. Mit dem Fahrer des vorderen Wagens komme ich ins Gespräch. Er ist aus Niederwerrn und nimmt mich bis Geldersheim mit.
Als der Mann von meiner Pilgertour hört, gibt er mir zehn Euro. Die soll ich in einer Wallfahrtskirche, möglichst in einer Marienkirche, in seinem Namen in den Opferstock werfen.
"Wenn ich das in Ihrem Namen machen soll, dann muss ich ja wissen, wie Sie heißen?"
Er nennt mir seinen Namen. Es freut mich, dass er zu einer Pilgerin ohne Geld so viel Vertrauen hat. Für ihn will ich eine besonders schöne Kirche aussuchen.
Im Pfarrbüro nutze ich die Gelegenheit, seine Telefonnummer ausfindig zu machen.
Später will ich ihm als Überraschung mitteilen, in welcher Kirche ich sein Geld gespendet habe.
In Binsbach werde ich von einer netten Frau ebenfalls kostenlos aufgenommen. Sie bietet im Nebengebäude Pilgerunterkünfte an. Zuerst

lädt sie mich zu Tee und Erdbeerkuchen ein. Dabei erzähle ich meine Geschichte. Frau I. wundert sich sehr, dass ich auf dem Kreuzberg übernachten durfte. Denn auch sie hat schon ganz andere Geschichten von dort gehört.
"Als ich diesen Betrieb gesehen habe, sah ich eigentlich keine Chance für mich. Dann habe ich habe es einfach probiert. Anscheinend war das Fügung von höchster Ebene", lache ich erfreut.
Im Nebengebäude bekomme ich anschließend ein Doppelzimmer. Wäsche waschen, duschen sind wieder meine ersten Aktionen. Dann ein Gang zur Kirche für den Pilgerstempel.
Später lasse ich mir meine Brötchen aus der Metzgerei schmecken und trinke das Mineralwasser, das mir meine Gastgeberin ins Zimmer gestellt hat.

Donnerstag, 27. Juni 2013

Gut ausgeschlafen laufe ich nach dem Frühstück zeitig los. Bergauf verlasse ich Binsbach. Die Luft ist frisch, der Himmel hängt voll grauer Wolken. Heute ist Siebenschläfer-Tag. Nach einer alten Bauernregel entscheidet sich am Wetter des heutigen Tages, wie die nächsten Wochen werden. Der Blick zurück zeigt mir unterhalb das Dorf und dahinter die weite Landschaft. In der Ferne entweichen aus den Kühltürmen des Atomkraftwerks von Grafenrheinfeld weiße Wolken.
Bleibt zu hoffen, dass dieses Bild bald der Vergangenheit angehört.
Es fängt an zu nieseln und ich muss den Regenponcho überziehen. Der Weg führt mich in den großen Gramschatzer Wald hinein. Die dichten Laubbäume lassen kaum Licht herein. Nachdem es an diesem grauen Tag ohnehin wenig Licht gibt, ist es hier ganz besonders düster. Ein einziger Schlammweg erwartet mich. Der Weg wird immer unwegsamer, ist schließlich hüfthoch völlig überwuchert und ich krieche nur noch durch hohe Brennnesseln und Gestrüpp. Ich kann kaum glauben, dass dies der Jakobsweg sein soll. Dieses Gestrüpp verdient die Bezeichnung *Weg* nicht. Endlich eine Muschel, die mir zeigt, dass ich nicht falsch laufe. Später kommt eine Stelle, auf die mich Frau I.

aufmerksam gemacht hat. Hier ist der weitere Weg schwer zu finden. An einem Baum, der oberhalb einer Böschung steht, ist eine Muschel zu sehen. Ich klettere die Böschung hinauf. Doch dort oben kann ich keinen weiterführenden Weg entdecken. Also zurück zum Gestrüppweg, der immerhin erkennbar weiter führt.
Vielleicht soll ich die Böschung erst später hoch, denke ich. Doch der Gestrüppweg entfernt sich von der Böschung und führt weiter in den Wald ohne fortführendes Muschelzeichen. Das kann nicht stimmen. Ich laufe zurück und nochmals die Böschung zum markierten Baum hoch.
Nun folge ich auf gut Glück einer kaum sichtbaren Spur. Tatsächlich kommt nach einiger Zeit wieder die Markierung. Ich kann es kaum glauben, dass ich die Route wieder habe. Erleichtert setze ich meinen Weg fort. Warum bringt man an dieser schwierigen Stelle nicht zehn Meter weiter sichtbar eine weitere Muschel an, um die Richtung zu zeigen. Die Markierung ist für mich oft unverständlich. Ohne den Hinweis von Frau I. hätte ich hier niemals den richtigen Weg gefunden.
Später komme ich an eine Straße, die ich laut Beschreibung überqueren soll. Weit und breit finde ich keine Muschel. Die Beschreibung allein ist für mich nur verwirrend. Ich habe keine Ahnung, an welcher Straße ich mich befinde, wo sie herkommt, wo sie hinführt. Die wenigen Autos rasen so schnell, dass ich niemanden fragen kann. Ich laufe einfach an der Straße entlang, hoffend, irgendwo eine Kreuzung mit Beschilderung zu finden. Leider laufe ich Kilometer um Kilometer in eine völlig falsche Richtung und entferne mich immer mehr von meinem Ziel. Schließlich versuche ich doch, Autos anzuhalten. Ein Geländewagen hält. Der Forstarbeiter kennt sich gut aus und fährt mich zu einer Stelle, von der aus ich mein Ziel nicht mehr verfehlen kann. Allerdings muss ich nun immer an einer Straße entlang laufen. Hier fährt nur ganz selten ein Auto. Zwischendurch regnet es immer wieder einige Zeit. Mal muss ich den Poncho anziehen, mal ausziehen. Längst sollte ich in Güntersleben sein und ich laufe noch immer an dieser einsamen Straße entlang. Wie viel schöner hätte der Weg im

Wald sein können. Aber was nützt es, wenn die Markierungen nichts taugen. Womöglich hätte ich mich auch an anderen Stellen noch verlaufen.
Ich bin heilfroh, als ich Würzburg endlich erreiche.
Hier treffe ich mich mit Hildegunde in der Liborius-Wagner-Bücherei im Zentrum der Stadt.
Hildegunde habe ich erst im April bei einem meiner Buchvorträge in Würzburg kennen gelernt. Sie bot mir spontan an, wenn mein Weg durch Würzburg führt, könnte ich bei ihr übernachten. Solche Angebote darf man sich in meiner Lage nicht entgehen lassen.
Die Chefin der Bücherei gesellt sich zu uns. Sie will mich kennenlernen. Wir trinken gemeinsam eine Tasse Kaffee und ich erzähle nun, dass ich ohne Geld unterwegs bin. Hildegunde lädt mich danach zum Pizzaessen ein. Solange Hildegunde noch arbeitet, halte ich mich in der Fußgängerzone auf. Es tut gut ohne Rucksack zu bummeln. Ein Mann spricht mich auf meine Aufschrift am T-Shirt an. Er würde mir sofort bei sich eine Unterkunft geben. Im Dom bekomme ich meinen Pilgerstempel und mir wird ebenfalls sofort ein Pilgerquartier angeboten. Gegen siebzehn Uhr kehre ich zur Bücherei zurück. Nun lerne ich Rainer, den Mann von Hildegunde kennen. Er holt uns mit einem VW-Bus ab. Von irgendwo müssen Regale und Möbelteile abgeholt und in die Bücherei nach Oberpleichfeld gefahren werden. Die Bücherei von Oberpleichfeld ist sehr schön gestaltet. Sie wird von Hildegunde ehrenamtlich geleitet.
Der Abend bei Hildegunde und Rainer verläuft angenehm und sehr unterhaltsam. Wir führen offene und vertraute Gespräche und kommen erst gegen dreiundzwanzig Uhr zum Schlafen.

Freitag, 28. Juni 2013

Rainer fährt Hildegunde zur Arbeit und setzt mich an der Mainbrücke ab. Am Main laufe ich den Radweg entlang über Randersacker und Eibelstadt Richtung Sommerhausen. Bei Eibelstadt überholt mich ein Radfahrer und hält an. Er spricht mich auf meine Rucksackaufschrift an. Wir unterhalten uns sehr lange über Gottvertrauen. Ich nehme mir

grundsätzlich diese Zeit, wenn ich spüre, dass es für den anderen Bedeutung hat.
In Sommerhausen habe ich eine Anschrift für ein Pilgerquartier. Wie ich einem Flyer an der Haustür entnehmen kann, befindet sich in diesem Haus eine Praxis für Ayurveda, Yoga, Meditation und Kunst. Ob ich hier kostenlos unterkomme? Noch dazu unangemeldet? Ich bin sehr unsicher.
Doch dann öffnet eine hübsche, blonde Frau, die mich herzlich empfängt. Sie hat kein Problem damit, mich ohne Geld aufzunehmen. Sie führt mich die Treppe hoch, stellt mich ihrer Tochter Katrin vor und zeigt mir den Raum, in dem ich schlafen kann. Mutter und Tochter schleppen sofort eine Matratze vom Doppelbett aus Katrins Zimmer heran. Ich darf nicht mithelfen, sondern soll mich nur als Gast fühlen. In unglaublich liebevoller Atmosphäre werde ich von beiden empfangen.
Katrin studiert auswärts und ist momentan nur zu Besuch hier. Aber sie erzählt von ihren Rucksacktouren im Ausland. Sie war jedes Mal unendlich dankbar, wenn sie gastfreundliche Menschen traf. Jetzt verstehe ich manches besser. Solche Erfahrungen prägen, die gibt man weiter. Und ich kriege nun die ganze Dankbarkeit ab.
Wir gehen sofort zum Du über. Die beiden Frauen sitzen mir später auf dem Balkon gegenüber und ich fühle mich wohl, als wäre ich in meinem eigenen Zuhause. Wir trinken gemeinsam Kaffee und erzählen uns aus unserem Leben, während meine Wäsche zum Trocknen über uns im Wind flattert. Ein Schüsselchen mit herrlich knackigen Kirschen ist liebevoll für mich serviert und ich greife gerne zu. Sabina ist zweiundvierzig Jahre alt und lebt allein in diesem Häuschen. Sie arbeitet als Ayurveda-Therapeutin und Diplom-Yogaübungsleiterin in den Räumen ihres Hauses. Sie hat alle möglichen Ausbildungen hinter sich. Früher einmal war sie Augenoptikerin.
Die beiden Frauen haben eine Lebenseinstellung, der ich mich sehr nah fühle. Ich staune über die reife Persönlichkeit von Katrin, obwohl sie erst dreiundzwanzig Jahre alt ist. In diesem Haus begegnen mir zwei liebenswerte, wunderbare Menschen. Das ganze Haus verströmt

den Geist von Liebe, Vertrauen, Harmonie und Menschlichkeit. Ich fühle mich hier vertraut und geborgen. Im Flur steht ein Schild mit einem Text von Charlie Chaplins 70. Geburtstag am 16. April 1959. Vor Jahren bekam ich diesen Text von meiner Tochter Julia zum Geburtstag geschenkt. In dem Text sehe ich eine kleine Gebrauchsanweisung für's Leben.

Als ich mich selbst zu lieben begann,
habe ich verstanden, dass ich immer und bei jeder
Gelegenheit, zur richtigen Zeit am richtigen Ort bin
und dass alles, was geschieht, richtig ist;
von da an konnte ich ruhig sein.
Heute weiß ich: Das nennt man VERTRAUEN.

Als ich mich selbst zu lieben begann,
konnte ich erkennen, dass emotionaler Schmerz und
Leid nur Warnungen für mich sind,
gegen meine eigene Wahrheit zu leben.
Heute weiß ich: Das nennt man AUTENTHISCH SEIN.

Als ich mich selbst zu lieben begann,
habe ich aufgehört, mich nach einem anderen Leben zu
sehnen und konnte sehen, dass alles um mich herum
eine Aufforderung zum Wachsen war.
Heute weiß ich: Das nennt man REIFE.

Als ich mich selbst zu lieben begann,
habe ich aufgehört, mich meiner freien Zeit
zu berauben und ich habe aufgehört, weiter grandiose
Projekte für die Zukunft zu entwerfen.
Heute mache ich nur das, was mir Spaß und Freude
bereitet, was ich liebe und was mein Herz zum Lachen
bringt, auf meine eigene Art und Weise

und in meinem Tempo.
Heute weiß ich: Das nennt man EHRLICHKEIT.

Als ich mich selbst zu lieben begann,
habe ich mich von allem befreit, was nicht gesund für mich war, von Speisen, Menschen, Dingen, Situationen und von allem, das mich immer wieder hinunterzog, weg von mir selbst.
Anfangs nannte ich das "Gesunden Egoismus",
aber heute weiß ich: Das ist S E L B S T L I E B E.

Als ich mich selbst zu lieben begann,
habe ich aufgehört, immer recht haben zu wollen,
so habe ich mich weniger geirrt.
Heute habe ich erkannt: Das nennt man DEMUT.

Als ich mich selbst zu lieben begann,
habe ich mich geweigert, weiter in der Vergangenheit zu leben und mich um meine Zukunft zu sorgen.
Jetzt lebe ich nur noch in diesem Augenblick, in dem A L L E S stattfindet. So lebe ich heute jeden Tag und nenne es BEWUSSTHEIT.

Als ich mich selbst zu lieben begann,
da erkannte ich, dass mich mein Denken armselig und krank machen kann. Als ich jedoch meine Herzenskräfte anforderte,
bekam der Verstand einen wichtigen Partner.
Diese Verbindung nenne ich heute HERZENSWEISHEIT.

Wir brauchen uns nicht weiter vor Auseinandersetzungen, Konflikten und Problemen mit uns selbst und anderen zu fürchten, denn sogar Sterne knallen manchmal aufeinander und es entstehen neue Welten. Heute weiß ich: DAS IST LEBEN.

Sabina zeigt mir ihre Behandlungsräume. Sie sind in fernöstlichem Stil sehr geschmackvoll gestaltet. Sie übergibt mir einen Hausschlüssel, damit ich eigenständig ins Haus kann und sie nicht während ihrer Massagebehandlung, die später stattfindet, stören muss.
"Wenn du zusätzlich Zeit und Kraft hast, lasse ich mir gerne von dir eine Ölmassage geben. Ich überweise dir dann die Kosten, sobald ich zuhause bin."
"Wahrscheinlich bin ich zu kaputt. Wenn ich noch Kraft habe, massiere ich dir die Füße. Aber das mache ich für dich gerne und umsonst. Ich bin zur Zeit an einem Punkt, wo ich selbst erst wieder auftanken muss. Von daher wird es wahrscheinlich heute nicht mehr möglich sein. Ich fliege im August nach Indien in einen Ashram. Dort kann ich immer gut auftanken."
Sabina geht in ihren Behandlungsraum und ich bummle durch den schönen Weinort Sommerhausen.
Eine Frau kommt mir entgegen. "Schöne Aufschrift auf Ihrem T-Shirt", sagt sie freundlich lächelnd.
"Freut mich, dass sie Ihnen gefällt", antworte ich. Und schon zieht jede wieder ihres Weges.
Auch diese kleinen Begegnungen machen das Leben schön und geben Energie.
Mit allem, was ich erlebe, fühle ich mich gesegnet. Aber gleichzeitig ist mir bewusst, dass dieser Segen nicht für mich allein ist. Ich will ihn teilen, wo immer es möglich ist.
An einem offenen Hof ist ein Ehepaar, welches ich vorher schon durch die Straßen laufen sah, gerade bei einer Weinprobe. Darauf hätte ich jetzt auch Lust.

Keck marschiere ich in den Hof. "Grüß Gott, ich bin Jakobspilgerin und übernachte hier in Sommerhausen. Dürfte ich bei Ihnen ein Schlückchen probieren, auch wenn ich Ihnen sage, dass ich Ihnen keinen Wein abkaufen kann?"
Die Frau begegnet mir sehr freundlich und gießt mir ebenfalls ein kleines Gläschen ein. "Auf Ihr Wohl", hebe ich das Gläschen und nehme einen Schluck.
"Ah, der schmeckt fantastisch. Vielen Dank. Ich habe mir gedacht, ich kann doch Sommerhausen nicht verlassen, ohne einen einzigen Schluck Wein getrunken zu haben. Wissen Sie, ich bin ohne Geld auf meiner Pilgerreise und deshalb kann ich im Moment auch nichts einkaufen."
Die Leute interessieren sich näher für meine Tour und ich erzähle davon. "Alles Gute für Sie alle und nochmals vielen Dank", verabschiede ich mich nach einiger Zeit in äußerst zufriedenem Zustand.
In Sabinas Haus schleiche ich mich leise die Treppe hoch, um die Behandlung durch kein Geräusch zu stören. Ich dusche mich und setze mich anschließend auf den Balkon. Inzwischen ist es im Schatten frischer geworden. Katrin ist sehr aufmerksam und bringt mir eine Decke. Ich bin ganz überrascht über so viel Fürsorge. Aber ich muss gestehen, sie tut gut.
Katrin setzt sich zu mir und im Gespräch empfinde ich überhaupt keinen Altersunterschied. Wir begegnen uns auf einer alterslosen Ebene. Sabina setzt sich nach ihrer Behandlung ebenfalls zu uns.
Unsere Gemeinsamkeit zu dritt erlebe ich als ein ganz besonderes Geschenk. Immer wieder überrascht mich die Nähe und Verbundenheit, die man von einem Moment zum anderen bei Menschen empfinden kann, die man nie vorher gesehen hat.
Katrin kocht für uns ein Abendessen. Es gibt angebratenes Fleisch, Kartoffelbrei, Spargel und Salat. Alles ist vorzüglich zubereitet. Dazu gibt es Wein, den Sabina extra meinetwegen schnell bei der Nachbarin besorgte.
"Welche Ehre," sage ich erfreut, als wir miteinander anstoßen. "Und ich habe heute extra schon eine Weinprobe gemacht, damit ich Som-

merhausen nicht ohne einen Schluck Wein verlassen muss", gestehe ich den beiden.
Wir unterhalten uns über Gastfreundschaft und Religion. Katrin erzählt von ihren guten Erfahrungen im Ausland. Schon allein deshalb ist Gastfreundschaft für sie etwas Selbstverständliches. Sabina kennt diese Gastfreundschaft aus Indien und findet sie grundsätzlich richtig.
Katrin meint in unserem Gespräch über die Kirche: "Ich finde es so schade, dass die Kirche die christliche Botschaft nicht richtig zu den Menschen bringt, denn das ist so ein schöner Glaube."
"Ja, das sehe ich genauso", pflichte ich ihr bei. "Aber ich hoffe, dass alles irgendwann in Bewegung kommt. Viele Menschen sehnen sich nach einer guten und befreienden Botschaft von Gott."
Katrin hat noch eine Verabredung und ist inzwischen mit der Zeit knapp dran.
"Ich komme erst morgen wieder, sehen wir uns noch mal?"
"Nein, ich gehe zeitig los."
"Schön, dass wir uns begegnet sind", äußert Katrin.
"Vielleicht willst Du mich mal in Verbindung mit Bamberg besuchen", schlage ich vor.
"Oh, ja! Ich liebe Bamberg. Das mache ich bestimmt", ruft sie erfreut aus.
Und schon eilt sie davon.
Sabina und ich unterhalten uns fast bis Mitternacht. Wir tauschen uns intensiv aus, als wären wir seit ewigen Zeiten beste Freundinnen.
"Es ist eine schöne Wertschätzung, dass du mir sofort dein Vertrauen geschenkt hast", sage ich anerkennend.
"Warum denn nicht? Ich habe mich auf mein Gefühl verlassen", sagt Sabina ganz selbstverständlich.
"Was hättest du mir denn tun können, wenn ich mich getäuscht hätte? Vielleicht hundert Euro aus dem Geldbeutel stehlen? Das wär's dann auch schon gewesen.
Pech gehabt, hätte ich zu mir selbst gesagt. Aber davon lasse ich mir doch meine Offenheit und Gastfreundschaft nicht nehmen."

"Du riskierst lieber hundert Euro, als Deine Menschlichkeit aufzugeben. Diese Einstellung finde ich ganz toll. Sie ist zweifellos richtig und ich teile sie. Nur leider ist sie viel zu selten zu finden. Manchen Menschen genügt eine einzige schlechte Erfahrung, um für immer dicht zu machen. Sie gehen dann nicht mehr das geringste Risiko ein und wissen gar nicht, wie viel Freude ihnen dadurch entgeht."
Nachdenklich drehe ich mein Weinglas in den Händen.
"Ich fühle mich von Eurer liebevollen Gastfreundschaft so beschenkt, dass ich gar keine Worte dafür finde. Wir haben eine sehr schöne Nähe zueinander erleben dürfen", füge ich dankbar hinzu.
"Du hast eine tolle Tochter, auf die Du stolz sein kannst. Überhaupt, seid ihr beide zwei ganz tolle Frauen," lächle ich sie anerkennend an.
"Du kennst nun mein halbes Leben", lacht sie, als wir uns erheben, um ins Bett zu gehen.
"Du ebenso von mir", lache ich zurück.
Wir schließen uns fest in die Arme, bevor wir uns in unsere Schlafgemächer begeben.
Wenn Menschen sich völlig ohne Angst begegnen, dann ist absolutes Vertrauen da. Ich versuche grundsätzlich mit meinem Auftreten, mit meinem Sein, den Menschen die Angst vor mir zu nehmen. Und manchmal gelingt es.

Regen, Kälte, Einsamkeit

Samstag, 29. Juni 2013

Sabina holt schon um halb sieben Uhr Brötchen. Sie weiß, dass ich bald los will und bereitet deshalb zeitig das Frühstück. Wurst Käse, Eier, alles hat sie nur meinetwegen besorgt. Weder Pflichtgefühl, noch Höflichkeit, sondern nur pure Menschenliebe wird für mich spürbar.
Was ich hier erlebe, kommt von der außergewöhnlichen Lebenseinstellung und Achtsamkeit Sabinas. Ich sauge alles in mich auf und genieße es unendlich. Ich belege mir zwei extra große Brötchen mit Schinken und Käse für den Tag. Es regnet schon geraume Zeit, deshalb frühstücke ich gemächlicher als sonst.
Beim Aufbruch möchte ich mit Sabina die Matratze in Katrins Zimmer zurücktragen.
"Nein, du machst nichts! Du bist hier Gast!", sagt sie ganz bestimmt.
Um acht Uhr hört der Regen auf und ich nehme den Rucksack auf die Schultern.
"Schön, dass du bei uns warst und dass ich dich kennenlernen konnte", gibt mir Sabina auf den Weg mit.
Wir umarmen uns herzlich.
"Ich habe mich bei euch sehr wohl gefühlt. Danke für alles!
Wir wohnen nur etwa hundert Kilometer auseinander. Wir sehen uns wieder," sage ich zum Abschied.
Dann laufe ich die enge Gasse entlang zum Stadttor hinaus. Über Kleinochsenfurt mache ich einen Umweg nach Ochsenfurt zum Tourismusbüro. Leider hat es am Samstag nicht geöffnet.
Nun beginnt es obendrein wieder heftig zu regnen. Unter diesen Umständen habe ich keine Lust, in Tückelhausen das Kloster oben am Berg zu besichtigen. Der Regenponcho taugt nur begrenzte Zeit. Die Nähte halten längerem oder gar heftigem Regen nicht mehr stand. Ich werde zunehmend durchweicht. Schultern, Arme, Rücken - überall saugt sich mein Anorak voll Wasser. Als ich in Gaukönigshofen an-

komme, bin ich von oben bis unten ziemlich durchnässt. Zum Glück gibt es hier eine Pilgerherberge, bei der ich angemeldet bin. In meinem tropfnassen Zustand würde ich bei diesem Wetter sonst kaum ein Unterkommen finden. Beim Wirt daneben ist der Schlüssel für die Herberge zu bekommen.
Als ich mich dort vorstelle und sage, dass ich ohne Geld unterwegs bin, zieht der Wirt den Schlüssel von der Theke wieder zurück.
"Das geht nicht", erklärt er mit entschiedenem Kopfschütteln. "Das läuft alles über die Gemeinde. Und dann ist da auch noch das Frühstück ..."
Für einen Moment erschrecke ich über diese Entschiedenheit.
"Es geht doch nur darum, dass ich ein Nachtquartier habe", versuche ich ihn zu gewinnen.
"Das geht alles über die Gemeinde. Ich kann darüber nicht entscheiden", beharrt er.
"Draußen regnet es ordentlich, es ist kalt! Ich bin bereits völlig durchgeweicht. Sie werden mich doch bei diesem Wetter nicht zurück in den Regen schicken?", argumentiere ich.
Er zuckt die Schultern und ich schaue ihn fassungslos an.
"Bei der Gemeinde sitzen doch auch keine Unmenschen. In der Herberge werde ich mich so bewegen, dass niemand merkt, dass ich überhaupt da war. Ich verlasse alles sauber, so wie ich es vorfinde. Darauf können sie sich verlassen. Und Frühstück brauche ich nicht", versuche ich das eventuelle Hauptproblem zu beseitigen.
Noch zaudernd reicht er mir schließlich den Schlüssel und erklärt mir den Weg.
Das Pilgerquartier ist in ehemaligen Schutzjudenhäusern aus dem Jahre 1550 untergebracht. Damals stand das Rittergut Gaukönigshofen außerhalb der Gerichtsbarkeit des Fürstbischofs in Würzburg. Dem Adligen des Rittergutes stand es frei, den Juden "Schutzbriefe" auszustellen, das heißt, sie gegen bestimmte Abgaben in seinen Besitzungen wohnen zu lassen. Eines dieser Häuser dient der Dokumentation über das Leben der Juden und ist gleichzeitig Herberge für Pilger. Die beiden kleinen Häuschen, sind im Innenbereich miteinander verbunden.

Bis zu fünfzehn Pilger können hier angeblich nächtigen. Ich schaue mir alle Räume an. In einem Zimmer steht ein Einzelbett mit Matratze. Stuhl und Nachtkästchen sind ebenfalls vorhanden. Der Raum ist frisch gestrichen, aber sonst ungemütlich und kahl. Anscheinend ist das Mauerwerk durchfeuchtet. Die Raumluft ist nicht sehr angenehm. Draußen ist es so kalt, dass ich nur kurz das Fenster öffnen kann. In der Mitte der beiden Häuser befinden sich Toilette und Dusche.
Im rechten Haus ist ein größerer Wohnraum, der mit Bank, Tisch, Regal und kleiner Küche ausgestattet ist. Hier kann man sich gut aufhalten. Rasch ziehe ich die nassen Sachen aus und schlüpfe in trockene Kleidung. Bleibt zu hoffen, dass vor allem die nasse Jacke bis morgen trocknet. Selbst in meinen trockenen Kleidern friere ich in diesem kalten Raum. Über eine steile Treppe gelange ich nach oben. Hier befindet sich ein Matratzenlager am Fußboden. Bettdecken und Kissen sind aufgestapelt. Ein Berg benutzter Bettwäsche liegt in einer Kiste. Doch ich entdecke auch noch einen frischen Bettbezug. Hier oben ist das Raumklima am angenehmsten. Trotzdem entscheide ich mich für den Raum mit dem Einzelbett. Wer weiß, falls heute noch eine Pilgergruppe ankommt, habe ich lieber ein Zimmer für mich.
Als der Regen kurz aufhört, laufe ich rasch die Ortsstraße entlang. An einem Haus stehen zwei jüngere Frauen im Garten. Ich stelle mich als Pilgerin vor und erkläre, dass ich im Schutzjudenhaus nächtige. Da mir so kalt ist und ich mir zum Aufwärmen gerne einen Tee kochen würde, bitte ich um zwei Teebeutel. Wir kommen ins Gespräch und ich berichte von meiner Pilgerreise. Eine der Frauen bringt mir in einer Tüte mindestens zehn Teebeutel, dazu drei Brötchen und zwei Joghurts.
"Nehmen Sie mich auf Ihren Weg mit und beten Sie für mich. Ich kann es brauchen", sagt sie dabei.
"Mache ich!"
"Für mich auch", fällt die andere Frau lachend ein.
"Gerne! Ich glaube, wir können es alle miteinander brauchen", sage ich im Gehen.
"Vielen Dank!"

Rasch laufe ich mit meinen Schätzen zum Haus zurück. Sofort koche ich mir eine ganze Kanne Tee. Der Tee wärmt mich von innen heraus angenehm auf. Ich esse auch gleich die beiden Joghurts. Die Brötchen hebe ich mir zum Abendbrot auf. Inzwischen regnet es schon wieder. Ich bin heilfroh, ein Dach über dem Kopf zu haben. Aber gleichzeitig frage ich mich, was ich hier soll, allein, ohne menschliche Begegnung. Das sind die unschönen Momente auf dieser Pilgerreise. Immer wenn ich irgendwo allein in einer Unterkunft hocke und nichts zu tun habe, frage ich mich nach dem Sinn eines solchen Tages.
Schon allein wegen der Kälte lege ich mich ins Bett und schlafe sofort ein. Ich träume wirres Zeug von vielen Pilgern, die in Massen ins Haus strömen. Als ich drei Stunden später aufwache, fühle ich mich völlig bleiern und kann vor Erschöpfung kaum aufstehen. Es ist bereits achtzehn Uhr, der Regen ist vorbei. Gewaltsam reiße ich mich hoch. Ich muss mir noch ein Abendessen suchen. Ein belegtes Brötchen von Sabina ist meine eiserne Ration für den nächsten Morgen. Daneben besitze ich nur drei trockene Brötchen. Vielleicht bekomme ich irgendwo ein wenig Butter und Marmelade. Das Dorf wirkt verlassen. Nur eine Frau in mittlerem Alter kommt mir entgegen. Sie macht einen sympathischen Eindruck. Ich spreche sie an und erkläre ihr meine Lage. Sie nimmt mich mit in ihr Haus und bietet mir *Rama*, Wurst und Käse an. Ich beschmiere zwei Brötchen davon sofort mit *Rama* und entscheide mich für den angebotenen Camembert. Sie gibt mir noch zwei Pfirsiche mit. Das Abendessen ist gerettet. Doch ich will nicht gleich wieder in die ungemütliche Einsamkeit meines Quartiers zurück. Erst einmal laufe ich den Kirchberg hoch. Inzwischen scheint die Sonne.
Eine Frau, etwa in meinem Alter, sitzt auf einer Bank vor der Kirche und raucht eine Zigarette. Ich begrüße sie lächelnd.
"Schön, dass ich angelächelt werde, obwohl ich rauche. Sonst werde ich dafür nur schief angeschaut", erklärt sie mir.
"Ich habe damit kein Problem", erwidere ich und trete näher. "Darf ich mich setzen?"

Sie nickt. "Manchmal braucht man das halt", sagt sie tief einatmend und hält die Zigarette hoch. Sie ist gerade zu einer Tauffeier hier im Pfarrsaal und zur Zigarettenpause ins Freie gegangen, erzählt sie mir.
"Man muss die Menschen so sein lassen und annehmen, wie sie eben sind. Wir bräuchten in unserem Miteinander viel mehr Toleranz", werfe ich ein.
Die Frau erzählt mir nun ein wenig von sich. Dann spricht sie mich auf die Aufschrift meines T-Shirts an.
"Ja, Gottvertrauen stärkt! Ich bin gläubig und bete viel. Aber manchmal weiß ich nicht mehr, was ich glauben soll ..."
"Sie meinen, warum lässt Gott Unheil und Elend zu, wenn er doch angeblich gut ist? Das ist die Frage, die nahezu alle beschäftigt sobald es ernste Probleme gibt. Darauf werden wir keine Antwort finden. Aber wir müssen trotzdem erst einmal das abziehen, was von uns Menschen selbst verursacht ist. Und das ist schon eine ganze Menge."

Ich erzähle von meinem 'Weg ohne Geld', von meinen Beweggründen, von meinen persönlichen Erfahrungen mit Gottvertrauen.
"Ich habe so sehr gebetet: Gott, gib mir doch ein Zeichen. Das ist ja wunderbar, dass ich Sie hier getroffen habe. Ich könnte mich noch stundenlang mit Ihnen unterhalten, aber ich muss wieder zurück. Ich will meine Schwester nicht solange allein lassen."
"Geben Sie Ihren Glauben an Gott nicht auf! Er ist da, ich bin mir ganz sicher! Das ist auf meinem Weg so deutlich spürbar. Ich gehe einen gesegneten Weg und erlebe dabei sehr viel Führung und Fügung."
Die Frau drückt meine Hand ganz fest und wünscht sich: "Nehmen Sie mich in ihr Gebet und auf ihrem Weg mit!"
"Gerne, wie heißen Sie denn?"
Sie nennt mir ihren Namen. "Wohnen Sie hier im Ort?", frage ich weiter.
"Nein, ich komme aus Rottendorf und bin nur zur Taufe hier."
Die Frau strahlt mich an. "Wie schön, dass ich Sie getroffen habe."

"Freut mich ebenfalls. Alles Gute für Sie", rufe ich hinterher, als sie geht.
Anscheinend hat der ungemütliche Aufenthalt hier im Ort doch einen Sinn, freue ich mich.
In der katholischen Kirche 'Zum Heiligen Schutzengel' finde ich einen Pilgerstempel. Auf der Bank in der Sonne esse ich zwei Brötchen mit Käse, danach einen Pfirsich und bin mit der Welt im Reinen. Gegenüber sehe ich einen Mann am Gartenzaun und bitte ihn um ein Telefonbuch, in dem auch Rottendorf enthalten ist. Schon habe ich die Telefonnummer dieser Frau und notiere sie. Ich will in Konstanz oder bereits vorher schon für bestimmte Menschen in einer Kirche eine Kerze anzünden. Für diese Frau will ich das ebenfalls tun und das soll sie nach meiner Tour auch erfahren.
Der Abend im Haus ist noch lang und ungemütlich. Mit Tee halte ich mich einigermaßen warm. Im Regal stehen einige Bücher, mit denen ich mir die Zeit vertreiben kann. Um halb zehn lege ich mich ins Bett. Dieser kalte Regentag hat mich viel Kraft gekostet.

Sonntag, 30. Juni 2013

Um sieben Uhr koche ich mir Tee und esse dazu das Brötchen von Sabina. Gut, dass ich das nun habe. Doch der Kaffee fehlt mir sehr. In den Nächten habe ich stets Schmerzen in den Füßen. Vor allem die rechte Ferse erholt sich auch bis zum Morgen nicht mehr. Um acht Uhr bin ich marschbereit und gebe beim Wirt den Schlüssel ab. Es ist sehr frisch, der Himmel hängt voll grauer Wolken, aber immerhin scheint die Sonne.
In Osthausen laufe ich an einem Haus vorbei und höre durch das gekippte Fenster ein Geräusch, das nach Küchenmaschine klingt. Es ist zwar Sonntag, aber ich klingle trotzdem. Eine ältere Frau öffnet und ich frage, ob sie nicht auch für eine Pilgerin eine Tasse Kaffee hätte. Die Frau ist nett und verständnisvoll. Sie bittet mich ins Wohnzimmer und serviert mir den ersehnten Kaffee. Für Pilger hat sie viel übrig. Jedes Jahr kommt zu ihr an einem Nachmittag immer die gleiche Pilgergruppe und sie serviert den Leuten Kaffee und Kuchen.

"Da bin ich ja mal wieder genau an das richtige Haus geführt worden", sage ich erheitert zu ihr. Mit Kaffee im Magen habe ich wieder gut lachen.
Noch vor zwölf Uhr bin ich in dem malerischen Städtchen Aub und werde in der Familie des Pastoralreferenten herzlich aufgenommen. Mein Bett ist bereit, alles ist bestens. Die Frau ist im sozialen Dienst und muss heute arbeiten. Der Mann macht am Nachmittag Führungen im Fränkischen Spitalmuseum von Aub. Das Spitalmuseum ist sehr interessant. Hier wurden früher Kranke und auch arme Pilger der nahen Heerstraße aufgenommen. Für die Pfründner war die Hauptaufgabe das Gebet für das Seelenheil ihrer Wohltäter. Dafür sicherte ihnen das Spital Unterkunft, Nahrung und Kleidung, das heißt ein Leben frei von den Sorgen der Außenwelt.
Nur alle drei Monate wurde Wäsche gewaschen und in der Sonne gebleicht, informiert die Ausstellung.
In der Kirche 'Maria Himmelfahrt' hole ich mir den Pilgerstempel. Hier hat Meister Tilmann Riemenschneider um das Jahr 1510 die Kreuzigungsgruppe geschaffen. Die Darstellung von Maria und Johannes unter dem Kreuz zählt zu seinen ausdruckvollsten Werken.
Auf einem Rundgang besichtige ich den Ort und schaue mir auch das Schloss von außen an. Bei meiner Gastfamilie ist niemand zu Hause. Ich habe einen Schlüssel bekommen. Im Garten befasse ich mich mit den geliehenen Wanderkarten und studiere die nächsten Wegabschnitte. Schade, dass ich unterwegs nicht über solche Karten verfüge. Das würde vieles einfacher machen und mir manchen unnötigen Kilometer ersparen.
Um achtzehn Uhr findet im Garten ein gemeinsames Abendessen statt. Wir unterhalten uns gut miteinander und danach hat anscheinend jeder wieder zu tun. Ich ziehe mich ins Zimmer zurück. Im Bücherregal sehe ich viele Bücher von Dorothee Sölle. Sie ist leider schon 2003 verstorben. Ich picke mir das Buch "Lieben und arbeiten" heraus. Die Gedanken und Auffassungen der Theologin sprechen mir aus dem Herzen.

"Wir brauchen Kommunikation, Umgang mit anderen Menschen, das wechselseitige Geben und Nehmen der Liebe.

Nur Gott kann unsere Bedürfnisse stillen. Aber Gott handelt ausschließlich durch Menschen.

Bedürftig zu sein gehört unabdingbar zum menschlichen Dasein, und das fundamentalste Bedürfnis, das wir kennen, ist das Bedürfnis, dass andere unser bedürfen. Wir brauchen die Erfahrung und das Gefühl, gebraucht zu werden."

Wunderschön, wie sie das auf den Punkt bringt, finde ich.
Das wechselseitige Geben und Nehmen der Liebe erlebe ich zur Zeit ständig auf wunderbare Weise. Viele verstehen sofort, worum es mir geht, was ich mit meiner Art zu pilgern leben und zeigen will. Doch anderen wiederum kann ich mich leider in keiner Weise verständlich machen. Sie verstehen den tieferen Sinn nicht, sondern sehen nur vordergründig, dass ich etwas haben will und auf Kosten anderer lebe.

Montag, 1. Juli 2013

Um sieben Uhr breche ich auf. Mit Hilfe der Wanderkarten habe ich mir einen direkten Weg nach Rothenburg zusammengestellt, der kürzer ist als der Jakobsweg über Uffenheim. Somit kann ich zwei Tagesetappen zu einer machen.
Mir wird unterwegs bewusst, wie sehr ich meine Freiheit, meine Unabhängigkeit und Selbstbestimmtheit liebe. Und nun mache ich mich total abhängig von der Güte einzelner Menschen. Aber es macht mir im Zusammenhang mit dieser Pilgertour nichts aus.
Ich hänge meinen Gedanken nach und die Füße laufen wie von selbst. In Rothenburg treffe ich mich mit Oliver. Ihn kenne ich von einem Pilgerseminar. Er ist Gästepfarrer der Kirchengemeinde St. Jakob in Rothenburg und Pilgerbeauftragter der bayerischen Landeskirche. Bayernweit ist er für die Betreuung von 335 Gemeinden an neun Haupt-Pilgerwegen zuständig. In der Nähe der Kirche St. Jakob soll

eine offizielle Pilgerunterkunft entstehen. Doch sie ist noch nicht fertiggestellt. Wir schauen uns gemeinsam den Stand der Dinge an.
Eine Küche, eine Toilette mit Dusche und eine Matratze einschließlich Bettzeug sind vorhanden. Selbst ein Telefon ist vorhanden. Oliver gibt mir die Nummer dieses Apparats, damit ich mich zurückrufen lassen kann.
"Alles, was ich brauche ist hier. Mir fehlt nur noch die Bettwäsche, dann geht es mir in diesem Quartier bestens", sage ich zu Oliver. "Vielleicht noch etwas Lesestoff für den Abend, dann bin ich wunschlos glücklich." Oliver händigt mir den Schlüssel aus und lädt mich danach zu einer Pizza ein.
"Oliver, das ist mir dir gegenüber jetzt schon ein wenig peinlich. Aber im Moment kann ich mir keinen Stolz leisten", gestehe ich ihm etwas verlegen ein.
Da wir uns ja kennen, könnte meine Situation ohne Geld eine Nötigung für Oliver sein. Das ist mir an dieser Einladung unangenehm.
Doch von dieser Sorge befreit er mich rasch.
Die Pizza und das Bier schmecken ausgezeichnet. Wir unterhalten uns gut. Oliver möchte mich als Pilgerführerin für Pilgergruppen gewinnen. Doch das ist aktuell noch nicht auf meinem Plan.
"Später vielleicht", räume ich ein.
Oliver hat sein knallgelbes Glasfiber-Liegerad neben der Kirche geparkt. Nun radelt er damit wieder davon. Er muss treten, hat aber bei Bedarf Motorunterstützung. Das witzige Gefährt hat für Regentage auch eine Klarsichthaube. Japaner und sonstige Touristen zücken sofort begeistert ihre Fotoapparate, während er in sein Gefährt steigt.
Anschließend betrete ich die St. Jakobs-Kirche und lasse mir einen Stempel geben. Mit der Frau an der Pforte unterhalte ich mich. Sie ist begeistert von meiner Pilgertour und schenkt mir sofort ihre Butterbrezel, sowie eine Tafel Schokolade, Milka Nuss, meine Lieblingssorte.
Telefonisch versuche ich für morgen ein Übernachtungsquartier aus meiner Liste zu buchen. Es ist schwierig: entweder ich erreiche an

Pfarrämtern niemanden oder ich werde bei Privatquartieren sofort abgelehnt, wenn ich sage, dass ich ohne Geld unterwegs bin.
Anfangs traute ich mich das am Telefon nicht gleich zu sagen. Doch inzwischen kläre ich alle sofort auf.
Meine letzte Hoffnung ist nun das Pfarramt von Wallhausen. Dort werde ich es morgen auf gut Glück versuchen. Wallhausen - das wird allerdings eine Gewalttour von neunundzwanzig Kilometern.
Im Touristenbüro von Rothenburg gibt es kostenlosen Internetzugang. So verschicke ich an meine Töchter und verschiedene Freundinnen eine E-Mail mit der Telefonnummer, unter der ich am Abend erreichbar bin.
Am Rödertor befindet sich ein *Edeka*-Markt. Hier frage ich die Marktleiterin nach abgelaufenen Lebensmitteln. Sie ist sehr freundlich und will mir viel mehr geben, als ich brauchen kann. Mit Orangensaft, Frischkäse, eingeschweißter Wurst und zwei Joghurts laufe ich zurück. Unterwegs beim Bäcker bitte ich noch um zwei Brötchen. Wieder einmal bekomme ich doppelt soviel. In meinem Pilgerquartier bereite ich mir hochgestimmt mein Abendessen zu.
Anschließend beziehe ich das Bett mit der Bettwäsche, die mir Oliver gebracht hat. Schon kommen die ersten Anrufe und ich mache es mir auf dem Bett gemütlich. Es ist schön, mit der Familie und mit Freundinnen wieder einmal ausgiebig zu telefonieren.
Dieses Pilgerquartier ist ideal. Hier bin ich autark und kann am Morgen frühzeitig Kaffee kochen und selbstbestimmt losgehen. Das ist mir viel wert, da es morgen wieder heiß werden soll und eine lange Tour vor mir liegt.
Am späteren Abend kommt Oliver fürsorglich mit einer Tüte Esswaren. Obst, Brot, Milch, Käse, Pastete usw.
Ich nehme mir nur Apfel, Tomate und Paprika für den nächsten Tag heraus. Alles weitere muss ich ihm wieder mitgeben.
Später ruft Joachim aus Ulm an. Auch ihm habe ich per E-Mail geschrieben, wann ich schätzungsweise in Ulm sein werde. Zu diesem Zeitpunkt ist er voraussichtlich zuhause. Aber für alle Fälle sind Nachbarn einbezogen, bei denen ich ebenfalls Unterkunft bekommen

würde. Toll, wie sich alle bemühen, meine Tour zu unterstützen. Das ermutigt und stärkt ungemein für die Strapazen des Weges.
Joachim kenne ich ebenfalls wie Oliver vom Qualifizierungskurs für Pilgerbegleiter.

Eine Tasse Kaffee mit Folgen

Die wichtigste Stunde ist die Gegenwart,
der bedeutendste Mensch der,
der dir gerade gegenüber steht,
und das wichtigste Werk ist die Liebe.

Meister Eckhard

Dienstag, 2. Juli 2013

Sehr zeitig stehe ich auf und verlasse in den frühen Morgenstunden Rothenburg. Der Weg führt hinab ins Tal. Die Temperaturen sind angenehm und ich komme gut voran. In Wallhausen treffe ich am Pfarramt niemanden an. Der Pfarrer ist nicht da, Pfarrbüros sind meist nur am Vormittag geöffnet. Das ist in allen Orten mein Problem. Meistens erreiche ich meinen Zielort immer erst in den Nachmittagsstunden. Wenn möglich versuche ich mich deshalb vorher telefonisch anzumelden. Doch ich habe selten die Telefonnummer der Pfarrämter. Meine Adressen für die Pilgerstrecke beziehen sich meist nur auf kommerzielle Unterkünfte. Ohne Handy ist Telefonieren nur in Ausnahmesituationen möglich.
Wallhausen ist anscheinend nicht mein Ort. Hier habe ich gestern am Telefon bei allen Privatquartieren nur Absagen bekommen. Ich setze mich am Pfarramt auf eine Steinstufe und studiere meine weitere Wegführung. Crailsheim ist zehn Kilometer entfernt. Auch hier sind nur Gasthäuser in meiner Adressliste verzeichnet. Zu Fuß komme ich heute nicht mehr weiter, ich bin zu geschafft.
Kurz entschlossen stelle ich mich am Ortsausgang von Wallhausen an die Straße und halte an.
Ein Ehepaar nimmt mich sofort mit. Es will zu einem Stadtbummel nach Crailsheim. Besser hätte es nicht kommen können. Das Paar

parkt auf einem Parkplatz in unmittelbarer Nähe des Zentrums. Ich bedanke mich und eile davon. Im Zentrum sehe ich eine *Tchibo*-Filiale mit Kaffeeausschank. Normalerweise trinke ich so spät keinen Kaffee, aber jetzt ist mir danach. Spontan betrete ich den Laden und frage eine jüngere Verkäuferin ganz direkt, mit der üblichen Erklärung, ob sie mir eine Tasse Kaffee spendieren könnte. Offensichtlich gibt sie mir den Kaffee gerne. Vor dem Geschäft stehen bereits zwei Frauen und ein Mann am Tisch unter dem Sonnenschirm. Grüßend stelle ich mich dazu. Sofort bin ich mit der jüngeren, blonden Frau im Gespräch. Die Frau spricht mit Akzent und ich erfahre, dass sie alle aus Polen kommen. Die ältere Frau ist ihre Mutter und der Mann ist ihr Partner. Als sie hört, dass ich ohne Geld unterwegs bin, bietet sie mir sofort an, bei ihr zu übernachten.
"Meinen Sie das im Ernst?", frage ich nach, da wir uns gerade seit zwei Minuten kennen.
"Aber natürlich, warum denn nicht?"
"Wenn Sie mir das anbieten, nehme ich es gerne an", erwidere ich hoch erfreut.
Wieder erfahre ich diesen typischen Zug von ausländischen Mitbürgern. Sie leben spontane Menschlichkeit. Sie überlegen nicht erst, was ich wohl für eine bin. Sie erfassen, hier steht ein Mensch, der ein Bett braucht, und schon stellen sie es zur Verfügung. Das sind die barmherzigen Samariter, die Jesus in der Bibel schildert. Mir wird ganz warm ums Herz.
Die Frau gibt mir ihre Adresse und erklärt mir den Weg zu ihrer Wohnung, denn ich will mir noch einen Pilgerstempel besorgen und möchte zum Touristenbüro. Dort bekomme ich einen Stadtplan. Damit finde ich gut zu meiner heutigen Unterkunft, die sich am Stadtrand befindet. Der Pastor, bei dem ich meinen Stempel hole, hätte keine Unterkunft zu bieten. Welch ein Glück ist die Frau aus Polen für mich!
In einem ausländischen Speiselokal in der Fußgängerzone frage ich, ob ich die Toilette benützen dürfte. Ein dunkelhäutiger Mann zeigt mir freundlich den Weg. Ich bevorzuge für diesen Zweck wenn mög-

lich Lokale von Ausländern. Denn hier werde ich grundsätzlich freundlich behandelt. Meine eigenen Landsleute sind da schon kritischer, wenn ich nicht gleichzeitig als Gast bei ihnen einkehre. Meinen Rucksack und die Stöcke lasse ich gleich neben der Theke stehen. Im Lokal ist momentan nichts los. Nach meiner Rückkehr kommen wir ins Gespräch. Der Mann ist nicht, wie ich vermutet habe, aus Indien, sondern aus Sri Lanka.

Als er von meiner Pilgertour hört, fragt er, ob ich heute schon ein Mittagessen bekommen hätte.

"Nein, das nicht. Aber ich habe im Rucksack Brötchen, und die werde ich nun essen."

"Essen Sie ihre Brötchen später", fordert er mich fast bittend auf. "Ich lade Sie zum Essen ein." Er schaut mich dabei liebevoll an. Und wieder wird mir warm ums Herz und ich verspüre ein tiefes Glücksgefühl.

"So eine herzliche Einladung nehme ich selbstverständlich gerne an", erwidere ich bewegt.

Das ist wieder ein ganz besonderer Moment auf meiner Reise. Es geschieht etwas, was viel mehr ist als die Begegnung zweier Menschen. Es passiert etwas, wofür ich kaum Worte finde.

Es ist, als würde sich bei mir ein inneres Gefäß mit seelischer Energie füllen.

Im Freien lasse ich mich an einem Tisch nieder. Der Mann bringt mir die Karte, damit ich mir ein Essen und ein Getränk frei wähle.

Hühnerbrust mit Reis, Gemüse und Salat wähle ich aus. Dazu ein großes Mineralwasser. Das Essen schmeckt sehr gut, ist aber so scharf, dass mir die Zunge brennt. Scharf soll ja gesund und gegen irgendwelche Krankheitserreger gut sein, erinnere ich mich.

Vielleicht hat mich eine Zecke im Wald gebissen und das Essen macht mich dagegen immun, denke ich froh gestimmt.

Nach dem Essen laufe ich schnurstracks zur *Tchibo*-Filiale. Unterwegs lächeln mich viele Menschen freundlich an.

"Sie sind heute meine Glücksbringerin", stürme ich auf die Verkäuferin in der Filiale zu. Ich erzähle von der Einladung zum Übernachten,

die ich ohne ihren Kaffee nie bekommen hätte und dann von der Einladung zum Essen.
"Leben hier in Crailsheim wohl ganz besondere Leute, weil ich überall so freundlich empfangen werde?", frage ich die Verkäuferin glücklich strahlend.
"Na, wenn Sie Ihr Buch schreiben, können Sie das ja erwähnen", lacht sie fröhlich zurück.
"Das werde ich tun. Sie können sich darauf verlassen", sichere ich kopfnickend zu.
In Crailsheim fühle ich mich so richtig wohl und willkommen.
Ich bin gespannt, wie es mir in Baden-Württemberg ergeht, nachdem ich vor den knauserigen Schwaben so gewarnt wurde. Aber ich gebe nichts auf solche Äußerungen. Ich werde mir selbst ein Bild machen.
Im Buchhandel kaufe ich eine Briefmarke mit 45 Cent für eine Karte, die ich geschenkt bekam. Meine drei kleinen 'Flöhe', Ferdinand, Konstantin und Moritz, sollen wenigstens ein Lebenszeichen von ihrer Oma erhalten. Wie mir meine Tochter Micha am Telefon berichtete, fragt Konstantin schon dauernd, wann er wieder bei seiner Oma übernachten kann.
Über meine drei munteren Enkelkinder bin ich sehr glücklich. Nun laufe ich zur Wohnadresse meiner Gastgeberin. Erst laufe ich ums Haus. Im Garten sitzt eine blonde Frau. Die ruft nach oben zu ihrer Schwester und meine Gastgeberin erscheint sogleich im Garten. Auf einem Stuhl im Schatten lasse ich mich nieder und ziehe sofort die Wanderstiefel aus. Die Füße und die Schuhe müssen an diesem extrem heißen Tag erst einmal auslüften.
"Kommen Sie bitte zum Essen mit nach oben", lädt meine Gastgeberin mich ein.
"Ich wurde schon in einem Lokal zum Essen eingeladen und bin nun total satt." Sie schaut mich enttäuscht an.
"Kann ich hier im Garten ein wenig sitzen bleiben?" , frage ich. "Es tut gut, im Schatten auszuruhen." Wenig später kommt die Mutter. Sie bringt ein Schüsselchen mit Suppe, Brot und Mineralwasser. Sie

spricht kaum Deutsch und ich kann ihr nicht verständlich machen, dass ich satt bin.
"Nur zum Probieren", fordert sie mich liebevoll auf.
Also esse ich aus Höflichkeit auch noch die Suppe, die ja wirklich gut schmeckt. Während ich noch an der Suppe löffle, kommt eine Mitbewohnerin des Hauses mit ihrer kleinen Tochter. Die junge Frau hat ein hübsches Gesicht mit dunklen, funkelnden Augen. Sie trägt kurze, dunkle Haare. Ihre Tochter hat lange, blonde Haare.
Sie bringt einen Teller mit zwei Pizzastücken. Der Teller ist zusätzlich mit Tomaten, Mozarella und Grünzeug schön dekoriert.
"Ich bedaure zutiefst, dass ich ablehnen muss. Aber das geht beim besten Willen nicht mehr", versuche ich zu erklären.
"Ich habe von Ihnen und Ihrer Tour durch Deutschland gehört und bin so neugierig auf Sie. Ich zittere innerlich vor Aufregung, weil ich Sie unbedingt kennenlernen will." Sie spricht ebenfalls mit leichtem Akzent und schaut mich dabei mit einem warmherzigen Blick an.
"Wir können uns gerne unterhalten. Aber zum Kennenlernen muss ich ja nichts essen. In der Stadt wurde ich schon zu einem reichhaltigen Essen eingeladen. Die Suppe hier habe ich aus Höflichkeit ebenfalls gegessen. Aber wenn ich jetzt noch etwas esse, dann platze ich", gebe ich zu verstehen.
"Sie haben den Teller so liebevoll zubereitet. Vielleicht tragen sie ihn gleich in die Wohnung zurück. Denn in der prallen Sonne würde das gute Essen nur verderben", schlage ich vor.
"Ich komme später wieder." Sie nimmt den Teller und geht.
Die Erfahrungen des Weges vermitteln mir den Eindruck, dass viele Menschen, die aus dem Ausland kommen, viel mehr aus dem Gefühl heraus leben. Sie sind meist ausgeprägt religiös und erfassen emotional sofort etwas, was ich etlichen meiner eigenen Landsleuten häufig auch mit vielen Worten nicht nahebringen kann.
Später kommt die junge Frau zurück und bringt mir Kirschen. Sie heißt Angelika und kommt aus Russland. Ich nenne ihr meinen Namen und biete ihr das Du an. Sie lebt mit ihrer Tochter Sophia allein.

Sophia hat ein Bild für mich gemalt, das ich gebührend bewundere. Nun erzähle ich meine Pilgergeschichte und all meine Beweggründe.
"Auf das habe ich gewartet und nun kommst du!" ruft sie aus. "Das ist es genau, worauf ich gewartet habe. Auf jemanden, der so etwas macht, was du machst. Jetzt weiß ich auch, warum ich innerlich zittere."
Angelika betrachtet unsere Begegnung für sich als sehr bedeutungsvoll.
"Ich bin erst dreiundzwanzig Jahre alt und schon beginnen bei mir die grauen Haare. Das kommt nur, weil ich vier Jahre mit einem Mann, dem Vater meiner Tochter, verbrachte. Doch diese Beziehung habe ich beendet", berichtet sie.
Angelika möchte mir abends gerne einen Film zeigen. "Das ist ein Film der die Weisheit zum Leben vermittelt. Es sind Weisheiten, die für uns Menschen sehr wichtig sind", erklärt sie.
"Deine Meinung darüber wäre mir wichtig", fügt sie hinzu.
Angelika wünscht sich, dass ich in ihrer Wohnung übernachte.
"Ich hätte nichts dagegen bei dir zu schlafen, aber ich habe die Einladung von Marzanna angenommen. Da kann ich nicht einfach zu dir überwechseln", schüttle ich bedauernd den Kopf. Später setzt sich Marzanna zu uns in den Garten. Wir duzen uns ebenfalls sofort. Angelika erklärt ihr, dass sie mir einen Film zeigen möchte und auch gerne hätte, dass ich dann bei ihr bleiben kann.
"Du hast doch im Moment schon deine Mutter zu Besuch und ich habe viel mehr Platz in der Wohnung, das würde doch gut passen", versucht sie Marzanna zu gewinnen.
"Marzanna, ich habe Deine Einladung gerne angenommen. Mir ist es egal wo ich schlafe, ich nehme jedes Nachtquartier dankend an. Entscheidet untereinander, wie es für euch am besten passt", falle ich dazwischen.
Marzanna ist mit Angelikas Vorschlag einverstanden, ohne gekränkt zu sein.
Marzannas Schwester kommt später ebenfalls dazu. Alle interessieren sich für meine Pilgerreise.

Sämtliche Absagen in Wallhausen, das verlassene Pfarrhaus, das alles hat mich hierher zu diesen Menschen geführt. Schon seltsam. Vielleicht sollte es wieder einmal so sein, überlege ich.
Angelika will mir nun ihre Wohnung und meine Schlafgelegenheit zeigen. Ich nehme meinen Rucksack, die Stöcke, die Stiefel und folge ihr in die Wohnung. Sie hat sich sehr schön eingerichtet. Eine winzige, süße Katze, erst zehn Wochen alt, spielt und hüpft übermütig durch die Wohnung. Ich werde im Wohnzimmer auf dem Sofa schlafen und stelle hier meinen Rucksack ab.
Die Katze schnuppert neugierig daran, spielt mit den Gurten und allem, was beweglich ist.
Wir essen gemeinsam zu Abend. Danach bringt Angelika ihre kleine Tochter zu Bett. Ich setze mich einstweilen noch zu Marzanna und ihrer Schwester in den Garten. Schließlich verabschiede ich mich von den beiden. Angelika möchte mir nun den Film zeigen.
Der Film präsentiert stark verdichtet uralte Erkenntnisse und Weisheiten und versucht die Anwendung im täglichen Leben zu vermitteln. Es geht schwerpunktmäßig um die Kraft der Gedanken. Doch alles ist in sehr amerikanischer Weise auf persönlichen Erfolg, besonders auf wirtschaftlichen Gewinn ausgerichtet. Das stört mich an dem Film.
Angelika berichtet mir von ihren Problemen, von ihren Selbstzweifeln und dem mangelnden Glauben an sich selbst. Sie kann sich selbst nicht annehmen.
Bis Mitternacht unterhalte ich mich mit ihr.
"Es gab Zeiten, da wusste ich nicht, wer ich bin, und wusste nicht, welchen Wert ich habe. Erst aus meinem Glauben entstand mein Selbstwertgefühl. Es baut darauf auf, mich von Gott geliebt zu wissen, auch dann, wenn ich nichts kann und mir nichts gelingt. Durch Gott sind wir Menschen alle wertvoll, egal welche Position wir im Beruf oder in der Gesellschaft haben. Um wertvoll zu sein, muss ich nicht ohne Fehler und Schwächen sein. Aber um Kritik ertragen zu können, muss ich meinen grundsätzlichen Wert kennen. Im Miteinander ist es wichtig, Kritik ertragen zu können und nicht immer gleich gekränkt zu

sein, denn Kränkungen schieben sich wie unsichtbare Mauern zwischen uns Menschen.
Ich erkannte auch, dass Gott Menschen braucht, die Selbstwertgefühl besitzen. Das ist wichtig, um handlungsfähig zu sein. Denn ohne Selbstwertgefühl habe ich Angst vor den Anderen und traue mir nichts zu.
Dieses Selbstwertgefühl gibt mir den Mut, alles das zu tun, was ich heute tue. Damit kann ich auf Menschen zugehen. Ich kann Menschen bitten und von ihnen dankbar nehmen. Ich bin mir selbst wert, dass man mich unterstützt."
Angelika hört mir aufmerksam zu und ich fahre fort.
"Es gab in meinem Leben Ereignisse und Zeiten, da hatte ich große Angst. Für alles, was mich ängstigte, entwickelte ich eine Strategie, die ich auch heute bei Bedarf anwende. Zuerst betrachte ich meine Angst und stelle mir dann vor, was das Schlimmste wäre, was überhaupt passieren könnte. Dann betrachte ich in Ruhe ohne Panik das vermeintlich Schlimmste. Schließlich suche ich einen Weg, mit dieser eventuellen Bedrohung umzugehen. Aus der Gelassenheit heraus finden sich immer Lösungen oder gangbare Wege. Meistens sind die Befürchtungen überhaupt nicht eingetroffen. Und da, wo sie eintrafen, war ich gewappnet und konnte mich der Realität stellen", versuche ich Angelika zu verdeutlichen.

Meine Verbündete für den Schönenberg

Mittwoch, 3. Juli 2013

Für heute ist Regen, ja sogar Unwetter gemeldet. Dem möchte ich möglichst entgehen, indem ich zeitig das Haus verlasse. Doch das Frühstück zieht sich in die Länge. Schließlich lasse ich meine eigenen Absichten los und gebe mich der Situation hin. Unsere Gespräche sind wichtiger als mein zeitiger Aufbruch. Angelika fährt ihre Tochter zum Kindergarten und mich ein Stück hinter Crailsheim an den Jakobsweg. Damit versuche ich die Verspätung ein wenig aufzuholen. Wir verabschieden uns.
"Du bist wertvoll, glaube es! Sei nicht so hart zu dir. Du darfst auch Schwächen haben. Gestehe sie dir erst einmal zu und nimm sie an. Irgendwann gehen sie dann von selbst. Wir müssen lernen, mit unseren menschlichen Schwächen zu leben, ohne uns zu entwerten, denn Entwertung schwächt uns. Um unser Verhalten zu verändern und schlechte Gewohnheiten abzulegen, brauchen wir Kraft."
Angelika ist traurig über den bevorstehenden Abschied. Ich nehme sie in den Arm und sage: "Trotz unser menschlichen Schwächen sind wir wertvoll und liebenswert. Du genauso wie alle anderen", versuche ich sie zu stärken.
"Du bist eine Bereicherung für mein Leben. Danke, dass du in meinem Haus warst", sagt sie mit ernster Stimme.
"Du hörst von mir wenn ich zu Hause bin", mit diesen Worten drehe ich mich um und ziehe weiter.
Oben an der Bergkuppe drehe ich mich noch einmal um. Angelikas Auto steht noch immer am Straßenrand und sie sitzt bei offener Tür im Wagen. Ein letztes Winken und schon verschwinde ich aus ihrem Blickfeld. Es ist bereits jetzt drückend schwül. Schwarze Wolken am Himmel versprechen nichts Gutes. Die gelben Weizenfelder mit dem roten Mohn und den blauen Kornblumen sehen herrlich aus. Ohne Sonne fehlt ihnen allerdings die Leuchtkraft. Der Weg führt in den

Wald. Hier ist es sehr düster. Es kostet mich schon einen gewissen Mut, bei diesen Wettermeldungen in unbekannte Wälder hinein zu laufen.
Kürzlich hat mich ein Mann im Zusammenhang mit Gewitter auf mein Gottvertrauen angesprochen. Wenn ich Gottvertrauen hätte, müsste ich doch vor dem Blitz keine Angst haben, meinte er. Natürlich muss ich Gefahren und Naturgewalten respektieren. Meinetwegen werden die Naturgesetze nicht außer Kraft gesetzt. Ich habe meinen Verstand, damit ich selbst für meine Sicherheit sorge.
In Ipshof beginnt es zu regnen. Danach geht es kreuz und quer durch den Wald. Überwucherte Wege erschweren das Gehen. Dann eine Forststraße, die sich gabelt. Keine Markierung weit und breit. Hier hilft mir die Wegbeschreibung weiter. Von einem guten Forstweg geht es plötzlich auf überwuchertem Weg weiter. Wieder keine Markierung. An einem Bach fehlt die Brücke. Nur die Fundamente links und rechts sind vorhanden und ich muss durch das Bachbett balancieren. Dazu regnet es immer heftiger. Endlich verlasse ich den Wald und sehe wieder Häuser. Vor Geiselroth beobachte ich Pferde auf einer Koppel. Vier schwarze, zwei braune und ein weißes Pferd springen herum. Mal traben sie, mal galoppieren sie übermütig über die Koppel, schlagen Haken, wiehern freudig, schlagen einfach mal so nach hinten aus, wie bei einer Gymnastikübung. Es wirkt, als würden sie miteinander Fangen spielen. Sie bespringen sich, schmusen mal und rennen dann wieder gemeinsam los. Die pure Lebensfreude wird hier sichtbar und bringt mich selbst im heftigen Regen zum Lachen.
Schließlich gelange ich über Geiselroth nach Rosenberg. Ein Supermarkt im Ort erinnert mich daran, dass ich für den heutigen Tag noch Essen brauche. In Hohenberg, dem Ziel meiner Tagesetappe, gibt es sicher keinen Supermarkt. Mit tropfendem Regenponcho betrete ich den Supermarkt, schiebe nur meine Kapuze zurück und frage nach der Marktleiterin. Eine dynamisch wirkende, jüngere Frau erscheint aus dem Büro. Ich stelle mich wie üblich vor und frage nach abgelaufenen Lebensmitteln.

"Nein, Sie suchen sich hier aus den ganz normalen Lebensmitteln aus, was sie wollen", sagt sie energisch. Ich verstehe diese Reaktion als eine Geste der Wertschätzung und freue mich darüber, will aber dennoch Ware mit Verfallsdatum.
"Ich weiß doch, dass abgelaufene Lebensmittel nicht verdorben sind", sage ich und bestehe darauf, davon zu nehmen. Sie zeigt mir die Schachtel mit den betreffenden Lebensmitteln. Ich nehme mir Joghurt und Camembert. Damit will ich mich zufrieden geben.
Doch die Frau geht zur Fleischtheke und bestellt für mich zwei Wurstbrötchen. Im Vorbeigehen greift sie nach einer Tafel Ritter Sport-Schokolade.
"Ich überlege jetzt, was ich in dieser Situation bräuchte", sagt sie aufgeräumt und steckt alles in eine Tüte. Sie greift zu einem Paket mit vier Puddingbechern und obendrein zu einer Schale Erdbeeren. Ich laufe noch immer im Regenponcho hinter ihr her und versuche sie ständig zu bremsen. "Das reicht längst. Ich muss das doch alles tragen!", rufe ich aus.
"Wenn in Hohenberg keine Unterkunft für Sie ist, kommen Sie zurück. Sie können dann bei mir übernachten", bietet sie an. Die Frau benimmt sich unglaublich.
"Was ist das nur, was zwischen anderen Menschen und mir auf unerklärliche Weise schon nach wenigen Minuten geschieht?", frage ich mich wieder einmal.
"Ich suche mir jetzt irgendwo eine trockene Ecke, wo ich die Erdbeeren gleich essen kann, denn vom Transport werden sie nicht besser", verkünde ich.
"Wenn Sie die Erdbeeren gleich essen wollen, dann können Sie das bei mir im Büro tun, da müssen Sie nicht fort", reagiert sie prompt. Sie nimmt mir die Erdbeerschale aus der Hand. "Ich wasche sie gleich!" Die Frau verlässt den Laden durch eine Tür und ich warte davor. Nun ziehe ich meinen Poncho aus und hänge ihn an eine Obstkiste. Die Stöcke stelle ich an geeigneter Stelle ab. Schon kommt sie mit den Erdbeeren auf einem Teller zurück.

"Kommen Sie mit", fordert sie mich auf und geht ins Büro voraus. Sie stellt den Teller ab und schiebt mir einen Bürostuhl zu.
"Ich liebe Erdbeeren! Die habe ich mir gestern auf dem Markt so sehr gewünscht und nun stehen sie vor mir", sage ich erfreut und stecke mir eine nach der anderen genussvoll in den Mund.
Jetzt erst komme ich dazu, ihr die Beweggründe für meine Pilgerreise zu erzählen. Dann erzählt die Frau mir aus ihrem Leben. Sie ist dreiundfünfzig Jahre alt. Ihr Mann ist vor drei Jahren mit dem Motorrad tödlich verunglückt.
Ich staune, wie sie ihr Leben meistert, welche Strategien sie entwickelt hat, um einen Umgang mit dem Tod ihres Mannes zu finden. Sie hat ihn in ihr tägliches Leben integriert und ist unverändert mit ihm in Beziehung. Er ist für sie in anderer Weise anwesend. Ein Bild ihres Mannes steht im Regal und daneben brennt ein Teelicht. Sie ist hier die Chefin, ihr gehört der Markt. Das Arbeitsklima des Ladens fühlt sich ausgezeichnet an. Das spüre ich an jeder Kleinigkeit im Umgang zwischen Personal und Chefin. Hier herrscht ein wunderbar menschliches Klima.
Zwischen uns beiden ist sofort Nähe und Verbundenheit. Das Du ergibt sich ganz automatisch im Gespräch. Wir reden in einer gegenseitigen Offenheit miteinander, als wären wir alte Freundinnen.
Helga muss zur Schließung des Marktes einiges richten. Sie lässt mich längere Zeit allein im Büro sitzen. Sehr bewusst empfinde ich das Vertrauen, das mir wieder einmal geschenkt wird.
Ich sitze einfach da und genieße es, dieses absolute Vertrauen in meine Person. Ich könnte vor Behaglichkeit schnurren wie eine Katze.
Mir ist eine wunderbar tapfere und starke Frau begegnet mit einer ungewöhnlich menschlichen Haltung. Ich bin froh und dankbar, dass ich solche Menschen kennenlernen darf.
Welche Fügung, dass ich in diesem Markt gelandet bin, denke ich. Fast wollte ich weitergehen, zuerst zum Rathaus und danach die Sieger Köder-Bemalung in der Kirche besichtigen. Dann hätte ich diese Frau nicht mehr angetroffen, weil der Markt gleich schließt.

Helga fragt mich, ob ich nicht mit zu ihrer Mutter zum Essen kommen möchte. Ich sage zu und sie meldet mich telefonisch dort an.
Wir springen im Regen nur über den Hof zum Nachbarhaus. Die Eltern empfangen mich herzlich und offen. Sie strahlen ebenso eine tiefe Menschlichkeit aus.
In einem großzügigen Wintergarten ist der Tisch gedeckt. Überall Glasfenster, die den Blick in die Landschaft freigeben.
Beim Essen am Tisch sage ich zu den Eltern: "Ich möchte Ihnen ein Kompliment machen, Sie haben eine wunderbare Tochter. Ihre Tochter ist ein großartiger Mensch."
"Das weiß ich", sagt der Vater darauf ganz trocken.
"Das finde ich noch schöner, wenn Ihnen das ebenfalls bewusst ist," freue ich mich. "Nicht alle Eltern können sehen, dass ihre Kinder wertvolle Menschen sind. Ja, ich muss sagen, auf meinem Wege habe ich viele wunderbare Menschen getroffen. Aber Ihre Tochter gehört zu den ganz besonderen Menschen meines Weges", ergänze ich meine Aussage.
Wie im Laden so herrscht auch hier eine lockere, unkomplizierte Atmosphäre. Helga will zu einer Verabredung, während ich noch bei den Eltern bleibe.
"Ich muss dich umarmen", sagt sie und drückt mich fest zum Abschied.
"Was bringt eine 62-jährige Frau dazu, als Pilgerin den beschwerlichen Weg durch ganz Deutschland zu laufen? Wie kommt man denn auf so eine Idee, noch dazu ohne Geld", fragt der Vater und schüttelt verwundert den Kopf.
"Das ist eine häufig gestellte Frage. Dafür gibt es nicht nur eine kurze Antwort", erwidere ich. "Die Gründe sind vielschichtig. Manche fragen, ob ich ein Gelübde abgelegt hätte. Also, ein Gelübde habe ich nicht abgelegt. Ich kann nur sagen, was mich motivierte aufzubrechen, aber ich kann Ihnen nicht sagen, wohin das führt. Ich folge einfach meiner inneren Stimme", leite ich meine Erzählung ein.
Dann berichte ich von meinen verschiedenen Beweggründen.

Später erzähle ich auch von dem Mann, der mir bei Schweinfurt zehn Euro in die Hand gedrückt hat, damit ich sie in seinem Namen in einer Marienkirche spende.
"Über das Vertrauen dieses Mannes habe ich mich sehr gefreut. Deshalb wäre es mir wichtig, den Wunsch in seinem Sinne zu erfüllen. Auf meiner ganzen Tour habe ich nach einer geeigneten Kirche Ausschau gehalten. Nun wäre in Ellwangen auf dem Schönenberg eine herrliche Marienkirche. Sie ist zudem noch ein Wallfahrtsort. Das wäre genau die richtige Kirche für diesen Mann. Leider liegt sie nicht an meinem Weg", berichte ich bedauernd.
"Eigentlich wollte ich per Anhalter dorthin fahren. Von hier sind es ja nur zwölf Kilometer nach Ellwangen. Aber es regnet so heftig, da nimmt mich an der Straße kein Mensch mit", sage ich resignierend.
Der Blick aus dem Fenster zeigt, wie das Wetter sich zunehmend schrecklicher entwickelt. Die Sichtweite ist gleich null, die Wolken hängen tiefschwarz am Himmel. Unglaubliche Wassermassen schüttet es herab. Unvorstellbar, dass es morgen wieder besser sein könnte.
Nach Hohenberg sind es noch drei Kilometer.
Die Mutter von Helga bietet erneut an, mich nach Hohenberg zu fahren.
"Bei diesem Wetter müssen Sie nicht hoch laufen. Es macht mir wirklich nichts aus, ich mache es gern", bekräftigt sie ihr Angebot und ich spüre, sie möchte mich fahren.
Bisher wollte ich trotz Regen laufen. Doch nun sage ich zu.
"Gut, wenn das für Sie kein Problem ist, lasse ich mich fahren."
Schon im Flur sagt die Mutter zu mir mit verhaltener Stimme: "Wenn Sie wollen, fahre ich sie zur Marienkirche nach Ellwangen."
"Das würden Sie wirklich tun?", rufe ich erfreut aus.
"Ja natürlich, das ist doch nicht weit von hier."
"Damit würden Sie mir eine große Freude machen. Es würde mir viel bedeuten, in dieser Kirche das Geld zu spenden." Ich bin ganz begeistert von ihrer Idee.

"Also, das machen wir", sagt sie entschlossen. Wie zwei Verbündete lächeln wir uns gegenseitig an. Sie will mich in meinem Vorhaben für einen fremden Mann unterstützen.
Wer macht das sonst schon. Dies ist schon wieder eine Begegnung, die mich glücklich macht.
Wir kennen uns doch gar nicht und trotzdem ist da etwas ganz Selbstverständliches zwischen uns. Auch wenn es keine Worte gibt, es fühlt sich wunderbar an.
Die Marienkirche thront ganz oben auf dem Berg und ist weit ins Land hinein sichtbar. Ihre beiden Türme ragen zum Himmel, als wollten sie zeigen, dass es noch etwas gibt, was für die Augen zwar unsichtbar, aber für offene Herzen greifbar vorhanden ist.
Die Kirche ist innen ebenfalls sehr schön. Oben auf der Empore befindet sich eine riesige Krippe, die ganzjährig ausgestellt ist. Am Schriftenstand suche ich eine Postkarte aus. Sie zeigt, wie die Kirche auf dem Berg thront, bildet aber auch gleichzeitig die Innenansicht ab. Mit dieser Karte bin ich zufrieden. Sie vermittelt einen guten Eindruck von der Kirche. Sie kostet vierzig Cent, die ich zum Glück noch einstecken habe. Gelegentlich bekomme ich kleine Mineralwasserflaschen geschenkt. Vom Pfandgeld kann ich mir dann solche Extras leisten. Am Marienaltar werfe ich den Zehn-Euroschein des Mannes mit einem Segenswunsch in den Opferstock.
"Ich werde dem Mann von zuhause aus schreiben, dass seine Spende hier nur durch Sie möglich war. Ihnen hat er es zu verdanken, weil Sie mich gefahren haben."
"Ja, schreiben Sie ihm das", stimmt sie eifrig zu.
"Im Laden Ihrer Tochter habe ich erlebt, welch gutes Klima dort herrscht. Alles läuft so richtig familiär ab, das finde ich toll", schwärme ich in Erinnerung daran.
"Sie hat tüchtige Mädchen im Laden", ergänzt Frau K.
"Kein Wunder bei dieser Chefin! Die Mädchen wissen sicher, dass sie einen außergewöhnlichen Arbeitsplatz haben. Dafür sind sie bestimmt dankbar und engagiert. Ihre Tochter prägt mit ihrer Menschlichkeit diese jungen Mädchen. Ich freue mich richtig, dass ich so etwas erle-

ben darf und mitbekomme, dass es das in unserer heutigen Arbeitswelt noch gibt."
Wir unterhalten uns weiter über Familienzusammenhalt, wie wichtig er für den einzelnen und auch für die gesamte Gesellschaft ist.
Die Frau fährt mich zum Hohenberg hinauf bis zur Kirche und dem alten Pfarrhaus, in dem nun ein Pilgerquartier eingerichtet ist. Hier empfängt den Besucher die beeindruckende Kunst von Sieger Köder mit Bronzefiguren auf dem Parkplatz und dem bunt bemalten Jakobushaus. Das Jakobushaus wird von einer Schwester bewohnt, bei der ich mich anmelden möchte. Sie ist momentan nicht erreichbar, aber das Pilgerzimmer ist offen. Unten im Ort, in der Bäckerei, kann ich mich ebenfalls anmelden und einen Schlüssel holen. Den Rucksack und die Stöcke lasse ich im Zimmer und fahre mit Frau N. in den Ort zurück. Beim Bäcker setzt sie mich ab. Der Regen hat im Moment nachgelassen. Es tröpfelt nur noch leicht.
Frau K. steigt ebenfalls aus dem Wagen.
Zum Abschied reiche ich ihr die Hand. "Vielen Dank für alles. Es war schön, Sie kennengelernt zu haben. Ich nehme Sie und Ihre Tochter mit auf meinen Weg." Sie umarmt mich fest und sagt: "Tun Sie das!"
Ich warte, bis das Auto den Berg hinab fährt und winke noch einmal, mit dem Gefühl, dieser Frau ebenfalls wirklich begegnet zu sein.
In der Bäckerei empfängt mich eine sehr herzliche Frau. Sie ist etwa in meinem Alter, trägt blonde Haare und strahlt positive Lebensenergie aus. Sofort bekenne ich, dass ich ohne Geld unterwegs bin. "Das ist kein Problem!" Sie gibt mir einen Schlüssel und ich trage meine Personalien in ein Buch ein. Schon spendiert sie mir eine Tasse Kaffee und bietet mir zu essen an. Nun erzähle ich, wie ich im Supermarkt schon mit Esswaren unterstützt und zusätzlich zum Mittagessen eingeladen wurde.
"Hier in dieser Gegend scheinen nur wunderbare Menschen zu sein", sage ich vergnügt und erstaunt zugleich.
Die Frau interessiert sich für meine Tour und ich berichte von meinen Beweggründen. Sie bekommt feuchte Augen.

"Ich bekomme Gänsehaut, wenn ich das höre", sagt sie und reibt sich die Arme.
"Seltsam, das sagen so viele, wenn ich ihnen das erzähle. Und viele bekommen feuchte Augen, selbst Männer. Dabei berichte ich doch nur ganz sachlich, was mich zu dieser Tour bewogen hat", reagiere ich verwundert.
Aber da scheint etwas zu sein, was die Menschen in der Tiefe bewegt.
Der Regen hat inzwischen völlig aufgehört. Zügig laufe ich den Berg hoch und schaue mir die Gegend an. Ein überwältigender Rundum-Blick ins Tal! Bei schönem Wetter muss es hier traumhaft sein, denke ich. Da fährt ein Auto den Berg hoch und parkt vor dem alten Pfarrhaus. Es ist die Schwester, die hier wohnt. Sogleich stelle ich mich vor und erkläre ihr meine Situation ohne Geld. Sie nimmt es ohne Kommentar zur Kenntnis und überreicht mir das Gästebuch.
In aller Ruhe bestaune ich nun das bemalte Pfarrhaus, sowie eine weitere Bronzefigur auf der Friedhofsmauer. Hier sitzt in einen Mantel gehüllt ein gesichtsloser Knochenmann.
Dahinter bietet sich ein weiterer Blick ins Tal und in die Ferne. Die Marienkirche auf dem Schönenberg ist ein regelrechter Blickfang.
Die Glasfenster in der Kirche sind ebenfalls sehr beeindruckend.
Das Regenloch hält nicht lange an. Ich ziehe mich in mein Pilgerquartier zurück. Schon zieht sich alles erneut schwarz zu und es regnet heftig. Durch den Regen kühlt es stark ab. Wieder einmal sitze ich in einer kalten Bude und fröstle. Aber wenigstens sind meine Kleider heute nicht völlig durchgeweicht. Die Unterkunft besteht aus zwei kleinen Räumen mit insgesamt sechs Betten. In einer Nische befindet sich eine Dusche mit einem Waschbecken. Da ich dieses kleine Reich für mich allein habe, betreibe ich ausgiebige Körperpflege. Meine Zehennägel müssen dringend geschnitten werden. Ein kleiner Nagel reibt schon an der Zehe daneben.
In einem Schränkchen sind Bücher und Landkarten. Auch ein Buch mit den Kunstwerken von Sieger Köder ist dabei. In dieses Buch vertiefe ich mich am Abend.

Sieger Köder war von 1975 bis zu seinem Ruhestand 1995 Pfarrer in Hohenberg und Rosenberg. Nun lebt er in Ellwangen und steht mit seinen achtundachtzig Jahren noch immer hinter der Staffelei, malt Glasfenster und modelliert Kunstwerke.

Donnerstag, 4. Juli 2013

Nach einem guten Schlaf stehe ich um sechs Uhr auf. In der Pilgerunterkunft gibt es für mich keine Möglichkeit, Kaffee zu kochen. Ich laufe den Berg hinab und gebe den Schlüssel in der Bäckerei ab. Hier bekomme ich wieder einen Kaffee gratis. Dazu esse ich noch ein Brötchen von gestern aus dem Supermarkt. Dann wende ich mich der Frau im Bäckerladen zu.
"Für Ihre Freundlichkeit und ihre gute Ausstrahlung möchte ich Ihnen ein Kompliment machen."
Ich erzähle ihr, wie mich die Freundlichkeit einer Sparkassenangestellten in meinen schlechten Zeiten trösten konnte, wie wichtig allein ihr freundliches Lächeln besonders an manchen Tagen für mich war.
"Manchmal hatte ich das Gefühl, nur wegen dieser herzlichen Begegnung den Tag überstanden zu haben. Irgendwann habe ich ihr das dann erzählt. Denn ich denke, es ist wichtig, dass wir uns gegenseitig positive Rückmeldung geben.
Und das Gleiche will ich jetzt bei Ihnen tun. Ich glaube Sie haben eine wichtige Aufgabe, wenn so viele Leute in ihren Laden kommen. Aber Sie machen das ja ganz hervorragend. Das gibt den Menschen Kraft und vor allem Trost, wenn sie in schlechter Verfassung sind", lächle ich sie wertschätzend an.
"Ich weiß, dass die Menschen das brauchen", stimmt sie zu. "Besonders am frühen Morgen, da brauchen sie es am meisten."
"Ja, das glaube ich auch. Jedenfalls freue ich mich, Ihnen begegnet zu sein. Es tut gut zu wissen, dass es überall viele Menschen gibt, mit denen man sich solidarisch verbunden fühlen kann. Danke für alles", verabschiede ich mich.
Der Jakobsweg geht oben an der Kirche weiter und würde einen großen Umweg durch den Wald machen. Diesen Umweg will ich mir

sparen und laufe deshalb an der Straße entlang. Über Zumholz kürze ich den Weg ab. In Adelmannsfelden bekomme ich im Rathaus eine Umgebungskarte, die für die nächsten Tage hilfreich ist. Am Ortsrand nimmt mich eine Frau die nächsten drei Kilometer bis Pommertsweiler mit. Sie führt dort eine Bäckerei und schenkt mir zum Abschied ein Käsebrötchen und zwei Brezeln. Von hier geht der Weg durch Wald und Feld nach Vorderbüchelberg. Es ist drückend und schwül. Der Himmel zeigt sich grau und wolkenverhangen. Normalerweise hätte man von hier aus eine tolle Sicht bis nach Hohenberg und zum Schönenberg. Doch heute ist kaum etwas zu sehen. Nun geht es steil bergab durch dichten Laubwald. Alles schimmert grün. Es ist sehr düster und wirkt deshalb geheimnisvoll wie in einem Märchenwald. Die Stöcke sind hilfreich, denn der Boden ist nass und glitschig. Die Schnecken haben wieder Ausgang. Besonders die rötlich hellbraunen sind in Scharen unterwegs. Selbst an den Baumstämmen kriechen sie hoch. Ständig muss ich aufpassen, dass ich keine zertrete. Erfreut vernehme ich lautes Vogelgezwitscher. In diesem Moment wird mir bewusst, dass ich auf meiner Tour eher selten Vögel hören konnte. Das finde ich eigenartig. Bei nächster Gelegenheit recherchiere ich im Internet und lese die traurige Nachricht vom Massensterben der Wildvögel. Amseln, Stare, Sperlinge – Hunderttausende sind seit 2011 einem afrikanischen Virus zum Opfer gefallen. Die gelben Rapsfeld-Wüsten in Sachsen tragen zusätzlich zum großen Sterben der Vögel bei, kann ich am PC erfahren.

Als ich den Wald verlasse genieße ich den herrlichen Blick hinunter ins Kochertal und auf den Ort Wöllstein. Auf der Höhe gegenüber thront die herrliche Wallfahrtskirche von Hohenstadt. Viele Ziegen meckern mir auf einer Weide entgegen. Eine Frau im Ort gibt mir Wasser. Mit ihr unterhalte ich mich längere Zeit. Das wird mir wenig später zum Verhängnis.

Die Wöllsteiner Jakobuskapelle wurde von Sieger Köder an der Außenwand mit dem Galgen- bzw. Hühnerwunder[5] bemalt. Sie ist verschlossen und ich kann sie nur von außen besichtigen. Von hier gehe ich bergauf Richtung Hohenstadt. Mir wurde diese Abkürzung empfohlen. Leider sie ist nicht entsprechend beschildert und ich kämpfe mich durch hüfthohes Gras steil aufwärts.

An einem Haus im Wald treffe ich später auf einen Künstler, der in seiner Werkstatt arbeitet. Er bietet mir zu trinken an. Normalerweise wäre ich auf seine Arbeiten neugierig, aber nun drängt es mich, voran zu kommen. Die Wolken gefallen mir gar nicht. Der Künstler erklärt mir den Weg und ich laufe so schnell es mit dem Rucksack möglich ist. Die ersten Häuser von Hohenstadt werden sichtbar, mir fehlen vielleicht noch vierhundert Meter, da bricht das Unwetter los. Ein heftiger Platzregen prasselt herab. Bevor ich das erste Haus mit einer Unterstellmöglichkeit erreiche, bin ich fast völlig durchnässt. Diesem Wolkenbruch hält der Poncho nicht mehr stand. Auf der Straße schwimmt das Wasser wie ein See und steht mir im Nu in den Schuhen. So schnell wie möglich flüchte ich in die Kirche und befreie mich vom tropfenden Poncho. Meine Haare sind nass, die Hose klebt mir an den Beinen, auch im Schulterbereich bin ich durchgeweicht. Erschöpft und frierend warte ich in der Kirche den Regen ab. Nach einer halben Stunde ist der Spuk vorbei. Am Pfarrhaus gegenüber erreiche ich den Pfarrer. Hier am Ort gibt es kein Pilgerquartier, erfahre ich. Doch bei Schechingen gibt es eine Pilgerherberge in einem Bauernhaus. Ich darf im Pfarrbüro dort anrufen. Die Frau vom Bauernhof möchte für Übernachtung und Frühstück fünfundzwanzig Euro. Damit habe ich bei einer Pilgerherberge nicht gerechnet. Ich versuche ihr meine Situation zu erklären. Am Telefon ist das immer sehr schwierig. Obwohl

---

[5] eine eng mit dem Jakobusweg verbundene Legende

ich mich geschafft fühle, biete ich meine Arbeitskraft und Mithilfe an und erkläre, dass ich kein Frühstück bräuchte. Sie lässt mich notgedrungen kommen. Es sind nur noch einige Kilometer. Sofort mache ich mich auf den Weg. Das Regenloch wird nicht lange halten. Die Bewölkung lässt nichts Gutes ahnen. Ich komme gerade bis Börrat. Meine Kleidung ist am Körper fast schon wieder getrocknet, da geht es erneut los. Für kurze Zeit flüchte ich in eine winzige Kapelle. Als es an Heftigkeit nachlässt, laufe ich weiter, sehe aber mit Sorge die schwarzen Unwetterwolken, die sich am Himmel direkt über mir auftürmen. Ob ich es wagen kann, mich jetzt aufs freie Feld hinaus zu begeben? Im ganzen Ort ist keine Menschenseele zu sehen, keiner, den ich fragen könnte. Ein Auto fährt mit mäßiger Geschwindigkeit ins Dorf. Ich halte es an: "Wo finde ich den Weg zu den Klotzhöfen? Und wie weit ist es noch bis dahin?", frage ich.
"Zu den Klotzhöfen sind es noch drei Kilometer", antwortet die Frau hinter dem Steuer.
"Was meinen Sie, kommt das Wetter erst richtig her oder ist es schon wieder im Abzug?", frage ich weiter, denn Ortsansässige kennen oft das Wetterverhalten.
"Also wenn das kommt, was ich eben schon erlebt habe, dann ist es nicht mehr lustig.
Steigen Sie ein, ich fahre Sie hin", fordert mich die Frau verständnisvoll auf.
Das lasse ich mir nicht zweimal sagen. Der Weg zieht sich noch ordentlich hin - und nirgends eine Möglichkeit zum Unterstellen. Inzwischen platscht es erneut wolkenbruchartig herunter. Das hätte mich voll erwischt. Die Frau fährt mich so nah wie möglich an das Bauernhaus. Die Eingangstreppe ist abgerissen, das Haus ist eingerüstet. "Es gibt noch einen Hintereingang", teilt sie mir mit. So schnell ich kann, rette ich mich unter ein Scheunendach. Hier lasse ich Rucksack und Stöcke stehen. Erst einmal will ich die Lage erkunden. Der Hintereingang ist offen und ich trete ein. Vor mir sehe ich die totale Baustelle.
Eine Bautreppe mit rohen Bohlen führt ins obere Stockwerk. "Hallo", rufe ich laut. Da öffnet sich oben an der Treppe die Tür. Eine dunkel-

haarige, jüngere Frau erscheint. "Kommen Sie herauf!", ruft sie mir zu.
Rasch hole ich Rucksack und Stöcke von draußen und steige die Treppe hoch. Hinter der Tür im oberen Geschoss zeigt sich ein herrlich renoviertes Bauernhaus. Alles ist neu und geschmackvoll restauriert und eingerichtet.
"Als erstes muss ich aus den nassen Schuhen raus. Die müssen dringend mit Zeitungspapier ausgestopft werden, damit sie bis morgen trocken sind", verkünde ich nach der Begrüßung.
Ich hole die Sandalen aus dem Rucksack und ziehe die nassen Socken aus. Dann setze ich mich zu meiner Gastgeberin in die Küche.
Sie bietet mir Kaffee und Kuchen an. In meiner mittellosen Lage habe ich zuerst Hemmungen. Doch sie ist sehr nett und ermuntert mich zuzugreifen. Nun schildere ich meinen patschnassen, erschöpften Zustand in Hohenstadt nach einer langen, anstrengenden Tour und dass weit und breit kein Quartier in Sicht war.
"Es tut mir leid, wenn ich meinen eigenen Druck an Sie weitergegeben und Sie damit vielleicht genötigt habe, mich aufzunehmen. Auf diese Weise will ich grundsätzlich nicht unterkommen. Die Menschen sollen mich schon freiwillig aufnehmen", versuche ich mich zu entschuldigen.
"Das ist für mich jetzt in Ordnung. Wenn ich ja gesagt habe, dann passt das. Ich bin die Corinna", sagt sie und wir gehen zum Du über.
Corinna erklärt mir ihre Situation mit dem Umbau des Hauses, mit sämtlichen Investitionen. Und jeder Pilger wird bei ihr auch verköstigt. Das geht eben nicht umsonst. So etwas wie mit mir muss dann wirklich die große Ausnahme bleiben.
Sie hatte ursprünglich nur einen Lagerplatz für Holz kaufen wollen und nun ist daraus eine Unterkunft für Pilger geworden. Das Bauernhaus wird praktisch nur für Pilger renoviert. Sie selbst wohnt mit ihrem Mann in Schechingen. Da will sie auch bleiben.
Wenige Meter vom Bauernhaus entfernt hat sie mit ihrem Mann auch eine Kapelle errichtet. Pilger kommen nicht so häufig. Selbst wenn sie täglich das Haus voll hätte, ließe sich die Investition nie erwirtschaf-

ten. Denn die fünfundzwanzig Euro decken gerade die direkten Unkosten für Essen, Wäsche, Wasser etc. Wirkliche Kostendeckung gibt es von vorne herein nicht. Corinna investiert und arbeitet um der Begegnung willen. Bewundernswert, dieser Idealismus; dass es das noch gibt, staune ich.

"Ich hatte einen Bruch am Bauch und komme erst aus dem Krankenhaus", berichtet sie weiter.

Ich erkläre ihr meine Beweggründe, auf diese Art zu pilgern, und fühle mich von ihr akzeptiert.

Corinna schaut mich einen Moment an und stellt dann fest:

"Du bist sehr selbstsicher in Deinem Auftreten."

"Wenn du ein gutes Selbstwertgefühl meinst, ja, das habe ich. Aber ich denke, das ist ein gesundes Selbstwertgefühl auf Bescheidenheit und Dankbarkeit aufgebaut, das ich jedem nur wünschen möchte. Das ist kein Selbstwert, mit dem ich mich besser fühle als andere.

Ich bin mir sehr bewusst, dass ich alle meine Fähigkeiten von Gott habe. Da gibt es nichts, worauf ich mir etwas einbilden könnte."

Corinna zeigt mir nun das Haus, auch mein Zimmer, wo ich schlafen kann. Fünf Betten stehen im Raum. Das Bad ist sehr schön, alles neu. Die Badewanne ist elegant über Eck eingebaut, dazu gibt es eine Sauna. Im Wohnzimmer stehen eine große Ledergarnitur und ein großer Flachbildfernseher. Hier sitzt Coco, der Papagei, auf seinem Vogelbauer und krächzt. "Er kann sogar sprechen", berichtet mir Corinna.

"In den letzten Unterkünften war es sehr kalt und ungemütlich, auch wenn es draußen heiß war", erzähle ich Corinna. "Die dicken Mauern haben nichts durchgelassen. Entweder waren Hitze und Kälte oder der Regen ein Problem. Die Unterkünfte waren durch kleine Fenster oder Bäume auch noch lichtarm. Mir wurde dadurch richtig bewusst, wie sehr ich Licht und Sonne für mein Wohlbefinden brauche. Das alles hat die Tour neben dem Wandern sehr anstrengend gemacht und mich viel Energie gekostet. Im Moment merke ich, wie meine Spannkraft nachlässt. Es ist schön, dass du in Deiner Art so unkompliziert bist. Es tut mir gut, einfach hier sein zu dürfen. Ich bin dir sehr dankbar, dass du mich bei diesem heftigen Regen aufgenommen hast."

Corinna lächelt mich freundlich an. "Ich weiß für dich bereits das nächste Pilgerquartier, da rufe ich gleich mal an", beschließt sie beschwingt. Und schon greift sie zum Telefon.
"Ich habe hier eine Pilgerin, die hat bei mir frei Haus, das ist so in Ordnung. Ist dein Wohnwagen frei? Prima! Die kommt morgen zu dir nach Bargau. Lass dir ihre Geschichte erzählen." Erfreut höre ich mit.
"So, für morgen hast du schon wieder eine Unterkunft", sagt Corinna aufgeräumt.
Der Regen hat aufgehört. Ich schaue mir die Anlage im Freien an. Die achteckige Kapelle ist im Innern herrlich bemalt und mit einer großen, aus Lindenholz geschnitzten Jakobusfigur wunderschön und liebevoll gestaltet. Ein Gästebuch liegt aus und ich trage mich ein.
Gegen sechzehn Uhr ist das Essen fertig. Corinnas Mann ist nun ebenfalls da. Zuerst gibt es Suppe, dann Salat und Hackfleisch mit Kartoffelsalat. Ich habe richtig Hunger und mir schmeckt es ausgezeichnet.
Danach lege ich mich ins Bett und schlafe bis neunzehn Uhr tief und fest. Das tut mir richtig gut. Vom Geräusch des Rasenmähers wache ich auf. Corinnas Mann sitzt auf einem kleinen Motormäher und fährt damit die großen Rasenflächen ab. Ich geselle mich zu Corinna auf eine Bank und wir plaudern miteinander. Um einundzwanzig Uhr fahren beide heim und ich bin allein in dem großen Haus.

Freitag, 5. Juli 2013

Nach fünf Uhr stehe ich auf, wasche mich und packe alles zusammen. Um sechs Uhr kommt Corinna mit einer riesigen Tüte leckerer Brötchen. Nach dem Frühstück breche ich sofort auf. Alles liegt im Dunst der Himmel ist grau bewölkt. Doch die Sonne spitzt schon hier und da durch.
An der Kapelle beginnt ein vier Kilometer langer Besinnungsweg mit sieben Holzstelen. Die Stelen entlang des Weges, aus Eichenholz und von Hand geschnitzt, sollen zum Nachdenken anregen, um bei aller Schönheit der Landschaft, mit belastendem Gepäck, drückendem Schuhwerk, Hitze oder Regen, auch einen inneren Weg zu gehen. Die einzelnen Stelen haben folgende Aufschriften:

Der Weg ist das Ziel
Jede Reise beginnt mit dem ersten Schritt
Jeder Tag ist ein neuer Anfang
Wer das Ziel kennt wird es treffen
Das Gute wirkt im Stillen
Den Weg gehend erfährt man den Sinn
Begegnung ist Leben

Vor Heuchlingen habe ich von der Höhe aus einen reizvollen Blick auf den Ort und die gegenüber liegenden bewaldeten Hügel. Die Sonne ist inzwischen voll durchgebrochen und lässt alles leuchten.
In Heuchlingen treffe ich auf einen weiteren Besinnungsweg, der sehr ansprechend gestaltet ist
Inzwischen ist es wieder ordentlich heiß. Ich ziehe die Bluse aus. In Böbingen kommt mir ein weißhaariger, netter, älterer Herr entgegen. Er spricht mich an und wir unterhalten uns einige Zeit. Er kann nicht fassen, dass ich seit 2. Mai ohne Geld unterwegs bin. Er erklärt mir einen kürzeren Weg nach Bargau und rät mir vom markierten Jakobsweg ab. "Beten Sie für mich", sagt er, als ich mich verabschiede.
"Wie heißen Sie denn, wenn ich für Sie beten soll?" Der Mann nennt mir seinen Namen und ich gehe weiter. Wenig später drehe ich mich um und sehe, wie er eilig in eine Seitenstraße einbiegt. Kurz darauf überholt mich ein Auto. Derselbe Mann steigt aus und will mir zehn Euro auf den Weg mitgeben. Er ist bestürzt, als ich es nicht annehme. "Sie brauchen doch jetzt etwas", meint er ratlos.
"Ich bekomme alles, was ich brauche. Geld ist dazu nicht nötig. Ich möchte, dass die Menschen ihr Herz und nicht ihren Geldbeutel öffnen", versuche ich ihm klarzumachen.
Im Rathaus sucht mir eine Bürokraft die Telefonnummer des Pfarramtes von Böhmenkirch heraus. Ich darf sogar hinter die Theke ins Bürozimmer und am Schreibtisch einer abwesenden Kollegin telefonieren. Alle sind nett und freundlich zu mir. Eine Büroangestellte macht mich darauf aufmerksam, dass der Supermarkt in der Nähe Jubiläum feiert und dass es dort Würstchen und Getränke umsonst gibt.

Das lasse ich mir nicht zweimal sagen. Am Grill sehe ich einen sympathischen Mann, der ebenfalls sehr entgegenkommend ist. Momentan ist wenig los und wir können uns unterhalten. "Sie können gerne noch mal kommen", sagt er freundlich. Das nehme ich natürlich in Anspruch und so ist das Mittagessen dieses Tages schon gesichert. Auch hier lesen die Menschen meine Aufschrift und begegnen mir dann mit besonders freundlichen Blicken.
Danach geht es wieder bergauf. Der Anstieg wird mit einem herrlichen Blick auf Böbingen und die umliegende Landschaft der Schwäbischen Alb belohnt. Am Himmel sind graue Wolken. Die Sonne sticht verdächtig. Es könnte ein Gewitter geben, befürchte ich. Der Jakobsweg führt durch den Wald, also bleibe ich lieber an der Straße, so wie mir der ältere Herr geraten hat.
Nach einigen Kilometern komme ich an eine Kapelle. Hier führt ein Weg von der Straße ab, der vielleicht eine Abkürzung sein könnte. Hinter mir höre ich einen Traktor, der mir langsam näher kommt. Das Gefährt ist nicht groß und scheint schon ziemlich alt zu sein. Mit der Landkarte in der Hand blicke ich erwartungsvoll in seine Richtung. Auf dem roten Traktor sitzt ein älterer Mann. Er hält an, drosselt den Motor und schaut mich freundlich interessiert an.
"Grüß Gott! Wie komme ich denn am schnellsten nach Bargau?", wende ich mich ihm zu. Der betagte Bauer schaut mich schelmisch an. "Mit mir!", sagt er vergnügt.
"Na, wenn Sie mich mitnehmen, dann steige ich auf", antworte ich erheitert.
Schon laufe ich um den Traktor herum, reiche dem Mann meine Stöcke entgegen. Am hinteren Teil des Traktors sind Ackergeräte angebracht. So versuche ich von vorne durch den engen Spalt nach oben zu klettern. Mit dem Rucksack auf dem Rücken ist das gar nicht so einfach. Die Umhängetasche bleibt erst mal am Spiegel hängen. Schließlich bin ich oben und setze mich dicht neben den Landwirt auf das runde Blech des Kotflügels. Ein Sitz für Beifahrer ist nicht vorgesehen. Es ist ziemlich eng hier. Er übergibt mir meine Stöcke in die lin-

ke Hand. Mit der rechten halte ich mich an einer Eisenstange fest, die vom hinteren Geschirr nach oben steht.
"Ich fahre aber nur bis Beiswang", informiert er nun.
"Das macht nichts, wenigstens ein Stück weiter. Denn mir machen die schwarzen Wolken Sorgen. Ich wurde gestern schon patschnass."
"Das hat nichts zu bedeuten, das Wetter hält", schüttelt er den Kopf.
"Ich bin schon lange nicht mehr auf einem Traktor gesessen", sage ich fröhlich. "Es freut mich, wieder einmal Gelegenheit zu haben. Als Kind war ich oft auf dem Bauernhof meiner Großmutter. Da bin ich häufig auf dem Traktor mitgefahren."
Der Bauer legt den Gang ein und schon tuckern wir gemächlich dahin. Auf der unebenen Landstraße ist es ordentlich holprig. Manchmal muss ich mich an der Stange gut festhalten, um auf dem runden Blech der Radabdeckung nicht abzurutschen.
"Das macht Spaß. Es erinnert mich an meine Kindheit", strahle ich den Mann an. Der Motor ist laut, ich muss fast schreien, damit er mich verstehen kann.
Er grinst zurück und freut sich ebenfalls.
"Wissen Sie, woher Beiswang seinen Namen hat?", fragt er.
Ich schüttle den Kopf und so erzählt er mir die Sage über Beiswang. Ich muss mich ihm zuneigen, um ihn verstehen zu können. Er berichtet von den Hohenstaufen, einem schwäbischen Adelsgeschlecht. Die Legende erklärt die Herkunft des Ortsamens. Anscheinend kennt er sich in der Geschichte der letzten Jahrhunderte gut aus.
Im Ort Beiswang angekommen grüßt er nach allen Seiten und die Leute gucken verwundert, welch seltsame Fracht mit Rucksack und Hut er neben sich hat. Er schmunzelt, es macht ihm offensichtlich Spaß. "Ich fahre Sie noch ein Stück", verkündet er und tuckert weiter durch den ganzen Ort die Landstraße hinaus. Bald sind die Häuser von Bargau sichtbar. Es sind vielleicht noch zwei oder drei Kilometer dorthin. Ein Feldweg zweigt von der Straße ab.
"Hier kann ich gut wenden und Sie sind wieder am Jakobsweg", sagt er. Die Muschel ist am Straßenschild sichtbar aufgeklebt.

Der Bauer stellt den Motor ab. Ich reiche ihm die Stöcke, um mit dem sperrigen Rucksack leichter nach unten steigen zu können.
"Eigentlich müsste ich zuerst absteigen und Sie galant in meinen Arme empfangen", grinst er humorig, als ich bereits neben dem Traktor stehe.
"Na, wenn ich das gewusst hätte ...", erwidere ich lachend.
"Wenn Sie es hören wollen, sage ich Ihnen noch ein Gedicht von mir auf."
"Aber gerne."
"Es ist ein Gedicht über Jakobspilger."
Der Mann denkt kurz nach, dann schildert er in schöner Reimform die Sehnsucht des Pilgers, den Aufbruch, die Mühen des Weges und dann das Erreichen des Ziels in Dankbarkeit. Es ist ein wirklich gelungenes und einfühlsames Gedicht.
"Das ist aber gut! Das haben Sie sehr schön gedichtet! Die Situation der Pilger ist gut getroffen", stelle ich lobend fest. "Sicher haben sie auch noch andere Gedichte verfasst."
"Es geht inzwischen nicht mehr so gut", bekennt er.
"Wie alt sind Sie eigentlich", frage ich nun ganz direkt.
"Ich bin einundachtzig Jahre alt."
"Donnerwetter, da sind Sie aber erstaunlich fit, und humorvoll dazu", lache ich ihn fröhlich an.
"Wenn das die Leute immer zu meiner Frau sagen, antwortet die jedes Mal: Ich halte ihn auf Trab, deshalb ist er so gut beieinander", wieder lacht er mich verschmitzt an.
"Leben Sie allein oder sind Sie verheiratet", fragt er ganz unvermittelt.
"Ich war verheiratet und habe vier Töchter. Unsere Ehe ist nach zwanzig Jahren gescheitert. Aber die schwierigen Jahre sind vorbei. Die Kinder sind erwachsen, mir geht es gut. Mir gefällt mein Leben, so wie es ist."
Ich erzähle ihm von meiner Pilgerreise und den Beweggründen, ohne Geld loszugehen.
"Über Jahrzehnte hatte ich kein Selbstwertgefühl. Für vieles fehlte mir der Mut. Doch durch meinen Glauben konnte ich mich weiterentwi-

ckeln. Gott gibt mir meinen Wert. Das macht einerseits bescheiden und dankbar, andererseits macht es mich sehr frei und nimmt die Angst vor Menschen. Seitdem traue ich mich alles zu machen, was ich für sinnvoll und richtig halte. Dabei schaue ich auf niemanden herab und auch zu niemandem auf. Ich will mit allen Menschen auf Augenhöhe sein", erkläre ich kurz meine Haltung.
"Das gefällt mir, das finde ich gut." Er wirft mir einen anerkennenden Blick zu.
"Wir sind bald sechzig Jahre verheiratet", fährt er fort.
"Wie ist das, wenn man so lange mit einem Menschen zusammen ist? Lieben Sie Ihre Frau noch? Dabei meine ich nicht die Verliebtheitsgefühle des Anfangs, sondern eine innere, tiefe Beziehung und Verbundenheit. Die meine ich, ob die noch da ist?"
Bin ich zu indiskret? Doch sofort verschwinden die Bedenken, ihm mit meiner Frage zu nahe zu treten. Wir sind uns im Moment so nah, dass es mir in Ordnung erscheint.
"Meine Frau gehört zu mir. Wir sind miteinander verwachsen und wir sind uns gut. Da gibt es nichts anderes. Natürlich gab es auch manchmal Konflikte und schwierige Momente. Aber es war immer völlig klar, es gibt nichts anderes."
"Das finde ich sehr schön, wenn jemand das nach sechzig Jahren so sagen kann. So hätte ich mir das auch gewünscht", füge ich bedauernd aber gleichzeitig völlig neidlos hinzu.
Der schelmische Mann wird nun völlig ernst.
"Bei der Trauung in der Kirche habe ich zu IHM im Tabernakel gesagt: *Mit DIR gemeinsam schließe ich den Bund.*
Das habe ich meiner Frau noch nie erzählt. *Im Tabernakel...mit DIR....*", wiederholt er nachsinnend und bekräftigend.
Hinter diesen wenigen Worten spüre ich seine tiefe Innerlichkeit.
Nickend sage ich: "Ich weiß genau, was Sie meinen. So ein Versprechen mit Gott im Bunde hat eine ganz andere Kraft in sich, als wenn es nur einem Menschen gegeben wird.
Ich kenne solche Situationen. Das gleichzeitige Versprechen an Gott gibt eine Kraft, die man sonst nicht hätte."

Zwischen uns entsteht plötzlich eine ganz besondere Stimmung. Da verbinden sich Ernst und Ehrfurcht mit einer schönen Nähe und Vertrautheit, die offensichtlich uns beide bewegt.
Wir schweigen einen Moment.
'Wo zwei oder drei in meinem Namen versammelt sind, da bin ich mitten unter ihnen', fällt mir spontan ein.
Was für ein kostbarer Moment!
"Wie ist Gott und wo ist Gott?", fragt er mich nun unvermittelt und auffordernd in die Stille hinein. Mir ist sofort klar, dass er für sich keine Antwort braucht. Er will nur meine Einstellung erfahren.
"Für mich ist Gott sehr einfach und unkompliziert. Er ist für mich überall im Leben gegenwärtig, in der Liebe, in der Wahrheit, in der Güte, in der Vergebung, in der Barmherzigkeit.
Gott ist ständig um mich herum. Er begegnet mir durch Menschen, die von all dem etwas leben und zeigen. Wenn mir einer seinen echten, tiefen Glauben zeigt, dann spüre ich ebenfalls etwas von Gott", versuche ich mein Gottesbild in Worte zu fassen.
"Er begegnet mir jetzt in diesem Moment durch Sie!"
Ohne nachzudenken kommen diese Worte spontan aus meinem Mund. Ich spreche sie tiefernst in voller Überzeugung aus.
Der Mann schaut mich stumm an. Seine Augen werden feucht. Er ist sehr betroffen, schluckt, ist den Tränen nahe.
Ich reiche ihm wortlos die Hand zum Abschied und blicke ihn nur an.
"Jakobus soll Sie beschützen", bringt er betroffen hervor. Er startet den Traktor, ich laufe los, drehe mich aber noch mal um. Auch er schaut zurück, nachdem er gewendet hat. Wir winken einander zu.
Ebenfalls sehr betroffen versuche ich zu erfassen, was da gerade geschehen ist. Aus einer fröhlich heiteren Stimmung sind wir uns sehr nah gekommen und haben uns gegenseitig berührt.
Diese Begegnung ergreift mich zutiefst. Sie gehört zu den schönsten meines Weges.
Bald bin ich an der St. Jakobuskirche von Bargau. Im angrenzenden Friedhof ist die Stempelstation. Nach einer kurzen Besichtigung suche ich die Straße von Frau B.

Dann sehe ich einen Wohnwagen mit einer großen Pilgermuschel im Garten stehen. Hier muss es sein. Frau B. empfängt mich herzlich. Sie führt mich gleich zum Wohnwagen und will mir alles zeigen.
"Stopp!", werfe ich ein. "Ich bin ohne Geld unterwegs und ich erkläre Ihnen zuerst meine Beweggründe und dann können Sie entscheiden, ob Sie mich aufnehmen wollen."
"Selbstverständlich nehme ich Sie auch ohne Geld auf", entscheidet sie, nachdem ich meine Geschichte erzählt habe.
Frau B. erklärt mir den Wohnwagen, der für sechs Personen Platz bietet. Seit 2007 bietet sie ihn als Pilgerquartier an. Die Frau ist mit ihren vierundsiebzig Jahren sehr lebendig und strahlt Herzenswärme und Fröhlichkeit aus. Sie hat vier Kinder großgezogen und ist seit fünfundzwanzig Jahren Witwe. Im Jahr 2000 war sie auf einer Gruppenreise per Bus mit dem Künstlerpfarrer Sieger Köder in Santiago. Pilger aufzunehmen macht ihr Freude, da kommen Menschen aus aller Herren Länder, berichtet sie erfreut. Selbst ein Mann mit Esel war schon bei ihr.
Sie vertraut den Menschen und hat ein offenes Herz für Pilger.
"Jeder Pilger darf hier eine Karte ziehen." Sie hält mir einen Stoß Spruchkarten hin und ich nehme eine heraus. Auf der Karte steht:

Die Vernunft ist des Herzens größter Feind

"Diese Karte ist goldrichtig, das ist genau meine Auffassung. Eine treffendere Karte hätte ich nicht ziehen können", freue ich mich und Frau B. lacht herzhaft dazu.
Sie hat einen außergewöhnlichen Pilgerstempel: die Abbildung eines Wohnwagens mit Jakobsmuschel. Ich bin ganz begeistert von meiner Unterkunft.
Nun erzählt sie mir die besondere Geschichte dieses Wohnwagens. Er stand viele Jahre auf dem Nachbargrundstück des Onkels. Als der Onkel starb, sollte der Wohnwagen in ihren Garten. Doch alles war so verrostet, dass sich kein Rad mehr bewegen ließ. Ein Verwandter im Ort besitzt einen Baukran. Damit wurde der Wohnwagen über die Hausdächer an seinen jetzigen Standort gebracht. Das Besondere ist

noch, dass die zehnjährige Tochter des Kranführers ganz oben in der Kanzel saß und den Kran bediente. Über dem Hausdach verlaufen Stromdrähte. Deshalb blieb der Vater unten am Boden und gab seiner Tochter im Kran entsprechende Anweisungen.
Frau B. zeigt mir Fotos von dieser Aktion. Phantastische Bilder, wie der Wohnwagen über dem Hausdach schwebt. Und dann ein Foto von der Zehnjährigen, die den Kran bediente. Eine herrliche Geschichte. Wie schön, bei dieser Frau gelandet zu sein! "Danke Corinna, dass du mich hier angemeldet hast", sage ich in Gedanken.
Den Wohnwagen finde ich herrlich und ich fühle mich pudelwohl in meinem Reich. Frau B. verbreitet ein wohltuendes Klima. Ich fühle mich willkommen und angenommen.
Frau B. zeigt mir noch Dusche und Toilette im Keller.
Wenig später flattert meine Wäsche an der Leine im Garten. Meine Gastgeberin bringt mir Nudeln mit Salat, die ich mir im Schatten unter der Markise des Wohnwagens schmecken lasse.
Danach erkunde ich den Ort. In einer Metzgerei ist Jubiläumsfeier. Ich bekomme eine kleine Wurstdose geschenkt.
Am Abend telefoniere ich nach Hause. Frau B. hat mir ihr schnurloses Telefon gebracht. Ihre *Flatrate* erlaubt mir ausgiebig zu telefonieren. In der Nacht schlafe ich hervorragend.

Motorradtour mit Dixi

Samstag, 6. Juli 2013

Schon um sechs Uhr bekomme ich Frühstück von Frau B., denn ich will bald losgehen. Die Sonne scheint, es soll wieder heiß werden. Zwischen Bargau und Böhmenkirch besteht keine Möglichkeit, Wasser zu bekommen. Eine lange Etappe durch den Wald steht mir bevor.
Frau B. bietet mir an, mich mit dem Auto auf die Höhe hinauf zum Bargauer Kreuz zu fahren. Das macht sie immer mit ihren Pilgern. Also sage auch ich nicht nein. Der Jakobsweg geht durch den Wald an einer Teerstraße drei Kilometer steil bergauf. Der Teerweg ist für Autos grundsätzlich gesperrt. Aber sie hat eine Sondergenehmigung.
Dieses Stück habe ich mir durch ihr Entgegenkommen erspart.
Dankbar verabschiede ich mich von dieser freundlichen, hilfsbereiten Frau.
Der Wald duftet, die Vögel zwitschern ihre Lebensfreude heraus. Welch friedliche Welt durchschreite ich ständig! In der Natur spüre ich einen intensiven Bezug zur Schöpfung und zu Gott. Tiefes Vertrauen ins Leben breitet sich in mir aus. Man kann sich in dieser Umgebung gar nicht vorstellen, dass Menschen an anderen Orten fähig sind, sich gegenseitig zu töten, zu missbrauchen oder in Geldgier andere zu versklaven.
In dieser faszinierenden Natur kann ich die Liebe Gottes wahrnehmen, in jeder Vogelstimme, in jedem Sonnenstrahl, in jedem Atemzug. Und dabei entsteht das Bedürfnis, sie weiter zu geben.
Der Wald ist ungeheuer groß. Es gibt viele Weggabelungen und Kreuzungen. Ohne Markierung und Wegbeschreibung wäre ich hier verloren. Trotzdem vermisse ich immer wieder eine Wanderkarte, die an zweifelhaften Stellen hilfreich wäre. Aber ich werde mich weiterhin ohne Karte durchschlagen.
Durch saftig grüne Wiesen und Felder gelange ich schon um zehn Uhr nach Böhmenkirch. Am Nachmittag bin ich mit der Küsterin verabre-

det. Die Übernachtung hier sage ich ab, denn ich will nun weiter bis Gussenstadt. In der Bäckerei bekomme ich drei Brötchen geschenkt. Und schon wandere ich weiter durch die Landschaft. Am frühen Nachmittag bin ich in Gussenstadt. Beim Pfarramt empfängt mich ein junger Pastor mit einem kleinen Kind auf dem Arm. Drei weitere wuseln um ihn herum. Ich stelle mich und meine besondere Situation vor und frage nach einem Pilgerquartier. Der Pastor macht einen angenehmen, hilfsbereiten Eindruck. Er zeigt mir den Gemeinderaum, der im Pfarrhaus integriert ist. Eine kleine Küche ist vorhanden. Dann bringt er mir eine Matratze, Decke und Bettwäsche. Morgen kann ich frühzeitig den Raum verlassen und losgehen, wann ich will. Diese Unabhängigkeit schätze ich außerordentlich.
Sofort beziehe ich mein Bett und lege mich aufs Ohr. Böhmenkirch hätte als Tagesetappe wahrlich gereicht. Die Kilometer nach Gussenstadt waren wieder einmal zu viel.
Ich bin so geschafft, dass ich zweieinhalb Stunden schlafe. Doch wieder verkrampfen sich alle Muskeln. Im Augenblick habe ich auch starke Schmerzen an den Füßen. Die Bänder und Sehnen sind übermäßig beansprucht.
Meine Verfassung bringt mich dazu, mir Fragen zu stellen. Wenn meine Tour nur darin besteht, einsame Wälder zu durchqueren und am Zielort vor Erschöpfung den Tag zu verschlafen, kann etwas nicht stimmen. Auf diese Weise komme ich nicht mit Menschen in Kontakt und finde auch niemanden, der mich privat aufnimmt. Dann lande ich immer wieder nur in den Gemeinderäumen von Pfarrhäusern, wo ich mir selbst überlassen bin, überlege ich selbstkritisch.
Gegen siebzehn Uhr bin ich soweit, durch den Ort zu gehen. Mir fehlen Kaffeepulver und Milch für den Morgenkaffee. Den Pastor will ich nicht noch mehr belästigen. Er hat mit seiner Kinderschar genug zu tun. Beim Verlassen des Pfarrhauses höre ich die Orgel in der Michaelskirche.
Ein junges, blondes Mädchen übt für den nächsten Gottesdienst. Sie spielt sehr schön, hört allerdings auf, als sie mich sieht. Wir unterhalten uns kurz. Sie steht auf und zeigt mir ein berühmtes Bild von Jesus

an der Wand. Das Bild von Christus als Apotheker. Diese Darstellung habe ich noch nie gesehen.
Im Ort suche ich nun den weiterführenden Weg. Dabei komme ich mit einem Mann im Rollstuhl in ein längeres Gespräch. In der Gaststätte frage ich nach einer Einmalportion Milch für meinen Morgenkaffee. Das führen sie nicht, ist die Auskunft. Ich berichte von meiner Pilgerunterkunft im Pfarrhaus. Die Wirtin füllt mir nun in eine kleine *Tupper*-Schüssel von ihrer Kondensmilch ab. Die Schüssel soll ich morgen an die Haustür stellen.
Die Menschen hier sind sehr offen und entgegenkommend. Hier herrscht ein gutes Dorfklima.
Am Sportplatz ist heute ein Fest. Hier könnte ich vielleicht ein Abendessen finden, denke ich. Eine Straße weiter sehe ich einige Leute auf einer Bank vor dem Haus sitzen.
Eine ältere Frau, ein Paar im mittleren Alter und ein kräftiger, braun gebrannter, bärtiger Mann, schätzungsweise so um die fünfzig. Er trägt ein Stirnband, hat eine Tätowierung am Arm und sticht aus allen Anwesenden heraus.
Als ich grüßend an der Bank vorübergehe, liest der bärtige Mann die Aufschrift meines T-Shirts. "Gottvertrauen stärkt", spricht er laut, wie für sich selbst.
Darauf reagiere ich sofort und bleibe stehen: "Und, sind Sie mit mir einer Meinung?"
"Ja," antwortet er zögerlich und lang gedehnt. Dabei schaut er nachdenklich vor sich hin.
"Wo kommst denn her? Willst ein Bier?", fragt er im gleichen Atemzug.
"Ja, wenn ich es angeboten bekomme, sage ich nicht nein", gebe ich fröhlich zur Antwort.
Die anderen rücken lachend auf der Bank zusammen, damit für mich Platz wird.
"Ich darf doch "Du" sagen", fährt der bärtige Mann fort
"Klar! Ich bin die Bruni."
"Ich bin der Dixi"

Schon habe ich eine Bierflasche in der Hand und wir stoßen in der Runde miteinander an.
Wir sind sofort über meine Pilgertour im Gespräch. Dixi will nicht glauben, dass ich seit 2. Mai von Flensburg aus zu Fuß unterwegs bin. Ich breite meinen Pilgerpass auf dem Tisch aus und erlebe rundum ungläubiges Staunen. Als ich erzähle, dass ich ohne Geld unterwegs bin, sind alle völlig fassungslos. Sie können sich nicht vorstellen, wie so etwas möglich ist. Ich berichte von meinen Beweggründen und einzelnen Erlebnissen während dieser Reise.
Dixi lädt mich spontan zu seinem abendlichen Grillfest ein.
"Das nehme ich gerne an. Ein Abendessen kommt mir wie gerufen", sage ich erfreut.
"Aber vorher drehen wir mit meiner Harley eine Runde durchs Dorf", schlägt er in herausforderndem Ton vor und schaut mich dabei prüfend an.
Er rechnet anscheinend damit, dass ich vielleicht aus Angst ablehne, bei ihm aufs Motorrad zu steigen.
"Kein Problem, das können wir machen", sage ich leichthin. Die anderen grinsen belustigt und freuen sich über die Vorstellung, uns beide auf dem Motorrad zu sehen.
Elke holt Gebäckstücke, die sie selbst gebacken hat, aus dem Haus und bietet sie allen in der Runde an. Inzwischen ist Dixis Freundin Anja erschienen und wir machen uns miteinander bekannt. Elke und ihr Mann haben hier am Ort eine Firma für Landmaschinen. Sie wohnen im Nachbarhaus. Ihnen gehört das Haus vor dem wir sitzen. Seit neun Jahren haben sie es an Dixi vermietet. Immer hatten sie Ärger mit den Mietern. Seit Dixi hier wohnt, gibt es keinen Mietärger mehr. Dixi hat seinen Harley-Davidson-Club hier eingerichtet, er kümmert sich um alles und ist einfach der beste Mieter, den sie jemals hatten.
"Was machst du denn, wenn du in Konstanz bist. Wie kommst du heim, wenn du kein Geld hast", will Dixi wissen.
Ich zucke die Schultern. "Keine Ahnung, darüber mache ich mir erst Gedanken, wenn ich Konstanz erreicht habe", antworte ich ganz unbekümmert.

"Ich fahre jeden Abend um halb sechs hier los. Ich kann dich in meinem Laster mit nach Nürnberg nehmen. Dort treffe ich viele andere Fernfahrer, einige fahren durch Bamberg weiter. Da kann ich dich an einen meiner Kumpels vermitteln."
"Das werde ich eventuell gerne in Anspruch nehmen. Aber vielleicht findet sich eine ganz andere Möglichkeit. Das wird sich in Konstanz entscheiden. Gib mir für alle Fälle deine Telefonnummer, damit ich dich erreichen kann", schlage ich vor.
Wir tauschen Adressen und Telefonnummern aus. Alles fügt sich wieder einmal bestens.
"Was ist denn jetzt mit eurer Motorradtour", erinnern die anderen. "Dixi, du musst dich doch nachher um dein Fleisch kümmern."
"Stimmt!", erwidert Dixi. "Also, dann wollen wir mal." Er steht von der Bank auf und ich erhebe mich ebenso. Alle lachen erwartungsvoll. Dixi holte seine Maschine, eine echt schöne Harley, aus der Garage. Ich bekomme einen Helm, steige auf und umfasse mit beiden Armen fest seinen Bauch. Schon zücken die anderen ihre Handys und machen Fotos. Dixi braust mit mir davon.
"Ich muss dich loben, du fährst sicher und anständig obendrein", mache ich ihm nach einiger Zeit ein Kompliment,
Im Dorf hupt er bei manchen Häusern und lädt verschiedene Leute noch zum Grillen ein. Er fährt mit mir auch ein Stück über Land.
Nach der Spritztour zeigt er mir den Stempel von seinem Harley-Club. "Den darfst du mir in meinen Pilgerpass drücken. So einen Stempel hat kein anderer Pilger", lache ich. Und Dixi drückt mit Freuden seinen Stempel in den Pass.
Schließlich kümmert er sich um seine Grillsachen. Elke gibt mir für morgen gemahlenen Bohnenkaffee und ich laufe zurück zum Pfarrhaus. Dem Pastor berichte ich von meiner Grilleinladung und frage, wie ich zu später Stunde ins Haus kommen könnte.
"Ich lasse den Schnapper herunten und wenn Sie abends kommen, stellen Sie wieder um", meint er ganz praktisch.

"Wo sind Sie denn zum Grillen eingeladen?", fragt er interessiert. Ich erzähle ihm von Dixi und auch von der Motorradtour. Er freut sich sichtlich mit mir.
Nun laufe ich wieder zurück zu meinen neuen Freunden. Nach und nach kommen Dixis Motorradkumpels, in schwarzer Clubkleidung. Auf dem T-Shirt steht: Harley Davidson Club, dazu ist ein Totenkopf abgebildet. Ihre Arme sind oft vollständig tätowiert.
Äußerlichkeiten beeindrucken mich grundsätzlich wenig. Ich versuche immer, den Menschen hinter seiner Fassade zu erfassen.
Dixis Freunde machen alle einen netten und friedlichen Eindruck auf mich.
Den Neuankömmlingen erzählt Dixi von meiner Geschichte 'Ohne Geld durch Deutschland'. "Die ist richtig, die gefällt mir", fügt er hinzu und deutet auf mich.
Dixis Grillfleisch ist ausgezeichnet zubereitet. Dazu gibt es Salate und Brötchen. Alles schmeckt sehr gut.
Dixi ist von Beruf gelernter Metzger und nun fährt er mit einem Vierzigtonner durch die Gegend. Er zimmert, schreinert und schreckt vor nichts zurück. Er ist ein Allrounder, der praktisch alles kann.
"Hast du unterwegs keine Angst, dass du an so einen Deppen gerätst. Es gibt doch genug, das steht doch immer wieder in der Zeitung", spricht er mich auf Gefahren an.
"Natürlich weiß ich von gestörten Menschen, aber die warten nicht wochenlang im Wald auf mich. Die halten sich an anderen Ecken auf. Ich verlasse mich auf mein Gespür für Gefahren und auf meine Menschenkenntnis. Ich bin in meinem Leben mit so vielen unterschiedlichen Leuten in Berührung gekommen, da bekommt man ein Gespür für Menschen und Situationen", erkläre ich ihm.
Ich erzähle von meiner ehrenamtlichen Arbeit im Gefängnis und mit Obdachlosen. Das beeindruckt ihn offensichtlich.
"Was hältst du denn von mir", fragt er mich unvermittelt.
"Du bist in Ordnung. Du hast das Herz auf dem rechten Fleck, auf dich kann man sich verlassen", bringe ich meinen Eindruck von ihm auf den Punkt.

"Wenn Jesus durch dieses Dorf gelaufen wäre, er hätte sich als Erstes zu euch an die Bank gesetzt", füge ich ganz ernsthaft in voller Überzeugung hinzu.
"Meinst Du das im Ernst?" Dixi ist betroffen.
"Ich bin mir da völlig sicher. Warum sollte Jesus sich nicht zu euch setzen?"
"Du meinst, zu mir auch?", vergewissert er sich.
"Natürlich!"
"Ich bin kein unbeschriebenes Blatt und hab schon manchen Bockmist gebaut ..."
"Das spielt keine Rolle. Wer von uns ist schon ein unbeschriebenes Blatt. Wir machen doch alle Fehler in unserem Leben. Für Jesus zählt nicht, was wir jemals falsch gemacht haben. Verzeihen ging ihm immer über Verurteilen. Jesus hat sich gerade zu den Außenseitern der Gesellschaft gestellt. Die einfachen Menschen lagen ihm besonders am Herzen. Ob wir ein Herz haben, ob wir berührbar und offen sind, das zählt für Jesus", versuche ich Dixi meine Sichtweise darzulegen.
Dixi wird ernst, er ist sehr betroffen. Er kann zuerst nicht glauben, dass ich das tatsächlich meine und fragt mehrfach nach: "Meinst Du das wirklich im Ernst?" Und jedes Mal, wenn ich es bestätige, wird er nachdenklich. Es beschäftigt ihn.
Den Neuankömmlingen erzählt er von meiner Überzeugung. Manchmal sagt er auch nur zu sich selbst: "So, so, Jesus würde sich zu mir auf die Bank setzen." Es ist deutlich spürbar, dass ihm diese Aussage etwas bedeutet.
Gegen zehn Uhr verabschiede ich mich von allen und gehe zum Pfarrhaus. Hier bereite ich alles für einen zeitigen Aufbruch am Morgen vor.

Sonntag, 7. Juli 2013

Schon vor sechs Uhr breche ich auf. Beim Gasthof stelle ich das Schüsselchen, das ich für die Kondensmilch brauchte, mit einem kleinen Dankzettel ab. Wieder einmal ist herrliche Morgenstimmung. Nebelschleier ziehen von den Wiesen und Feldern zur Sonne hoch.

Leider ist die Wegbeschreibung so irreführend, dass ich etliche Kilometer umsonst gehe und schließlich umkehren muss.
In Sontbergen möchte ich in der evangelischen Jakobuskirche die Glasfenster von Sieger Köder besichtigen.
Der Schlüssel ist bei verschiedenen Familien hinterlegt, doch nirgends erreiche ich jemanden. Schließlich bin ich am Ortsende angelangt. Ein Mann schneidet mit der Sense Futtergras vom Straßenrand. Ein großer, junger Hund ist bei ihm. Der Mann weiß sofort, was ich will.
"Sie bekommen von mir einen Schlüssel, ich bin gleich fertig", ruft er mir zu. Ich warte, bis er den Wagen vollgeladen hat. Sein Versuch, mit der schweren Zweiradkarre die Ortsstraße entlang zu fahren, scheitert, denn der Hund zieht so sehr an der Leine, dass er mit dem Wagen die Richtung nicht halten kann. Mal fährt der Karren nach links, mal nach rechts.
"Kann ich Ihnen helfen?", frage ich.
"Ja, nehmen Sie den Hund!" Er streckt mir die Leine hin. Der Hund versucht nun dauernd, an mir hochzuspringen.
"Nehmen Sie Ihren Hund! Ich fahre lieber den Karren", schlage ich vor.
Der Hund hat viel mehr Kraft als ich und lässt sich von mir nicht bändigen. Der Mann nimmt seinen Hund, der unverändert zu mir hüpfen will. Wir sind schon ein lustiges Trio, denke ich, während ich den Karren ins Dorf bis zum Stall schiebe.
Endlich bin ich mit dem Schlüssel an der Kirche, um festzustellen, dass eine Frau die Kirche in der Zwischenzeit geöffnet hat. Nun muss ich erneut zum anderen Dorfende laufen, um den Schlüssel wieder abzugeben. Den Weg hätte ich mir sparen können.
Aber es ist, wie es ist. Das soll mir die Besichtigung der Kirche nicht trüben.
Die Straße verläuft steil bergauf nach Zähringen. Den Jakobsweg durch den Wald meide ich bewusst. Heute reicht es mir mit Verlaufen. Schweiß tropft mir vom Gesicht. Es wird wieder heiß.
In Zähringen habe ich keine andere Wahl. An der Straße entlang müsste ich einen riesigen Umweg laufen, also bleibt mir von hier nur

der Jakobsweg durch den Wald. Erneut gibt es eine unklare Stelle, die mich hin und her irren lässt. Schließlich erreiche ich Ettlenschieß. Am Ortsrand ist ein kleines Häuschen mit Partyzelt und lauter Musik. Eine Frau hatte gestern ihren fünfzigsten Geburtstag. Anscheinend wurde durchgefeiert. Alles sieht ein wenig chaotisch aus. Das Geburtstagskind lädt mich zu Kaffee und Kuchen ein. Ich soll mich selbst bedienen. Für mein Mittagessen hätte ich lieber etwas Deftiges. Die Fischbrötchen am Tisch würden mich mehr reizen. Aber die liegen schon so lange in der prallen Sonne, dass ich lieber keine Fischvergiftung riskieren will. Der Hunger treibt mich dazu, mich mit Kuchen satt zu essen. Der Nußzopf schmeckt sehr gut, der Schokoladekuchen noch besser. Dazu trinke ich in Mengen Apfelsaftschorle. Alle sind schon oder noch beschwipst. Sie versuchen, sich mit mir über meinen Weg zu unterhalten, aber es gelingt nicht so ganz. Der Alkohol zeigt seine Wirkung.
Doch einer der Männer erklärt mir, wie ich den Weg nach Temmenhausen abkürzen kann.
Nachdem ich gesättigt bin und meine Füße sich etwas erholt haben, laufe ich weiter an der Straße über Lonsee nach Luizhausen. Ein toter Fuchs liegt hier auf der Wiese neben der Straße. Es ist keine Verletzung erkennbar, er liegt einfach auf der Seite, als würde er schlafen. Noch nie habe ich einen frei lebenden Fuchs zu Gesicht bekommen, immer nur im Zoo. Ich betrachte ihn einige Zeit und muss dabei an die Geschichte des kleinen Prinzen und seine Begegnung mit dem Fuchs denken. Ein schönes Tier, nur leider mausetot.
Die heutige Tour ist mal wieder eine Mammutstrecke. Nach Scharenstetten verliere ich im Wald den Weg und irre unsinnig durch die Gegend. Obwohl ich inzwischen weiß, dass der Weg falsch ist, kehre ich nicht mehr um. Zu oft bin ich heute umgekehrt. Es geht nun im Wald steil bergab. Unten im Tal will ich mich neu orientieren.
Die Autogeräusche werden lauter. Mein Weg endet an einem Parkplatz der Autobahn. Das volle Chaos herrscht hier. Autos über Autos, Menschen schwirren herum, lange Schlangen an der Toilette, auf der Autobahn stehender Verkehr soweit das Auge reicht.

Manche wirken gelassen, das Schicksal darf seinen Lauf nehmen. Andere wirken sehr gestresst und gereizt. Sie haben die Kontrolle über ihre Situation verloren. Etliche telefonieren heftig gestikulierend mit ihren Handys.
An einer Sitzgruppe treffe ich auf ein Ehepaar. Die Frau lächelt mir freundlich entgegen, so gehe ich auf sie zu und frage, was hier los ist. Achtzehn Kilometer Stau, mehr wissen sie nicht. Es sind Holländer, die Deutsch sprechen. Sie wollen wissen, woher ich komme, und ich erzähle ein wenig. Ihre Autokarte gibt mir leider keine Orientierung, da Temmenhausen nicht eingezeichnet ist. Nach einer kurzen Unterhaltung gehe ich weiter den Waldweg entlang. Im Wald wimmelt es von Menschen, die sich von der langen Warteschlange an der Toilette wohl abschrecken ließen. Es sieht ulkig aus, wie fast hinter jedem Busch jemand sitzt oder plötzlich wie ein Stehaufmännchen hochkommt. Viele ältere Frauen stolpern raschelnd durch Laub und durch das unwegsame Gehölz an der Böschung.
Eine Frau in meinem Alter fällt vor meinen Augen ins Laub. Wie ein Ball kullert sie den Hang ein wenig bergab und bleibt schließlich in einer Kuhle auf dem Rücken liegen. Sofort tauchen hinter Büschen andere Frauen auf und eilen zu Hilfe. Sie sind schneller als ich. Der Frau ist zum Glück nichts passiert. Das Laub war weich. Sie konnte nur ohne Hilfe nicht aufstehen. Die ganze Situation hier am Parkplatz bekommt eine Komik, dass ich schmunzeln muss. Alle haben ein Ziel und eine feste Vorstellung, wie der Tag verlaufen sollte. Plötzlich werden diese Pläne durchkreuzt und ein Chaos entsteht, als hätte man in einen Ameisenhaufen gestochen. Wenn ich nicht so kaputt wäre, würde ich eine Pause einlegen und die Menschen ein wenig beobachten. Doch eine Rast ist jetzt nicht das Richtige für mich. Womöglich komme ich dann nicht mehr hoch.
Beim Parkplatz führt eine schmale Brücke über die Autobahn. Autos überqueren sie in langen Schlangen und benutzen den Feldweg, auf dem ich gerade gehe. Das wilde Wenden vor der Einmündung in den schmalen Feldweg behindert die Autoschlange und macht das Chaos perfekt. Die Leute halten an, fragen sich gegenseitig, doch keiner weiß

Bescheid. Ständig werde ich am Weg von diesen Autos überholt. Sie fahren zum Glück langsam. Manche halten an und fragen, wohin der Weg führt. Doch ich habe selbst keine Ahnung. Alle Autos sind brechend voll mit Menschen oder Gepäck.
Ich erreiche die ersten Häuser eines Ortes. Oben am Waldrand sehe ich ein Gebäude mit der Aufschrift: 'Hotel'.
Die Autoschlangen auf meinem Weg haben sich zwischenzeitlich aufgelöst. Nur auf der Autobahn stehen die Fahrzeuge unverändert.
Weit und breit keine Menschenseele, die ich fragen könnte. Da kommt mir ein Radfahrer mit seinem Rennrad entgegen. Ich gebe ihm ein Zeichen und er steigt vom Rad. Ein sympathischer Mann in mittlerem Alter schaut mich freundlich an.
"Können Sie mir sagen wo ich hier bin?"
"Der Ort hier heißt Temmenhausen."
"Da oben am Waldrand, ist das der 'Gasthof am Berg'?", deute ich nach oben.
"Ja", bcstätigt cr.
"Da wollte ich eigentlich herauskommen. Doch ich habe mich im Wald verlaufen und erreichte dann einige Kilometer weiter vorne den Autobahnparkplatz", erkläre ich ihm.
Der Radfahrer hat es nicht eilig. Er interessiert sich für meinen Weg und ich erzähle ihm in kurzen Sätzen von meiner Tour.
"Was machen Sie jetzt, wo übernachten Sie?"
Ich will versuchen, dort oben an der Gaststätte gegen Mitarbeit unterzukommen, denn ich bin ohne Geld unterwegs. Ob die mich aufnehmen, weiß ich natürlich nicht. Hoffentlich laufe ich nicht umsonst den Berg hoch."
"Das sind gute Leute, ich glaube schon, dass Sie da unterkommen. Aber Sie können auch gerne bei uns übernachten. Allerdings müssten Sie noch vier Kilometer weiter bis nach Tommerdingen laufen."
Ohne ihn zu kennen sagt mir mein Bauchgefühl, dass dieser Mann in Ordnung ist und ich das Angebot bedenkenlos annehmen kann.
"Wenn Sie mir das anbieten, sage ich nicht nein. Ich bin froh, wenn ich heute für meine Unterkunft nicht mehr arbeiten muss. Denn die

heutige Tour hat mich ordentlich geschafft, lieber noch vier Kilometer laufen."
"Wir haben im Moment eine ganze Wohnung über uns frei. Da ist ein Bad mit Sauna. Da können Sie so richtig entspannen und sich erholen. Ich bin von meiner Radtour in etwa zwei Stunden zurück. Sagen Sie meiner Frau, dass ich Sie schicke, dann geht das in Ordnung."
Er gibt mir seine Adresse und radelt weiter. Ich schleppe mich in der Hitze mit letzten Kräften durch das Dorf und versuche, an geeigneter Stelle Autos anzuhalten. Der Sonntag ist dafür ein denkbar schlechter Tag. Es gibt wenig Verkehr in meine Richtung und die Autos beschleunigen gegen Ortsende bereits so stark, dass den Autofahrern im Vorüberfahren nicht genug Zeit bleibt, einen Eindruck von mir zu gewinnen.
Hinter mir öffnet sich der Hof zu einem Gebäude. Eine jüngere Frau ist an ihrem Auto beschäftigt.
"Meinen Sie, ich habe hier eine Chance nach Tommerdingen mitgenommen zu werden? Oder wüssten Sie einen geeigneteren Platz für mich?", spreche ich die Frau an.
Wir kommen miteinander ins Gespräch und nachdem sie meine Geschichte in groben Zügen kennt, fordert sie mich auf, in ihr Auto einzusteigen.
"Ich fahre Sie schnell nach Tommerdingen", bietet sie gutmütig lächelnd an.
Sie erfasst meinen erschöpften Zustand und unterbricht deshalb ihre Aktivitäten. Erleichtert nehme ich dieses Angebot an. Sie fährt mich direkt zur angegebenen Adresse.
"Das war ein echter Liebesdienst, haben Sie herzlichen Dank."
"Das habe ich gerne gemacht", lächelt sie mir zu.
"Alles Gute für Sie", verabschiede ich mich.
Vor mir steht ein zweistöckiges Haus. Das Wohnmobil auf dem Grundstück lässt auf eine gut situierte Familie schließen. An der Klingel finde ich den entsprechenden Namen.
Dann schaut mir eine jüngere Frau fragend entgegen. Ich stelle mich als Jakobspilgerin mit meinem Namen vor.

"Ich habe Ihren Mann in Temmenhausen getroffen und er meinte, ich könnte bei Ihnen übernachten. Er hat mir Ihre Adresse gegeben.
Nun bin ich da und frage Sie, ob Sie damit einverstanden sind", lächle ich sie gewinnend an.
"Wenn mein Mann das gesagt hat, dann ist das in Ordnung." Ohne auch nur eine Sekunde zu zögern nimmt sie mich auf.
"Kommen Sie mit, ich zeige Ihnen die Wohnung. Wir haben gerade alles frisch gestrichen. Sie ist im Moment leer. Aber das ist kein Problem, wir haben Isomatten."
Sie zeigt mir die Wohnung im Dachgeschoß, bringt mir unaufgefordert Handtücher, Duschmittel, Mineralwasser und Kekse. Damit ich mich ausruhen kann, bringt sie mir auch gleich eine überbreite Isomatte.
Ich staune über diesen Empfang. Was mich besonders fasziniert, ist das Vertrauen, welches deutlich spürbar ist. Wenn ihr Mann mich aufnimmt, dann ist das richtig und muss von ihr nicht mehr hinterfragt werden. Das ist kein Akt der Unterwerfung sondern pures Vertrauen in die Entscheidung des Mannes. Denn die Frau wirkt sehr eigenständig und unabhängig. Ihr Verhalten spricht für eine sehr gute Beziehung dieses Paares.
Zuerst ist Wäschewaschen und Duschen angesagt. Die Frau gibt mir Wäscheklammern und stellt mir die Haustür auf 'schnappen', damit ich rein und raus kann. Ich lege im Schatten die Beine hoch, sehe meine Wäsche flattern, genieße den wunderschönen Garten und das kleine Wunder, hier zu sitzen.
Welche Kettenreaktion doch eine kurze Frage nach dem Ort bewirken kann.
Meine Gastgeberin fährt mit dem Auto weg, um ihren Sohn vom Zeltlager abzuholen. Und wenig später kommt der Mann mit seinem Fahrrad und stellt lachend fest:
"Da sind Sie ja! Kommen Sie mit hoch auf den Balkon, da ist es gemütlicher."
Der Balkon ist riesig. Eine Sauna befindet sich in der Ecke, daneben zwei Gartenliegen und eine Tischgruppe mit Stühlen. Auch eine lange

Hängematte hat hier noch Platz. Im Garten ist ein großer Teich, alles ist sehr schön gestaltet. Herr F. bringt für uns beide belegte Brötchen und legt sich dann in seine Hängematte. Mit einem Strick am Geländer kann er sich ständig in leichter Schaukelbewegung halten. Er erzählt mir von seiner Radtour zum Blausee und dem Sprung ins eiskalte Wasser. Ihm ist egal, wie die umstehenden Leute gucken.
Das finde ich gut, dass er sich von anderen in seinem Vorhaben nicht aufhalten lässt. Hier habe ich es mit einem ganz besonderen Mann zu tun, einem der weiß, was er will und weiß, was er tut. Ein sympathischer Individualist, der das Leben zu genießen versteht aber auch anderen gegenüber menschlich und großherzig ist. Ein anderer hätte mich auch nicht so spontan zu sich eingeladen.
Eine entzückende graue Katze streicht umher. Der Mann nimmt sie immer wieder zu sich hoch, drückt sie an sich und krault sie. Die Katze ist noch jung und lässt alles mit sich geschehen. Nach einiger Zeit kommt die Frau mit beiden Kindern zurück.
Nun kann ich den wertschätzenden Umgang erleben, der in dieser Familie gepflegt wird. Alle hier sind ungezwungen und frei, voll gegenseitigem Respekt. Hier darf jeder er selbst sein. Man merkt den Kindern an, dass sie in einem liebevollen, guten Familienklima heranwachsen. Und man spürt das gegenseitige Vertrauen, das hier herrscht.
Wir duzen uns. Die Frau heißt Silke und der Mann heißt Frank. Silke serviert uns allen eine wunderbar schmeckende Eisschokolade.
Frank ist an seinem Lieblingsplatz in der Hängematte. Liebevoll knuddelt er seine Kinder. Aber er packt auch ganz selbstverständlich mit an, als es ums Abendessen im Wohnzimmer geht. Das ist angenehm zu beobachten. Es gibt Spätzle, Fleisch und Salat. Alles schmeckt sehr gut.
Frank bringt mir seinen Laptop, so kann ich ins Internet. Er schenkt mir eine Umgebungskarte von Ulm, die für den weiteren Weg sehr hilfreich ist.
Frank ist ein offener, großzügiger und warmherziger Mann, der mir zunehmend mehr imponiert. Von Beruf ist er Ingenieur. Nachdem die

Kinder im Bett sind, unterhalten wir uns noch bis in den Abend hinein. Silke ist ebenfalls eine sehr sympathische Frau. Beide erzählen von ihren Reisen mit dem Wohnmobil. Ich erlebe hier nicht nur ein schönes Paar, sondern auch eine wunderbare Familie.
Unter meine Isomatte bekomme ich zwei Liegenauflagen nebeneinander gelegt. Darauf schlafe ich dann ganz bequem und wunderbar. Vermutlich wurde der wohltuende Schlaf auch durch die gute Familienatmosphäre erzeugt.

Auf dem höchsten Kirchturm der Welt

Montag, 8. Juli 2013

Um halb acht breche ich auf. Noch am Vormittag erreiche ich das Ulmer Münster. Hier stelle ich von meinem angesammelten Pfandgeld für meine Nachbarin, die am 5. Juli Geburtstag hatte, nachträglich eine Kerze auf. Auch andere Menschen, die ich auf den Weg mitgenommen habe, bekommen eine Kerze. Im Münster werde ich von einer Frauengruppe umringt. Sie interessieren sich für meine Pilgerreise. Ich erzähle ein wenig von meiner Tour und von meinen Beweggründen. Die Frauen sind von meiner Geschichte sehr berührt. Eine Frau hat Tränen in den Augen. Sie fragt mich, was ich als nächstes tun werde.

"Ich will den Turm besteigen."

"Wie machen Sie das, wenn Sie doch kein Geld haben" wirft eine andere Frau verwundert ein.

Bevor ich antworten kann, sagt die erste Frau: "Ich gebe Ihnen das Geld für die Turmbesteigung."

"Das müssen Sie nicht, ich komme sicher auch ohne Geld hoch", wehre ich ab.

Doch die Frau besteht darauf. Sie geht zur Kasse und kauft ein Ticket für mich.

Mit vielen guten Wünschen verabschieden sich schließlich die Frauen von mir.

Ich steige die 768 Stufen des Turmes hoch, und lasse mir oben viel Zeit, den Rundumblick über die ganze Stadt und in die Ferne zu genießen. Die Menschen unten am Platz wirken wie Spielzeugfiguren. Die Sonne scheint und es ist heute wieder sehr heiß. Doch auf dem Turm zieht es heftig. Ich bin noch völlig verschwitzt vom Anstieg. Aber ich bin mir sicher, dass mein Immunsystem im Moment so gut ist, dass ich mir nichts hole. Sonst bin ich bei Zugluft immer sehr empfindlich. Der Turm ist 161,53 Meter hoch, damit ist er der höchste

Kirchturm der Welt. Anfangs wollte ich das gar nicht glauben. Doch von allen Kirchtürmen der Welt ist er tatsächlich der höchste.

Später laufe ich zur Donau. Hier begegnet mir eine gut aussehende Frau mit dunklen, kurzen Haaren. Polen ist ihre eigentliche Heimat, der leichte Akzent ist noch zu hören. Mir fällt sofort ihre ganz besondere Ausstrahlung auf. Ihre Ausstrahlung an Wärme und Menschenliebe ist unübersehbar. Wir kommen miteinander ins Gespräch und reden über Gottvertrauen. Schließlich erzählt sie mir von ihrer Arbeit. Sie ist Sozialarbeiterin in einer Caritaseinrichtung. Sie hat in den vielen Jahren ihrer Berufstätigkeit so viel erlebt, Schicksale über Schicksale, und sie fühlt sich inzwischen müde und ohne Kraft.
Vor dreißig Jahren ist sie vergewaltigt worden und wurde schwanger. Dieses Kind musste sie abtreiben. Danach hat Gott ihr eine behinderte Tochter geschenkt, erzählt sie. Jetzt ist sie über fünfzig Jahre und ihre Tochter ist inzwischen 28 Jahre alt. Nie war Zeit für Therapie, die Tochter brauchte sie schließlich. Und die Tochter konnte doch auch keine frustrierte Mutter brauchen.
Aber jetzt mit zunehmendem Alter kommt das immer schlimmer hoch. Sie hat in ihrem Leben nur für die Tochter gelebt und gegen ihre Traumatisierung angekämpft. Und jetzt ist sie nur noch müde, so müde...
"Aber warum sage ich Ihnen das alles? Ich sage das nie jemanden", ruft sie plötzlich ganz erstaunt aus.
"Sie haben mich richtig geöffnet", stellt sie ganz verwundert fest.
"Sie haben eben gespürt, dass Sie ein Gegenüber haben, das sich für Sie interessiert", lache ich sie unbekümmert an. Dann werde ich ernst.
"Sie haben so eine gute Ausstrahlung und tragen eine so ausgeprägte Menschenliebe in sich. Das ist mir vom ersten Moment an aufgefallen", teile ich ihr mit.
"Um zu lieben, muss man sehr stark sein und Sie sind stark. Doch vor lauter Kampf spüren Sie ihre eigene Stärke nicht mehr, sondern nur die Müdigkeit. Aber Sie sind eine außergewöhnlich starke Frau. Nur müssen Sie auch für sich selbst sorgen, damit Sie sich von allen Belas-

tungen erholen können. Sie brauchen auch Pausen mit schönen Erlebnissen. Dann werden Ihnen neue Energien zufließen, dann spüren Sie Ihre Stärke wieder", versuche ich ihr Mut zu machen. Nach einiger Zeit verabschieden wir uns herzlich voneinander.
Zufällig gerate ich in das 'Haus der Begegnung'. Hier erhalte ich nach einer kurzen Unterhaltung über meine Pilgerreise eine Tasse Kaffee und ein Stück Käsekuchen gratis. In einer Metzgerei wird mir noch ein leckeres Leberkäsbrötchen spendiert. Danach geht es in den Vorort Söflingen zu Joachim, dem ich mich für heute telefonisch angekündigt habe. Joachim wohnt außerhalb meines Innenstadtplans. In einer Apotheke in Söflingen frage ich nach dem Weg. Mit der Apothekerin komme ich gut klar. Sie druckt mir über Internet den nötigen Stadtplan aus und erklärt mir den Weg.
Bald habe ich die Straße erreicht. Joachim kommt gerade in diesem Moment mit seinem Auto von Augsburg zurück. Beim Aussteigen sieht er mich zuerst. Wartend schaut er mir entgegen. Sobald ich ihn erkenne, winke ich ihm zu. Lachend umarmen wir uns zur Begrüßung. Bekannte Gesichter sind in der Fremde immer eine ganz besondere Freude. Joachim ist Präsident der Fränkischen St. Jakobus-Gesellschaft in Würzburg und leitete meine Qualifizierungskurse für Pilgerbegleiter. Auch von seiner Frau Gila, die ich jetzt erst kennen lerne, werde ich herzlich empfangen. Ach, das tut so gut, willkommen zu sein.
Gila denkt sehr praktisch und bietet mir sofort an, sämtliche Kleidungsstücke zu waschen. Mein T-Shirt ist von diesem heißen Tag bereits wieder verschwitzt.
Sie leiht mir ein T-Shirt von sich, damit ich morgen früh mit komplett frischer Wäsche starten kann. Es geht doch nichts über pragmatisch denkende Hausfrauen. Die Dusche ist in dieser Hitze ein Segen. Danach sitzen wir im Schatten auf der Terrasse. Während ich Kirschen esse, erzähle ich von meinen Erlebnissen. Natürlich ist es auch bei Joachim und Gila wichtig, meine Beweggründe darzulegen, um verstanden zu werden.

Ich erzähle von dem Pastor in Eckernförde. "Er kritisierte mich heftig, weil ich ja nicht arm sei. Mit meinem Weg ohne Geld würde ich eine künstliche Situation erzeugen, so lautete sein Vorwurf."
"Die Jünger Jesu haben in gleicher Weise eine künstliche Situation erzeugt", fährt Joachim dazwischen. "Wären sie zuhause bei ihren Booten und Fischen geblieben, dann hätten sie auch von niemandem Gastfreundschaft gebraucht."
"Joachim, das ist ein gutes Argument, danke", lache ich erfreut. "Darauf bin ich nicht gekommen, aber du hast recht. Nur die Tatsache ohne Geld unterwegs zu sein, ermöglichte mir Begegnungen die sonst nie stattgefunden hätten", stelle ich nachdenklich für mich fest.

Gila zeigt mir ihr Haus, das von oben bis unten künstlerisch gestaltet ist. Im Keller stehen mehrere Webstühle, an denen ihre Kunstwerke entstehen. Sie hält auch Webkurse ab.
Den Abend verbringen wir gemütlich mit Wein auf der Terrasse. Weinselig lege ich mich ins Bett und schlafe wunderbar.

Dienstag, 9. Juli 2013

Auch heute ist wieder ein großer Hitzetag zu erwarten. Wir frühstücken alle miteinander sehr zeitig. Joachim und Gila fahren mich zum Stadtrand, dann hinauf auf eine Hochebene. Hier ist der Anschluss zum Jakobsweg nach Oberdischingen, dem Ziel meiner heutigen Etappe.
Auf der Höhe gibt es eine Stelle, an der das Haus von Gila zu sehen ist. Hier winke ich noch einmal zurück. Der Weg auf der Hochebene ist sehr schön. Noch sind die Temperaturen gut. An der Jakobuskirche in Grimmelfingen gibt es einen besonders schönen Stempel. Dafür klingle ich den Pfarrer frühzeitig aus dem Haus. Er erträgt es mit Fassung. Am Ortsausgang spricht mich eine Frau wegen meiner Rucksackaufschrift von ihrem Balkon aus an und lädt mich zu einer Tasse Kaffee ein. Die nächsten eineinhalb Stunden verbringe ich bei dieser Frau und unterhalte mich mit ihr über Glaubensfragen. Als ich bei ihr aufbreche, ist es bereits sehr heiß.

Ich nehme die Hosenbeine ab. Auf der Höhe bei Einsingen bietet sich wieder ein umwerfender Blick weit ins Land. In Ehrbach kommt mir eine Metzgerei wie gerufen. Der Hunger regt sich. Ich bitte um ein Wurstbrötchen und werde sofort beraten, ob ich nicht lieber etwas Warmes möchte.
"Gerne, wenn ich das ebenfalls haben kann", lächle ich die Frau dankbar an.
Sie packt mir ein üppiges Cordon Bleu Brötchen und zusätzlich ein großes Hackfleischbrötchen ein. Das ist schon fast wieder zu viel für meinen Hunger. Die Menschen meinen es gut, manchmal zu gut.
An der nächsten Schattenecke lasse ich es mir schmecken. Ein kühles Bier anstelle meines lauwarmen Leitungswassers wäre das grandiose i-Tüpfelchen. Aber ein Pilger ist genügsam.
Danach laufe ich zum Schloss und zur Kirche hoch. Die Hitze an der schattenlosen Teerstraße wird allmählich mörderisch. Im Pfarrbüro bekomme ich einen Stempel und auch gleich ein Pilgerquartier angeboten. Ich könnte hier umsonst im Tagungsgebäude übernachten.
"Danke für das Angebot, aber ich bin heute schon in Oberdischingen angemeldet", lehne ich ab.
Soviel freundliches Entgegenkommen ermutigt natürlich. Die würzigen Fleischwaren aus der Metzgerei machen durstig. Trotz aller guten Vorsätze zum bescheidenen Pilgerdasein kann ich den Gedanken an ein Bier nicht mehr loswerden.
Ich schildere den beiden Frauen im Pfarrbüro mein Bedürfnis und finde volles Verständnis. Über den Hausmeister organisieren sie mir eine Flasche Bier. Die genieße ich im Schatten auf der Treppe. Das Bier ist dunkel und gut, aber stark. In leicht schwummriger Verfassung setze ich meinen Weg fort.
Auf der Höhe hinter Ehrbach sehe ich tatsächlich noch den Turm des Ulmer Münsters zum Himmel ragen. Endlich sehe ich Oberdischingen vor mir. Ich muss von der Höhe ins Tal hinab und dann wieder einen Berg hinauf zum Cursillo-Haus St. Jakobus. Die Hitze macht mich fertig, ich komme kaum den Berg hoch. Ein Brunnen mit Jakobusfigur ziert den Eingangsbereich.

Im Gebäude empfängt mich eine Frau. Am Telefon habe ich dummerweise nicht gesagt, dass ich ohne Geld unterwegs bin. Dies wird mir nun zum Verhängnis. Die Leiterin des Hauses ist nicht anwesend. Sie kommt vielleicht am Abend zurück, wenn überhaupt. Ohne Geld sieht sich die Frau nicht in der Lage, mir ein Zimmer zu geben. Sie bezweifelt auch, dass ich ohne Geld hier aufgenommen werde.
"Vielleicht können Sie im Nebengebäude eine Matratze und eine Decke bekommen, aber bestimmt kein Zimmer", äußerst sie skeptisch. "Doch auch das kann ich nicht entscheiden", fügt sie bedauernd hinzu. Wäre ich doch nur in Ehrbach geblieben, denke ich bestürzt. Damit habe ich hier in einem Cursillo-Haus nicht gerechnet! Ich fühle mich fix und fertig. Ich bräuchte dringend eine Dusche zum Abkühlen und eine Liegefläche für meine schmerzenden Glieder. Aus den Wasserleitungen im Gebäude fließt zudem nur noch lauwarmes Wasser. Das schmeckt scheußlich. Die Frau schickt mich in den Hof. Dort kommt kühleres Wasser aus der Leitung. Ich fülle meine Flasche zweimal hintereinander. Obwohl ich einen Liter Wasser in mich hineingestürzt habe, fühlt sich mein Mund auf der Stelle wieder trocken an.
Als nächstes müssen die Wanderstiefel von den Füßen.
Die Frau gibt mir eine Plastikwanne, damit ich mir die Füße mit Wasser kühlen kann. Das tut den Füßen tatsächlich gut. Im schattigen Hof sind nur unbequeme Bierbänke ohne Lehne aufgestellt. Wie sehne ich mich danach, meine Beine auszustrecken! Das sind Momente, die mich an meine Grenzen führen. In meiner Not lege ich mich mit dem Rücken auf die harte Bierbank. Mit der Jacke versuche ich das Kreuz im Lendenbereich zu stützen.
Wider Erwarten, zu meinem großen Glück, kommt die Hausleiterin schon um halb drei zurück. Sie ist sehr menschlich und verständnisvoll. Unverzüglich zeigt sie mir im ersten Stock ein Zimmer, händigt mir den Schlüssel aus und befreit mich aus meiner qualvollen Lage. Selbstverständlich bekomme ich auch Essen. Ich darf mir morgen in der Küche selbst Frühstück zubereiten, um wegen der Hitze frühzeitig das Haus verlassen zu können.

Wie erlöst falle ich nach der Dusche ins Bett und schlafe bis siebzehn Uhr. Im Schlaf spüre ich abermals die starken Schmerzen meiner Füße. Dabei bin ich heute nur siebzehn Kilometer gelaufen. Die bisherigen Gesamtkilometer hinterlassen anscheinend ihre Spuren. Meine Füße bereiten mir ernsthaft Sorgen. Inzwischen bräuchte ich nach jeder Tour ein Salzwasserbad oder eine Fußmassage. Aber das lässt sich leider nicht bewerkstelligen.
Das Haus ist mit jungen Leuten belegt, die hier Seminartage verbringen. Gemeinsam mit ihnen esse ich zu Abend. Die Hausleiterin kündigt eine Aktion im Garten an. So leert sich der Raum nach dem Essen gleich wieder und ich komme leider mit niemandem richtig ins Gespräch.
Die Küchenfrau fragt mich beim Tischabräumen, ob ich Zeit hätte. Sie würde sich mit mir gerne über meinen Weg unterhalten. Wir gehen in die Küche und unterhalten uns längere Zeit. Sie zeigt mir auch alles, was ich für mein Frühstück benötige.
Anschließend laufe ich zur Kirche und schaue mir danach den schön gestalteten Garten an. Hier ist wirklich eine Oase zum Wohlfühlen mit spiritueller Ausstrahlung.

Mittwoch, 10. Juli 2013

Morgens um fünf Uhr laufe ich los. In Risstissen liegt ein toter Igel an der Straße. Auch er schaut wie der Fuchs unverletzt aus. Er liegt auf der Seite und streckt mit geschlossenen Augen alle vier Beinchen von sich. Armer Igel, denke ich. In Untersulmetingen liegt eine tote Katze mitten im Ort. Wie schrecklich, dass so viele Tiere dem Straßenverkehr zum Opfer fallen. Wenig später, auf einem Feldweg, sehe ich einen toten Maulwurf. Er liegt ganz friedlich da und scheint eines natürlichen Todes gestorben zu sein. Hitzschlag vielleicht, überlege ich.
Ohne weitere Todesfälle am Straßenrand komme ich nach Biberach. Inzwischen ist es wieder irrsinnig heiß geworden und ich fühle mich sehr geschafft. Beim Touristenbüro besorge ich mir einen Stadtplan. Danach gehe ich am Marktplatz in die Kirche. Ein sympathisch wirkender Mann, so um die fünfundfünfzig, schaut mir erwartungsvoll

interessiert entgegen. Ich gehe auf ihn zu und frage: "Sind Sie hier der Pfarrer?"
"Ja, der bin ich", antwortet er
"Das ist ja prima, dass ich Sie gleich treffe", äußere ich erleichtert. Sofort stelle ich mich mit meiner besonderen Art zu pilgern vor und frage, ob es hier ein Pilgerquartier gäbe.
"Ja, das können Sie haben", sagt er freundlich zugewandt. Der Pfarrer geht mit mir respektvoll und wertschätzend um und ich fühle mich wohl. "Kommen Sie mal mit mir zum Pfarrbüro", fordert er mich auf. Erfreut folge ich ihm.
Um die Kirche herum ist viel los, es ist Markttag. Gleichzeitig sind für den Abend Festaktionen geplant. Überall sind Stände aufgebaut, zwischen denen es von Menschen wimmelt.
In einer Seitengasse liegt das Pfarrbüro. Auf dem Weg dorthin erzähle ich einiges von meiner Reise. Im Büro ist eine ältere Dame, die mir durch ihre Brille gütig entgegenblickt. Der Pfarrer gibt ihr die Anweisung, auf Kosten des Pfarramtes für mich eine Übernachtung mit Frühstück im Hotel 'Drei König' zu buchen. Ich bin völlig überrumpelt. Ehe ich etwas äußern kann, verabschiedet sich der Pfarrer von mir und geht.
"Ich dachte an eine Unterkunft im Gemeinderaum, Hotelkosten wollte ich nicht verursachen", sage ich irritiert. Die Pfarrsekretärin ist mir offensichtlich wohl gesonnen. Sie erklärt mir freundlich, dass es dem Ort Biberach wirtschaftlich ganz ausgezeichnet gehe. Das muss wohl so sein, denke ich, sonst würde der Pfarrer kein Hotel wählen. Es gibt doch sicher einfachere Unterkünfte. Die Pfarrsekretärin wählt, wie vom Pfarrer veranlasst, die Nummer des Hotels. Sie bucht ein Einzelzimmer mit Dusche und WC. Ich falle dazwischen und sage: "Ein einfaches Zimmer ohne Dusche genügt mir."
Aber die Frau lässt sich nicht darauf ein. Mir wird es ganz peinlich, zu hören, dass das Zimmer fünfzig Euro kostet. "Die Rechnung schicken Sie bitte ans Pfarramt", höre ich sie sagen. Doch die Situation wendet sich am Schluss. Die Wirtin möchte das Zimmer mit Barzahlung abwickeln.

Schon holt die Sekretärin fünfzig Euro aus ihrer Kasse, als wäre es ganz alltäglich, Pilgern ohne Geld auf diese Weise eine Hotelübernachtung zu finanzieren. Darauf war ich nicht gefasst. Mit einer Rechnung über das Pfarramt hätte ich mich bedeutend wohler gefühlt. Geld sollte nicht durch meine Hände gehen. Das ist gegen mein Pilgerprinzip. Einen Moment bin ich unschlüssig und überlege, wie ich die Situation ändern könnte. Doch mir fällt nichts ein. Ich will die Angelegenheit für die Beteiligten ja nicht komplizieren. Außerdem bin ich so erschöpft, dass ich mich dringend nach einem Zimmer sehne. Mit sehr gemischten Gefühlen nehme ich den Geldschein und bedanke mich. Die Frau erklärt mir den Weg zum Hotel. Es liegt am Marktplatz nicht weit von hier.
Der Chefin vom Hotel 'Drei König' erzähle ich von meiner Pilgertour ohne Geld. Sie geht freundlich mit mir um. Ich überreiche ihr die fünfzig Euro. Mir erscheint dies als Unsumme, nur für eine Nacht. Da durchzuckt mich eine Idee.
"Hätten Sie vielleicht ein einfacheres Zimmer ohne Dusche und WC? Und könnte ich dazu vielleicht ein Abendessen haben", frage ich ganz spontan.
"Ja, ein einfacheres Zimmer können Sie auch haben", meint sie leichthin. "Das kostet dann zweiunddreißig Euro."
Schon holt sie achtzehn Euro aus der Kasse und legt sie auf die Theke. Wieder habe ich mit dem verflixten Geld zu tun. Eigentlich wollte ich doch nur einen Tausch mit ihr eingehen. Na gut, denke ich, auf diese Weise bin ich nicht an die teure Speisekarte des Hotels gebunden und kann mich günstig ernähren. Die Frau überreicht mir den Zimmerschlüssel und fragt, wann ich das Frühstück möchte.
"Möglichst bald, damit ich früh vorankomme, bevor es heiß wird."
Mit dem Aufzug fahre ich ins oberste Stockwerk und gelange zu meinem Zimmer. Das Zimmer mit Waschbecken hat schräge Wände und ist winzig. Ein kleiner Fernseher ist auch vorhanden. Dusche und WC sind zwei Türen weiter auf dem Flur. Anscheinend bin ich allein in diesem Bereich.

Besser hätte ich es nicht bekommen können. Das ist perfekt, denke ich. Nach dem Duschen falle ich erschöpft ins Bett und schlafe tief und fest.
Erst um achtzehn Uhr wage ich mich in die Hitze hinaus. Eine Wohltat, ohne Wanderstiefel und ohne Rucksack über den Marktplatz zu laufen! Ungewollt bin ich plötzlich reich geworden. Denn so fühle ich mich mit achtzehn Euro in der Tasche. Erstaunt stelle ich fest, wie glücklich mich dieses Geld nun macht. Das passt natürlich überhaupt nicht zu meinem beabsichtigten Pilgerstil. Fast bekomme ich ein schlechtes Gewissen, weil ich mich über das Geld in meiner Hosentasche so freue. Doch dann nehme ich die Situation an, so wie sie ist, und lasse meinen Glücksgefühlen freien Lauf. In Gedanken male ich mir aus, was ich davon kaufen werde. Der Flammkuchen an einem Marktstand hat mich mittags bereits angelacht. Mir läuft schon das Wasser im Mund zusammen. Dann die wunderbaren Erdbeeren, dazu ein großes Eis ...
Es ist herrlich, mal nicht um Essen bitten zu müssen und selbstbestimmt etwas kaufen zu können. Als erstes esse ich für drei Euro fünfzig den begehrten Flammkuchen. Er ist ein Gedicht, schmeckt einfach ausgezeichnet. In der Marktkirche kaufe ich zwei Kerzen für Menschen, die ich auf den Weg mitgenommen habe. Nun nehme ich mir Zeit, die Kirche mit ihrer schönen Deckenbemalung genauer anzusehen.

Nicht weit entfernt vom Marktplatz gibt es eine *Norma*-Filiale. Die Sonne ist noch immer unerträglich heiß. Der Weg dorthin macht mich sofort ganz matt. Auch meine Füße schmerzen wieder entsetzlich. Schmerzen an der Grenze des Erträglichen begleiten mich häufig auf diesem Weg. Sie sind eine große Strapaze und treiben mich immer wieder in die Erschöpfung. Nun habe ich das Gefühl, als würden sie sich noch mehr steigern. Aber vielleicht lassen auch nur meine Abwehrkräfte nach.
Bei *Norma* hole ich mir eine große Flasche Spezi, dazu eine große Packung Eis. Heute ist ein Pausentag in meinem Pilgerdasein und es

wird so richtig geschlemmt. Auf einer Schattenbank im Park lasse ich mir das Eis auf der Zunge zergehen. Für Erdbeeren ist nun doch kein Platz mehr in meinem Bauch. Befriedigt kehre ich in mein Zimmer zurück und schaue den restlichen Abend fern.

Heilsame Fussmassage

Liebesfähig zu werden
ist das höchste Ziel des Lebens

Dorothee Sölle

Donnerstag, 11. Juli 2013

Um sechs Uhr stehe ich auf und darf vorzeitig frühstücken. In der Frische des Morgens laufe ich los. Niemand ist in der Natur unterwegs. An der Wolfentalmühle stehen fünf braune Esel in unterschiedlichen Größen auf der Weide. Alle haben im Nackenbereich an der gleichen Stelle einen dunkelbraunen Streifen. Esel sind schöne Tiere und ich freue mich, ihnen zu begegnen. Später in Bad Waldsee bin ich schon wieder ziemlich geschafft. Meine rechte Ferse bereitet mir zunehmend Schwierigkeiten.

Der Ort liegt an einem See und ist sehr schön. Vom Pfarrbüro aus rufe ich das Kloster in Baindt an. Hier gibt es eine Pilgerunterkunft. Doch niemand ist erreichbar, ich kann nur auf den Anrufbeantworter sprechen. Die Pfarrsekretärin bietet mir im ersten Stock des Gemeindehauses eine Schlafgelegenheit an. Sie zeigt mir die Räumlichkeiten. Ein brauchbares Sofa ist in einem ordentlichen Zimmer vorhanden. Küche und alles weitere wäre auch da. Wir müssten nur noch Decken auftreiben.

Eigentlich würde alles gut passen, aber ich sage trotzdem nicht zu. Aus unerklärlichem Grund zieht es mich weiter nach Baindt, obwohl ich dort niemand erreichen konnte.

Inzwischen habe ich Hunger. Neben der Kirche ist eine Suppenküche für Bedürftige. Die suche ich auf und stelle mich vor. Problemlos bekomme ich hier umsonst zu essen und zu trinken. Es gibt Weißwürste mit Kartoffelsalat und grünem Salat und schmeckt sehr gut. Danach

gibt es sogar Kuchen. Auf diese Weise kann ich meine Brötchen vom Frühstück als Abendessen aufheben.
Meine Füße haben sich während der Essenszeit etwas erholt. Der Nachmittag liegt noch vor mir. Den Weg nach Baindt will ich noch schaffen. An der Straße entlang ist der Weg kürzer als auf dem Jakobsweg durch die Natur. Außerdem habe ich hier die Gewähr, mich nicht zu verlaufen. Am Ortsende wird mir klar, dass die Straße in eine Schnellstraße mündet. Kurz entschlossen halte ich an. Eine Frau nimmt mich mit.
"Normalerweise nehme ich nie jemanden mit", erklärt sie mir. "Aber plötzlich verspürte ich den inneren Impuls: Halt an!" Leicht verwundert über sich selbst, schaut sie mich an.
"Die letzten Jahre war ich oft als Anhalterin unterwegs. Was Sie jetzt sagen, höre ich immer wieder, wenn mich jemand mitnimmt", lache ich erfreut.
"Sie haben eben sofort erfasst, dass ich nicht gefährlich bin und deshalb auf Ihre innere Stimme gehört. Ich finde, wir sollten immer auf sie hören. Sie führt uns richtig."
An der Ausfahrt Mochenwangen lässt sie mich raus. Es sind noch vier Kilometer nach Baindt.
Auf dieser Nebenstrecke bewegt sich fast kein Auto. Aber es gibt einen Radweg, so muss ich nicht auf der Straße laufen.
Meine Füße schmerzen immer heftiger und der Weg kommt mir unendlich lang vor. Mit meiner rechten Ferse kann ich kaum mehr auftreten. Heute habe ich mich doch übernommen, denke ich.
Endlich erreiche ich Baindt. Der Klosterkomplex zieht sich an einem steilen Hang hin. Man schickt mich bergauf zur Blindenschule und von dort wieder hinab zum Wohngebäude. Ein Heim für Seh- und Mehrfachbehinderte ist an die Blindenschule angeschlossen Auf mein Klingeln reagiert niemand. Im Gebäude finde ich die Behinderteneinrichtung. Ein Mann vom Personal schickt mich in den vierten Stock. Die Treppen geben mir den Rest. Hier wohnen die Schwestern. Der Gästeteil der Wohnung ist offen, aber niemand ist anwesend.

Es gibt ein sehr schönes Wohnzimmer mit altertümlichen Möbeln. Die Tür steht einladend offen, so trete ich in den Raum und schaue mich um. Auch eine kleine Küche ist vorhanden. Mehrere Gästezimmer sind unverschlossen und anscheinend nicht belegt. Wie gerne würde ich mich jetzt in eines dieser Betten legen!
Alles ist hier sehr ansprechend gestaltet und die spirituelle Ausstrahlung ist deutlich spürbar.
Ich lasse Rucksack und Stöcke im Flur stehen und ziehe die Sandalen an. Vielleicht ist eine Schwester in der Kirche zu finden. Hoffnungsvoll steige ich den Berg zur Kirche wieder hoch. Weit und breit ist keine Schwester zu sehen. Niemand weiß, wo die Schwestern sind. Ein Mann schickt mich zu Frau F. im Nachbargebäude. Durch sie entdecke ich den Aufzug, mit dem wir gemeinsam in den vierten Stock fahren. Sie geht mit mir in die Wohnung, klingelt am Klausurteil der Schwestern. Doch nichts rührt sich.
"Setzen Sie sich doch ins Wohnzimmer, bis jemand kommt. Das ist bestimmt in Ordnung", versichert sie mir.
Mit dieser Erlaubnis muss ich mich hier nicht wie eine Einbrecherin fühlen. Ich lege auf dem Sofa die Beine hoch. Gleichzeitig frage ich mich, was das Ganze hier soll. Welchen Sinn hat meine Tour überhaupt noch, wenn ich nur erschöpft herumhänge. Welchen Sinn hatte der gestrige Tag? Mache ich womöglich etwas falsch?
Eine Frau betritt nach einiger Zeit die Wohnung. Sie übernachtet hier öfter und ist für heute fest angemeldet. Die Frau stellt ihren Koffer im Flur ab, weil sie nicht weiß, welches Zimmer Schwester Carola ihr geben will. Aber sie kann mir bei meinem Problem nicht weiterhelfen. Sie hält gleich ein Seminar und geht deshalb wieder. Auch ich verlasse die Wohnung und gehe in den Garten. Eine Frau in meinem Alter sitzt vor dem Haus auf einer Bank. Sie gehört offensichtlich hierher. Ich stelle mich vor und erkläre ihr meine Lage.
"Ich bin so erledigt von der Tour. Gibt es denn hier niemanden, der die Kompetenz hat, mir ein Zimmer zu geben", frage ich weiter. Die Frau ist sehr nett, aber sie kann ebenfalls nicht weiterhelfen. Sie wohnt im Nebengebäude. Bisher war sie in der Blindenschule tätig,

doch nun ist sie Rentnerin. Sie erzählt ein wenig aus ihrer Schultätigkeit und von den neuen Aufgaben, die sie für sich sucht.
Wir unterhalten uns ganz zwanglos und sie bietet mir für meine schmerzenden Füße eine Massage an. Ich bin unsicher, wie ich mich verhalten soll, und gehe erst einmal nicht darauf ein. Wenig später sehe ich eine Schwester in Tracht zum Gebäude laufen. Ich eile zu ihr und stelle mich vor. Es ist Schwester Franziska, aber sie hat nichts mit der Zimmervergabe zu tun. Mit dem Aufzug fahren wir in den vierten Stock. Sie hält nach einem Zettel, nach einer Botschaft Ausschau, findet aber nichts.
"Ich weiß jetzt nicht, ob das wirklich passt, aber nehmen Sie sich jetzt einfach mal dieses Zimmer."
Sie öffnet den Raum neben der Küche. Gerne stelle ich mein Gepäck ins Zimmer.
Das Bett hat eine magische Anziehungskraft. Aber solange nicht geklärt ist, ob ich hier kostenlos übernachten darf, wage ich nicht, mich einzunisten.
So gehe ich zu Frau G. zurück in den Garten.
"Wie haben Sie das gemeint mit der Fußmassage? Ich kann nichts bezahlen, denn ich bin ohne Geld unterwegs", versuche ich die Lage zu klären.
"Ich habe doch auch nichts 'von Bezahlen' gesagt", schüttelt sie den Kopf, als wäre eine kostenlose Fußmassage selbstverständlich.
"So habe ich Sie schon eingeschätzt, aber ich wollte jeden Zweifel ausräumen. Schließlich will ich mir auch nichts erschleichen. Wenn Klarheit herrscht, fühle ich mich immer wohler."
"Da haben Sie schon recht, das verstehe ich."
"Also, ich nehme Ihr Angebot nur zu gerne an", sage ich in froher Erwartung.
Frau G. bringt eine Schüssel mit Wasser und Badezusatz. Sie überreicht mir gleichzeitig ein Handtuch. Schon allein das Fußbad ist angenehm. Ich erkläre ihr dabei die grundsätzliche Problematik meiner Füße und berichte vom zweimaligen Überlastungsbruch, von den monatelangen Nervenschmerzen des durchgetretenen linken Vorderfußes.

"Die Schmerzen am Vorderfuß haben sich nach zwei Wochen pilgern seltsamerweise aufgelöst. Der Fuß hat sich schmerzfrei gelaufen. Jetzt habe ich vermutlich mit allgemeinen Überlastungsschmerzen an den Sehnen und Bändern zu kämpfen. Doch an der rechten Ferse bahnt sich vielleicht ein Fersensporn an. Anfangs konnte ich über zwanzig Kilometer schmerzfrei laufen, allmählich nur noch zehn Kilometer und nun verschwindet der Schmerz an der Ferse überhaupt nicht mehr. Der Fuß erholt sich auch nachts nicht", erkläre ich meine Beschwerden.
"Einen Fersensporn wünsche ich Ihnen nicht", sagt sie mit bedenklicher Miene. "Sie sollten Ihre Tagesetappen kürzer wählen."
Nach dem Fußbad sitze ich ihr gegenüber und sie nimmt meinen Fuß in ihren Schoß. Mit einer speziellen Creme massiert sie auf wohltuende Weise. Sie schließt kurze Zeit die Augen und massiert nicht weiter. Ihre Hand umschließt mit angenehmem Druck meinen Fuß. Obwohl sie scheinbar nichts tut, verspüre ich ein höchst angenehmes Gefühl. Mit dem Fuß geschieht etwas. Ich vermute, dass sie gleichzeitig betet.
"Ich hatte soeben das Gefühl, als würde ganz viel Energie in meinen Fuß fließen," teile ich ihr mit, als sie wieder massiert. Sie nickt nur, als wüsste sie das schon.
Mit dem anderen Fuß verfährt sie in gleicher Weise.
"Die Massage war phantastisch und hat mir eine tolle Linderung meiner Schmerzen gebracht. Vielleicht kann ich nun heute Nacht schmerzfrei schlafen. Ganz herzlichen Dank!"
"Ich habe hier schon öfters Pilgern die Füße massiert. Falls die Schwestern Sie ohne Geld nicht aufnehmen, bezahle ich Ihre Übernachtung", fährt sie ganz schlicht fort. "Aber ich kann mir nicht vorstellen, dass das passiert."
"Warum machen Sie das?", frage ich ganz beeindruckt von der ungewöhnlichen Art dieser Frau.
"Einfach so, aus Sympathie", erwidert sie leichthin, als wäre es nichts Besonderes.
"Sie erweisen mir erstaunlich viele Liebesdienste. Liebe weise ich nie zurück, denn sie stärkt und man kann sie weitergeben. Normalerweise

will ich kein Geld annehmen. Aber nun empfinde ich, es geht in diesem Fall überhaupt nicht um Geld. Es geht um eine Geste der Liebe, die Sie mir damit zeigen." Ich schaue sie dankbar an.
"Das ist ein Geschenk, das ich als heilend für mich empfinde, es tut richtig gut", teile ich mit, was ich gerade empfinde.
Wir schweigen beide einen Moment.
"Geben Sie mir Ihre Adresse", bitte ich sie. "Ich melde mich bei Ihnen, wenn ich zuhause bin.
"Moment, ich muss da etwas holen", sagt sie und geht ins Haus.
Wenig später kommt sie zurück. Sie gibt mir die Namen von Lehrkräften der Schule in Brochenzell. Dazu einen Briefumschlag, in den sie ein Büchlein mit schönen Bildern und Texten steckt. Den Umschlag soll ich mit einem Gruß von ihr abgeben, sobald ich durch den Ort komme. "Die Leute helfen Ihnen weiter, wenn Sie etwas brauchen", fügt sie ganz schlicht hinzu. Anscheinend geht es ihr weniger darum, diesen Brief nach Brochenzell bringen zu lassen.
Sie will mir damit die Gelegenheit zu einer Kontaktaufnahme mit hilfreichen Menschen verschaffen. Mir ist wieder einmal eine ganz besondere Frau begegnet.
Weiterhin überreicht sie mir eine Karte.
"Der Text passt für Sie. Die Karte schenke ich Ihnen."
Ich lese laut vor:

Jedes Ende ist auch ein Anfang.
Ob wir etwas beenden können,
entscheidet darüber,
ob wir etwas
beginnen
werden.

Ulrich Schaffer

"Schöner Text, danke!"
Auch die Anschrift und Telefonnummer der Frau erhalte ich.
"Ich weiß aber nicht, ob ich dann noch da bin. Ich will mich örtlich verändern und bin im Aufbruch", teilt sie mir mit.

Wir unterhalten uns noch ein wenig.
"Da kommt Schwester Carola", macht sie mich aufmerksam. Zwei Schwestern laufen auf das Haus zu.
"Danke für alles und viel Glück für einen neuen Start", verabschiede ich mich nun von Frau G. Dann versuche ich, mit den eingecremten Füßen in den Sandalen den Wiesenhang hinab zu laufen.
Schwester Carola sieht mich und bleibt stehen. Das letzte Stück Wiese ist zu steil, ich kann mich in den rutschigen Schuhen nicht mehr halten und falle der Schwester fast in die Arme. Sie streckt mir die Hand entgegen und fängt mich damit regelrecht auf. Wir müssen beide über diese heftige Art der Begrüßung lachen.
Sofort spüre ich, dass mich diese Schwester niemals fortschicken wird. Ich stelle mich vor und erkläre meine Situation.
Sie geht ganz selbstverständlich damit um, als wäre das normal. Nun fahren wir zu dritt mit dem Aufzug hoch. "Wir waren heute zu einem Ausflug unterwegs", erklärt sie ihre lange Abwesenheit.
"Ich bringe Ihnen noch ein Abendessen", bietet sie oben in der Wohnung an.
"Das brauche ich nicht, ich hatte vom Frühstück noch ein Brötchen", winke ich ab.
"Höchstens etwas Obst, wenn Sie das haben."
Sie bringt mir zwei Pfirsiche und eine Nektarine ins Wohnzimmer. Hier bekomme ich auch gleich einen wunderschönen Pilgerstempel. Dann erzähle ich von *Solwodi.*
"*Solwodi* kenne ich, das brauchen Sie mir nicht erklären. Schwester Lea kenne ich auch", ruft sie aus und unterschreibt sofort.
"Richten Sie ihr einen Gruß von mir aus, sobald Sie ihr begegnen."
"Das werde ich tun", erwidere ich erfreut.
Endlich kann ich unter die Dusche gehen und es mir in meinem Zimmer gemütlich machen.
Das war ein harter Tag, aber er hat sich gelohnt. Am Nachmittag war ich unendlich erschöpft und habe mich innerlich total leer gefühlt. Doch jetzt fühle ich mich wieder aufgebaut. Nun weiß ich, warum ich

nicht in Bad Waldsee geblieben bin. Es hatte einen Sinn nach, Baindt zu kommen.
In der Nacht schlafe ich gut und spüre keine Fußschmerzen.

Freitag, 12. Juli 2013

Schwester Carola bringt mir kurz nach sechs Uhr mein Frühstück. Sie ist über siebzig Jahre alt und läuft barfuss hin und her. Ich muss schmunzeln, sie gefällt mir. Diese Schwester ist einfach gut drauf.
Sie zündet die Kerze am Tisch an, legt mir noch schöne Musik von *Enya* auf und geht wieder. Draußen scheint die Sonne. Eine Sonnenblume steht auf dem Tisch. Ich mag Sonnenblumen und habe einen besonderen Bezug zu ihnen. Was diese Schwester hier für eine schöne Morgenstimmung meinetwegen erzeugt, denke ich dankbar. Es ist doch kaum zu glauben.
Hier muss man die Liebe Gottes einfach spüren - in allem, was einen umgibt.
In meiner gestrigen Erschöpfung konnte mir kaum noch vorstellen, wie ich meine Tour sinnvoll zu Ende bringen soll.
Doch nun bin ich durch Frau G. innerlich wieder völlig aufgebaut und fühle mich sehr glücklich. Diese Frau hat mir eine unglaubliche Energie gegeben. Dazu auch Schwester Carola in ihrer liebevollen, unkomplizierten Art.
Wir brauchen einfach den ständigen Fluss von Geben und Nehmen. Gestern war ich völlig leer und musste mir geben lassen, um nun wieder weitergeben zu können. Ich muss immer dafür sorgen, in diesem Gleichgewicht zu bleiben, denke ich für mich.
Die Musik passt wunderbar zu meiner Stimmung. Die Klänge fallen tief in meine Seele.
Große Zuversicht erfüllt mich für die Bewältigung der letzten Etappen.
Ich lasse mir zum Frühstücken Zeit und kann mich aus dieser angenehmen Stimmung kaum herauslösen.

Es ist einige Zeit her, dass ich mich so energiegeladen und glücklich fühlte wie heute. Die Strapazen des Weges waren doch eine große Herausforderung, wie mir jetzt bewusst wird.
"Gottes Segen auf Ihrem weiteren Weg!" Schwester Carola drückt mir die Hand.
"Richten Sie Frau G. bitte aus, die Liebe, die sie mir durch ihre Fußmassage gegeben hat, hat mich total aus der Erschöpfung herausgeholt. Meine Füße sind schmerzfrei.
Ihnen danke ich für diese besondere Gastfreundschaft. Die Grüße an Schwester Lea werde ich ausrichten." Mit diesen Worten verabschiede ich mich.
Im Ort komme ich an der Bushaltestelle vorbei. Ein Bus mit der Aufschrift "Weingarten" steht wartend dort. Das erscheint mir wie ein Wink des Schicksals.
"Guten Morgen! Ich bin Jakobspilgerin und bin seit 2. Mai von Flensburg bis zum Bodensee ohne Geld unterwegs. Heute Nacht habe ich im Kloster übernachten dürfen. Meine Füße sind inzwischen schon ziemlich lädiert. Wenn Sie mich umsonst mit nach Weingarten nehmen könnten, wäre das eine schöne Unterstützung." Ich schaue den Mann bittend an.
Der Bus ist vollkommen leer, das begünstigt die Situation.
"Steigen Sie ein", nickt er mir freundlich zu. Kaum sitze ich in der Bank, schließt er die Türen und fährt los. Es ist erst fünfzehn Minuten nach sieben und ich sitze in einem Bus nach Weingarten. Ich kann es wieder einmal nicht fassen, wie alles geschieht. Das *Glück* ist wieder mächtig auf meiner Seite. Neue Zuversicht erfasst mich. Ich werde es bis Konstanz schaffen.
Um halb acht bin ich in Weingarten und laufe sofort zur Basilika. Sie ist die größte Barockbasilika in Deutschland. Zwei mächtige Treppen führen hinauf zum großen Vorplatz. Die Basilika ist eingerüstet und mit Fotofolien versehen. So kann man sich das Bauwerk trotz Gerüst gut vorstellen. Von hier oben habe ich einen ausgezeichneten Blick weit ins Umland hinein. Die Farben der Landschaft leuchten in der Sonne.

Im Innern staune ich über die prächtigen Wand- und Deckenmalereien. Nicht umsonst gilt die Basilika als Barockjuwel. Hier könnte man Stunden mit der Betrachtung der Gemälde verbringen. Weingarten und Biberach haben mir von allen Kirchen bisher am besten gefallen. Ich hole meine Liste mit den Menschen, die ich auf meinem Weg mitgenommen habe, hervor. Es sind so viele, dass ich sie mir nicht merken kann und auch unterwegs sind neue dazu gekommen. Ich führe sie mir einzeln vor Augen und bitte für alle um Segen und Kraft für die Herausforderungen ihres Alltags. Dann stelle ich für alle zusammen am Altar eine Kerze auf. Für meine Töchter und bestimmte Menschen stelle ich auch eine ganz eigene Kerze auf. Beim Verlassen der Basilika sehe ich den Mesner den Platz kehren.
"Wo kann ich einen Pilgerstempel bekommen?", frage ich ihn.
"Den bekommen Sie bei mir. Sie müssen nur warten, bis ich den Dreck hier aufgekehrt habe."
Unmengen von Zigarettenkippen hat er schon auf einen Haufen gekehrt.
"Das sind unsere Studierten! Dann wundert man sich über die Kinder. Manchmal sieht das noch viel schlimmer aus", schüttelt er verständnislos den Kopf.
Neben der Basilika befindet sich die Pädagogische Hochschule. Als er fertig gekehrt hat, geht er mit mir in die Sakristei und drückt mir einen sehr schönen Stempel in den Pass.
Nach einer Besichtigung der Innenstadt laufe ich stadtauswärts. Mein Weg führt im Straßenlärm durch unschöne Gewerbegebiete. Weingarten und Ravensburg sind zusammen gewachsen und gehen nahtlos ineinander über. Vor mir hält gerade ein Stadtbus mit der Aufschrift "Ravensburg" Vielleicht nimmt er mich ebenfalls kostenlos mit, denke ich spontan. Fragen kostet ja nichts! Vor mir steigen Leute ein und zeigen dem Fahrer ihre Berechtigungskarte.
Ich will gerade den Mund zum Sprechen öffnen, da nickt er mir zu und schaut mich mit einem auffordernden Blick an, den ich nicht anders auffassen kann als: Alles in Ordnung, setzen Sie sich hin! Ich nicke erfreut zurück und suche mir gleich hinter ihm einen Platz. Wie

eine stumme Absprache mit den Augen war das eben zwischen uns. Seltsam! Beim Aussteigen verabschiede ich mich dankbar lächelnd vom Busfahrer und winke ihm nochmal zu. Am Beginn der Fußgängerzone sehe ich eine ältere Frau mit einem Schälchen in der Hand stehen. Offensichtlich möchte sie Geld. Sie ist normal ordentlich gekleidet und steht in würdevoller Haltung da. Ich laufe an ihr vorbei und krame etwas abseits meinen zehn Euroschein von Biberach aus der Tasche. Ich habe es nicht fertig gebracht, neben Flammkuchen und Eis noch mehr aus meiner Pilgerrolle auszubrechen. Ich unterhalte mich mit ihr ein wenig und übergebe ihr den Geldschein. Nun habe ich mich wieder auf einen Euro siebzig reduziert. Das reicht noch für drei Kerzen in Konstanz, denke ich. Dann besichtige ich die Innenstadt von Ravensburg. Hier bekomme ich einen übergroßen Stempel in den Pilgerpass. Obwohl ich noch nicht viel gelaufen bin, spüre ich meine Ferse schon wieder. Stadtpflaster ist eben doch schnell belastend.
Dic Massagc gcstcrn war sehr gut, aber ein Fersensporn-Problem konnte sie natürlich nicht beseitigen. Vielleicht sollte ich meinen Fuß heute noch schonen, überlege ich.
Am Stadtrand komme ich an einer Tankstelle vorbei. Eine sympathisch wirkende Frau, wohl etwas jünger als ich, tankt gerade und ich spreche sie an. Tatsächlich kann sie mich mitnehmen, sie will nur noch bezahlen. In der Zwischenzeit fährt eine jüngere Frau an die Zapfsäule daneben. Während sie tankt, lächelt sie mich freundlich an. Ich gehe auf sie zu und sie sagt mir, die Aufschrift auf meinem T-Shirt würde sie ansprechen. Sie würde mich ebenfalls sofort im Auto mitnehmen. Während wir miteinander plaudern, kommt die andere Frau vom Bezahlen zurück. Nun entdecken beide Frauen hoch erfreut, dass sie sich ja kennen und leider schon so lange nicht mehr gesehen haben. Sie sind sich sofort einig, dass sie das ändern wollen und verabreden sich miteinander.
"Mir ist gerade eine Mitfahrerin zugelaufen", sagt die Ältere.

"Die hätte ich auch mitgenommen, wenn du mir nicht zuvor gekommen wärst", scherzt die Jüngere. Wir verabschieden uns voneinander, ich lege meinen Rucksack in den Kofferraum und wir fahren los.
"Ich muss noch eine Freundin am Treffpunkt abholen, das kann ein wenig dauern," informiert die Frau mich.
"Das macht nichts, ich habe Zeit. Normalerweise laufe ich, aber ich habe ein Problem am Fuß und will ihn heute noch ein wenig schonen, damit ich meine Tour bis Konstanz durchhalte."
Sie interessiert sich für meine Pilgerreise und ist von meiner Erzählung ganz begeistert.
Wir sind bald am Treffpunkt und warten hier auf die Freundin. Wir stehen ziemlich lange, aber es stört uns beide nicht, da wir uns gut unterhalten können. Natürlich sind wir längst beim Du gelandet.
Die Frau heißt Michaela, ist fünfzig Jahre alt, hat vier Kinder. Das jüngste ist vierzehn Jahre und gerade in der schwierigen Pubertätsphase. Ich kann sie mit meinen eigenen Erfahrungen ein wenig trösten und ihr Hoffnung auf bessere Tage geben. Sie erzählt mir sehr Persönliches aus ihrem Leben. Ich höre interessiert zu und rate ihr, sich in bestimmten Situationen Unterstützung zu holen.
"Um Hilfe zu bitten ist immer dann richtig, wenn man wirklich einen guten Grund zum Bitten hat. Kaum ein Mensch verschließt sich einer Bitte, wenn er sie erfüllen kann. Sie muss nur schlüssig und verstehbar sein. Ich rate allen Menschen zu bitten, wenn sie wirklich etwas brauchen. Und auf diesem Pilgerweg zeige ich, dass das grundsätzlich gelingt.
Viele Menschen tragen in sich die falsche Erwartungshaltung, andere müssten ihnen unaufgefordert hilfreich entgegenkommen, wenn sie Bedürfnisse haben oder in Not sind. Doch andere spüren oft gar nicht wie es uns geht. Nach meiner Erfahrung ist es immer wichtig, einen Menschen ganz direkt anzusprechen und zu bitten. In dem Augenblick weiß dieser: Ich bin gemeint. Denn in der Gruppe von Vielen fühlt sich der Einzelne häufig nicht angesprochen", erkläre ich Michaela meine Auffassung.

Irgendwann kommen gleich zwei Freundinnen mit einem großem Hund daher. Die beiden Frauen sind noch sehr jung, etwa fünfundzwanzig Jahre alt, aber der Altersunterschied ist bedeutungslos.
Sie haben heute "Mädchentag" und wollen sich gemeinsam etwas gönnen.
Beide samt Hund kommen auf die Rücksitzbank und schon ziehen wir fröhlich weiter.
Alle drei freuen sich über ihren Tag, lachen und sprudeln nur so vor Energie. Sie sind in bester Stimmung, die automatisch überspringt. Michaela, meine Fahrerin, weicht von der geplanten Route ab, fährt einen Umweg, um mich in Meckenbeuren abzusetzen. Am Ziel, direkt vor der Kirche, übergibt sie mir ihre Visitenkarte und bittet mich um meine Adresse, die ich ihr notiere. Ich verabschiede mich von den beiden Mädels. Eine steigt nach vorne auf den Beifahrersitz um. Michaela steigt ebenfalls aus. Sie umarmt mich fest. "Das Gespräch mit dir hat mir viel Kraft gegeben. Danke!"
"Sorge gut für dich und gönne dir Auszeiten. Bitte um das, was du brauchst. Du bist das wert!", versuche ich ihr mitzugeben.
Anscheinend sollte das alles so sein, vom Bus fahren nach Ravensburg bis zum Trampen an der Tankstelle. Wir sollten uns begegnen.
Die Kirche liegt auf der gegenüberliegenden Straßenseite. Im Pfarrbüro bekomme ich einen Stempel und darf Pater Thomas in Konstanz anrufen. In zwei Tagen, wenn ich in Konstanz bin, ist Sonntag. Einen Touristenort wie Konstanz kann ich unmöglich ohne gebuchtes Quartier aufsuchen. Pater Thomas will nach den Angaben in meinem Adressverzeichnis zwanzig Euro für die Übernachtung. Mal sehen, ob er mich aufnimmt, überlege ich.
Welch ein Glück, er ist erreichbar! Die Unterkunft will er mir jedoch nicht geben. Nach seiner Meinung ist sie momentan zu sehr aufgeheizt und zum Schlafen unzumutbar. Ich erkläre ihm meine Lage ohne Geld und sage ihm, dass ich völlig anspruchslos sei und damit sicher zurecht käme.
Er zaudert, sagt weder ja noch nein. Doch er ist bereit, sich auf jeden Fall wenigstens als Anlaufstelle mit mir zu treffen. Da er am Sonntag

tagsüber weg ist, vereinbaren wir erst abends den Treffpunkt. Er gibt mir die Adresse seines Klosters.
Mit einer Anlaufstelle in Konstanz kann ich dem Wochenende gelassen entgegensehen.
Nun führt mich mein Weg weiter nach Brochenzell. In einem Geschäft erkundige ich mich nach der Grundschule. Ein Mann erklärt mir den Weg. An der Schule befinden sich Lehrer und Schulkinder gerade im Freien. Ich treffe auf den Schulleiter und sage ihm, dass ich Post von Frau G. abgeben soll. Sofort sehe ich seine Augen vor Freude aufleuchten. Er will natürlich wissen, wie ich zu Frau G. komme. Ich erzähle ihm kurz von meiner Pilgertour, die mich nach Baindt gebracht hat.
"Ich bräuchte hier am Ort eine Übernachtungsmöglichkeit, vielleicht wissen Sie ein Pilgerquartier, wo man mich ohne Geld aufnimmt?", frage ich gleich ganz direkt. Herr K. ist von meiner Pilgerreise ganz angetan und sichert mir zu: "Mit Sicherheit finden wir hier eine Lösung. Sie können auch bei mir übernachten. Aber ich wohne abseits von der Jakobswegroute und bin heute bis zum Abend an die Schule gebunden. Wir haben am Nachmittag eine große Theateraufführung vor den Eltern. Heute ist bei uns richtig was los.
Aber wenn es keine bessere Möglichkeit gibt, dann kommen Sie auf jeden Fall mit zu mir."
Herr K. führt mich direkt in das Klassenzimmer von Frau U. Der Unterricht ist noch in vollem Gange. Auf Wunsch stelle ich mich kurz vor und erzähle, dass ich ohne Geld durch Deutschland pilgere und gestern bei den Franziskanerinnen in Baindt übernachtet habe. Ich berichte, wie mir Frau G. die schmerzenden Füße massiert und mich dann mit einem Brief hierher in die Klasse geschickt hat.
Die Kinder sind hellauf begeistert, als sie von Frau G. hören. Ein Junge hat ein starkes Sehgerät an seiner Schulbank, sowie einen PC-Flachbildschirm Er berichtet mir, dass Frau G. oft zu ihm in den Unterricht kam und ihm bei den Schulsachen half.
Herr K. wirft ein: "Frau G. ist eine Seele von Mensch, einfach eine herzensgute Seele."

Schließlich werde ich beraten, an wen ich mich im Ort wenden könnte. Das Haus ist nicht weit von der Schule entfernt. Frau A. nimmt mich tatsächlich umsonst auf. Sie ist sehr freundlich und entgegen kommend und gibt mir ein schönes Zimmer im ersten Stock ihres Hauses. Herr A. erneuert seine Terrasse. Sie soll bis zu seinem siebzigsten Geburtstag fertig sein. Er ist ein sympathischer Mann, dem man seine Jahre nicht ansieht. Wir sitzen einige Zeit gemeinsam im Garten und unterhalten uns über meinen Weg. Dann lege ich mich schlafen und gehe anschließend zur Schulaufführung. Sie hat bereits begonnen, als ich den Raum betrete. Die prächtige orientalische Kulisse, dazu die passende Kleidung, alles in rot und gold gehalten, versetzen mich in Erstaunen. Die Grundschüler spielen hervorragend. Nach Beendigung der Aufführung, bringe ich bei Herrn K. meine Anerkennung zum Ausdruck. Er freut sich, dass ich eine Unterkunft habe. Meine Tour findet er ganz toll und möchte so etwas am liebsten auch mal machen. Wir verabschieden uns herzlich voneinander. Diese Schwaben sind wirklich besonders freundlich und aufgeschlossen. Wegen meiner Aufschrift am T-Shirt werde ich laufend freundlich angelächelt und oft auch gegrüßt. Die Menschen freuen sich offenbar, wenn sie mich sehen. Anscheinend ist in Schwaben der Glaube an Gott und die allgemeine Volksfrömmigkeit sehr ausgeprägt.
Natürlich gibt es auch Menschen, die mich und meine Beweggründe nicht verstehen können.
In manchen Unterkünften wurde ich anscheinend nur aus christlichem Pflichtbewusstsein aufgenommen. Dies habe ich vereinzelt bei Pfarrämtern oder Klöstern so wahrgenommen. Das fühlt sich ganz anders an als die spontane Menschlichkeit mit Liebe im Herzen. Nur das, was aus vollem Herzen gegeben wird, macht wirklich glücklich. Bei allem anderen fühlt man sich klein, in der Schuld des anderen.

Samstag, 13. Juli 2013

Bei meinen Gastgebern erhalte ich ein gutes Frühstück, bevor ich aufbreche. Sie geben mir Hinweise für den Weg mit. Durch unsere Gespräche komme ich erst nach neun Uhr los. Mein Weg führt durch

Wald und Wiesen, vorbei an riesigen Obstfeldern, die mit Netzen gegen den Hagel geschützt werden. Auf der Höhe werfe ich wieder einen Blick zurück in die weite Landschaft Richtung Meckenbeuren.
Um zehn Uhr ist es bereits extrem heiß. In Unterteuringen gibt es an einem Gedenkstein einen Pilgerstempel. Schließlich bin ich in Markdorf und versuche am Pfarramt mein Glück. Doch niemand ist erreichbar.
Eine Frau schiebt gerade ihr Fahrrad über den Marktplatz. Sie wirkt offen auf mich und ich schätze sie auf mein Alter. Das Fahrrad ist voll bepackt von Einkäufen. Ich spreche sie an, ob sie jemanden wüsste, der eine Jakobspilgerin aufnehmen könnte.
"Ich würde Sie sofort aufnehmen, aber heute Abend haben wir einen 70. Geburtstag in der Familie. Das ganze Haus ist voll mit Gästen", bedauert sie.
Schon spricht sie eine Bekannte an, die gerade des Weges kommt:
"Sag mal Hildegard, die Pilgerin hier bräuchte eine Unterkunft. Du hast doch Platz in deinem Haus. Kannst du sie nicht aufnehmen? Ich habe das Haus voll, sonst hätte sie bei mir schlafen können."
Vor mir steht eine resolut und sportlich wirkende Frau, die wohl schon siebzig ist. Sie schaut mich kurz an. "Ja, die kann bei mir schlafen", reagiert sie ganz spontan.
"Na wunderbar, dann kann ich ja weiter." Die Frau mit dem Rad verabschiedet sich und eilt davon.
Ich stelle mich nun der Frau vor, die mich aufnehmen will.
"Warten Sie hier, bis ich wiederkomme. Oder nein, laufen Sie besser zu meinem Haus. Sie können sich in den Garten setzen, bis ich mit meinen Erledigungen fertig bin." Sie gibt mir ihre Adresse und ich laufe los. Es geht bergauf in eine schöne Wohnlage. Ein traumhaftes Grundstück mit Fernsicht empfängt mich. Von der Terrasse aus bietet sich ein toller Blick auf den Bodensee. Der Bodensee ist nur noch elf Kilometer von hier entfernt. Inzwischen ist es schon so heiß, dass ich es in der Sonne kaum aushalte.
Im Schatten einer Tischgruppe lasse ich mich nieder und ziehe die Stiefel aus. Einige Zeit später kommt Frau N. Sie setzt sich zu mir an

den Tisch. Wir kommen miteinander ins Gespräch und ich erkläre nun, dass ich ohne Geld pilgere. Frau N. erzählt auch von ihren Pilgertouren. Nach einiger Zeit wirft sie ganz unvermittelt ein:
"Da oben kannst schlafen." Sie duzt mich und deutet mit einer Geste des Kopfes in Richtung Holzschuppen im Garten. Als ich den alten, vernachlässigten Holzschuppen mit den windschiefen Fensterläden sehe, bin ich einen Moment völlig perplex. Er wirkt von außen nicht gerade bewohnbar. Auf eine derartige Unterkunft war ich nicht gefasst.
"Was schaust denn so? Wenn es dir nicht gut genug ist, kannst ja weiter", sagt sie rigoros.
"Nein, nein", wehre ich ab, das ist schon in Ordnung.
Warum soll ich nicht auch in einem Schuppen schlafen, wenn es nichts anderes gibt. Mir kommt es vor, als würde sie mich bewusst schocken, um meine Reaktion zu testen.
"Ich muss nur noch alles richten und du kannst es dir ja erst mal ansehen und dich dann entscheiden", fügt sie hinzu.
"Wo kommst denn her?" fragt sie nun.
In der irrigen Annahme, sie wolle meinen Wohnort oder den Ausgangspunkt meiner Pilgerreise hören, gebe ich mehrfach Antworten, die sie nicht hören will.
"Nein, nein, ich meine, was bist du denn für eine? Bist ein Habenichts?" Sie schaut mich prüfend an.
"Nein", lache ich. "Ich bin kein Habenichts, ich bin nicht arm. Ich habe daheim ein Haus und geregelte Einkünfte."
Mehr will sie anscheinend nicht wissen. Grundsätzlich erzähle ich nur soviel, wie der andere wissen will.
"So nun kümmere ich mich mal im Schopf um dein Nachtlager." Sie hat eine sehr bestimmte Art, die keinen Widerspruch duldet. Offensichtlich soll ich sitzen bleiben.
Sie erhebt sich und räumt etliche Spielgeräte aus dem Schuppen, den sie als Schopf bezeichnet. Puppenwagen, Kinderrad, Kaufladen, Krabbelröhre, alles Mögliche kommt zum Vorschein.

Schließlich laufe ich zum Schuppen hoch und werfe einen Blick hinein. Staunend sehe ich, wie innen alles ordentlich ausgebaut und weiß gestrichen ist. Der Raum ist nicht groß, ein Schlafsofa zum Ausziehen steht an der Wand, dazu ist eine Miniküche mit Spüle vorhanden. Hinter einer Tür gibt es eine Toilette mit Dusche. Der Boden ist gefliest, sogar Fußbodenheizung besitzt dieses Häuschen. Das war von außen nicht erkennbar.
Allerdings ist alles verstaubt und voller Spinnweben. Mit einer Leiter kann man in den Giebel des Häuschens klettern. Oben ist ein großes Matratzenlager eingerichtet.
Frau N. kommt mit Putzeimer und fängt eifrig das Kehren und Wischen an. Ich soll nicht helfen. Diese Arbeit lässt sie sich nicht aus der Hand nehmen.
Sie will nun wissen, ob ich hier schlafen werde.
"Ja, natürlich bin ich damit einverstanden. Allerdings habe ich keinen Schlafsack dabei. Könnte ich vielleicht eine Decke haben?"
"Natürlich kriegst eine Decke", antwortet sie, als wäre meine Frage völlig überflüssig gewesen.
"Ich werde unten schlafen. Da oben ist es heute viel zu heiß", stelle ich fest.
"Ja, das ist besser. Wenn geputzt ist, richte ich das Sofa her."
Ich soll mich in die Hängematte unter den Bäumen legen. Alles klingt ein wenig harsch, fast wie ein Befehl. Sie scheint mir eine raue Schale mit weichem Kern zu sein.
Frau N. brät Dinkelfladen, Speck und Eier in der Pfanne aus und serviert uns beiden das Essen im Garten. Das Haus ist offensichtlich tabu für mich.
Ich habe es hier mit einer ganz besonderen Frau zu tun, die mich auf ungewöhnliche Weise herausfordert. Es fällt mir schwer, sie einzuschätzen. Sie wirkt auf mich manchmal unterschwellig provozierend. Vielleicht ist sie misstrauisch und versucht herauszufinden, wer ich wirklich bin, überlege ich für mich. Denn Ablehnung kann ich bei ihr nicht spüren. In mir entsteht das Gefühl, als wolle sie mich mit allem irgendwie testen.

Nach dem Essen laufe ich zum Ortskern zurück. Bei *Edeka* frage ich nach abgelaufenen Lebensmitteln. Ich bekomme einen Farmersalat und ein Toastbrot. In einem Handyshop darf ich Dixi anrufen und auf seine Mailbox mitteilen, dass ich am Montag meine Heimreise mit ihm antreten möchte.
An der Rezeption des Schlosshotels darf ich Festnetzgespräche führen. Doch weder Daniela, noch meine Tochter Micha oder die Nachbarn sind erreichbar. Ich laufe wieder zu meinem Übernachtungsquartier.
Frau N. will später von mir wissen, warum ich ohne Geld unterwegs bin. Nun schildere ich ihr meine Beweggründe.
Mir kommt es vor, als hätte ich damit ein Stück Vertrauen bei ihr gewonnen. Denn auch sie erzählt mir nun, warum sie seit Jahren auf dem Jakobsweg pilgert. Jeder Pilger hat so seine ganz persönlichen Beweggründe. Ich freue mich über das Vertrauen, das sie mir damit schenkt.
Inzwischen hat sie mir ihren Vornamen genannt und ich duze sie ebenfalls. Hildegard möchte zu gerne wissen, wie ich es anstelle, umsonst eine Tasse Kaffee zu bekommen. Sie kann sich gar nicht vorstellen, wie man das macht.
"Das kann ich Dir ganz einfach vormachen. Du bist die Verkäuferin, ich stehe jetzt vor Dir im Laden."
Genau so, als wäre sie tatsächlich die Verkäuferin, spiele ich meine Rolle, stelle mich als Pilgerin ohne Geld vor und bitte dann um das Gewünschte.
Sie schaut mich nur an und sagt nichts dazu.
Ich weiß nicht, was sie nun denkt. Die Offenheit und Nähe, die ich sonst erlebt habe, sind hier nicht gegeben. Hildegard ist irgendwie geheimnisvoll. Sie hält sich ziemlich bedeckt und wirkt was ihren privaten Bereich angeht, auf mich sehr verschlossen. Natürlich respektiere ich das und habe keinerlei Anspruch in mir. Es ist für mich völlig in Ordnung, wenn sie für sich in gewisser Weise auf Distanz geht. Es ist einfach eine neue Erfahrung auf diesem Pilgerweg. Ich nehme Hildegard so, wie sie ist, und stelle keine Fragen.

Meine Bude ist inzwischen recht ansprechend geworden. Das Schlafsofa ist ausgezogen und mit einem weißen Bettlaken bespannt. Dazu habe ich eine frisch bezogene Bettdecke.
Hildegard will sich am Abend mit ihrem Mann treffen. Sie will erst in den späteren Abendstunden zurückkommen. Vielleicht schlafe ich da schon. Wir besprechen das Frühstück, denn sie will früh um halb sieben zu einer Gebirgstour aufbrechen. Den Toaster hat sie mir auf die Terrasse gestellt, dazu Butter und Käse für mein Abendessen.
Nachdem sie gegangen ist, bereite ich mir mein Abendessen. Danach klettere ich auf der Leiter zum Kirschbaum hinauf. Von hier habe ich ebenfalls einen sagenhaften Blick zum Bodensee. Die Kirschen hängen mir fast in den Mund. Der Baum ist so voll, dass es wohl nichts ausmacht, wenn ich ein wenig nasche, denke ich. Es ist eine ausgezeichnete Sorte. Die Kirschen schmecken ganz wunderbar und ich esse soviel ich mag.
Mein Häuschen ist nun geputzt und gemütlich, nur ist es im Innern viel zu heiß.
So lege ich mich in die Hängematte und bringe mich mit einem Strick, den ich angebunden habe, ständig zum Schaukeln. Ja, so lässt es sich gut aushalten.
Als es dunkel wird und eine angenehme Nachtkühle aufsteigt, ziehe ich mich ins Häuschen zurück. Doch die Hütte ist so aufgeheizt, dass ich die Tür unmöglich schließen kann. Zunehmend mehr Stechmücken kommen von draußen und summen mir um die Ohren. Doch sobald ich die Tür schließe, kann ich kaum atmen, so stickig wird es. Also entscheide ich mich lieber für die Stechmücken als fürs Ersticken.
Am späten Abend, ich bin schon eingeschlafen, kommt Hildegard an meinen Schuppen. Die Tür steht unverändert weit offen. Sie bringt mir ein Glas Rotwein.
"Hier ein Nachttrunk!", weckt sie mich. Sie will wissen, wo sie mein erstes Buch über den Jakobsweg beziehen kann. Außerdem will sie von *Solwodi* Unterlagen, um sie in der Kirche auszulegen.

"Mit Auslegen ist es nicht getan. Da ist viel Aufklärung und Information nötig, um Unterschriften zu gewinnen", versuche ich ihr klar zu machen. Wir unterhalten uns noch einige Zeit über Missbrauch und Zwangsprostitution. Zu später Stunde verabschieden wir uns.
Ich bin sehr müde und schlafe rasch ein.

In Konstanz am Ziel der Pilgerreise

Nur diejenigen, die es wagen, zu weit zu gehen,
können herausfinden, wie weit man wirklich gehen kann.

T.S. Eliot

Sonntag, 14. Juli 2013

Vor sechs Uhr stehe ich auf und mache mich fertig, denn Hildegard wollte mir vor ihrer Abreise Tee bringen. Doch nach sechs Uhr rührt sich immer noch nichts. Sie schläft mit ihrem Mann im ersten Stock. Die Balkontür ist weit offen.
"Hildegard", rufe ich halblaut hoch.
"Ja", gibt sie zur Antwort. Und schon erscheint sie am Balkon.
"Du wolltest doch zur Bergtour?", gucke ich fragend nach oben.
"Ich habe abgesagt. Wenn du willst, begleite ich dich nach Konstanz. Also, wenn es dir recht ist", fügt sie an.
"Ich habe nichts dagegen, kein Problem. Du kannst gerne mitlaufen", lache ich nach oben.
"Gleich komme ich runter." Schon verschwindet sie wieder ins Zimmer.
Ich setze mich an die überdachte Terrasse und schon bald höre ich sie in der Küche werkeln.
Wieder einmal lasse ich mich von den Umständen und der Situation führen. Mal sehen, wie dieser Tag mit Hildegard wird, denke ich.
Hildegard bringt mir zum Toastbrot Speck mit Ei. Wir frühstücken an der anderen Tischgruppe mit Blick auf den Bodensee. Um halb acht brechen wir auf.
Unterwegs öffnet sie sich zunehmend und erzählt mir etliches aus ihrem Privatleben. Nun erfahre ich auch ihr Alter. Sie ist dreiundsiebzig Jahre alt.

An einer Wiese kommen wir mit einem Mann der seine Kirschbäume ableert, ins Gespräch. Er bietet uns an zuzugreifen. Auch diese Kirschen schmecken herrlich. Ich esse mich richtig satt. Hildegard erzählt dem Mann, dass ich den Jakobsweg durch Deutschland laufe, bei ihr übernachtet habe und dass sie mich nun nach Meersburg begleitet.
"Ach so, Sie betreuen die Pilgerin auf ihrem Weg", meint der Mann ganz ernsthaft. Wir müssen beide lachen. "Ja, sie betreut mich und kümmert sich um mich, damit ich heil ankomme", versichere ich dem Mann noch immer lachend. Er merkt, dass es ein Witz ist und lacht ebenfalls mit.
Drei Stunden später sind wir in Meersburg. Wir schauen von der Schlossterrasse auf den Bodensee. Der Ausblick ist großartig. Dann laufen wir zum Hafen hinab. Ich möchte die günstige Autofähre benutzen. Hildegard rät mir davon ab, weil ich dann in Konstanz noch etliche Kilometer zum Zentrum laufen müsste. Sie bringt mich zur Personenfähre.
Ich habe noch immer keine Ahnung, was Hildegard vorhat. Will sie mit mir nach Konstanz? Aber ich stelle keine Fragen. In Meersburg wimmelt es von Touristen. Kein Wunder! Wir haben Sonntag und herrliches Wetter. An der Kasse für die Fähre stehen Schlangen. Die Überfahrt kostet 5,50 Euro. Hier hat niemand Zeit, sich meine Pilgergeschichte anzuhören. Die Lage sieht nicht besonders gut für mich aus. Die Autofähre wäre für mich geeigneter, denke ich. Aber ich bleibe ganz ruhig. Irgendeine Lösung wird es geben.
Es ist noch Zeit bis zur Abfahrt der nächsten Fähre. Hildegard informiert mich nun, dass sie nicht mit nach Konstanz kommt. Der ganze Trubel mit den vielen Touristen ist ihr zu anstrengend. Sie will auf einem anderen Weg nach Markdorf zurückwandern.
"Nun kaufe ich dir ein Ticket für die Fähre, damit du da rüber kommst", entscheidet sie resolut.
"Na ja, wenn ich schon unter deiner Betreuung stehe ..." lache ich sie an.
Hildegard stellt sich an der Kassenschlange an und drückt mir danach das Ticket in die Hand.

"Vielen Dank", sage ich nur kurz.
Dann wartet Hildegard mit mir auf einer Bank am Anlegeplatz eins. Nach meiner flüchtigen Information müsste die Fähre nach Konstanz am Anlegeplatz drei abfahren. Doch Hildegard widerspricht. Sie ist ortskundig, also glaube ich ihr und überprüfe es nicht weiter.
"In Konstanz kenne ich einen Motorbooteigner. Das ist ein guter Bekannter von mir. Den rufe ich jetzt an. Vielleicht lässt er dich auf seinem Boot im Hafen übernachten", verkündet sie plötzlich. Hildegard holt ihr Handy heraus, geht etwas abseits, so dass ich nicht hören kann, was sie ihrem Bekannten über mich erzählt. Immerhin soll er mir ja sein Boot anvertrauen.
Nachdem sie ihr Gespräch beendet hat, kommt sie zurück. "Das geht in Ordnung, du kannst im Boot übernachten. Er ist aber erst am Abend da. Ich habe für dich einen Termin um neunzehn Uhr ausgemacht", berichtet sie. Hildegard erklärt mir den vereinbarten Treffpunkt im Hafen.
Die Abfahrtszeit naht. Doch an meiner Fähre werden die wartenden Leute noch nicht eingelassen. Mir wird etwas unwohl und so frage ich doch einen Mann vom Bordpersonal, ob diese Fähre nach Konstanz fährt.
"Nein, sie fährt nach Lindau", erklärt er. Nach Konstanz müssen Sie zur Anlegestelle drei."
Überstürzt verabschiede ich mich von Hildegard. Nummer drei ist einige hundert Meter von hier entfernt. Der Kai ist voller Menschenmassen, die mich am schnellen Laufen hindern.
So schnell ich kann, winde ich mich durch die Massen und erreiche rechtzeitig die Fähre. Alle Passagiere sind schon eingestiegen. Jeden Moment kann der Laufsteg eingezogen werden. Am Laufsteg warte ich auf Hildegard, die mir hinterher eilt. Nun verabschieden wir uns richtig voneinander. Ich umarme sie und schaue sie freundschaftlich an. "Alles Gute für dich und danke für alles!" Kaum bin ich auf der Fähre, wird der Laufsteg eingezogen. Wir winken ein letztes Mal, dann steige ich zum Oberdeck hoch.

Die Fahrt ist bei diesem sonnigen Wetter richtig schön. Der Fahrtwind auf dem Sonnendeck ist angenehm und ich genieße die Aussicht über den Bodensee. Konstanz ist ebenfalls mit Touristen überschwemmt.
Im Touristenbüro stehen Menschenschlangen. Am Schalter sitzt nur eine Frau. Über dreißig Minuten muss ich warten, bis ich endlich dran bin. Meine Füße tun elend weh. Das lange Stehen für einen mickrigen Stadtplan ist eine harte Geduldsprobe. Aber ohne geht es leider nicht. Die Hitze macht mir zusätzlich zu schaffen.
Danach suche ich im Hafen ein Geschäft, bei dem ich mein Gepäck abstellen darf. Auf Anhieb finde ich es. Die Ladenbesitzerin ist sehr entgegenkommend. Es ist angenehm, nur in Sandalen und mit einer Stoffumhängetasche durch die Stadt zu schlendern.
Bei einer Dönerbude lasse ich mir vier Toastbrote rösten. Dazu öffne ich das Wurstdöschen, das ich beim Jubiläum der Metzgerei in Bargau geschenkt bekam. Als eiserne Ration habe ich es bis heute mitgeschleppt. Wie gut, dass ich jetzt darauf zurückgreifen kann. Denn in einem Touristenort wie Konstanz kann ich weder um einen Döner noch um etwas anderes bitten. Überall herrscht Hektik, da hat niemand Zeit, meine Pilgergeschichte anzuhören.
Ohne Wurstdose und Toastbrot von gestern wäre dieser Sonntag wohl ein Dattel- oder Hungertag geworden.
Auf einer Bank im Schatten richte ich meine Brotzeit.
Eine braun gebrannte, hübsche Frau setzt sich zu mir. Wir verstehen uns sofort. Sie ist sechsundfünfzig Jahre alt, sieht aber wesentlich jünger aus und kommt aus Rumänien. Sie erzählt mir sehr offen ihre interessante Lebensgeschichte und auch von ihrem Gottvertrauen, das für sie in allen Lebenslagen hilfreich war.
"Schön, dass wir uns begegnet sind", sagt sie zum Abschied.
"Finde ich ebenso", gebe ich zurück.
Danach suche ich das Konstanzer Münster. Versehentlich lande ich in der Kirche daneben und zünde hier drei Kerzen an. Nun habe ich noch zwanzig Cent in der Tasche.
Kaum verlasse ich die Kirche durch die andere Seitentür, entdecke ich das Münster. Hier sollen doch die Kerzen brennen! Ich bin enttäuscht.

Doch im nächsten Moment finde ich die Lösung. Im Eiltempo laufe ich zurück, blase meine Kerzen wieder aus und nehme sie mit zum Münster. Hier bekommen sie ihren Platz und werden neu angezündet. Nun bin ich zufrieden. Der Turm des Münsters ist sechsundsiebzig Meter hoch. Natürlich will ich ihn besteigen. Ohne Eintrittsgeld darf ich die 193 Stufen hochsteigen. Ein eindrucksvoller Blick bietet sich mir von oben auf Konstanz und den Bodensee. Tief durchatmend genieße ich das wunderbare Gefühl, nach einer großen Anstrengung am Ziel zu sein.
Eigentlich wollte ich noch die Marienschlucht durchwandern. Dazu müsste ich fünfzehn Kilometer bis Wallhausen trampen. Doch für solche Aktionen habe ich heute keine Kraft mehr. Auch meine Füße haben ihr absolutes Limit erreicht.
Die Zehennägel meiner beiden kleinen Zehen haben sich wie bei jeder Jakobstour auch diesmal abgelöst. Meine fast neuen Wanderstiefel, hochwertige Markenschuhe, sind völlig kaputt gelaufen. Sie haben Risse und Löcher bekommen.

Endlich glücklich am Ziel. Nun bin ich zu keiner weiteren Strapaze bereit. Es zieht mich nach Hause. Zweieinhalb Monate ohne Geld durch Deutschland zu pilgern ist genug.

Ich kann nur staunen, wie es mir möglich war, diese Tour zu bewältigen. Auf wundersame Weise hat sich mein defekter Vorderfuß schon seit Lübeck völlig schmerzfrei gelaufen. Auch mein Tinnitus hat sich während der Reise verflüchtigt. Mein Zahnproblem habe ich unterwegs einfach vergessen, da ich nach wenigen Tagen nichts mehr spürte.

Ich denke an die heftigen Regengüsse, die in Niedersachsen große Landstriche und Städte überschwemmten, während ich mich mittendrin befand. Seltsamerweise hat mich das lang anhaltende Wetterchaos nur wenig betroffen. Entweder es gab in den Stunden meines Marsches genau über mir ein kleines Schönwetterband, oder ein Regenloch, oder sonstige Umstände, die mich davor bewahrten, dieser Herausforderung übermäßig ausgesetzt zu sein. Die wenigen Regentage, die ich tatsächlich bewältigen musste, waren extrem anstrengend. Mehr davon hätte ich wohl kaum verkraften können.

Der Jakobsweg von Flensburg nach Konstanz ist 1450 Kilometer lang. Auf diesem Weg habe ich mich in Wald und Feld nahezu täglich verlaufen und bin große Umwege mit zusätzlichen Kilometern marschiert. Diese Kilometer habe ich in verschiedenen Situationen, in denen es mir sinnvoll und richtig erschien, durch gelegentliches Trampen kurzer Strecken wieder ausgeglichen. Meine Fußstrecke wurde dadurch nicht geringer und die anfangs errechneten Kilometer haben sich höchstens unwesentlich geändert. Außerdem ist die Kilometerleistung für mich im Grunde ziemlich unbedeutend. Mein vorrangiges Ziel war es, meine Botschaft ohne Geld durch Deutschland zu tragen. Die wertvollen Gespräche mit Autofahrerinnen und Autofahrern bestätigen mir, dass es richtig war, sich nicht in jeder Situation auf das Fußpilgern zu festzulegen.

Später am Bahnhof erkundige ich mich nach Reisekosten. Ich könnte mit dem Württemberg-Ticket morgen früh kurz nach neun Uhr für zweiundzwanzig Euro bis Böhmenkirch nördlich von Ulm fahren. Zu Dixi wäre es dann nicht mehr weit. Heute fühle ich mich so kraftlos, dass mir der leichteste Weg am liebsten wäre. Die Hitze gibt mir den Rest. Unter Touristen finde ich natürlich keinen Sponsor für meine Zugfahrt. Autohäuser und sonstige Firmen haben heute geschlossen. Und morgen, bevor der Zug fährt, ist die Zeit zu knapp.
Am Hafen suche ich mir in einem Biergarten einen Tisch im Schatten und ruhe mich aus.
Später gehe ich in das gepflegte Restaurant 'Hafenhalle' und frage an der Küche nach dem Koch. Als ein netter jüngerer Mann mit Kochmütze erscheint, erkläre ich ihm:
"Ich bin als Pilgerin ohne Geld von Flensburg bis hierher nach Konstanz gelaufen. Ich habe eine Packung Toastbrot geschenkt bekom-

men. Ungetoastet schmeckt es mir nicht. Könnten Sie mir bitte vier Scheiben toasten?"
Der Koch schaut mich fast ehrfurchtsvoll an und sagt: "Aber selbstverständlich mache ich das." Ich warte an der offenen Küchentür und kann beobachten, wie der Koch immer wieder mal nach dem Brot schaut. Als es fertig ist, übergibt er es mir sehr freundlich.
"Ganz herzlichen Dank", sage ich und nehme das Brot entgegen. An einem Schattentisch im Biergarten packe ich meine Wurstdose aus und verspeise die restliche Wurst mit den Toastbroten. Kein Kellner, keine Kellnerin stört mich dabei. Sie laufen um mich herum, als wäre es selbstverständlich, dass ich nichts bestelle, sondern meine eigenen Sachen auspacke. Auch sonst werde ich von niemandem beachtet oder wahrgenommen. Alle sind mit sich selbst beschäftigt. Endlich muss ich die Wurstdose nicht mehr tragen, denn sie hatte ihr Gewicht. Aber heute war sie wirklich nützlich.
Am Abend rufe ich aus einem Geschäft Pater Thomas an, um ihm mitzuteilen, dass ich bereits ein Quartier für die Nacht gefunden habe. Meine Absage scheint ihn sehr zu verwundern. Vermutlich kann er sich nicht gut vorstellen, wie ich ohne Geld unterkommen konnte. Aber er stellt keine weiteren Fragen.
Einige Zeit später ist es soweit. Ich bin an der verabredeten Stelle und treffe mich mit dem Bekannten von Hildegard. Der Mann macht einen äußerst sympathischen Eindruck. Er dürfte Hildegards Alter haben und wirkt offen und großzügig. Wir unterhalten uns über meine Pilgertour. Der Mann ist sehr aufgeschlossen, die Chemie zwischen uns stimmt und er hat offensichtlich keine Bedenken, mir für die Nacht sein Boot zu überlassen. Er führt mich am Kai entlang zur "Prinzessin", einer kleinen Motoryacht. Hier darf ich heute Nacht schlafen. Der Mann geht voraus und zeigt mir, wie ich über die Kaimauer aufs Boot steigen soll. Das bedeutet einen Ausfallschritt von fast einem Meter, um dann nur auf eine dünne Eisenstange in der Luft zu treten, ohne den geringsten Halt für die Hände. Erst mit dem zweiten Schritt gelangt man auf den festen Boden des Vorderdecks. Ungeübt wie ich Landei nun mal bin, ist das für mich der reinste Balanceakt. Der Mann

erkennt mein Problem und streckt mir die Hand entgegen. Mit seiner Hilfe komme ich an Bord. Dann krieche ich an der Außenseite des Bootes, am schmalen Rand zwischen Kajüte und der viel zu niedrigen Reling entlang, halte mich dabei am Dach fest, bis ich ins hintere Deck absteigen kann. Das ist ja die reinste Kletterpartie, denke ich. Puh, wie das mit Rucksack und vollem Gepäck gehen soll? Der Mann zeigt mir im Inneren alles. Es gibt einen Schlafraum mit Doppelbett, ein Einzelbett, eine Dusche mit WC, eine kleine Bordküche. Er erklärt mir, wie ich alles bedienen kann, die Beleuchtung, die Wasserpumpen für die Küche, für die Dusche und für die Toilette. Alles funktioniert. Wir besprechen meine Abreise für morgen. Ich kann einfach am frühen Morgen das Boot verlassen. Er verabschiedet sich und ich bedanke mich für sein Vertrauen. Nachdem er gegangen ist, schaue ich mir in Ruhe alles gründlich an. Ich habe ein bequemes großes Bett. Decken sind ebenfalls da. Das ist die Hauptsache.
Anschließend hole ich mein Gepäck aus dem Laden. Als ich dann vor der "Prinzessin" stehe, wird mir schon ein wenig mulmig. Wie leicht kann ich mit dem schweren Rucksack das Gleichgewicht verlieren und ins Hafenbecken fallen. Das würde mir zum Abschluss der Reise gerade noch fehlen!
Zuerst werfe ich die Stiefel und die Umhängetasche aufs Deck, dann schiebe ich die Stöcke hinterher. Nun bin ich mit meinem Rucksack dran. Unschlüssig stehe ich davor. Kein bisschen Halt für die Hände. Das geht eigentlich gar nicht.
Vielleicht lässt sich das Boot näher zur Kaimauer ziehen? Das Boot ist so fest vertäut, dass es sich kaum näher heranziehen lässt. Ich wende auf den Knien meine ganze Kraft auf und tatsächlich kommt es Zentimeter um Zentimeter näher. Bis ich mich erhebe, wird es von den Tauen schon fast wieder an den ursprünglichen Platz gezogen.
Das ganze Spiel noch einmal. Nun ein rascher Sprung und schon bin ich an Deck. Geschafft! Mein Herz klopft heftig. Ob das die Kraftanstrengung mit dem Boot oder die innere Anspannung ausgelöst hat, lässt sich nicht unterscheiden. Dieser Sprung war trotzdem die leichtere Übung, weil ich von der festen Kaimauer nach unten treten konnte.

Morgen muss ich von der dünnen Stange den Tritt nach oben zur Kaimauer schaffen. Und das ohne eine Tasse Kaffee! Es wird spannend!
Doch jetzt will ich den herrlichen Abend an Deck genießen. Nachdem ich mein Gepäck an der schmalen Reling entlang zur Kajüte balanciert habe, lasse ich mich am Vorderdeck auf zwei bequemen Campingstühlen nieder. Tut das gut, die Beine hochzulegen. Die Möwen kreischen und die Bootsleinen klappern im Wind.
So kann das ich Ende meiner Reise im leichten Schaukeln der Bootsbewegung mit Genuss ausklingen lassen. Die Sicht auf den Bodensee ist herrlich. Später folgt ein rötlicher Sonnenuntergang, der das Glück des Augenblicks abrundet. Das ist doch ein würdiger Abschluss meiner Reise, denke ich vergnügt.

Gedanklich ziehen an mir die außergewöhnlichen Begegnungen vorüber, die in dieser Weise im Alltag nur selten erfahrbar sind.
Auf diesem Weg geschah etwas Besonderes. Immer wieder erlebte ich, wie sehr sich die Menschen durch unsere Begegnung berühren ließen.
Nach und nach verstehe ich immer besser, was zwischen uns geschah. Meine Erzählungen führten die Menschen an ihre eigene tiefe Sehnsucht, die sie in diesem Augenblick wieder spürten. Und sie saugten regelrecht auf, dass da jemand ist, der Gottvertrauen hat und sein Gottvertrauen sichtbar durch die Welt trägt.
Für mich sind diese Begegnungen eine Erfahrung, die mich an die Bibelstelle erinnert:

> *"Wo zwei oder drei in meinem Namen versammelt sind,*
> *da bin ich mitten unter ihnen."*

Das ist es, was wir alle spüren, was uns andächtig macht und staunen lässt.
Da ist etwas Unsichtbares, etwas das nicht konkret greifbar ist, was aber da ist und bei allen, auch bei mir selbst etwas bewirkt.

Nicht mit meiner Person, sondern mit meiner Botschaft berühre ich die Menschen. Plötzlich können wir Gott unter uns wahrnehmen. Nur allein das ist es, was berührt.

Und in der Freude, in dem Bedürfnis zu danken, richtet man die Dankbarkeit auf mich. Doch mir wird bewusst, dass es wichtig ist, zu verdeutlichen, an welche Adresse sich die Dankbarkeit richten muss. Es ist wichtig, richtig einzuordnen, was zwischen uns geschieht.

Wir spüren in diesem Augenblick etwas, wonach wir uns alle sehnen. Da wird etwas in uns lebendig, was unsere Herzen weit macht, was uns spüren lässt: wir sind miteinander verbunden als Geschöpfe Gottes. Es ist ein Moment, in dem wir uns voreinander öffnen, ein Moment, wo keine Fassade zwischen uns ist. Das ist ein Augenblick des gegenseitigen Erkennens, der gegenseitigen tiefen Berührung und Verbindung, die uns zur menschlichen Liebe befähigt und beseelt.
Das Himmelreich auf Erden wird spürbar und uns alle, mich eingeschlossen, macht es zutiefst glücklich.
Dieser Augenblick zeigt, was zwischen uns Menschen möglich ist. Dieses Geschehen ist unabhängig von mir immer und überall mit anderen Menschen erneut lebbar. Man muss sich dafür nur öffnen.

Gott begegnet uns durch Menschen. Hier können wir seine Liebe in der schönsten Form wahrnehmen. Mit allen Menschen, die Liebe in sich tragen, ist dieses Himmelreich immer wieder neu erlebbar.

Ich weiß, dass alles ein einzigartiges Geschenk ist. Nicht ich mit meiner Person kann irgendetwas bewirken. Nie war mir meine Begrenztheit bewusster und deutlicher vor Augen. Ich bin so ein kleiner schwacher Mensch. An mir ist überhaupt nichts Besonderes.

Nur eines ist vorhanden: Meine Erfahrung mit diesem lebendigen Gott und mein Gottvertrauen. Dieses Gottvertrauen gibt mir Mut und Stärke, die ich normalerweise nicht habe. Und ich weiß, dass es mir nur

von oben verliehen wird, nur für den Moment, nur für die Situation, in der es sinnvoll und richtig ist.
Alles ist Geschenk! Nichts habe ich auf Dauer gepachtet. Dieses Wissen macht mich bescheiden und dankbar. Gleichzeitig weiß ich mich von Gott geliebt, so klein und schwach ich in meinem Menschsein bin. Was will ich mehr! Damit fühle ich mich gut, ich muss dafür nicht größer und besser sein. Ich brauche keine eigene Macht, wenn der mächtige Gott mein Freund ist.

Nach Einbruch der Dunkelheit ziehe ich mich in meine Schlafkajüte zurück. Das Schaukeln des Bootes erinnert mich an das gestrige Schaukeln in der Hängematte. Ein angenehmes Gefühl zum Einschlafen. Das Boot ist von der Hitze des Tages noch aufgeheizt. Die Tür, alle Fenster und Luken muss ich auf Durchzug stellen, um die Nachtkühle hereinzulassen. Der Tag war anstrengend und ich bin rechtschaffen müde. Später schließe ich die Tür und schlafe rasch ein.

Die Stempel im Pilgerpass

Der erste in der Dansk Kirke Harrislee

Der letzte in der Basilika von Konstanz

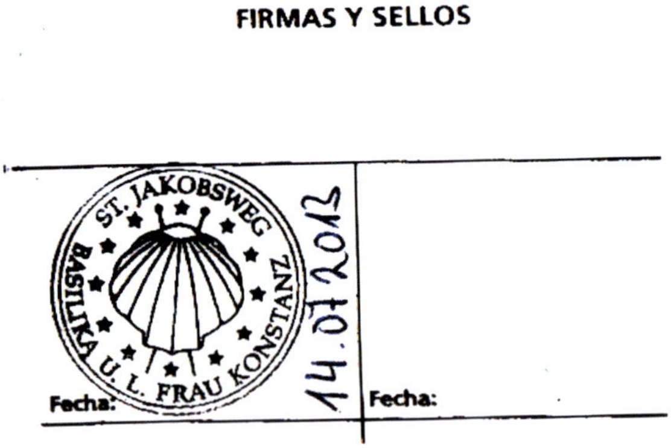

FIRMAS Y SELLOS
FIRMAS Y SELLOS
FIRMAS Y SELLOS
St. Petri-Dom Schleswig
24837 Schleswig
VIA JUTLANDICA
Fecha: 6.5.13
Ev.-Luth. Kirchengemeinde
Brodersby-Kahleby-Moldenit
Pastoratsweg 12
24882 Schaalby
Telefon 0 46 22 / 4 94
Fax 0 46 22 / 8 75
Fecha: 5.5.13
HISTORISCHER PILGERWEG
St. Nicolai Eckernförde
6.5.13
08.05.13
Kiel
Gettorf
Nikolaikirche
Plön
St.-Petri-Kirche
Bosau
11.5.2013
Kirchengemeinde Ahrensbök
12.5.13
St. Answer
Fischerstraße 1
23909 Ratzeburg
Fecha: 16.5.2013
ST. JAKOBI
LÜBECK
13.5.13
Heilig Kreuz
23879 Mölln
Krummesse
Fecha: 15.5.13
Ev.-Luth. Kirchengemeinde
17.5.13
Lauenburg/Elbe Ev.-Luth. Kirchengemeinde
18.5.2013
Bienenbüttel Ev.-Luth. St. Michaeliskirche
Kloster Ebstorf
25.5.2013
21.5.13
St. Michaelis zu Gerdau Ev.-Luth. Kirche
26.5.2013
22.5.2013
St. Nicolai Lüneburg
Ev. Luth. Kirchengemeinde
Pfarramt Tel. 04131 / 243 07 71
Lüner Straße 15 21335 Lüneburg
Dorfcafé Alte Schule
mit Brot, Bett und Buch
www.dorfcafe-hoesseringen.de
Tel. 05826-8343
Hinter den Höfen 7 - 29556 Hösseringen
27.5.13

FIRMAS Y SELLOS
FIRMAS Y SELLOS
FIRMAS Y SELLOS
28.5.13
Ev.-luth. Johannis-Kirchengemeinde
Osterstr. 3
29348 Eschede
Telefon 0 51 42 / 6 85
4.6.13
Celle
SIGILLUM CONVENTUS MARIENRODE
5.6.13
31.5.13
Grupenstraße 8
30159 Hannover
Tel.: 0511 / 270 739-10
Fax: 0511 / 270 739-11
5.6.13
Ev.-Luth. St. Nicolai-Kirche Sarstedt
3.6.13
Kath. Pfarramt Mariä Himmelfahrt
Bad Gandersheim
4.6.13
KWS Klostergut Wiebrechtshausen
37154 Northeim
8.6.13
Göttingen
10.6.13
Katholische Pfarrvikarie Hülfensberg
13.6.2013
Touristinformation Treffurt
14.6.13
Ökumenischer Pilgerweg Loccum-Volkenroda
St. Norbert
Heimkehrerkirche
37133 Friedland
11.6.13
Evang.-Luth. Kirchgemeinde Creuzburg
14.6.2013
Kath. Pfarramt
Bad Sooden-Allendorf
12.6.13
GEORGENKIRCHE EISENACH
Traukirche der Hl. Elisabeth
Lutherhaus Eisenach
15.6.13
Gedenkstätte Point Alpha
19.6.13
Elfriede Otto
Friedensteinstraße 16
99834 Gerstungen
OT Oberellen
Fecha: 16.6.13
Stiftskirche Rasdorf-Rhön
19.6.13
17.6.13
Kath. Kirchengemeinde St. Jacobus Hünfeld
19.6.13
Katholisches Pfarramt St. Philippus und Jakobus
15.6.2013
Hünfeld St. Bonifatiuskloster
19.6.13

FIRMAS Y SELLOS
FIRMAS Y SELLOS
FIRMAS Y SELLOS
St. Michaelskirche Fulda
20.6.2013
Landgasthof zum "Weißen Rössel"
Thomas Hergenröder
97705 Stralsbach
0 97 34 / 2 01
23.6.13
SANKT JAKOBUS
97450
BÍNSBACH
26.6.13
Hotel-Cafe Zehnter
Fremdenzimmer
Julius-Echter-Str. 1
97253 Gaukönigshofen
Tel.: 09337/97100
29.6.2013
2.7.2013
Evangelische Johanneskirche Crailsheim
HEUCHLINGEN
21.6.2013
SANKT JAKOBUS BAD KISSINGEN
24.6.13
DOMFÜHRUNGSDIENST WÜRZBURG
27.6.13
Hl. Schutzengel Gaukönigshofen
29.6.2013
Unterwegs auf
St. Jakobus
Hohenberg
dem Jakobsweg
3.7.2013
GEMEINDE BOBINGEN AN DER REMS
OSTALBKREIS
22.6.13
Franziskaner-Kloster
KREUZBERG (Rhön)
St. Jakobus Poppenhausen
Pilgerstempel
25.6.13
KATHOLISCHES PFARRAMT EIBELSTADT
28.6.13
Fränkischer Jakobusweg
Mariä Himmelfahrt
30.6.2013
St. Maria Pommertsweiler
4.7.2013
Bargau
Jakobusweg
Kath. Pfarrkirche
Mariä Himmelfahrt
97657 Langenleiten
23.6.13
Gelderheim
26.6.13
EVANG.-LUTH. PFARRAMT SOMMERHAUSEN
Unterwegs auf dem Jakobusweg
St. Jakob
Rothenburg o. d. T.
1.07.2013
Besinnung am Jakobsweg
4.7.2013
Schechingen-Klotzhöfe
Pilgerwohnwagen
Bargau
Fecha:

FIRMAS Y SELLOS
FIRMAS Y SELLOS
FIRMAS Y SELLOS
BÖHMENKIRCH
6.7.2013
KATH. PFARRAMT ST. JOSEF BLAUSTEIN
08.07.2013
PAX TECUM
St. Martinus, Erbach
9.7.2013
Wallfahrtspfarramt Steinhausen bei Schussenried
11.7.2013
KATH. STADTPFARRAMT WEINGARTEN WTT.
12.7.13
ST. JAKOBUS BROCHENZELL
EVANG. PFARRAMT GUSSENSTADT
6.7.2013
Original Ulmer Münster Stempel
8.7.2013
STIFTUNG HAUS ST. JAKOBUS
Schwäbische Jakobusgesellschaft
Oberdischingen
9.7.
Jakobsweg Bad Waldsee
11.7.2013
Schutzmantelfrau
12.7.
Unter-teuringen
12.7.2013
6.7.13
HARLEY DAVIDSON CLUB GUSSENSTADT
Oberschwäbischer Jakobsweg
Jakobus-Kirche
Ulm-Grimmelfingen
9.7.2013
Biberach an der Riß am Jakobusweg
10.7.13
Franziskanerinnen von Heiligenbronn
Konvent Baindt
MAURITIUSKAPELLE
13.7.2013
Jakobuskirche
7.7.13
KATH. PFARRAMT ERBACH IN WÜRTTEMBERG
9.7.2013
PEREGRINATIO AD LIMINA SANCTI JACOBI
10.7.2013
BAROCKBASILIKA 1724
WEINGARTEN
OBERSCHWABEN
JAKOBUSWEG
12.7.2013
KATH. PFARRAMT MECKENBEUREN
12.7.2013
Markdorf
Fecha:

Heimreise

Montag, 15. Juli 2013

Um sechs Uhr stehe ich auf. Meine Sachen sind rasch gepackt. Das Boot ziehe ich wie gestern näher zur Kaimauer und gelange auch ohne meinen stärkenden Kaffee auf wundersame Weise mit all meinem Gepäck heil auf festen Boden. Mit Hilfe des Stadtplans suche ich mir den Weg zur Autofähre, die sechs bis sieben Kilometer entfernt ist. Alle Versuche zu trampen scheitern. Die Autos fahren viel zu schnell. Kopfschmerzen zeigen mir an, dass ich Kaffee bräuchte. Der Weg zur Fähre zieht sich in die Länge. Etwa auf halber Strecke entdecke ich eine Bäckerei mit Kaffeeausschank. Meine Bitte um eine Tasse Kaffee findet ein gutes Ohr. Welch ein Genuss wird mir damit geschenkt!
Eine junge Frau kauft gerade Brötchen und strebt nun ihrem Auto zu.
"Fahren Sie vielleicht in Richtung Fähre?", frage ich sie hoffnungsvoll.
"Ich muss nur ein kurzes Stück in diese Richtung. Soweit ich fahre, können Sie mit", bietet sie freundlich an.
Auf dem Rücksitz befinden sich zwei kleine Kinder in Kindersitzen. Während der Fahrt berichte ich von meiner Pilgertour durch ganz Deutschland. Als sie das hört, ist sie gerne bereit, mich bis zur Fähre zu bringen. Ohne ihre Unterstützung hätte ich noch einige Kilometer laufen müssen. Die Fähre hätte ich auch nicht mehr erreicht. Dankbar verabschiede ich mich und wünsche der Frau alles Gute.
Die Fähre füllt sich gerade mit auffahrenden Autos. Das Schiffspersonal ist damit beschäftigt, die Autos an Deck einzuweisen. Ganz selbstverständlich betrete ich die Fähre und laufe bis nach vorne zu den ersten Autos. Niemand hält mich auf oder fragt nach meinem Ticket.
Bei den vordersten Autos beginne ich zu fragen, wer Richtung Ulm fährt. Beim fünften Auto treffe ich auf einen etwa 45-jährigen Mann im eleganten schwarzen Mercedes mit Ledersitzen. Der Mann sieht gut aus und ist genauso gepflegt wie sein Mercedes. Er fährt nach Ra-

vensburg. Das hört sich schon ganz gut an. Nach einem kurzen, prüfenden Blick ist er bereit, mich mitzunehmen. Nun gestehe ich ihm, dass ich ohne Geld unterwegs bin und erst mit dem Personal klären muss, ob ich die Überfahrt umsonst bekomme. Die Überfahrt kostet 2,50 Euro.
"Wenn Sie Probleme bekommen, bezahle ich Ihre Überfahrt", bietet er mit nettem Lächeln an.
"Danke, das ist sehr entgegenkommend von Ihnen. Sollte es Schwierigkeiten geben, komme ich gerne darauf zurück. Aber bisher wurde ich immer großzügig unterstützt. Es würde mich wundern, wenn es hier am Ende meiner Reise nicht klappen sollte. Aber ich kläre das jetzt gleich."
Ich schiebe mich weiter durch die eng geparkten Autos nach hinten, um jemanden vom Personal zu finden. Mit dem sperrigen Rucksack ist das gar nicht so leicht. Da entdecke ich in einem PKW eine sehr sympathisch wirkende jüngere Frau. Einem spontanen Impuls folgend frage ich sie nach ihrer Fahrtrichtung.
Ravensburg ist auch ihr Ziel. Sie ist ebenfalls bereit, mich mitzunehmen.
"Eigentlich habe ich schon einen Fahrer. Der Mann wirkt seriös und ich habe keinerlei Bedenken, mit ihm zu fahren aber ich fahre viel lieber mit einer Frau. Ich muss nur noch klären, ob ich umsonst überfahren darf."
Ich erkläre ihr meine Pilgersituation. Die Frau meint, das Personal würde durch die Autoreihen laufen und kontrollieren.
"Na, dann kann ich ja hier warten, bis jemand kommt." Zwischen den Autos hat sich ein starker, unangenehmer Luftzug gebildet.
"Hier zieht es so stark, wenn Sie einverstanden sind, setze ich mich gleich zu Ihnen ins Auto."
Während ich um das Auto herumkrieche, legt die Fähre auch schon ab.
"So nun bin ich bereits als blinder Passagier auf dem Schiff. Über Bord können sie mich nicht werfen", grinse ich beim Einsteigen.

Wir können uns sofort gut verständigen. Die Frau findet meine Tour spannend und ist sehr interessiert. Als sie hört, dass ich außer Kaffee noch kein Frühstück hatte, schenkt sie mir sofort ihre Croissants, die sie sich erst frisch besorgt hat.
"Die können Sie ohne Bedenken annehmen, die sind nur für die Pause gedacht. Ich kann mir problemlos neue besorgen", ermuntert sie mich, mein Zaudern zu überwinden.
"Gut, dann sage ich Ihnen ein herzliches Vergelt's Gott!"
Mit Genuss beiße ich in ein Hörnchen. "Die schmecken aber echt gut", füge ich anerkennend hinzu.
Die Frau erzählt mir von sich. Sie lebt in Ravensburg und ist dort bei einer Bank beschäftigt. Das Wochenende verbringt sie häufig bei ihrem Freund in der Schweiz. Sie hat schon viel Schiffbruch mit Beziehungen erlitten. Doch diesmal fühlt es sich gut an. Sie kennt ihren Freund noch nicht allzu lange, hofft aber, dass dies eine dauerhafte Partnerschaft wird. Sie erzählt auch von ihrer beruflichen Situation. Sie war ehrgeizig und hatte gut funktioniert. Ihr Leben war wie in einem Hamsterrad, das sich immer schneller drehte. Sie hat nur noch fremdbestimmt funktioniert. Dann kam ihr Burnout. Das war eine schlimme Zeit. Doch im Nachhinein ist sie froh über diese Krankheit, die sie gezwungen hat, umzudenken und ihr Leben zu ändern. Die Kontrolle aufzugeben war für sie dabei ein wichtiger Punkt. Die Krankheit sieht sie nun fast als Geschenk.
Inzwischen führt sie ein achtsames und bewusstes Leben. Ihr ganzes Denken und Handeln hat sich seitdem verändert. Das Leben hat wieder Lebensqualität. Nicht die Karriere, sondern Menschlichkeit steht wieder im Mittelpunkt. Sie beobachtet mit Entsetzen ihre Kollegen, die wie sie früher, im Hamsterrad stecken. Doch niemand ist für ihre neue Einstellung zugänglich. Die Kollegen verstehen gar nicht, was sie meint.
In Ravensburg fährt sie für mich einen Umweg, um mich bei einer Tankstelle verkehrsgünstig abzusetzen.
Einige Zeit stehe ich an der Tankstelle. Kein Auto kommt. Das war wohl doch nicht der geeignete Ort, überlege ich schon. Doch da fährt

eine ältere Frau zum Tanken heran. Sie fährt fast bis Bad Waldsee und ist bereit, mich mitzunehmen.
"Aber vorher muss ich noch meine Katze abholen", erklärt sie.
"Kein Problem, ich habe Zeit", versichere ich. "Hauptsache ich komme von dieser ungünstigen Stelle weg."
In einem abseits liegenden Ort holt die Frau ihre Katze vom Tierarzt in einem weißen Plastikkäfig ab. Die Katze hat sehr langes Fell und sieht aus wie ein Plüschtier. Besonders liebenswert guckt sie nicht durch die Gitterstäbe. Mitsamt dem Käfig wird sie auf dem Rücksitz angeschnallt.
Die Frau klagt mir nun ihr Leid mit dieser Katze.
"Die Katze gehört mir eigentlich gar nicht. Meine Mutter hat sich in ihrem hohen Alter noch eine Katze zugelegt. Das war natürlich Unsinn. Die Mutter wusste, dass die Katze sie überleben würde. Nun ist die Mutter seit einem Jahr tot und ich habe die Katze geerbt. Aber ich habe ja selbst schon eine Katze. Und die beiden Katzen verstehen sich überhaupt nicht. Die fauchen sich nur an, wenn sie sich in die Quere kommen. Und mich mag die Katze auch nicht. Die kann mich nicht ausstehen. Aber die Katze kann ja nichts dafür, dass meine Mutter diesen Unsinn verzapft hat und nun gestorben ist. Jetzt muss ich das Problem mit der Katze aushalten und ihre ständige Ablehnung ertragen." Die Frau schaut mich bekümmert an.
Diese Katze hätte ich keinen Tag länger in meinem Haus. Doch ich behalte meine Meinung für mich. Vielleicht errät sie, was hinter meiner Stirn vorgeht.
"Ich kann sie doch nicht einfach weggeben, wenn sie von meiner Mutter ist. Die Katze kann doch nichts dazu", fährt sie mit tief gefurchter Stirn fort.
"Das müssen Sie entscheiden, wie lange Sie die Ablehnung der Katze ertragen wollen. Vielleicht würde sich die Katze an einem anderen Ort sogar wohl fühlen, wenn es da keine weitere Katze gäbe", werfe ich vorsichtig ein.
Wir sind inzwischen in Gaisbeuren am Ziel. Damit erledigt sich für mich jeder weitere Katzenkummer.

Kaum stehe ich am Ortsende an der Straße, hält eine Frau meines Alters an. Sie fährt bis nach Biberach.
"Noch nie habe ich einen Fremden im Auto mitgenommen, erklärt sie sofort. Ich bin viel zu ängstlich, um Anhalterinnen mitzunehmen. Aber bei Ihnen hatte ich ein gutes Gefühl. Da war sofort die innere Gewissheit, das ist in Ordnung", wirft sie ein.
"Das sagen fast alle Frauen und Männer die mich mitnehmen, wenn ich trampe", lache ich. "Es freut mich, dass Sie soviel Vertrauen zu mir haben. Es ist auch berechtigt, denn ich bin eine harmlose Pilgerin", werfe ich ein.
Meine Pilgertour ist natürlich wieder Thema. Ich schwärme von den stärkenden Begegnungen, die ich zu Hause zu einem Buch verarbeiten will. Die Frau will meine Adresse und unbedingt ein Buch über diese Reise.
"Ich verschicke an alle Leute, mit denen ich näheren Kontakt hatte, per E-Mail einen Rundbrief, sobald ich zuhause bin. Haben Sie eine Internetadresse?"
"Mit Internet kenne ich mich leider nicht aus. Der PC steht zuhause und ich möchte auch den Umgang damit lernen. Aber mein Mann meint, das bräuchte ich nicht."
"Männer unserer Generation wollen oft nicht, dass ihre Frauen genauso viel wie sie selbst können. Das ist ein altes Problem unter den Geschlechtern", stelle ich nüchtern fest.
"Warten Sie nicht darauf, bis ihr Mann ihnen das zubilligt. Sie können sich alle Kenntnisse in einem PC-Kurs verschaffen. Machen Sie sich doch einfach auf diese Weise unabhängig", versuche ich sie zu ermutigen.
"Ja, Sie haben recht. Das will ich wirklich tun", sagt sie einsichtig.
"Wenn Sie erst am Nachmittag in Ulm sein müssen, dann können Sie zum Mittagessen zu mir mit nach Hause. Ich fahre Sie danach nach Ulm", bietet sie an.
"Nein, das ist nicht nötig", schüttle ich den Kopf.
"Es macht mir nichts aus, ich fahre Sie gerne", versucht sie mich umzustimmen.

"Ich muss hinter Ulm weiter bis nach Gussenstadt. Diese Strecke will ich Ihnen nicht zumuten, das ist viel zu weit. Der Ort liegt ziemlich abseits, da muss ich viel Zeit zum Trampen einkalkulieren. Es ist mir lieber, jetzt gezielt an meiner Strecke zu bleiben."
Die Frau weicht von ihrer eigentlichen Route um einige Kilometer ab und setzt mich hinter Biberach an einem Parkplatz ab. Hier ist die Auffahrt zur B30. Wir tauschen Adressen aus und ich verspreche ihr, mich zu melden, sobald das Buch erscheint.
Am Parkplatz vor mir steht in einiger Entfernung gerade ein PKW mit Ulmer Kennzeichen. Schnell eile ich ans Auto. Ein junger Mann sitzt darin. Er fährt direkt in die Innenstadt von Ulm und ist bereit, mich mitzunehmen. Er ist bei der Agentur für Arbeit beschäftigt. Wir tauschen uns über die Situation der arbeitslosen Bevölkerung aus und schon sind wir in der Stadt.
Inzwischen habe ich wieder Kopfschmerzen. Deshalb erbitte ich mir am nächsten Kaffeeausschank erneut eine Tasse Kaffee, die ich auch ganz selbstverständlich bckommc.
Im Ulmer Münster frage ich die Frau an der Pforte nach dem Haus der Diakonie. Dort soll es einen Mittagstisch für Bedürftige geben. Die Frau ist sich nicht sicher, ob ich bei der Diakonie völlig umsonst essen kann. Nachdem sie meine Geschichte kennt, gibt sie mir drei Euro. Ich will erst kein Geld nehmen, doch sie drängt mich dazu. Sie gibt mir auch ihre Adresse mit Telefonnummer, denn sie möchte mein Buch, sobald es verlegt ist.
In der Metzgerei kaufe ich mir nur ein Wurstbrötchen. Unterwegs finde ich sogar noch fünfzig Cent auf der Straße. Im Ulmer Münster investiere ich sämtliches Restgeld in Kerzen, denn ich habe noch einige Menschen, für die ich mit guten Gedanken ein Licht entzünden will.
Mir bleibt noch genug Zeit, um durch Ulm zu bummeln.
Vor dem Münster werde ich von einem Mann auf meine Aufschrift am Rucksack angesprochen. Er leugnet die Existenz Gottes und fordert mich mit seinen Argumenten bewusst heraus, meine Sichtweise und meine Erfahrungen darzulegen. Für mich ist er eher ein Zweifelnder und Suchender. Sonst würde er dieses Gespräch nicht suchen. Sei-

ne Frau ist gläubig und pflichtet mir in allem, was ich sage, bei. Es wird daraus schließlich eine angenehme Diskussion auf einer freundlichen Ebene.
Später meldet sich erneut der Hunger. Ein Brötchen war als Mittagessen doch zu wenig. Geld habe ich nun zwar keines mehr, aber darin sehe ich kein Problem. In der nächsten Metzgerei wird mir gerne ein Leberkäsbrötchen spendiert.
Beim Eine-Welt-Laden gibt es wie beim ersten Ulm-Aufenthalt einen guten Mangosaft. Die Frauen im Laden freuen sich, mich nochmals zu sehen und vom guten Ende meiner Tour zu hören.
Nun suche ich die Ausfallstraße zur B10, die auf meinem kleinen Innenstadtplan nicht mehr zu sehen ist. Ein Mann erklärt mir den Weg. Schließlich lande ich an einem Gewirr von Auf- und Abfahrten. Die B10 ist als vierspurige Schnellstraße ausgebaut. An dieser Auffahrt hält niemand an. Die Autos kommen viel zu schnell angefahren. Nebenan ist ein Parkplatz von *Ikea*. Hier frage ich einige Leute, ob sie Richtung Dornstadt fahren. Doch niemand muss in diese Richtung. Es ist wieder einmal sehr heiß und die pralle Sonne bekommt mir gar nicht. Sie macht mich rasch schlapp. Eine nette junge Frau am Parkplatz erbarmt sich schließlich, als sie mein Problem erfährt. Obwohl es nicht ihre Richtung ist, will sie mich unterstützen.
"Ich fahre sie bis nach Geislingen", erklärt sie großzügig. Inzwischen fühle ich mich so geschafft, dass ich nicht widerspreche und dieses Angebot nur zu gerne annehme.
Ihr männlicher Begleiter hat dafür offensichtlich wenig Verständnis.
"Das sind ja dreißig Kilometer einfach!", wirft er entrüstet ein.
"Das macht nichts, wir haben doch Zeit", verteidigt die Frau ihr Vorhaben.
Der Mann schweigt nun. Aber gerade in diesem Schweigen wird spürbar, wie sehr er innerlich grollt. Sein Groll liegt deutlich in der Luft und macht der Frau offensichtlich zu schaffen.
Männliche Macht duldet einfach keinen Widerspruch. Ich fühle mich auf dem Rücksitz ebenfalls äußerst unwohl. Schließlich wollte ich der Frau keine Schwierigkeiten bereiten.

"Sie müssen mich nicht extra bis Geislingen fahren", werfe ich ein. "Sie können mich in Dornstadt rauslassen. Das liegt gleich hinter Ulm. Dort komme ich sicher weiter. Ich bin Ihnen ja schon dankbar, dass Sie mich von dieser schwierigen Stelle in Ulm weggebracht haben", versuche ich einzulenken.
Die Frau geht darauf sofort ein und lässt mich in Dornstadt aussteigen. Wie sich nun herausstellt, ist diese Ecke in Dornstadt mindestens genauso schlecht wie der *Ikea*-Parkplatz.
Alle Autos, egal woher sie kommen, nehmen stets nur die Auffahrt in die entgegengesetzte Richtung. Nach einer halben Stunde, laufe ich unter der Schnellstraße hindurch. Hinter einer Kurve wird eine Tankstelle sichtbar. Mir wird bestätigt, dass ich an dieser Stelle kaum nach Geislingen komme. Das Ganze ist hier ziemlich kompliziert. Ein Lastwagenfahrer, der sich gerade ein Getränk kauft, hört mit.
"Sie können mit mir kommen, ich fahre diese Richtung", mischt er sich ein. Er geht mit mir durch eine Fußgängerunterführung zur richtigen Straßenseite. Hier hat er seinen Lastwagen auf einem Rastplatz geparkt.
"So ein Glück!", rufe ich aus. "Das war ja genau der richtige Moment. Zwei Minuten später hätte ich Sie nicht mehr getroffen."
Der Mann verhält sich mir gegenüber sehr nett. Er will wissen, woher und wohin. Ich berichte von meiner Tour. Aus seiner Kühlbox bietet er mir eine Flasche Mineralwasser an. Die kann ich dann mitnehmen, meint er. Im Zentrum von Geislingen lässt er mich aussteigen. Mit einem Ortsplan vom Bürgerbüro suche ich die Straße nach Gussenstadt. Bis zum Ortsende ist es ziemlich weit. Ein junger Mann, der auf dem Weg zur Arbeit nach Steinenkirch unterwegs ist, nimmt mich von hier mit. Er ist Kurde und arbeitet in einem Dönerrestaurant. An der Abzweigung nach Gussenstadt hätte ich noch sechs Kilometer Weg vor mir. Obwohl ich abwehre, fährt er extra diesen Umweg.
"Ich habe noch soviel Zeit", argumentiert er. Direkt vor Dixis Haus setzt er mich ab. Er will mir einfach etwas Gutes tun und mir bleibt nur, es dankbar anzunehmen. Auf diese Weise bin ich schon um drei Uhr in Gussenstadt. Dixi und Anja sind gerade beim Essen. Sofort

steht auch vor mir ein Teller auf dem Tisch und Dixi schöpft mir ein Nudelgericht darauf. Nach dem Essen will Dixi sich für die Nachtfahrt aufs Ohr legen.
"Ich will Elke noch besuchen. Die ist bestimmt in ihrer Landmaschinenfirma", vermute ich.
"Ja, das glaube ich auch", meint Dixi. "Bei deiner Rückkehr kannst du es dir im Garten gemütlich machen", schlägt er vor. "Wir stellen dir ein Getränk in den Schatten."
Elke ist tatsächlich in der Firma.
"Wie schön, dass du dich sehen lässt", ruft sie aus. Sie will wissen, wie es mir ergangen ist, und ich erzähle ein wenig.
"Wenn ich dich nicht persönlich erleben würde, könnte ich die Geschichte nicht glauben. Zweieinhalb Monate ohne Geld durch Deutschland zu laufen und immer ein Nachtquartier und Essen zu finden, das ist einfach unfassbar," meint sie ungläubig den Kopf schüttelnd.
"Die Kraft für diesen Weg habe ich 'von oben' bekommen. Aus eigener Kraft hätte ich diesen Weg niemals schaffen können, weder körperlich noch psychisch. Das war eine gewaltige Herausforderung, bei der ich zehnfach über mich hinausgewachsen bin", versuche ich zu erklären.
Wir tauschen nun Adressen aus. In Elkes Büro kann ich Daniela zuhause anrufen und ihr mitteilen, dass ich spät nachts ankomme. Sie soll den Schlüssel hinauslegen, damit ich sie nicht wecken muss.
"Was Du beim Grillfest im Zusammenhang mit Dixi über Jesus gesagt hast, hat ihn noch sehr beschäftigt", berichtet Elke. Später als du schon weg warst haben wir noch darüber geredet. Dixi war an diesem Abend richtig nachdenklich."
Anschließend laufe ich zum Pastor. Er kommt gerade mit seinen Kindern nach Hause und freut sich ebenfalls, dass ich mich noch mal melde.
Wir sprechen über meine Erfahrungen auf diesem Weg, über die unerwartete Offenheit der Menschen für religiöse Gespräche. Er sieht es auch so, dass die Leute in diesem Bereich auf der Suche sind.

"Nur suchen sie es nicht mehr in der Sonntagsmesse", stellt er fest. "Da müssen wir uns etwas einfallen lassen. Wir müssen einfach aufbrechen und dorthin gehen, wo die Menschen sind", ist sein Fazit.
"Ja, das glaube ich auch", pflichte ich ihm bei.
Meine nächste Station wäre der Rollstuhlfahrer, mit dem ich ein nettes Gespräch hatte. Ein junger Mann arbeitet am Hof und erklärt mir, der Rollstuhlfahrer sei ausgerechnet heute nicht da. Aber er wird ihm einen Gruß von mir ausrichten.
In der Gaststätte erkundige ich mich, ob die kleine Milchschüssel, die ich mir ausgeliehen hatte, aufgefunden wurde.
"Ja, alles in Ordnung", bestätigt die Chefin.
Die Mutter der Chefin freut sich ganz besonders, mich zu sehen und bittet mich, Platz zu nehmen. Sie will vom weiteren Verlauf der Tour wissen.
Es tut gut, durch einen Ort zu laufen und überall willkommen zu sein. Das macht mich sehr glücklich.
Schließlich sitze ich mit hochgelegten Beinen im Schatten von Dixis Garten und genieße die Ruhe.
Später kommt Dixi und bietet mir Kaffee und Kuchen an. Doch danach ist mir nicht. Ich will nur die Räume seines Harley-Davidson-Clubs sehen. Er führt mich gerne herum. Alles hat er selbst gebaut und toll gestaltet, Bar, Küche, einen Schlafraum mit riesigen Stockbetten für mindestens sechs Personen.
Der Aufbruch naht und ich umarme Anja. "Vielen Dank für deine Gastfreundschaft und deine Herzlichkeit. Ich freue mich immer, Menschen wie dich kennen zu lernen", sage ich.
"Das ist doch für uns selbstverständlich", antwortet Anja ganz schlicht.
Sie drückt mir nun eine Stofftasche mit Brotzeit, sowie eine Speziflasche und die Tageszeitung in die Hand. "Damit du etwas zum Lesen hast", fügt sie hinzu.
Ich finde diese Menschen in ihrer einfachen, unkomplizierten Herzlichkeit wunderbar. Sie wissen sofort, was man braucht und geben es, ohne davon Aufhebens zu machen.

Abends um halb sechs fahren wir los.
Dixi fährt sehr sicher und verhält sich im Straßenverkehr vorbildlich. Er hält an, um das Auto links vor ihm von der Gegenfahrbahn in die Einfahrt zu lassen, damit der Verkehr dahinter wieder fließen kann.
"Du beherrscht dein Auto, ich fühle mich wohl bei deiner Fahrweise", mache ich ihm ein Kompliment.
Dixi erzählt während der Fahrt von sich. Er war verheiratet und wurde nach zwei Jahren geschieden. Kinder hat er nicht.
Er erzählt auch von seiner Arbeit. Er ist gelernter Metzger. In diesem Job verdiente er nicht genug. Nachtfahrten sind zwar ein hartes Geschäft, aber er verdient dabei gut, um sich den gewünschten Lebensstil zu leisten.
Schließlich sind wir bei seiner Firma. Hier steht sein Sattelschlepper mit 40 Tonnen, über achtzehn Meter lang. Das Führerhaus hat den gleichen Blauton wie mein T-Shirt. Dazu hat es eine orange Bemalung im gleichen Farbton wie mein Aufschriftband am Rucksack.
Mit dem Lastzug geht es auf der Autobahn weiter zum Logistikzentrum in der Nähe von Nürnberg. Unterwegs essen wir von unseren Broten. Anja hat Berge von Brot dick mit Wurst belegt. Lauter unterschiedliche Sorten hat sie ausgewählt, dazu mit Paprikastreifen garniert. Richtig liebevoll ist alles zubereitet, aber in Mengen, die man nicht schaffen kann. An einer Raststätte legt Dixi eine Pause ein und kauft für uns ein Eis.
Das Logistikzentrum besteht aus einer riesigen Halle mit siebenunddreißig Toren an jeder Seite.
Dixi fährt den langen Sattelschlepper rückwärts, nur mit Rückspiegel, auf den Zentimeter genau auf Anhieb an die Rampe heran. Es ist bewundernswert, wie er sein Monstergefährt beherrscht.
"Zieh die Sandalen aus und schlüpfe in deine festen Schuhe. Mit Sandalen kannst du nicht in die Halle. So schnell schaust du gar nicht, schon sind sie dir über die Zehen gefahren", ordnet Dixi an. Schnell steige ich in meine Wanderschuhe.
"Wenn jemand dich fragt, gehörst du zur Firma und wirst gerade angelernt", informiert er mich weiter, als wir die Halle betreten.

Hier kommen aus allen Ecken des Landes Lastzüge zusammen. Viele Spediteure sind an dieses Logistiksystem angeschlossen. Die ganze Nacht werden Waren sortiert und umgeschichtet.
In der Halle werden die Paletten mit Gabelstaplern oder Hebeameisen hin und her gefahren. Bei lauter Musik flitzen die Ameisen in irrer Geschwindigkeit kreuz und quer durch die Halle. Immer wenn ich den Crash schon vor mir sehe, weichen die Flitzer im letzten Moment voreinander aus oder kommen gerade noch zum Stehen. Zuerst werden sämtliche Waren von allen Lastzügen abgeladen. Mit dem Scanner wird festgestellt, zu welchem Tor die Paletten gefahren werden müssen. Auf diese Weise werden die Ladungen für jeden Transport zusammengestellt. Wenn alle Fahrzeuge geleert sind, beginnt das Beladen mit den Waren für den jeweiligen Zielort.
Dixi saust in rasanter Fahrt auf eine Palette zu und schafft es, treffsicher mit beiden Gabeln genau in die enge Öffnung zu kommen. Manchmal schiebt er die Greifarme doppelstöckig oben und unten gleichzeitig in die Palettenöffnungen. Er muss ein gutes Augenmaß haben, staune ich. Dixi ist unheimlich schnell und geschickt. Es macht Spaß, ihn bei der Arbeit zu beobachten.
Die Riesenhalle füllt sich zunehmend, die Ameisen und Gabelstapler flitzen hin und her. Hier wird eigentlich alles, was nur denkbar ist, von A nach B transportiert: Ölfässer, Riesentrampolins, Leitern, Eisenteile, große Glasscheiben, riesige Weinfässer, Paletten mit großen und kleineren Kartons, riesige Holzrollen für Baukabel, Gewächshausfolien und vieles mehr. Das ganze Geschehen ist für mich hoch interessant und so vergehen die Stunden wie im Flug. Ich beobachte mit großem Respekt die Männer, die hier tätig sind. Viele kommen aus dem Ausland. Alle wirken sie nett und sympathisch. Sie machen einen äußerst fleißigen und zuverlässigen Eindruck. Man spürt ihre Bereitwilligkeit, hart zu arbeiten.
Als Dixi seinen Lastzug leer hat, fährt er mich in Hochgeschwindigkeit auf seiner 'Ameise' in der Halle herum. Ich stehe auf den beiden Greifarmen und halte mich oben fest. Er fährt über die Rampe nach draußen und saust mit mir um das ganze Hallengelände herum. Es

macht Spaß, denn ich habe in Dixis Fahrkünste absolutes Vertrauen. Er zeigt mir den Lastwagen, der über Bamberg und Coburg nach Thüringen fährt. Über die Rampe geht es wieder ins Halleninnere. Nun bringt er mich zu dem betreffenden Lastwagenfahrer und stellt uns gegenseitig vor. Ich strecke dem jungen Mann die Hand zur Begrüßung hin. Eugen, ist ein äußerst sympathischer Mann, dem ich mich sofort bedenkenlos anvertraue. Er ist Russlanddeutscher und spricht ausgezeichnet Deutsch.
Dixi erklärt mir wenig später: "Ich kenne Eugen schon lange. Du brauchst bei ihm keine Bedenken zu haben, der ist in Ordnung."
"Das habe ich ebenfalls sofort gesehen. Da hast du mir einen guten Mann vermittelt, danke Dixi", lächle ich ihn an.
Dixi holt am Getränkeautomaten zwei Becher Kakao. Im Aufenthaltsraum schlürfen wir das heiße Getränk.
Danach sichtet Dixi die Waren, die er transportieren muss. Ein großer Plastikbehälter mit 950 Liter Inhalt muss per Express bis zum nächsten Morgen ausgeliefert werden. In dem Behälter befindet sich Säure. Laut Warnaufkleber handelt es sich um eine explosive Ätzlösung.
"Wenn das Zeug durch einen Unfall ausläuft, dann gibt es eine echte Umweltkatastrophe. Da löst sich mein Gefährt in Nichts auf", erklärt mir Dixi.
"Für solche Transporte muss ich geschult sein." Er zeigt mir seinen Ausweis sowie die Sicherheitsausrüstung, wie Spezialgummistiefel, Handschuhe, Gasmaske, usw.
Nachts gegen halb zwölf Uhr ist Eugen fahrbereit. Dixi fährt mich mit meinem Gepäck auf der 'Ameise' zu Eugens Lastzug.
"Bring sie gut heim! Das ist eine gute Frau", legt er Eugen ans Herz.
"Dixi, dieser Aufenthalt war äußerst interessant und kurzweilig für mich. Es ist schön, dass ich das erleben durfte. Danke für alles."
Ich umarme ihn zum Abschied.
Die Heimreise mit Eugen verläuft sehr angenehm. Er darf wegen der Mautgebühren keine Autobahn benutzen. Wir fahren nur Bundesstraßen, aber in der Nacht ist nichts los. Wir bewegen uns fast allein auf

der Straße. Eugen lerne ich als einen sehr feinfühligen Mann kennen. Seine Ansichten und Einstellungen gefallen mir gut.
Normalerweise fährt Eugen über den Berliner Ring durch Bamberg und dann an der Bundesstraße weiter Richtung Coburg. Ich schlage ihm vor, einen kleinen Umweg über Drosendorf nach Breitengüßbach zu machen.
"Hier bist du dann wieder auf deiner Route", erkläre ich ihm. Eugen hat Bedenken wegen enger Kurven oder zu niedriger Brücken. Doch die kann ich ihm ausräumen, denn ich kenne die Strecke.
Um halb zwei Uhr nachts hält Eugen am Ortsende von Drosendorf an. Von hier sind es nur zweihundert Meter zu meinem Haus. Er steigt aus, geht um den Lastwagen herum und hilft mir, mit meinem Gepäck vom hohen Führerhaus nach unten zu kommen.
"Wenn du wieder einmal mitfahren willst, sag Bescheid. Ich nehme dich gerne mit", sagt er zum Abschied.
"Vielen Dank, dass du mich mitgenommen hast und meinetwegen sogar diesen Umweg gefahren bist. Damit hast du mir sehr geholfen. Ich bin sehr froh, dass ich nicht mitten in der Nacht in Bamberg stehe."
Dankbar lächle ich ihn an und schüttle ihm die Hand: "Alles Gute für dich, Eugen!"
Er steigt in seinen Lastzug und ich warte, bis er losfährt.
Tief durchatmend stehe ich noch immer da, als Eugen schon um die nächste Kurve verschwunden ist. Erst muss ich realisieren, dass ich wieder zuhause bin. Dann hole ich mit kräftigen Schritten aus und laufe die letzten Meter bergauf zu meinem Haus.
Alles ist noch so, wie ich es in Erinnerung habe.
Ein tiefes Glücks- und Dankbarkeitsgefühl erfasst mich, als ich meine Haustür aufschließe, mit dem Wissen, dass ich ein echtes Zuhause habe.

Ich denke über das Fazit dieser Reise nach. Welche Antworten habe ich dabei gefunden?

Ich kann keinen Menschen lieben, wenn ich ihm nicht vertraue. Genauso wenig kann ich Gott lieben ohne ihm zu vertrauen. Alles hängt eng zusammen. Gottvertrauen entwickle ich, wenn für mich Gott durch Menschen erfahrbar wird.
In der mangelnden Verbindung der Menschen untereinander und der daraus entstehenden Unberührbarkeit sehe ich die eigentliche Ursache der ausufernden Gewalt in unserer Gesellschaft.

In der Bibelstelle, die mich auf den Weg schickte, erschloss sich mir eine tiefere Botschaft, die mir erst am Ende des Weges bewusst wurde:
Jesus hat die Jünger aufgefordert, kein Geld, nichts mitzunehmen. Es geht dabei nicht nur um Gottvertrauen, wie ich anfangs dachte. Die Jünger sollten sich von den Menschen aufnehmen lassen. Die Menschen sollten dabei heraus gefordert werden, sich zu öffnen und zu geben. Darin liegt ein tiefer Sinn, den ich nun allmählich begreife. Damit wird etwas bewirkt!
Bitten öffnet die Herzen! Dann sind sie auch offen, um Gott zu begegnen. Das wusste Jesus! Auch deshalb schickte er die Jünger ohne Geld los!
Es geht auch darum, uns unserer grundsätzlichen Bedürftigkeit als Menschen bewusst zu werden und diese zu zeigen. In dieser Bibelstelle offenbart sich für mich, wie unser Miteinander fruchtbar werden kann. Wer sich für einen Mitmenschen öffnet, der ist auch offen für Gott.
Bestimmte Zusammenhänge verstehe ich nun besser. Die Menschen haben mir viel anvertraut in unseren Begegnungen. Viele Menschen werden von tausend Ängsten geplagt.

Angst ist der eigentliche Feind des Lebens!

Das Bedürfnis nach einem Gott, der uns in unserem schwachen Menschsein annimmt, dabei von Angst und Schuldgefühlen befreit, ist groß.

Viele Menschen glauben im tiefsten Innern nicht an sich selbst. Sie haben kein Urvertrauen, kein echtes Selbstwertgefühl, auch wenn es nach außen so scheint.
Das mag eine Ursache dafür sein, warum sie sich so schwer tun, um etwas zu bitten. Sie glauben einfach nicht, dass sie es wert sind, sich dem Anderen zuzumuten. Sie fühlen sich nicht wert, sich beschenken zu lassen, ohne eine Gegenleistung.
Somit erscheint es mir wichtig, dass wir Menschen wissen, wie wertvoll wir sind.

Mit diesem Buch möchte ich auch ermutigen, die eigene innere Stimme wahrzunehmen. Gleichzeitig will ich sichtbar machen, dass im Vertrauen eine ungeahnte Kraft steckt. Ich will Mut machen, die eigene Bedürftigkeit zu zeigen und zu bitten, wo es nötig ist.

Wir sind heilsam füreinander, wenn wir uns gegenseitig berühren.
Jesus hat die Menschen äußerlich und innerlich berührt und sie wur den geheilt. Ich spüre bei jeder echten gegenseitigen Berührung ebenfalls Heilung in meinem Innern.
Dazu muss man sich öffnen und Vertrauen schenken. Jesus hat auch ständig zum Vertrauen aufgefordert. Geheilt wurden die, die sich öffneten und berühren ließen.
Im Vertrauen, im Sich-Öffnen, im gegenseitigen Berühren wird Heil spürbar, da wird Gott erfahrbar.

Wieder im Alltag

So rasch wie möglich schreibe ich zuhause eine kurze Zusammenfassung meiner Reise als Rundbrief und sende ihn allen Leuten, mit denen ich auf meiner Pilgerreise in engerem Kontakt war. Das Echo darauf ist sehr ermutigend. Wunderbare, wertschätzende E-Mails kommen zurück.
Dabei erfahre ich, dass Dixi in seiner Wohnung vom Pastor des Ortes besucht wurde. Anschließend verlas der Pastor meinen Pilgerrundbrief im Sonntagsgottesdienst und berichtete, dass ein Gussenstadter Motorradfahrer diese Jakobspilgerin zum Grillen eingeladen hat. Die Leute in der Kirche schauten sich fragend an, wer das wohl gewesen sein könnte. Natürlich wurde hinterher bekannt, dass Dixi gemeint war.
Noch nie wurde Dixi von einem Pastor besucht. Und nun wird über ihn sogar lobend in der Predigt berichtet. Ich muss über diese nette Geschichte schmunzeln.
Mit vielen Menschen nehme ich telefonisch Kontakt auf und erzähle von den Kerzen, die ich für sie unterwegs in Kirchen aufgestellt habe. Alle freuen sich, dass ich das Ziel wohlbehalten erreicht habe

Aus dem Internet gelingt es mir, die Telefonnummer des Orthopädiefachgeschäfts in Hünfeld zu finden. Zufällig habe ich sofort die Schuhmacherin am Telefon, die die Arbeit am Schuh ausgeführt hat. Als ich ihr berichte, dass die Sandale die Strecke bis Konstanz durchgehalten hat und noch immer intakt ist, will sie es nicht glauben.
Sie beteuert immer wieder, dass das nicht sein könne, da soviel Schmutz durch die löchrige Sohle in den Klebebereich kam und sie ihn einfach nicht reinigen konnte. Sie kennt ihren Klebstoff, der hält nur, wenn alles optimal mit einem Spezialmittel gereinigt wurde.
Fassungslos sagt sie am Schluss: „Das ist unglaublich, das ist wie ein Wunder."

Gottvertrauen
stärkt

Mein Schreibtisch zuhause biegt sich unter der Last der Post, die sich während meiner Abwesenheit angesammelt hat. Vieles ist wichtig und duldet keinen Aufschub. Der Alltag zieht mich sofort in tausend Aufgaben zurück. Dabei möchte ich mich von den Strapazen erholen und nur eines tun: Meine Erfahrungen niederschreiben. Doch dafür muss ich mir jede freie Stunde stehlen. Beim Schreiben wird mir erst richtig bewusst, welche ungeheuren Strapazen ich bei dieser Strecke bewältigt habe. Die eigentlichen Strapazen des Weges waren meine extremen Schmerzen, die mich häufig in die Erschöpfung trieben. Im Nachhinein kann ich mich nur selbst wundern, wie ich das jemals schaffen konnte. Ich war so hoch motiviert und zielgerichtet unterwegs, dass mich nichts aufhalten konnte. Ich bin unglaublich über mich hinausgewachsen. Und erneut habe ich so erfahren, wie sehr Gottvertrauen stärkt.
Seit ich zuhause bin, haben sich sämtliche Schmerzen und Muskelkrämpfe völlig in Nichts aufgelöst.
An meiner linken Ferse ist zum Glück nur der Ansatz des Fersensporns entzündet. Es ist noch keine störende Knochenbildung zu sehen. Laut Aussage meines Orthopäden brauche ich nur eine Zeit der Schonung, damit sich alles wieder normalisieren kann.

Anfang September fahre ich nach Hirzenach am Rhein. Hier bin ich mit Sr. Dr. Lea Ackermann verabredet. Aus der *Solwodi*-Aktion kann ich ihr 1442 Unterschriften überbringen und sie bei dieser Gelegenheit persönlich kennen lernen.

Wieder zuhause finde ich die Todesnachricht meiner krebskranken Freundin Renate vor. Sie ist friedlich eingeschlafen und von dieser Welt in eine andere gegangen.

Wenige Tage später kommt mein viertes Enkelkind Helena gesund zur Welt und beglückt uns alle als sichtbares Wunder der Schöpfung.

Für alles, was ich erleben darf, kann ich nur DANKE sagen.

Die Bilder

Coverfotos	*Michaela Thoma*
Seite 8	Mein Weg von Flensburg nach Konstanz
Seite 81 oben	Meine Ausstattung: Rucksack, Stiefel und leere Geldbörse
Seite 81 unten	Im Wohnwagen bei Freundinnen in Grömitz: Gottvertrauen und High Tech schließen sich nicht aus *Fotos: Heike Siegelmann*
Seite 243 oben	Lager Friedland: Museum in der Nissenhütte
Seite 243 unten	Nissenhütte von außen
Seite 381 oben	Kirche und Jakobushaus auf dem Hohenberg
Seite 381 unten	Pilgerhaus mit Fresken von Sieger Köder
Seite 383, oben	Schlafstätte im Jakobushaus
Seite 383, unten	Knochenmann auf der Friedhofsmauer von Sieger Köder
Seite 397	Der etwas andere Wohnwagen
Seiten 456 bis 458	Der Pilgerpass
Seite 475	Pilgerskulptur von Sieger Köder auf dem Hohenberg
Seite 477 oben	Probstei von Hirzenach, der Wohnort von Sr. Dr. Lea Ackermann
Seite 477 unten	Übergabe der Unterschriftenliste an Sr. Dr. Lea Ackermann *Fotos: Dr. Katja Schupp*

Ebenfalls von Brunhilde Schierl
bei BoD erschienen:

Mein Jakobsweg
Erfahrungen einer Jakobuspilgerin

1. Auflage 2011, 292 Seiten
ISBN 9783844800029

Der Pilgerweg begann an der Jakobskirche in Bamberg und endete in Vesoul/Fr. wegen eines Fußbruches.

Aus dem Klappentext:

„Nützt sich der Jakobsweg ab, weil er sozusagen in Mode gekommen ist? Seit Showmaster und andere Prominente von ihren Pilgerschaften nach Santiago di Compostela berichten, könnte dieser Verdacht aufkommen.

Wie die vorliegenden Berichte einer realistischen und bodenständigen Persönlichkeit wie Brunhilde Schierl zeigen, kann sich ein Pilgerweg gar nicht abnützen, wenn er in der richtigen inneren Haltung begangen wird.

Und da kommt es nicht einmal darauf an, dass das große Weihrauchfass von Santiago erreicht wird. Wer mit dem Willen aufbricht, sich von diesem Weg und seinen Begegnungen verändern zu lassen, kommt in jedem Fall ans Ziel."